2014包头统计年鉴

BAOTOU STATISTICAL YEARBOOK

包头市统计局　国家统计局包头调查队·编

Compiled by Baotou Municipal Bureau of Statistics & NBS Survey Office in Baotou

（总第13期　NO.13）

中国统计出版社

China Statistics Press

（京）新登字 041 号

图书在版编目（CIP）数据

包头统计年鉴. 2014/包头市统计局，国家统计局包头调查队编.
—北京：中国统计出版社，2014.11
ISBN978-7-5037-7287-0
Ⅰ. ①包…
Ⅱ. ①包… ②国…
Ⅲ. ①统计资料－包头市－2014－年鉴
Ⅳ. ①C832.263-54
中国版本图书馆CIP数据核字(2014)第214061号

包头统计年鉴—2014

作　　者/ 包头市统计局　国家统计局包头调查队
责任编辑/ 陈越月　　程昱静
装帧设计/ 陈文科
出版发行/ 中国统计出版社
地　　址/ 北京市丰台区西三环南路甲6号
邮政编码/ 100073
电　　话/ (邮购)(010)63376909　(书店)(010)68783171
网　　址/ http://csp.stats.gov.cn
印　　刷/ 包头市三泰印务有限责任公司
经　　销/ 新华书店
开　　本/ 890×1240 毫米　1/16
字　　数/ 1100 千字
印　　张/ 28.5
版　　别/ 2014 年 11 月第 1 版
版　　次/ 2014 年 11 月第 1 次印刷
定　　价/ 280.00 元

《包头统计年鉴》编辑委员会

编 辑 说 明

一、《包头统计年鉴—2014》系统收录了2013年包头市及各旗县区经济、社会发展方面的统计数据以及历史重要年份和全市近三十年的主要统计数据，是一部国内外各界人士了解包头、认识包头的重要资料工具书。

二、年鉴全书分为两部分。第一部分为特载，载入了2013年包头市党政部门重要文件和2013年国民经济和社会发展统计公报。第二部分为统计资料，分为22个细目，即：1.行政区划和自然资源；2.综合；3.人口；4.从业人员和职工工资；5.固定资产投资；6.能源；7.财政；8.价格指数；9.人民生活；10.城市概况；11.农业；12.工业；13.建筑业；14.运输和邮电；15.国内贸易；16.对外经济贸易和旅游；17.金融和保险；18.教育、科技和文化；19.体育、卫生、社会福利、环境保护；20.要素市场、信息产业、高新技术开发区；21.旗县区资料；22.附录。

三、本年鉴中部分数据合计数或相对数由于单位取舍不同而产生的计算误差，均未作机械调整。

四、符号使用说明：年鉴各表中的“空格”表示该项统计指标数据不足本表最小单位数，不详或无该项数据；“#”表示其中的主要项。

五、本年鉴的统计数据来自政府统计部门和业务部门年度统计报表，在编辑过程中，得到了有关单位和国家统计局、自治区统计局、国家统计局内蒙古调查总队的大力支持与协助，在此表示衷心感谢。

六、限于编辑水平，对于年鉴存在的差错和缺点，敬请广大读者和统计战线的各位同仁提出宝贵意见。

目　　录
CONTENTS

第一部分　特载
PART ONE SPECIAL ARTICLES

王中和同志在中共包头市十一届六次全委(扩大)会议上的讲话 …… 3
Report by Comrade Wang Zhonghe on the CPC Baotou Sixth Plenary Session of the Eleventh
政府工作报告 …… 16
Report on the Work of the Government
关于包头市2013年国民经济和社会发展计划执行情况与2014年国民经济和社会发展计划草案的报告 …… 24
Report on the National Economic and Social Development for 2013 and the Draft Plan for 2014 in Baotou
包头市2013年预算执行情况和2014年预算草案的报告 …… 33
Report on the Implementation of Budgets for 2013 and Draft Budgets for 2014 in Baotou
包头市2013年国民经济和社会发展统计公报 …… 45
Statistical Bulletin of the National Economic and Social Development in Baotou City for 2013

第二部分　统计资料
PART TWO STATISTICS

一、行政区划和自然资源
Divisions of Administrative Areas and Natural Resources
1-1　行政区划（2013年） …… 55
Divisions of Administrative Areas (2013)
1-2　自然资源（2013年） …… 55
Natural Resources (2013)
1-3　土地面积和人口密度（2013年） …… 56
Land Area and Population Density (2013)
1-4　气象情况 …… 56
Meteorology

1-5 分月气象情况（2013 年） …… 56
Meteorology by the Month (2013)
主要统计指标解释 …… 57
Explanatory Notes on Main Statistical Indicators

二、综合

General Survey

2-1 平均每天主要社会经济活动 …… 61
Major Indicators of Average Daily Social and Economic Activites
2-2 社会经济主要指标人均水平 …… 62
Major per Capita Indicators of Society and Economy
2-3 国民经济主要比例关系 …… 63
Main Proportions of National Economic
2-4 国民经济和社会发展总量与速度指标 …… 64
Principal Aggregate Indicators on National Economic and Social Development and Their Related Indices and Growth Rates
2-5 国民经济和社会主要指标占自治区比重（2013 年） …… 68
Percentage in Inner Mongolia of National Economic and Society Indicators (2013)
主要统计指标解释 …… 69
Explanatory Notes on Main Statistical Indicators

三、人口

Population

3-1 年末户籍总人口及其构成 …… 73
Population of Registered Permanent Residence and Its Composition at the Year-end
3-2 人口出生率、死亡率、自然增长率 …… 74
Birth Rate, Death Rate and Natural Growth Rate
3-3 年末户籍总人口及人口变动 …… 75
Population of Registered Permanent Residence and Its Change at the Year-end
3-4 民族人口及构成 …… 76
Population Nationality and Its Composition
3-5 历年民族人口数 …… 77
Population by Nationality over the Years
3-6 年末常住人口及人口变动 …… 78
Population by Frequently at the Year-end and Population changes
主要统计指标解释 …… 79
Explanatory Notes on Main Statistical Indicators

四、从业人员和职工工资

Employment and Wages

4-1 就业基本情况 …… 83
Employment

4-2 按三次产业划分的年末从业人员 …… 84
Number of Employed Persons at the Year-end by Type of Industry

4-3 1980-2013 年城镇就业及失业人数 …… 85
Employment and Unemployment in Urban Areas (1980-2013)

4-4 按登记注册类型和城乡划分的年末从业人员 …… 86
Number of Employed Persons at the Year-end by Status of Registration and Residence in Urban and Rural Areas

4-5 1985-2010 年分行业从业人员 …… 88
Number of Employed Persons by Sector (1985-2010)

4-6 1985-2010 年分行业城镇从业人员 …… 90
Number of Employed Persons in Urban Areas by Sector (1985-2010)

4-7 2011-2013 年分行业从业人员 …… 92
Number of Employed Persons by Sector (2011-2013)

4-8 城镇单位在岗职工年末人数（2013 年）…… 93
Number of Staff and Workers in Urban Units at Year-end (2013)

4-9 职工工资总额和平均工资 …… 95
Total Wages and Average Wages of Staff and Workers

4-10 1978-2010 年分行业职工平均工资 …… 96
Average Wages of Staff and Workers by Sector (1978-2010)

4-11 2011-2013 年分行业职工平均工资 …… 98
Average Wages of Staff and Workers by Sector (2011-2013)

4-12 在岗职工平均工资（2013 年）…… 99
Average Wages of Staff and Workers (2013)

4-13 城镇单位从业人员和劳动报酬（2013 年）…… 100
Employed Persons and Earnings in Urban Units (2013)

4-14 城镇单位女性从业人员（2013 年）…… 102
Number of Female Employed in Urban Units (2013)

4-15 国有单位从业人员和劳动报酬（2013 年）…… 103
Employed Persons and Earnings in State-owned Units (2013)

4-16 集体单位从业人员和劳动报酬（2013 年）…… 105
Employed Persons and Earnings in Urban Collective-owned Units (2013)

4-17 其他单位从业人员和劳动报酬（2013 年）…… 107
Employed Persons and Earnings in Other Types of Ownership (2013)

主要统计指标解释 …… 109
Explanatory Notes on Main Statistical Indicators

五、固定资产投资
Investment in Fixed Assets

5-1 固定资产投资 …… 113
Investment in Fixed Assets
5-2 1992-2013 年固定资产投资(按经济类型和产业分) …… 114
Investment in Fixed Assets by Ownership and Type of Industry (1992-2013)
5-3 1992-2013 年固定资产投资构成和资金来源 …… 116
Investment in Fixed Assets by Use of Fund and Source of Finance (1992-2013)
5-4 历年固定资产投资 …… 117
Investment in Fixed Assets Over the Years
5-5 按经济类型分的固定资产投资 (2013 年) …… 118
Investment in Fixed Assets by Ownership (2013)
5-6 按行业分的固定资产投资 (2013 年) …… 120
Investment in Fixed Assets by Sector (2013)
5-7 分组固定资产投资 (2013 年) …… 123
Investment in Fixed Assets by Groups (2013)
5-8 国民经济各行业按建设性质分的城镇投资 (2013 年) …… 124
Investment in Fixed Assets in Urban Area by Type of Construction (2013)
5-9 国民经济各行业城镇投资和新增固定资产 (2013 年) …… 127
Investment in Fixed Assets in Urban Area and Newly Increased Fixed Assets by Sector (2013)
5-10 固定资产投资新增生产能力 (2013 年) …… 129
Newly Increased Productive Capacities Through Investment in Fixed Assets (2013)
5-11 2008-2013 年房地产开发主要指标 …… 130
Main Indicators of Real Estate Development (2008-2013)
5-12 2008-2013 年房地产开发企业(单位)的土地购置及成交价款 …… 131
Land Purchase and Transaction Price of Enterprises for Real Estate Development (2008-2013)
5-13 2008-2013 年房地产开发建设投资情况 …… 131
Actually Completed Investment in Real Estate Development (2008-2013)
5-14 2008-2013 年按用途分的房地产开发投资完成额 …… 131
Actually Completed Investment of Enterprises for Real Estate Development by use (2008-2013)
5-15 1994-2013 年商品房屋销售情况 …… 132
Selling of Commercial Houses (1994-2013)

主要统计指标解释 ………… 133
Explanatory Notes on Main Statistical Indicators

六、能源

Energy

6-1 2005-2013 年能源消费总量及构成 ………… 139
Total Consumption of Energy and Its Composition（2005-2013）
6-2 2005-2013 年能源消费指标 ………… 139
Indicators of Energy Consumption（2005-2013）
6-3 2010-2013 年综合能源平衡表 ………… 140
Overall Energy Balance Sheet（2010-2013）
6-4 2010-2013 年电力平衡表 ………… 141
Electricity Balance Sheet（2010-2013）
6-5 规模以上工业企业主要能源按行业分组消费量（2013 年）………… 142
Consumption of Energy and Its Main Varieties in Industrial Enterprises
above Designated Size by Sector（2013）
6-6 规模以上工业企业能源购进、消费与库存（2013 年）………… 144
Energy Purchase, Consumption and Stock of Industrial Enterprises
above Designated Size（2013）
6-7 规模以上工业企业能源加工转换情况（2013 年）………… 146
Energy Processing and Conversion in Industrial Enterprises above Designated Size（2013）
主要统计指标解释 ………… 147
Explanatory Notes on Main Statistical Indicators

七、财政

Government Finance

7-1 2007-2013 年财政收入情况 ………… 151
Basic Statistics on Government Revenue（2007-2013）
7-2 2007-2013 年财政支出情况 ………… 152
Basic Statistics on Government Expenditure（2007-2013）
7-3 历年财政收支总额及增长速度 ………… 153
Total Government Revenue and Expenditures and Their Increase Rate over the Years
7-4 历年财政总收入占生产总值的比重 ………… 155
Government Revenue as Percentage to Gross Domestic Product over the Years
7-5 历年财政分项收入 ………… 156
Government Revenue by Source over the Years
7-6 历年地方财政支出及主要支出项目 ………… 158
Local Government Expenditures by Accounting Item over the Years

7-7　历年各项税收收入 ………………………………………………………………… 160
Government Tax Revenue over the Years
主要统计指标解释 ………………………………………………………………… 162
Explanatory Notes on Main Statistical Indicators

八、价格指数

Price Indices

8-1　历年各种价格总指数 ………………………………………………………………… 167
General Price Indices over the Years
8-2　1978-2013 年各种价格总指数 ………………………………………………………… 169
General Price Indices (1978-2013)
8-3　居民消费价格分类指数 (2013 年) ………………………………………………… 170
Consumer Price Indices by Category (2013)
8-4　商品零售价格分类指数 (2013 年) ………………………………………………… 171
Retail Price Indices by Category of Commodities (2013)
8-5　2011-2013 年工业生产者出厂价格指数 ………………………………………… 172
Producer Price Indices for Manufactured Goods (2011-2013)
8-6　工业生产者出厂价格指数 (2013 年,按新行业分) ……………………………… 173
Producer Price Indices for Manufactured Goods by sector (2013)
8-7　2011-2013 年工业生产者购进价格指数 ………………………………………… 174
Purchasing Prices Indices of Industrial Producer (2011-2013)
8-8　工业生产者购进价格指数 (2013 年,按新行业分) ……………………………… 175
Purchasing prices Indices of Industrid producer by sector (2013)
8-9　房屋销售价格指数 (2013 年) ……………………………………………………… 176
Indices of Selling Houses (2013)
8-10　2011-2013 年房屋租赁和物业管理价格指数 …………………………………… 177
Indices of Renting Houses and Property Management (2011-2013)
8-11　2011-2013 年固定资产投资价格指数 ………………………………………… 178
Price Indices of Investment in Fixed Assets (2011-2013)
8-12　2011-2013 年土地交易价格指数 ……………………………………………… 178
Transactions Price Indices of Land (2011-2013)
主要统计指标解释 ………………………………………………………………… 179
Explanatory Notes on Main Statistical Indicators

九、人民生活

People's Livelihood

9-1　2008-2013 年人民物质文化生活情况 …………………………………………… 183
People´s Material & Cultural Life (2008-2013)

9-2 1980-2013 年城镇居民家庭人均收支情况 …… 184
Per Capita Annual Income and Expenditure of Urban Households (1980-2013)
9-3 1980-2013 年农村牧区居民家庭人均收支情况 …… 185
Per Capita Annual Income and Expenditure of Rural Households (1980-2013)
9-4 城乡居民主要收支情况 (2013 年) …… 186
Main Balance of Urban and Rural Residents (2013)
9-5 城镇常住居民家庭基本情况 …… 187
Basic Conditions of Urban Households
9-6 按收入等级分的城镇常住居民家庭基本情况(2013 年) …… 188
Basic Conditions of Urban Households by Level of Income (2013)
9-7 按收入等级分的城镇常住居民家庭平均每人全年收入 (2013 年) …… 188
Per Capita Annual Cash Income of Urban Households by Level of Income (2013)
9-8 按收入等级分的城镇常住居民家庭平均每人全年消费性支出 (2013 年) …… 189
Per Capita Annual Living Expenditure of Urban Households by Level of Income (2013)
9-9 按收入等级分的城镇常住居民家庭平均每人全年购买的主要商品数量 (2013 年) …… 190
Per Capita Annual Purchases of Major Commodities in Urban Households by Level of Income (2013)
9-10 按收入等级分的城镇常住居民家庭平均每百户耐用消费品年末拥有量 (2013 年) …… 191
Number of Durable Consumer Goods Owned Per 100 Urban Households at Year-end by Level of Income (2013)
9-11 农村牧区常住居民家庭基本情况 …… 192
Basic Conditions of Rural Households
9-12 按收入等级分的农村牧区常住居民家庭基本情况(2013 年) …… 193
Basic Conditions of Rural Households by Level of Income (2013)
9-13 按收入等级分的农村牧区常住居民家庭平均每人全年收入 (2013 年) …… 193
Per Capita Annual Cash Income of Rural Households by Level of Income (2013)
9-14 按收入等级分农村牧区常住居民家庭平均每人全年消费性支出 (2013 年) …… 194
Per Capita Annual Living Expenditure of Rural Households by Level of Income (2013)
9-15 农村牧区常住居民家庭平均每人主要消费品消费量 (2013 年) …… 195
Per Capita Consumption of Major Consumer Goods in Rural Households (2013)
9-16 农村牧区常住居民家庭平均每百户耐用消费品年末拥有量 (2013 年) …… 195
Number of Durable Consumer Goods Owned Per 100 RuralHouseholds at Year-end (2013)
9-17 农村牧区常住居民家庭住房基本情况(2013 年) …… 195
Housing Conditions of Rural Resident Households (2013)
9-18 农牧民家庭平均每户年末固定资产原价(2013 年) …… 196
Original Value of Fixed Assets Owned Per Rural Household at Year-end (2013)
9-19 农牧民家庭平均每百户年末拥有固定资产数量(2013 年) …… 196
Number of Fixed Assets Owned Per 100 Rural Household at Year-end (2013)

主要统计指标解释 …… 197
Explanatory Notes on Main Statistical Indicators

十、城市概况
General Survey of Cities

10-1 城市建设用地 …… 201
City Sections for Construciton
10-2 城市自来水情况 …… 202
Basic Statistics on Tap Water Supply in City
10-3 城市煤气、液化石油气、天然气情况 …… 202
Basic Statistics on Supply of Gas,Liquefied Petroleum Gas and Natural Gas in City
10-4 城市集中供热情况 …… 203
Basic Statistics on Heating in City
10-5 城市市政工程情况 …… 203
Basic Statistics on Municipal Engineering in City
10-6 城市公共汽车、出租汽车情况 …… 204
Basic Statistics on Buses and Taxis in City
10-7 城市园林绿化面积 …… 204
Basic Statistics on Parks, Gardens and Green Areas in City
10-8 城市公共卫生情况 …… 205
Basic Statistics on Urban Sanitation in City
10-9 城市设施水平 …… 205
Level of Public Facilities in City
10-10 城市公用事业 …… 206
Urban Public Utilities
主要统计指标解释 …… 208
Explanatory Notes on Main Statistical Indicators

十一、农业
Agriculture

11-1 农村牧区基层组织和农牧业基本情况（2013 年） …… 213
Basic Conditions of Rural Grassroots Units, Farming and Animal Husbandry（2013）
11-2 1984-2013 年农林牧渔业总产值 …… 214
Gross Output Value of Farming,Forestry,Animal Husbandry and Fishery（1984-2013）
11-3 历年农林牧渔业总产值指数 …… 215
Indices of Gross Output Value of Farming,Forestry,Animal Husbandry and Fishery over the Years
11-4 主要农牧业机械拥有量 …… 217
Major Machinery for Farming and Animal Husbandry

11-5 农村牧区灌溉、化肥施用量、用电、水库和水土治理情况 …… 218
Irrigation, Consumption of Chemical Fertilizers, Electricity Consumption of Rural Area, Number of Reservoirs and Areas of Soil Erosion Under Control

11-6 农业机械化、电气化情况 …… 219
Basic Statistics on Agricultural Mechanization and Electrification

11-7 自然灾害面积 …… 219
Areas Covered by Natural Disaster

11-8 历年耕地面积、造林面积和播种面积 …… 220
Cultrivated Areas, Afforested Areas and Sown Areas over the Years

11-9 历年主要粮食作物播种面积 …… 222
Sown Areas of Major Grain Crops over the Years

11-10 历年主要经济作物播种面积 …… 224
Sown Areas of Major Industrial Crops over the Years

11-11 历年主要粮食作物产量 …… 226
Yield of Major Grain Crops over the Years

11-12 历年主要经济作物产量 …… 228
Yield of Major Industrial Crops over the Years

11-13 主要农作物总产量及单位面积产量 …… 230
Yield of Major Farm Crops and Yield of Major Farm Crops Per Hectare

11-14 历年牲畜总头数 …… 231
Total Number of Livestock over the Years

11-15 历年大牲畜和羊年中存栏数 …… 233
Total Number of Large Animal, Sheep and Goats at the Year-middle over the Years

11-16 牲畜总头数和总增头数 …… 235
Total Number of Livestocks and Livestock Added

11-17 牲畜增减变化情况（2013 年，年末数） …… 236
Total Number of Newly Increased and Decreased Livestock (End of 2013)

11-18 牲畜总增情况（2013 年，年中数） …… 237
Total Number of Newly Increased and Decreased Livestock (Middle of 2013)

11-19 牲畜增减变化情况（2013 年，年中数） …… 237
Total Number of Newly Increased and Decreased Livestock (Middle of 2013)

11-20 能繁殖母畜、耕役畜及改良畜（2013 年，年末数） …… 238
Female Parent Stocks, Plow Stocks and Improved Stock (End of 2013)

11-21 能繁殖母畜、耕役畜及改良畜（2013 年，年中数） …… 238
Female Parent Stocks, Plow Stocks and Improved Stock (Middle of 2013)

11-22 主要畜禽产品产量 …… 239
Output of Major Livestocks and Poultry

11-23 林业基本情况 …… 240
Basic Statistics on Forestry
11-24 草原建设及利用情况 …… 241
Basic Statistics on Construction and Utilization of Grasslands
11-25 野生动植物和自然保护情况 …… 241
Basic Situation of Wild Animals and Nature Protection
主要统计指标解释 …… 242
Explanatory Notes on Main Statistical Indicators

十二、工业
Industry

12-1 工业企业单位数和工业总产值 …… 247
Number of Industrial Enterprises and Gross Industrial Output Value by Ownership
12-2 工业总产值 …… 248
Gross Industrial Output Value
12-3 规模以上工业企业单位数和工业总产值 …… 249
Gross Industrial Output Value and Number of Industrial Enterprises above Designated Size
12-4 规模以上工业企业主要经济指标（2013 年） …… 250
Main Indicators on Economic Benefit of Industrial Enterprises above Designated Size（2013）
12-5 大中型工业企业主要经济指标（2013 年） …… 258
Main Indicators on Economic Benefit of Large and Medium Industrial Enterprises（2013）
12-6 规模以上国有控股工业企业主要经济指标（2013 年） …… 262
Main Indicators on Economic Benefit of State Holding Majority Shares Industrial Enterprises above Designated Size（2013）
12-7 规模以上集体工业企业主要经济指标（2013 年） …… 266
Main Indicators on Economic Benefit of Collective-owned Enterprises above Designated Size（2013）
12-8 规模以上三资工业企业主要经济指标（2013 年） …… 270
Main Indicators on Economic Benefit of Foreign-funded Industrial Enterprises above Designated Size（2013）
12-9 主要工业产品产量 …… 274
Output of Major Industrial Products
12-10 规模以上工业企业主要产品产量（2013 年） …… 276
Output of Major Industrial Products of Enterprises above Designated Size（2013）

12-11 规模以上工业企业分行业职工平均人数 …… 278
Number of Average Workers of Industrial Enterprises above Designated Size by Sector
主要统计指标解释 …… 279
Explanatory Notes on Main Statistical Indicators

十三、建筑业
Construction

13-1 2000-2013 年建筑业企业概况 …… 285
Main Indicators on Construction Enterprises (2000-2013)
13-2 建筑业企业主要经济指标(2013 年) …… 286
Main Economic Indicators on Construction Enterprises (2013)
13-3 建筑业企业主要财务指标(2013 年) …… 290
Main Economic Indicators on Construction Enterprises (2013)
13-4 建筑业企业房屋建筑竣工面积(2013 年) …… 296
Completed area condition on Construction Enterprises Housing (2013)
13-5 建筑业企业房屋建筑竣工价值(2013 年) …… 298
Completed cost on Construction Enterprises Housing (2013)
主要统计指标解释 …… 300
Explanatory Notes on Main Statistical Indicators

十四、运输和邮电
Transportation, Postal and Telecommunication Services

14-1 交通运输业基本情况 …… 303
Basic Conditions of Transportation
14-2 1991-2013 年公路交通运输工具 …… 304
Tools of Transports (1991-2013)
14-3 民用车辆年末拥有量 …… 304
Possession of Civil Vehicles at the Year-end
14-4 主要年份交通运输情况 …… 305
Conditions of Tranportation in Major Years
14-5 邮电业务基本情况 …… 306
Basic Condition of Post and Telecommunication Services
14-6 主要年份邮电业务基本情况 …… 307
Basic Condition of Post and Telecommunication Services in Major Years
14-7 邮电通信水平 …… 307
Level of Postal and Telecommunication Services
14-8 邮电部门机构、邮路、电路 …… 308
Organization, Post Routes, Lines of Post and Telecommunication Services

14-9 邮电通信设备年末拥有量 …… 309
Telecommunications Facilities at the Year-end
主要统计指标解释 …… 310
Explanatory Notes on Main Statistical Indicators

十五、国内贸易
Domestic Trade

15-1 1980-2013年社会消费品零售总额(按销售单位所在地和行业分) …… 315
Total Retail Sale of Consumer Goods by Location of Retailers and by Sector (1980-2013)
15-2 限额以上批发零售贸易业商品分类销售额 …… 316
Total Sales of Enterprises above Designated Size in Wholesale and Retail Sale
15-3 限额以上批发零售贸易业商品购进、销售、库存总额(2013年,按登记注册类型分) …… 317
Total Purchases, Sales and Stock of Enterprises above Designated Size in Wholesale and Retail Trade by Registration (2013)
15-4 限额以上批发零售贸易业商品购进、销售、库存总额(2013年,按行业分) …… 318
Total Purchases, Sales and Inventory of Legal Entities above Designated Size in Wholesale and Retail Trade by Sector (2013)
15-5 限额以上批发零售贸易企业资产及负债情况(2013年,按登记注册类型分) …… 319
Assets and Liability of Enterprises above Designated Size in Wholesale and Retail Sale by Registration (2013)
15-6 限额以上批发零售贸易企业资产及负债情况(2013年,按行业分) …… 320
Assets and Liability of Enterprises above Designated Size in Wholesale and Retail Sale by Sector (2013)
15-7 限额以上批发零售贸易企业主要财务指标情况(2013年,按登记注册类型分) …… 321
Main Financial Indicators of Enterprises above Designated Size in Wholesale and Retail Sale by Registration (2013)
15-8 限额以上批发零售贸易企业主要财务指标情况(2013年,按行业分) …… 322
Main Financial Indicators of Enterprises above Designated Size in Wholesale and Retail Sale by Sector (2013)
15-9 限额以上住宿餐饮企业资产及负债情况(2013年,按登记注册类型和行业分) …… 323
Assets and Liability of Enterprises above Designated Size in Catering Trades by Status of Registration and by Sector (2013)
15-10 限额以上住宿餐饮企业主要财务指标情况(2013年,按登记注册类型和行业分) …… 324
Main Financial Indicators of Enterprises above Designated Size in Catering Trades by Status of Registration and by Sector (2013)

主要统计指标解释 …… 325
Explanatory Notes on Main Statistical Indicators

十六、对外经济贸易和旅游
Foreign Trade, Economic Cooperation and Tourism

16-1 2008-2013 年对外经济贸易 …… 329
Foreign Trade and Economic Cooperation (2008-2013)
16-2 1991-2013 年利用外资和外贸进出口贸易总额 …… 330
Utilization of Foreign Capital and Total Valve of Imports and Exports (1991-2013)
16-3 年末登记外商投资企业行业分布 …… 330
Sector Distribution Registered of Foreign-funded Enterprises at the Year-end
16-4 2008-2013 年旅游事业发展情况 …… 331
Development of Tourism (2008-2013)
主要统计指标解释 …… 332
Explanatory Notes on Main Statistical Indicators

十七、金融和保险
Banking and Insurance

17-1 金融系统机构、人员数（2013 年） …… 335
Number of Institutions and Persons Engaged in Finance System (2013)
17-2 金融机构人民币信贷资金平衡表（2013 年） …… 335
Credit Funds Balance Sheet of Finanical Institutions (2013)
17-3 金融机构人民币存、贷款年末余额 …… 336
Saving Deposits and Loans of Financial Institutions at the Year-end
17-4 保险公司业务技术指标（2013 年） …… 337
Economic and Technical Indicators of Insurance Company (2013)
17-5 保险业务主要指标 …… 337
Main Indicators of Insurance Business
主要统计指标解释 …… 338
Explanatory Notes on Main Statistical Indicators

十八、教育、科技和文化
Education, Science and Culture

18-1 2008-2013 年教育事业基本情况 …… 341
Basic Statistics on Education (2008-2013)
18-2 1979-2013 年教育事业情况 …… 343
Basic Statistics on Education (1979-2013)

18-3 规模以上工业企业研究与试验发展(R&D)人员情况（2013 年） …… 345
Staffs of Research and Experimental Development of Industrial Enterprises above Designated Size (2013)
18-4 规模以上工业企业研究与试验发展(R&D)经费情况（2013 年） …… 346
Funds of Research and Experimental Development of Industrial Enterprises above Designated Size (2013)
18-5 规模以上工业企业研究与试验发展(R&D)项目情况（2013 年） …… 348
Research and Experimental Projects of Industrial Enterprises above Designated Size (2013)
18-6 规模以上工业企业办科技机构情况（2013 年） …… 349
Scientific and Technological Institution Managed in Industrial Enterprises above Designated Size (2013)
18-7 科学研究与技术开发机构情况（2013 年） …… 350
Basic Statistics on Independent Scientific Research and Development Institutions (2013)
18-8 文化事业基本情况（2013 年） …… 351
Basic Conditions of Culture (2013)
18-9 广播电视事业发展情况（2013 年） …… 352
Statistics on Broadcasting and Television Stations (2013)
主要统计指标解释 …… 353
Explanatory Notes on Main Statistical Indicators

十九、体育、卫生、社会福利、环境保护
Sports, Public Health, Social Welfare, Environmental Protection

19-1 等级运动员分项发展情况（2013 年） …… 357
Development of Athletes in Grade by Type of Sports (2013)
19-2 等级裁判员分项发展情况（2013 年） …… 357
Development of Referees in Grade by Type of Sports (2013)
19-3 医疗卫生机构基本情况（2013 年） …… 358
Basic Statistics of Public Health (2013)
19-4 1979-2013 年医疗卫生事业情况 …… 360
Basic Statistics of Public Health (1979-2013)
19-5 2008-2013 年计划生育情况 …… 361
Basic Statistics of Family Planning (2008-2013)
19-6 交通事故情况（2013 年） …… 362
Basic Statistics on Traffic Accidents (2013)
19-7 火灾事故情况（2013 年） …… 362
Basic Statistics on Fires (2013)
19-8 社会福利事业、企业单位基本情况（2013 年） …… 363
Basic Statistics on Social Welfare Institutions and Enterprises (2013)

19-9 低保、救济情况 …… 363
Persons Receiving Subsidies or Relief Funds
19-10 社会保险情况（2013 年） …… 364
Basic Statistics on Social Insurance（2013）
19-11 2008-2013 年工业企业"三废"排放及治理情况 …… 365
Discharge and Treatment of Waste Gas, Waste Water and
Solid by Industrial Enterprises（2008-2013）
19-12 全市重点调查工业污染排放及处理利用情况（2013 年） …… 366
Industrial Pollution and Treatment in Industrial Enterprises（2013）
主要统计指标解释 …… 368
Explanatory Notes on Main Statistical Indicators

二十、要素市场、信息产业、高新技术开发区

Essential Market , Information Industry and Exploitation Areas of Advanced Technology

20-1 国有土地使用权出让情况（2013 年） …… 373
Access Authority Selling of State-owned Temitory（2013）
20-2 房产市场交易情况（2013 年） …… 373
Basic Statistics of Trade in Read Estate Market（2013）
20-3 其它市场情况 …… 374
Baisc Statistics of Other Markets
20-4 信息产业及城市信息化情况 …… 374
Basic Statistics on Information Industry and City Informationization
20-5 稀土高新技术产业开发区经济效益情况 …… 375
Econmic Benefits of Rare Earth Hi-Tech Industrial Development Zone
20-6 稀土高新技术产业开发区企业主要经济指标（2013 年） …… 375
Main Economic Indicators of Enterprises in Rare Earth Hi-Tech
Industrial Development Zone（2013）

二十一、旗县区资料

Statistics of Banners, Counties and Districts

21-1 稀土高新区主要经济指标 …… 379
Main Economic Indicators of Rare Rare soil District
21-2 昆都仑区主要经济指标 …… 381
Main Economic Indicators of Kundulun District
21-3 东河区主要经济指标 …… 383
Main Economic Indicators of Donghe District
21-4 青山区主要经济指标 …… 385
Main Economic Indicators of Qingshan District

21-5　石拐区主要经济指标 …… 387
Main Economic Indicators of Shiguai District
21-6　白云矿区主要经济指标 …… 389
Main Economic Indicators of Baiyun Mineral District
21-7　九原区主要经济指标 …… 391
Main Economic Indicators of Jiuyuan District
21-8　土默特右旗主要经济指标 …… 393
Main Economic Indicators of Tumoteyou Banner
21-9　固阳县主要经济指标 …… 395
Main Economic Indicators of Guyang County
21-10　达尔罕茂明安联合旗主要经济指标 …… 397
Main Economic Indicators of Daerhanmaomingan Union Banner
21-11　全区各旗县(区)按年末总人口排序（2013 年）…… 399
Banners, Counties and Districts Ranked by Population at Year-end（2013）
21-12　全区各旗县(区)按生产总值排序（2013 年）…… 400
Banners, Counties and Districts Ranked by Gross Domestic Product（2013）
21-13　全区各旗县(区)按公共财政预算收入排序（2013 年）…… 401
Banners, Counties and Districts Ranked by Public Budgetary Financial Revenue（2013）
21-14　全区各旗县(区)按粮食产量排序（2013 年）…… 402
Banners, Counties and Districts Ranked by Output of Grain（2013）
21-15　全区各旗县(区)按年末牲畜存栏头数排序（2013 年）…… 403
Banners, Counties and Districts Ranked by Total Livestock at the Year-end（2013）
21-16　全区各旗县(区)按全体居民人均可支配收入排序（2013 年）…… 404
Banners, Counties and Districts Ranked by The per capita disposable income of all residents (2013)
21-17　全区各旗县(区)按城镇常住居民人均可支配收入排序（2013 年）…… 405
Banners, Counties and Districts Ranked by The per capita disposable income of urban permanent residents（2013）
21-18　全区各旗县(区)按农村牧区常住居民人均可支配收入排序（2013 年）…… 406
Banners, Counties and Districts Ranked by The per capita disposable income of permanent residents of rural and pastoral areas（2013）
21-19　全区各旗县(区)按在岗职工平均工资排序（2013 年）…… 407
Banners, Counties and Districts Ranked by Average Wage of Staff and Workers Employed in（2013）

二十二、附录

Appendix

西部城市国民经济和社会发展主要指标（2013 年）…… 411
Main Indicators of National Economic and Social Development of Western Cities（2013）

第一部分　特　载

PART ONE SPECIAL ARTICLES

在中共包头市十一届六次全委(扩大)会议上的讲话

(2013年12月31日)

王中和

这次会议的主要任务是：全面贯彻落实中央、自治区一系列重要会议精神和决策部署，报告市委常委会一年来的工作，研究部署明年及今后一个时期的重点工作，不断把我市改革开放和现代化建设推向前进。

一、市委常委会一年来的主要工作

今年以来，面对严峻复杂的经济形势和艰巨繁重的改革发展任务，市委常委会团结带领全市各族人民，坚决贯彻中央、自治区一系列重大决策部署，牢牢把握稳中求进的工作总基调，着力稳增长、调结构、促改革、惠民生，各项建设扎实推进，重点领域有效加强，难点工作取得突破，呈现出经济平稳发展、民生持续改善、社会和谐进步的良好局面。

(一)深入学习贯彻党的十八大、十八届三中全会、习近平总书记系列重要讲话精神及自治区“8337”发展思路。市委常委会坚持把深入学习贯彻党的十八大、十八届三中全会、习近平总书记系列重要讲话精神作为首要政治任务，通过召开中心组学习会、举办专题讲座、集中轮训等多种形式，引导各级干部在准确把握、深刻领会上下功夫，在融会贯通、学用结合上下功夫。利用基层大讲堂开展大众化宣讲，组织媒体推出宣传专题专栏，推动学习由党政机关向基层延伸，由领导干部向党员群众延伸，实现了学习教育全覆盖。组织开展全面深化改革调研活动，形成了一批调研成果。围绕推动自治区“8337”发展思路的贯彻落实，进一步完善我市发展思路、发展定位和目标任务；对接自治区清洁能源基地、现代煤化工等11个方面的重点产业发展规划，研究制定我市配套发展规划，落实政策措施和项目支撑，推动自治区“8337”发展思路深入破题、全面落实，引领各领域工作实现新突破。

(二)下力气推动经济持续健康发展。把稳增长放在突出位置，着力克服经济下行压力、促进经济转型升级，经济发展呈现稳中有进、稳中向好的良好态势。预计全年地区生产总值增长9.5%，地方财政总收入增长5.6%，固定资产投资增长18%，规模以上工业增加值增长12%，社会消费品零售总额增长11%，进出口总额增长11%。全力稳定企业生产经营，认真落实电力多边交易、电价补贴、降低物流成本、减少涉企收费项目、实施中小企业贷款贴息等措施，累计降低企业用电成本6.9亿元，减免税费12亿元，减少亏损企业户数63户，16户规模以上停产半停产企业恢复生产。突出抓好重大项目建设，全年实施投资5000万元以上重点项目901个，竣工425个，完成投资1820亿元。着力调整产业结构，高耗能产业占规模以上工业比重下降3个百分点，装备制造业对经济增长贡献率达到28%，高新技术产业增长速度高于规模以上工业增速2个百分点。旅游、物流、金融等现代服务业持续发展壮大，服务业投资增速达到23%。新增市级以上产业化龙头企业12家、合作社307个，农牧业规模化、集约化、组织化程度显著提升。

（三）切实抓好城乡基础设施建设。全年实施重点城建项目198个，完成投资307亿元，新建改建道路25条，对27个小区供热和天然气管网进行了改造、5座污水处理厂进行了改扩建，城镇综合承载能力进一步增强。全面启动新都市区建设，实施了道路、综合管廊、公园等基础设施工程及污水处理、垃圾处理等市政设施工程，完成投资44亿元。大力推进交通建设，G6高速公路包头段、110国道东河段、211国道固阳至百灵庙段、104省道百灵庙至白云鄂博段等一批高等级公路建成通车，新增农村牧区通村公路290公里。投资2.67亿元改善农田水利基础设施，向达茂、白云送水工程加快实施。房地产业健康发展，全市房地产开发面积2710万平方米，完成投资267亿元。在土右旗、达茂旗和固阳县全面开展整乡、整村搬迁改造示范点建设，整合搬迁村庄50个、1659户，农牧民生产生活条件不断改善。

（四）举全市之力实施北梁棚改攻坚战。北梁棚改，中央、自治区高度重视，广大人民群众热切期盼。我们精心组织、周密安排，在调研摸底基础上，科学制定征收补偿方案，积极筹措搬迁改造资金，认真落实安置房建设地块并全面加快建设。为尽快打开局面，市委常委会又进行了专题研究，作出了举全市领导之力、政策之力、资金之力、法律保障之力和全社会之力，集中力量开展北梁棚改“百日攻坚”行动的总体部署。“百日攻坚”行动开展以来，各级领导身先士卒、亲力亲为，广大干部夜以继日、扎实苦干，社会各界积极参与、通力协作，居民群众热情支持、主动配合，形成了推动棚改的强大合力。三个多月时间集中连片拆除房屋1.3万户、76.4万平方米，搬迁安置居民3.1万人，开工建设安置房150万平方米，超额完成了全年目标任务，实现了北梁棚改的重大突破，棚户区居民由“忧居”变为“宜居”的梦想正在加快变为现实。

（五）全面开展大气污染治理和重点区域环境综合整治。我们顺应群众呼声，成立专项推进组织，层层落实责任，以坚决的态度和强有力的措施推进大气污染治理及城乡结合部、公路铁路沿线等重点区域环境综合整治。目前，已经对318户高污染、高耗能企业实施了关停并转，包钢四座污染较大的焦炉全部关闭，投资3.8亿元的尘源点治理工程正在加快实施。公路沿线的56户重点污染企业已有52户停产，4户进行了转产和改造。铁路沿线278户煤场已有210户予以关停，保留的正在进行全封闭改造。公路铁路沿线共拆除影响环境的各类建筑40.9万平方米，整地挖坑280万穴，栽植苗木近100万株，绿化面积2.1万亩，完成投资10.9亿元。大量卓有成效的工作，为环境综合整治明年6月底前见到明显效果奠定了坚实基础。

（六）进一步做好保障和改善民生工作。千方百计增加城乡居民收入，预计全年城镇居民人均可支配收入增长9.5%，农牧民人均纯收入增长11%。全年新增就业4.14万人，城镇登记失业率控制在3.87%的较低水平。进一步提高各类保障标准，企业退休人员养老金每人每月提高181元，城镇低保每人每月提高45元，农村牧区低保每人每年提高276元，城镇职工和居民基本医疗保险政策内报销比例提高3个百分点。为困难群众发放临时性补贴1258万元，为8.47万户低收入农牧民每户免费发放1吨取暖用煤。新开工建设各类保障性住房7266套、累计建成21795套，完成农村牧区危房改造2000套。新增城市健康水受益人口10万人，农村牧区自来水普及率达到98%以上。落实各类扶贫资金1.62亿元，实施扶贫项目67个，解决了3.5万贫困人口稳定脱贫问题。

(七)全面发展各项社会事业。加强产学研合作，新建院士工作站4家、研发机构4家，北大工学院包头研究院已有10个研究所开展工作。新建、改扩建公办幼儿园26所，蒙中、回中新校区投入使用，市职教园区正式运行，教育建设投入达27亿元。完成文化、广播电视局合并工作及市属3家国有文艺院团改革，包头大剧院等21个重点文化项目建成投入使用，创建第二批国家公共文化服务体系示范区申报成功。开工建设一批市、旗县区级重点卫生项目，建成10个标准化社区卫生服务中心。启动实施新农合大病商业保险试点工作。青山区全国社区治理和服务创新试验区通过民政部评审。顺利通过全国文明城市指数测评。建立全市社会工作联席会议制度，有效化解各类矛盾隐患，全市信访总量下降26.1%。推行四级巡控体系建设，严厉打击各类违法犯罪活动，强化安全生产和食品药品安全监管，保持了社会和谐稳定局面。

(八)抓好以作风建设为重点的党建工作。贯彻落实中央八项规定和自治区有关规定，清理党政机关和领导干部超标办公用房近8万平方米、超标公务用车168辆，取消年度"三公"经费预算追加，减少44项行政审批事项。集中开展整风肃纪专项行动，通报典型违规违纪事件61件，给予党纪政纪处分和组织处理17人。大力实施干部素质提升工程，选派47名干部到国家部委和发达地区挂职，组织865名县级干部深入基层联点包村。启动实施鹿城英才工程，8人入选中组部"千人计划"。研究制订《包头市县级领导班子和领导干部差异化考评工作方案》，体现地区和部门差异化，使考评工作更具针对性。在全市推行土右旗"四五六"工作法，进一步加强了农村牧区基层组织建设。

(九)组织召开了市委十一届五次全委会议。根据形势和任务的变化，在深入调查研究的基础上，及时召开了市委十一届五次全委会议，在深刻认识欠发达的基本市情、进一步做大经济总量、保持高于自治区平均水平增长速度、继续下力量增投资上项目、坚决治理环境污染、提高城乡协调发展水平等六个事关全局和长远发展的重大问题上进一步统一了思想、形成了共识，找准了着力点和突破口。市委常委会按照全委会的安排部署，专门制定了落实重点工作责任分工方案，并切实加大督查指导力度，保证了重点任务的全面推进、有效落实。十一届五次全委会召开以来，广大干部职工责任感、紧迫感和使命感普遍增强，全市上下进一步形成了勇于担当、干事创业的良好氛围。

以上报告的是一年来市委常委会的主要工作。这些工作的开展和各项成绩的取得，是上级党委政府正确领导和关心支持的结果，是全市广大干部群众开拓进取、团结奋斗的结果。各位委员和同志们对常委会工作给予了真诚帮助和大力支持，希望大家对常委会工作多提意见和建议，共同把今后的工作做得更好。

二、当前及今后一个时期的形势和战略目标

从现在起到2020年，是我市全面深化改革、推动科学发展、实现全面建成小康社会目标的重要时期。在这七年时间里，我们要完成"十二五"规划，编制实施"十三五"规划，迎来自治区成立70周年，迎接建党100周年。我们面临的任务艰巨，责任重大。

进入新世纪以来，全市广大干部群众团结奋斗、艰苦创业、锐意进取，经济社会取得了长足发展和进步，很多方面走在了全国、全区前列。但是，面对新形势新任务新要求，我们必须清醒地认识到发展的差距和不足，无论从发展水平还是实际感受看，我市仍然是一个欠发达地区，发展不足仍然是主要矛盾。从全面建成小康社会的指标看，我市还有13.5万农村贫困人口，还有9.5万城镇低收入群体，科技教育经费投入、文化娱乐服务水平、环境质量指数等指标与全面建成小康社会还有很大差距。从产业发展水平看，我市长期积累的结构性矛盾未能很好解决，产业结构单一化、重型化特征明显，产业延伸加工不够，节能减排压力大，转变经济发展方式任务艰巨。从市场发育程度看，民间资本不够活跃，中小企业发展不够充分，统一开放、规范有序的市场体系尚未完全建立，经济增长内生动力不足。从城乡协调发展看，城市、城乡二元结构突出，城市居民居住环境、收入水平和公共服务差距较大，农村牧区基础设施、社会事业等欠账较多。从社会管理方面看，社会治理模式亟待创新，深化改革的任务很重，影响社会和谐稳定的因素增多，维护社会和谐稳定的压力加大。这些问题和差距都需要我们在改革发展中认真研究解决。

在分析问题和挑战的同时，我们也必须充分看到和敏锐把握发展面临的重大机遇。一是把握好全面深化改革的机遇。党的十八届三中全会开启了改革的新时代，改革将伴随全面建设小康社会的全过程，贯穿经济社会发展的各领域。特别对积极发展混合所有制经济、支持非公有制经济健康发展、建立城乡统一的建设用地市场、健全城乡发展一体化体制机制、深化行政审批制度改革、加快生态文明制度建设等作出重要部署。随着这些领域改革的深入推进，对于我市这样一个国有经济比重较高、非公经济发展不足、城乡二元结构突出、生态环境质量较差的城市，必将进一步释放活力和激活潜能，为破解这些发展中的难题和长期积累的矛盾提供不竭的动力源泉。二是把握好加快推进城镇化的机遇。中央城镇化工作会议提出要把推进以人为核心的新型城镇化作为拉动经济增长的重要引擎，释放消费和投资潜力，提出到2020年要解决约1亿进城常住的农业人口落户城镇、约1亿人口的城镇棚户区和城中村改造、约1亿人口的中西部地区的城镇化“三个一亿”的目标。实施“两横三纵”城市化战略布局，支持二、三线城市加快发展，把城市群作为主体形态，推进呼包鄂榆城市群建设，促进大中小城市和城镇合理分工、功能互补、协调发展。我市地处环渤海腹地，最近又跻身全国二线城市行列，属呼包鄂榆城市群重点城市，随着这些战略部署的实施，对于我市破解城乡二元结构，提高城镇化水平，促进社会公平和共同富裕，将会产生有力的推动作用。三是把握好国家调结构促转型的机遇。中央高度重视、大力推进产业结构调整，打造中国经济升级版，把调结构的着力点放在化解产能过剩和实施创新驱动上来，强化环保、安全硬约束，重视清洁能源、绿色产业发展，加快传统产业优化升级。强调要把发挥市场在资源配置中的决定性作用和更好发挥政府作用有机结合，坚持通过市场竞争实现优胜劣汰。支持跨地区产能置换，结合地方环境承载力、资源能源禀赋、产业基础、市场空间、物流运输等条件，引导国内有效产能向优势企业和更具比较优势的地区集中。我市在区位交通、土地资源、原料电价、基础设施和政策环境等方面具有比较优势，在钢铁、铝业、装备制造、稀土等产业领域，优势骨干企业集中、大工业配套能力较强，完全有条件建设重点优势产业承接示范地区，形成新的发展优势和竞争优势。四是把握好新一轮开放的机遇。国家深入实施区域发展总体战略，重视跨区域、次区域规划，自治区大力推动跨行政区域优势资源产权置换，促进区域互动联动发展，为我们加强与周边盟市合作、实现一体化发展奠定了基础。沿海发达地区向中西部地区产业转移步伐加快，产业链整体转移趋势明显，为我们承接产业转移、提升产业层次带来了良好契机。国家进一步加快沿边开放步伐，对重点口岸、边境城市、经济合作区在人员往来、加工物流、旅游等方面实行特殊方式和政策，在技术和大型成套设备出口方面进一步简化程序。我市毗邻俄蒙，有满都拉口岸，具备大型成套设备出口条件，有实力的企业境外投资意愿较强，在扩大出口、利用境外资源、发展加工贸易方面大有文章可做。我们要抓住机遇，把握主动，坚定信心，有所作为。

今后一个时期全市工作的总体要求是：**深入贯彻落实党的十八大、十八届三中全会精神和自治区“8337”发展思路，以解放思想为先导，以稳中求进为总基调，以改革创新为动力，着力推动经济平稳较快增长、提升综合经济实力，着力加快结构调整、促进产业转型升级，着力治理环境污染、切实加强生态保护，着力深化改革、进一步扩大开放，着力破解民生难题、大力发展社会事业，加快推进新型工业化、新型城镇化、信息化和农牧业现代化进程，不断提升党的建设科学化水平，在全面建成小康社会进程中走在前列。**

推动今后一个时期的发展，必须切实谋划好2015年、2017年、2020年三个重要节点的战略目标，用经济社会发展的新成就，人民群众享受到的新成果，展示我市欣欣向荣的新景象，凝聚热爱包头、建设包头的强大正能量。

第一个阶段，到2015年即“十二五”末。继续保持高于全区平均水平的发展速度，全面完成中期评估后的“十二五”发展规划。一批在建工业重大项目达产达效，重点领域改革有序推进，经济发展活力动力增强。新都市区核心区基础设施建设基本完成，公共服务和商业项目建设全面展开；公路铁路沿线环境得到根本性治理，大气污染治理取得实质性成效。北梁棚户区改造全面完成，其他棚户区改造取得重大进展，农村牧区危旧房改造和新农村新牧区建设加快推进。社会保障体系不断健全，扶贫攻坚成果进一步扩大。全国文明城市荣誉进一步巩固。发展的全面性、协调性、可持续性不断增强，全面建成小康社会的基础更加扎实。

第二个阶段，到2017年即自治区成立70周年之际。经济总量比自治区成立60周年时翻两番，地方财政总收入、城乡居民收入在2010年的基础上再翻一番以上，在我国西部城市中继续处于领先位置，进入全国地级城市前列。经济结构调整取得实质性成果，国有企业改革迈出重大步伐，非公经济发展活力切实增强，产权多元、自主经营、管理规范的混合所有制经济蓬勃发展。生态宜居城市建设成效显著，新都市区框架基本形成，一批公共服务设施、商业地产等重大项目投入使用；环境治理取得根本性改变，大气质量、饮用水质量、人居环境大幅改善，争取进入国家环保模范城市行列。城市、城乡二元结构突出问题逐步缓解，城镇化体系不断健全，城市棚户区改造基本完成，农村牧区危旧房基本消除，美丽乡村建设取得显著成果。人民生活水平全面提高，城乡基本公共服务更加均等化，城乡社会保障体系更加完善。完成自治区确定的扶贫攻坚目标，贫困人口全部脱贫。保障性住房建设、“健康水”工程和现代综合交通体系建设等民生突出问题基本解决。建成一批向自治区成立70周年献礼的重大项目。基本解决制约全面建成小康社会的短板问题，全面建成小康社会基础更加稳固，以优异的成绩迎接和庆祝自治区成立70周年。

第三个阶段，到2020年即迎来建党100周年之际。工业化基本实现，信息化大幅提升，城镇化质量明显提高，农牧业现代化同步推进，社会主义新农村新牧区建设成效显著，生产空间集约高效、生活空间宜居适度、生态空间山清水秀。基层公共服务和社会管理网络更加健全，基本公共服务均等化总体实现，城乡居民收入、全民健康水平、文化生活水平和文明程度达到全国先进水平。城市综合经济实力和竞争力位居全国地级城市前列，实现全面建成小康社会的宏伟目标。

在推进上述战略目标的进程中，我们要围绕产业发展建设“五个基地”，围绕增强城市功能和辐射能力建设“四个中心”，围绕生态和稳定建设“两个屏障”，围绕提升开放水平建设“一个支点”。这是今后一个时期包头发展的总体定位和战略重点，将引领未来发展的方向。

——五个基地，即努力建成国家和自治区重要的稀土新材料基地、清洁能源输出基地、新型冶金基地、现代装备制造业基地、新型煤化工基地。

——四个中心，即努力建成区域生产性物流中心、区域性金融中心、区域性消费中心、区域性文化旅游中心。

——两个屏障，即努力建成北方重要的生态安全屏障和祖国北疆安全稳定屏障。

——一个支点，即发挥满都拉口岸利用俄蒙资源和对外贸易优势，推动达茂白云合并建设边境口岸型城市，努力建设自治区向北开放的重要战略支点。

实现上述战略目标和总体定位，必须坚持和把握好以下原则：

一要坚持科学发展。坚持发展仍是解决所有问题的关键这个重大战略判断，以经济建设为中心，不断壮大经济实力。正确认识和处理发展速度与片面追求 GDP、与调结构转方式、与治理环境保护生态的关系，把经济发展建立在尊重市场规律、有质量、有效益、可持续的基础上。

二要坚持转型升级。把转变发展方式贯穿于经济发展的各领域和全过程，加快运用高新技术、信息技术改造提升传统产业，推动经济结构战略性调整和产业转型升级，推进新型工业化进程，促进工业化与信息化、制造业与服务业融合发展，全面提高发展质量和产业综合素质。

三要坚持改革开放。始终高举改革旗帜，全面深化各领域改革，把改革的红利转化为发展的强大动力。坚持用开放的视野、理念和思维谋划发展，加快培育开放型经济体系，把包头建设成为要素集聚能力强、投资发展环境优、区域带动作用大的活力城市。

四要坚持创新驱动。加快推动产学研协同创新，不断提升产业发展水平，打造后发优势。鼓励和支持科技创新、制度创新、管理创新，广泛激发各个方面、各类主体的创新活力，使包头创新经济蓬勃发展、创新要素加速集聚、创新活力充分迸发。

五要坚持改善民生。把推动经济发展与民生改善有机统一起来，用发展成果破解民生难题，着力解决好事关民生的现实性紧迫性问题，努力实现好、维护好、发展好最广大人民群众的根本利益，真正让人民群众共享改革发展成果，增强人民群众的幸福感。

三、大力推进重点领域和关键环节的改革

党的十八届三中全会作出了全面深化改革的战略部署。跟上改革的步伐，包头的各项事业就会再前进一大步；错失机遇，就会再次落伍、更加被动。我们一定要牢牢把握改革的历史机遇，用改革创新的精神、思路、办法破解难题和瓶颈，使经济社会发展的空间更广、动力更强、活力更大。

要大力推进混合所有制经济加快发展，在增强经济活力上取得突破。国有企业资本雄厚、管理规范、实力强大、人才济济，非公经济产权清晰、市场反应敏锐、机制灵活，大力发展混合所有制经济，对于包头这样国有经济比重较大的地区来说，具有十分重要的现实意义。要进一步摸清我市国有及国有控股参股企业底数、逐一制定科学合理的改革方案，推动国有资本、集体资本、非公有制资本交叉持股、相互融合，推动各种所有制资本取长补短、相互促进、共同发展。加快国有企业股份制改革，通过非国有资本参股国有资本投资项目、参与国有企业改制重组和合资经营等方式，进一步提升国有企业发展活力，推动国有企业整体上市或核心业务资产上市，建设一批技术领先、品牌知名、引领产业升级的专精特新企业。鼓励非公有制企业利用产权市场开展跨地区跨行业兼并重组，通过参股、控股、资产收购等方式参与国有企业改革。推动非公有制企业进入基础产业、基础设施、市政公用事业、社会事业和金融服务等领域。支持非公有制企业运用高新技术改造提升传统产业，发展非资源型产业，实现转型升级。在改革上，无论是中央、自治区企业还是我市企业都要主动作为，积极推进，力争尽快取得实质性进展。

要进一步深化土地制度改革，在增强农村牧区发展活力上取得突破。做好土地改革文章，对进一步解放和发展农村牧区生产力，加快农村牧区现代化进程具有十分重要的意义。要加快探索农牧民土地和草牧场承包经营权在我市的多种实现形式，赋予农牧民对承包地占有、使用、收益、流转及承包经营权抵押、担保权能，允许农牧民以承包经营权入股发展农牧业产业化经营。进一步完善土地和草牧场流转制度，支持承包经营权在公开市场上向专业大户、家庭农牧场、农牧民合作社、农牧业企业流转，发展多种形式规模经营。加快建立城乡统一的建设用地市场，在符合规划和用途管制的前提下，实行农村集体经营性建设用地与国有土地同等入市、同权同价，保障农牧民集体经济组织成员权利。搞好农牧民住房财产权抵押、担保、转让试点，允许进城落户农牧民自愿有偿退出承包地和宅基地，推动农牧民增加财产性收入。各地区和有关部门要进一步在土地管理体制、机制上进行创新，切实做好深化土地改革文章，统筹城乡发展，增强农村牧区活力。

要进一步深化行政审批制度改革，在转变政府职能上取得突破。推进行政审批制度改革是转变政府职能最直接、最有效的措施。中央高度重视行政审批制度改革，十八大以来先后几次清理取消下放了300多项行政审批事项。我市积极跟进，在行政审批制度改革方面做了大量工作，精简取消下放了一大批行政审批项目，释放了改革红利，促进了经济社会健康发展。十八届三中全会对转变政府职能、精简行政审批事项提出了新的更高要求，我们要进一步加大力度，对照中央和自治区要求，实质性推进简政放权，大幅度取消行政审批，努力破除审批多、办证多、收费多、罚款多的体制机制障碍，提高政府公信力和行政效能。要进一步改革行政审批实施办法，建立各部门行政审批事项目录清单制度，依法公布审批事项、审批程序、审批环节、审批结果，实行“阳光审批”。完善市、旗县区政务服务平台，建立全市统一的网上办事大厅，全面推行集中办理和网上审批。

要创新生态文明的制度体系，在推动美丽包头建设上取得突破。建设生态文明，关系人民福祉，关乎长远发展。我们必须以对历史和人民负责的态度，下更大气力和决心，解决好环境问题。要健全完善保护生态的制度措施，比如，进一步完善草原生态保护补助奖励长效机制和草畜平衡制度；根据环境容量和产业定位合理配置水资源和节能减排指标，严禁生态脆弱区和缺水区新上高耗能、高排放、高耗水项目；建立和完善严格监管污染物排放的环境保护管理制度，对环境容量超载区域和超总量排放企业实行惩罚性措施；建立生态环境损害责任终身追究制，实行损害赔偿制度等。要坚持通过创新保护生态环境，在建立基本草原保护制度、生态保护奖励机制、地区间横向生态补偿制度等方面积极先行先试，启动实施生态文明试点、重金属污染责任保险试点、主要污染物排污权有偿使用和交易试点，抓紧推进生态建设示范区、循环经济示范点、森林草原固碳增汇技术示范工程建设，吸引社会资本推行环境污染第三方治理，积极探索具有地方特色的生态文路。

要加快文化体制改革，在增强地区文化软实力上取得突破。包头文化事业、文化产业发展基础较好，但文化体制改革滞后造成的活力不强、动力不足一定程度制约和影响着我市文化的发展。要进一步完善文化管理体制，按照政企分开、政事分开原则，推动政府部门由办文化向管文化转变。探索成立国有文化资产监督管理机构，实行管人管事管资产管导向相统一。继续推进文化事业单位改革，明确服务规范，加强绩效评估考核。实施党报、广播电视覆盖工程，进一步增强影响力、公信力，加快市属主流媒体与新兴媒体融合发展，办好手机报、包头新闻网，开设门户网站、官方微博、网上服务大厅等，提高对互联网的利用水平。推动市演艺公司等转制文化单位进一步发展壮大，提高其适应市场的能力水平。发挥包头国际会展中心、包头大剧院等一批文化设施的作用，建设内蒙古少数民族文化产业展示交易中心和包头书画创作展示交易中心，推进中国美术家协会包头创作基地和包头广告园区建设。大力推进图书馆、文化馆等公益性文化设施建设，深入实施重点文化惠民工程，推进公共文化服务设施均等化。整合基层宣传文化、党员教育、科学普及、体育健身等设施，建设综合性文化服务中心。建立公共文化服务公开招标和政府采购制度，鼓励社会力量、社会资本参与公共文化服务建设。

要深化社会体制改革，在建设和谐社会上取得突破。社会建设管理和基本公共服务滞后于经济发展，是我市欠发达的主要表现。必须围绕更好保障和改善民生、促进社会公平正义深化社会体制改革，确保社会既充满活力又和谐有序。在社会事业改革方面，要深化教育领域综合改革，促进教育公平，办好人民满意的教育；建立经济发展和扩大就业联动机制，完善公共就业创业服务体系，推动实现更高质量就业；落实基本养老保险、基本医疗保险、最低生活保障制度改革措施，健全社会救助和社会服务体系，建立更加公平可持续的社会保障制度；统筹推进医疗保障、医疗服务、公共卫生、药品供应、监管体制综合改革，逐步调整完善生育政策，为群众提供安全有效、方便价廉的公共卫生和基本医疗服务。在社会管理体制创新方面，坚持系统治理、依法治理、综合治理、源头治理相结合，不断改进社会治理方式；加快实施政社分开，激发社会组织活力；健全重大决策社会稳定风险评估机制，建立调处化解矛盾纠纷综合机制，有效化解社会矛盾；创新立体化社会治安防控体系，确保人民安居乐业。

全面深化改革是一个宏大复杂的系统工程，要在探索实践中扎实推进。要坚持实事求是，善于把自觉维护中央大政方针的统一性严肃性和因地制宜、充分发挥主观能动性结合起来，努力把各项改革措施与中央精神、实践发展、群众意愿对接好、衔接好。要坚持统筹协调，注重改革的关联性和耦合性，把握好改革的力度、发展的速度和社会可承受程度，促进各方面举措协调共振、各领域改革协调推进。要坚持稳中求进，对条件成熟、各方面要求强烈的改革，要下决心加快推进；对各方面认识还不一致，但又必须突破的改革，要正确处理好相关利益关系，尽最大努力凝聚共识、统一步调；对实践发展有要求、但操作上把握不准的改革，要摸着石头过河、先行试点，取得经验后再推开。按照中央、自治区要求，市里将成立全面深化改革领导小组，负责全市改革的总体设计、统筹协调、整体推进和督促落实，各旗县区也要按要求成立相应的领导机构。要建立健全领导改革的责任机制，在党委负总责的前提下，明确各项改革的责任主体和工作部门，细化目标任务，强化跟踪落实，保证各项改革有布置、有督促、有检查。要发扬钉钉子精神，对认准的改革目标、确定的改革任务，要拿出抓铁有痕、踏石留印的狠劲，紧盯不放、一抓到底，让全社会真真切切感受到改革带来的变化，让老百姓实实在在体会到改革带来的好处，一步步把改革蓝图变为现实。

四、努力推动经济社会又好又快发展

（一）立足扩内需、稳增长，努力保持经济平稳较快发展。保持今后一个时期全市经济的合理较快增长，必须牢牢把握扩大内需这一战略基点，突出抓好投资、着力提升消费、积极拓展外需，使经济稳定增长建立在内需持续扩大的基础上。

要充分发挥投资的关键作用。现阶段我市经济发展关键靠投资拉动，而投资的最主要抓手就是项目建设。要围绕做强工业增投资上项目。全力推动包钢综合技改、兵总高端装备制造园区等一批在建重大项目如期竣工达产，形成新的生产能力和增长点。加快推进神华煤化工二期、东方希铝50万吨铝合金板带箔、包铝50万吨高品质铝合金、北奔玉柴10万台重卡发动机、中利腾晖10万千瓦光伏等一批新项目，明年陆续开工建设。要围绕改善发展条件增投资上项目。加快实施机场搬迁、城市轻轨、绕城高等级公路、白云至固阳一级公路、山北地区出口通道、固阳石拐达茂铁路专用线等重大交通项目，建设一批农田水利、黄河防洪、输水供水、污水处理和再利用等水利项目，加快推进土右华电电厂、达茂500千伏输变电等一批电力项目，不断增强发展保障能力。要围绕加强民生建设增投资上项目。抓好农业牧业、社会事业、生态环保、棚户区改造、扶贫开发等方面的重大工程，提升我市社会发展和民生建设水平。

要推动消费和外需的有效增长。落实好国家调整收入分配格局各项改革措施，多渠道增加城乡居民特别是低收入群体的收入，使更多群众有条件、有能力进行消费。实施鼓励居民消费的财税政策、信贷政策和信用消费政策，加快城乡消费流通体系建设，整顿和规范市场秩序，营造良好的消费环境。适应消费结构升级趋势，在促进住房、汽车、家电等消费热点的同时，培育发展信息网络、文化旅游、养老健康、家政服务等新兴消费业态，不断拓展新的消费空间。努力扩大优势产品的出口，利用国际大宗商品价格可能回落的时机，增加我市需要的能源原材料进口，促进对外贸易稳定增长。抓住国家简化对外投资审批程序的机遇，积极鼓励和支持我市有实力的企业开展境外投资，提高对外开放水平。

（二）加快转方式、调结构，努力提高经济发展的质量和效益。转方式、调结构将是我们面临的长期任务。必须坚定不移走新型工业化道路，加快发展现代服务业和现代农牧业，努力推动传统产业新型化、新兴产业规模化、支柱产业多元化。

要加快新型工业化进程。实施创新驱动战略，依托包钢、包铝、东方希铝等重点龙头企业，围绕钢铁、有色金属产业延伸发展，实施一批精深加工项目，着力推动传统产业改造升级。围绕稀土新材料、核电燃料元件、高端装备制造、现代煤化工、节能环保、电子信息等产业，加快一批高端项目建设，培育壮大战略性新兴产业。落实沿黄沿线产业带规划，进一步调整优化园区布局，有效配置生产要素，推动园区错位发展、优势互补，提升园区建设水平，促进产业集聚集约。抓住我市被列为国家首批两化融合创新试验区的机遇，加强企业信息化建设，提升信息技术在工业领域的应用水平。加强产业布局的规划和引导工作，促进前端加工向外围旗县转移，县域工业向园区发展。强化节能减排工作，加快改变高耗能、高污染、高排放的增长模式，努力实现低碳发展、循环发展、绿色发展。

要加快发展现代服务业。抓住我市被列为全国17个物流节点城市的机遇，进一步完善物流业发展规划，加快东河国际陆港物流、满都拉口岸物流园区等56个重点物流项目建设，推动物流业加快发展。抓好金融文化中心、金融商务区等项目建设，多渠道引进股份制商业银行和其他金融机构，增强金融业服务地方经济发展的能力。加快推进苏宁购物广场、深圳茂业等重点商贸项目建设，引进知名连锁超市、百货集团、餐饮名店、影视院线，建设一批城市综合体和高档酒店、宾馆、休闲娱乐设施项目，带动商贸服务业提档升级。深入挖掘地域文化旅游资源，加强旅游景区景点建设，促进文化与旅游融合发展。

要大力发展现代农牧业。紧紧围绕菜、薯、肉、乳四大主导产业，加快制定完善农牧业发展规划，因地制宜确定产业布局、调整种养业结构，提高农牧业的规模化、设施化、标准化、产业化水平，推动主导产业做优做强。积极发展特色农牧业，城市近郊大力发展都市休闲观光农业，远郊农村加快发展现代农业，北部牧区大力发展现代畜牧业和特色种养业，打好生态牌、走好特色路。要把集约高效节水农牧业作为主攻方向，积极推进设施农业和以滴灌、喷灌为主的水利设施建设，提高农牧业比较效益。深入推进农牧业产业化经营，大力发展农畜产品加工业，加快培育和引进一批生产加工型、流通贸易型、配套服务型龙头企业，引导龙头企业紧扣市场需求搞好精深加工、搞好品牌建设、搞好市场营销，进一步提高我市农畜产品的知名度和竞争力。

（三）积极推进以人为核心的新型城镇化，不断提高城乡协调发展水平。走中国特色、科学发展的新型城镇化道路，核心是以人为本，关键是提升质量。我们要按照以人为本、优化布局、生态文明、文化传承的原则和要求，积极稳妥推进城镇化，促进城乡统筹协调发展。

要抓紧制定我市的城镇化总体规划。认真落实中央城镇化工作会议精神，抓住国家积极推进呼包鄂榆城市群建设的重大机遇，高起点、高标准、高水平做好规划。按照合理分工、功能互补、协同发展的要求，以推进农牧民就近就地转移为原则，科学确定城镇总体布局和功能定位，努力构建以中心城区为核心、县城为骨干、中心集镇为支撑、美丽村庄为基础的城镇体系，全面提升我市城镇化发展质量。城镇化发展规划的编制，要体现先导性、严肃性，有超前眼光和开放胸怀，使之能够体现时代特征、地区特色和一流水平，更好引领城镇建设发展。编制城镇规划要多听取群众意见、尊重专家意见，形成后要通过立法形式确定下来，使之具有法律的权威性，保持规划的连续性。

要有序推进农牧业转移人口市民化。解决好人的问题是推进新型城镇化的关键。我市现在有 50 多万生活在城镇的农民工，解决好这部分人市民化问题是我市推进城镇化的主要任务。要科学制定农牧业转移人口市民化的办法，坚持自愿、分类、有序推进，按照“成熟一批、落户一批”的原则，优先解决存量，优先解决本地人口，优先解决进城时间长、就业能力强、可以适应城镇产业转型升级和市场竞争环境的人口，逐步解决转移农牧业人口的落户问题。积极营造良好的就业和生活环境，培育发展各具特色的城镇产业体系，特别是吸纳人口较多的服务业，增强城镇吸纳就业能力，真正使转移进城的农牧民落得住、有生计、过得好。加紧制定完善户籍管理、教育、医疗、社会保障、住房、就业培训等方面的政策体系，为转移农牧民融入城镇提供保障，使转移农牧民享有各项权利和同城待遇，更好地融入城市。

要着力提高城镇建设水平。切实抓好中心城区建设，加快重点地段、重点区域开发，做好水系景观建设和黄河水资源综合利用文章，加强市政基础设施建设，提升中心城区品位素质和综合承载功能。着力推进新都市区建设，加快实施地下综合管廊、道路及管网配套工程，优先建设市场化运作的商业类项目，优先建设学校、医院、文体类项目，尽快聚拢人气，增强承载能力和辐射带动作用。坚持按照城市的标准规划、建设、管理县城，以产业建设和基础设施建设为重点，加快推动土右旗新型中等城市建设、达茂白云合并建市和固阳精品卫星城建设，推动石拐区加速融入主城区。积极培育工矿企业型、商品集散型、交通枢纽型、文化旅游型等具有鲜明特色的中心集镇，促进更多农牧业转移人口就近实现市民化。

要切实加强新农村新牧区建设。城镇化是城乡协调发展的过程，我们既要努力让进城的农牧民过上好日子，也要高度重视抓好新农村新牧区建设，不断改善留在农村牧区和流动于城乡之间农牧民的生活。要合理优化村庄布局，在尊重农牧民意愿、方便农牧民生产生活、保持乡村功能特色的前提下，加快整合撤并，引导农牧民相对集中。要全面开展村容村貌整治，大力实施危旧房改造工程，改善农牧民生产生活环境，建设美丽村庄。要大力推进基础设施向农村牧区延伸、公共服务向农村牧区覆盖、城市文明向农村牧区辐射，促进城乡基本公共服务均等化，让农牧民共享发展成果。

(四)加强大气污染治理和重点区域环境综合整治，全面推进生态宜居城市建设。良好的生态环境是最公平的生态产品，是最普惠的民生福祉。今后，我们决不以牺牲环境为代价去换取一时的经济增长。要牢固树立责任意识，以对人民、对子孙后代高度负责的态度，坚定不移、持之以恒地抓好环境整治和生态建设工作。

要切实加强大气污染治理。全面落实国家《大气污染防治行动计划》，推进重点行业、重点区域的治理工作，严格控制燃煤污染，坚决控制工业污染，有效控制扬尘污染，合理控制机动车污染，最大限度减少污染对人民生活的影响。全力推动支持包钢解决好空气污染治理问题，尽快达到国内同行业一流环保水平的目标，在环保方面走在全市前列。进一步强化企业环保主体责任，提高环保意识，加大环保投入，加强环境治理。要加大对各类污染企业的治理整顿力度，摸清底数，列出时间表，对环保水平差、工艺落后的排污小企业要坚决淘汰关停；对于有决心、有能力、有条件把环境治理好、够规模、上档次的企业，要督促其进一步做好环保改造和绿化美化等工作。要优化产业布局，积极推动部分企业向达茂、固阳、石拐等外围旗县区转移，减轻中心城区大气环境压力。要取缔燃煤小锅炉，大力发展公共交通，倡导文明低碳环保生活方式，形成全社会支持改善空气质量的良好氛围。

要继续推进对公路铁路沿线及城乡结合部、城市出入口等重点区域的环境综合整治。落实属地责任，加大环保督查，对区域内的污染企业治理坚决果断地采取关停并转等措施；对公路两侧石料厂、粉磨站和城市周边的沙坑要进行清理整顿。加强区域内棚户区、城中村和城边村的改造工作，加大征收拆迁力度，对私搭乱建、违法建筑进行全面清理。加快实施城市主要出入口改造，打造景观节点，塑造良好的城市形象。抓好G6高速、110国道、210国道等重点公路和我市境内铁路沿线的绿化美化净化工作，切实改善沿路沿线生态环境。要进一步激发企业、社会参与环境治理和生态建设的积极性，破解资金和水资源等要素保障难题，形成良性治理机制。继续实施国家重点生态工程，推进大青山生态建设，搞好黄河湿地生态保护，巩固围封禁牧成果，实现区域生态进一步好转。

(五)着力抓好棚户区改造等重点民生工程，努力建设幸福城市。人民过上幸福美好生活是党和政府一切工作的最终归宿。抓民生要抓住人民最关心最直接最现实的利益问题，抓住最需要关注的人群，一件事情接着一件事情办，一年接着一年干，锲而不舍向前走，不断提升广大人民群众的幸福感。

要全力打好棚改攻坚战。棚户区改造既是民生工程又是发展工程，对于改善人居环境、提升城市品位、拉动地区经济增长，具有十分重要的作用。要继续打好北梁棚改攻坚战，着力破解资金难题，集中力量做好征拆工作，全面加快安置房建设，以更大的决心、更足的干劲、更实的举措，确保2014年完成搬迁1.5万户、3.9万人，征收房屋面积150万平方米，新开工建设安置房110万平方米的目标。到2015年底，全面实现北梁棚改“四年规划、三年全面完成”的目标任务。要以北梁棚改为范例，紧紧抓住国家大力推进城镇化，加快保障性住房建设和棚户区改造的有利时机，全面推进其他区域的棚户区改造。要进一步加强领导，摸清底数，做好规划，研究政策，统筹安排，强力推进，通过三至五年持续不懈地努力，全面完成全市1400万平方米的棚户区改造任务，努力在保障低收入群体住房需求、破解城市二元结构上迈出更大步伐。

要抓好就业创业和社会保障工作。坚持就业是民生之本，通过稳定经济增长和调整经济结构，特别是扶持小微企业和服务业发展，努力增加就业岗位。加强重点人群和困难群众的就业帮扶，统筹做好高校毕业生、农村牧区转移劳动力、城镇困难家庭人员和退役军人的就业工作。加大创业扶持力度，落实好相关改革措施，进一步降低创业门槛，优化创业环境，扶持更多有创业意愿和创业能力的人自主创业，发挥创业带动就业的倍增效应。加强城乡社会保障体系建设，促进城镇职工基本养老保险、城乡居民养老、城镇基本医疗、失业、工伤、生育保险人数持续增加，继续提高企业退休人员养老金、城乡低保、农村五保供养和优抚对象待遇水平，切实履行好保基本、兜底线的责任。

要大力推进扶贫攻坚。继续坚持各级领导干部联系贫困点制度，加大资金投入，重点推进贫困地区特色产业培育、基础设施建设、公共事业发展、危旧房改造、生态环境保护和基层组织建设，实施连片整村推进、产业化扶贫、社会扶贫和金融扶贫"四大工程"，继续集中力量帮扶固阳县，加快改善贫困地区的生产生活条件，不断增强自我发展能力。要抓好教育扶贫工作，改善办学条件、落实资助政策、加强技能培训、搞好劳务输出，增强贫困地区下一代脱贫致富能力，不让贫困地区年轻人输在起跑线上。要坚持用发展的办法解决贫困问题，创新方式方法，提高扶贫效果，努力实现与自治区同步基本消除贫困现象。

要加快发展各项社会事业。全面推动教育事业科学发展，加快弥补学前教育短板，加快基础教育学校标准化建设和农村薄弱校改造步伐，大力发展职业教育，支持高等教育，推动教育资源均衡配置，促进城乡教育均等化。继续深化医疗卫生体制改革，加快健全和完善覆盖城乡的公共卫生服务体系、基本医疗保障体系、药品供应保障体系、医疗卫生服务体系，促进医疗资源重点向农村牧区和城市社区倾斜。积极发展竞技体育，全面开展群众性体育活动，增强人民群众体质。以创建全国公共文化服务体系示范区为抓手，加快构建覆盖全社会的公共文化服务体系，力争用3年时间实现全市四级公共文化设施全覆盖。完善文明城市创建长效工作机制，切实把巩固提升创建工作水平与提升城市建设管理水平、推进社会管理创新紧密结合起来，提高创建工作的科学化、规范化和制度化水平。

要加强创新社会管理。在城市社区继续推行“精街道、强社区、促服务”社会管理体制改革，在农村牧区继续推广扩大“四五六”工作法成果，不断提升社会管理水平。深入排查化解社会矛盾，着力解决各类信访突出问题，继续实施村、社区日排查，乡镇、街道周排查，旗县区半月排查、市级月排查的要求，切实把矛盾化解在基层、消除在萌芽状态，坚决防止发生大规模群体性事件和重大突发事件。扎实推进平安建设，强化治安防控，实施社区、街道网格化管理，开展禁毒、打击传销等专项行动，严厉打击各类违法犯罪活动，增强人民群众安全感。高度重视安全生产工作，确保不发生重特大安全生产事故。加强食品药品安全、消防安全、建筑施工安全、危险化学品生产运输安全等工作，确保人民群众生命财产安全。

五、切实加强和改进党对经济工作的领导

从新的历史起点出发，谋求更大发展，关键在党，关键在人。全市各级党组织和广大干部要努力提高领导和推动科学发展的能力和水平，切实担负起深化改革的重任、推动发展的使命、为民谋利的责任。

要牢牢把握发展的主动权。各级班子和广大干部要深刻理解和把握中央重大方针政策、自治区重要决策部署和市委的工作要求，找准契合点，选准着力点，创造性地把上级的政策用足用好用活，把市委的要求落实好、执行好，把好思路、好决策转变为发展优势、竞争优势。自觉坚持问题导向，加强对经济社会发展、全面深化改革、民生和社会稳定等各类重大问题的思考和研究，增强工作的前瞻性、预见性和实效性。要善于抓住主要矛盾和矛盾的主要方面，抓住薄弱环节和关键部位，抓大事、议大事，把时间、精力更多地放到地区经济社会发展重大问题谋划、重要政策制定上，放到改革制约影响发展的一系列体制机制上，放到研究解决群众生产生活中的各类紧迫问题上，放到不断优化发展环境上，推动重点领域和重点工作实现重大突破，带动全市经济社会发展水平整体提升。要在其位、谋其政、成其事，以敢拼必胜、当仁不让的决心和勇气，创造出无愧于组织和人民的业绩。

要以良好的作风推动工作落实。按照中央和自治区的部署要求，紧扣为民务实清廉主题，组织开展好第二批党的群众路线教育实践活动，进一步强化各级干部宗旨意识、群众观点，提高服务基层群众的能力和水平。要严格按照中央八项规定、自治区28项规定和我市的相关规定，持续开展整风肃纪专项行动，着力解决“四风”突出问题，努力通过作风整治，提振发展信心，推动工作落实。要健全完善重大项目、重点工作推进落实责任制，加强监督考核，强化跟踪问效，加大问责力度，确保各项工作取得实实在在的成效。要坚持讲实话、办实事、求实效，大力弘扬说了就算、定了就干、雷厉风行的良好风气，切实把各级干部的关注点、兴奋点引导到推动重点工作有效落实上来。要坚持正确的用人导向，选好班子、用好干部，抓好人才工作，不断激发各级干部、各类人才的创造力。要深入落实党风廉政建设责任制，以风清气正、廉洁从政的良好形象，赢得群众的信赖和支持，激发群众参与改革发展的信心和激情。

要大力营造推动发展的浓厚氛围。目前，我市经济社会发展的目标思路、发展重点已经明确。按照确定的目标任务推动发展，是全市干部群众的共同事业，需要全社会积极参与、协同推进。各级党委要充分发挥“总揽全局、协调各方”的领导核心作用，紧紧扭住经济建设这个中心，围绕市委的重大决策部署，进一步统一思想、凝聚共识，加强引导、汇集力量，最大限度地调动和激发各方面推动发展的积极性、主动性和创造性。各级政府要切实履行好组织推动经济社会发展的职责，加强对经济运行的监测和调度，加强对社会事务的管理和建设，加强对民生事项的保障和落实。各级人大、政协要围绕中心、服务大局，充分发挥履职优势，主动参与到经济社会发展各项事务中来。各级工会、共青团、妇联等群众团体要主动围绕全市改革建设事业开展工作，形成各大班子、各级干部、社会各界齐心协力谋发展、同心同向搞建设的强大合力。要切实做好宣传引导工作，把市委确定的未来发展思路、目标任务、战略重点宣传到位、阐释清楚、讲解明白，不断加深干部群众的认知认同和理解把握，形成全市上下共同参与改革发展的浓厚氛围。

同志们，做好当前和今后一个时期的工作，实现未来发展目标，责任重大、使命光荣。我们一定要按照中央、自治区的新部署、新要求，坚持以科学发展观为指导，深入贯彻自治区“8337”发展思路，深化重点领域改革，全面推进各项工作，团结拼搏、开拓进取，不断开创我市科学发展的新局面。

政 府 工 作 报 告

——2014年1月9日在包头市第十四届人民代表大会第二次会议上

包 钢

各位代表：

现在，我代表市人民政府向大会报告工作，请予审议，并请市政协委员和列席会议的同志提出意见。

2013年工作回顾

2013年，在宏观经济下行压力较大、市场需求持续低迷的形势下，全市认真落实中央和自治区稳增长、调结构、促改革、惠民生的要求，经济社会总体保持稳中有进的发展态势。预计地区生产总值3500亿元，增长9.5%；固定资产投资2990亿元，增长18%；社会消费品零售总额1070亿元，增长11%；地方财政总收入345亿元，增长5.6%；城镇居民人均可支配收入36600元，增长9.5%；农牧民人均纯收入12680元，增长11%。

一是确保经济平稳健康发展。坚持把稳工业放在突出位置，认真落实电力多边交易、电价补贴、减少涉企收费、中小企业贷款贴息等措施，累计降低企业用电成本6.9亿元，减免税费12亿元，减少亏损企业63户，16户规模以上停产半停产企业恢复生产。突出抓好重大项目建设，全年实施投资5000万元以上重点项目901个，竣工425个，完成投资1820亿元。着力调整产业结构，高耗能产业占规模以上工业比重下降3个百分点，装备制造业对经济增长贡献率达到28%，高新技术产业增长高于规模以上工业增速2个百分点。各地区与国内知名院校积极开展产学研合作，北大工学院包头分院建设全面推进，17项重点科研成果达到产业化阶段。旅游、物流、金融等现代服务业持续发展壮大，服务业投资增速达到23%。新增产业化龙头企业12家、合作社307个，农牧业规模化、集约化、组织化程度显著提升。

二是切实抓好城乡基础设施建设。实施城建重点项目198个，完成投资307亿元，新建改建道路25条，对27个小区供热和天然气管网进行了改造，扩建了5座污水处理厂，城镇综合承载能力进一步增强。新都市区道路、综合管廊等基础设施开工建设。G6高速公路包头段、110国道东河段、211省道固阳至百灵庙段、104省道百灵庙至白云鄂博段等一批高等级公路建成通车，新增农村牧区通村公路290公里。投资2.67亿元改善农田水利基础设施。在土右旗、达茂旗和固阳县全面开展整乡、整村搬迁改造示范建设，整合搬迁村庄50个、1659户，农牧民生产生活条件不断改善。

三是举全市之力实施北梁棚改攻坚战。党中央、国务院和自治区党委、政府高度重视北梁棚改工作，广大群众也寄予了热切期盼。全市把北梁棚改作为头号民生工程狠抓落实，坚持"先安置后拆迁"的理念，全面启动了棚改工程。在深入调研基础上科学制定征收补偿方案，积极筹措建设资金，加快实施安置房及配套设施建设，并抽调全市2000多名干部职工开展百日攻坚战。累计争取各类建设资金60亿元，开工建设150万平方米、1.93万套安置房，完成回购安置房5653套，落实周转过渡房3000余套，集中连片征拆房屋1.3万户、76.4万平方米，搬迁安置居民3.1万人，超额完成全年目标任务。北梁居民由"忧居"变"宜居"的梦想正在加快变为现实。

*四是不断加强环境治理和生态建设。*以坚决的态度和强有力的措施推进大气污染治理及城乡结合部、公路铁路沿线等重点区域环境综合整治。对318户高污染、高耗能企业实施了关停并转，包钢四座污染较大的焦炉全部关闭，投资3.8亿元的尘源点治理工程正在加快实施。公路沿线56户重点污染企业已有52户停产，4户进行了转产和改造。铁路沿线278户煤场已有210户予以关停，保留的正在进行全封闭改造。公路、铁路沿线共拆除影响环境的各类建筑40.9万平方米，绿化面积2.1万亩，完成投资10.9亿元。投入4.3亿元完成国家林业重点工程42万亩、六大重点区域绿化7万亩。实施草原生态补奖项目2400万亩，完成投资2.4亿元。

*五是优先保障和做好各项民生工作。*民生支出达到286亿元，占全年新增支出的90%。大力实施创业就业工程，发放小额担保贷款4亿元，安排1000万元专项资金用于高校毕业生就业创业服务。城镇新增就业4.2万人，城镇登记失业率控制在3.87%。农牧民转移就业23.5万人。将全市行政机关、参公事业单位和社会团体职工纳入工伤保险统筹管理，启动新农合大病商业保险。企业退休人员养老金月人均增加185元，城镇低保月人均提高45元，农村牧区低保年人均提高276元。为困难群众发放临时物价补贴1258万元，为8.5万户低收入农牧民免费供应一吨冬季取暖用煤。全面完成保障性安居工程年度建设任务。全年落实各类扶贫资金1.62亿元，实施扶贫项目67个，解决了3.5万贫困人口的脱贫问题。

*六是加快推进社会事业和社会管理改革发展。*教育建设投入27亿元，蒙中、回中新校区投入使用，市职教园区正式运行，新建改建公办幼儿园26所。文化体制改革深入推进，完成"三局合并"和国有文艺院团改革，成功申报创建第二批国家公共文化服务体系示范区。基本药物制度和零差率销售政策覆盖所有公办基层医疗机构。市精神卫生中心、土右旗中蒙医院和达茂旗蒙医院病房楼开工建设，建成10个标准化社区卫生服务中心。精街道强社区在全市推行，青山区全国社区治理和服务创新试验区通过民政部评审。启动四级巡控机制，大力开展平安建设。扎实做好群众信访工作，妥善化解社会矛盾。安全生产形势保持稳定，食品药品安全监管不断加强。顺利通过全国文明城市指数测评，精神文明建设取得新成绩。

过去的一年，市政府自觉接受监督，认真办理人大代表建议和政协委员提案。深入落实中央八项规定，制定实施转变工作作风的具体措施。切实清理党政机关超标办公用房和超标公务用车，取消年度"三公"经费预算追加，精简下放审批事项。加大政务公开、行政监察、审计监督力度，维护了政府的形象。

在总结成绩的同时，我们也清醒认识到自身存在的问题，主要是：工业园区定位不清、同质化竞争严重，园区基础设施建设滞后；投资大、带动强的重大项目少，项目策划和储备能力不强；工业围城带来的空气污染问题还没有得到根本解决，城区环境质量亟待改善；城市二元结构特征突出，城乡结合部、城区出入口及公路铁路沿线脏乱差问题较为严重；城乡发展差距依然明显，改善民生的各项工作还需进一步加强；个别干部墨守成规、求稳怕乱，改革创新、敢于担当意识不强等。对于这些问题，我们必须采取有效措施加以解决，使政府工作更加符合发展需要和人民期盼。

今后一个时期的目标思路

从现在到2020年，是全面建成小康社会的关键时期。我们要立足包头欠发达的基本市情，牢牢抓住发展不足这个主要矛盾，切实把握好国家全面深化改革、加快推进城镇化、调结构促转型等重大机遇，坚定信心，主动作为，不断开创全市科学发展的新局面。

政府工作的指导思想是：**深入贯彻落实党的十八大、十八届三中全会精神和自治区“8337”发展思路，按照市委十一届五次、六次全委会的部署要求，以解放思想为先导，以稳中求进为总基调，以提高发展质量和效益为中心，把改革创新贯穿于经济社会发展各个领域各个环节，着力稳增长、增强经济实力，调结构、加快产业转型，治环境、改善城乡面貌，促改革、增强发展活力，惠民生、促进和谐稳定，在全面建成小康社会进程中走在内蒙古前列。**

经济社会发展的阶段性战略目标是：到2015年即“十二五”末，要继续保持高于全区平均水平的发展速度，全面完成中期评估后的“十二五”发展规划；到2017年即自治区成立70周年之际，推动全市经济总量比自治区成立60周年时翻两番，地方财政总收入、城乡居民收入在2010年的基础上再翻一番以上，在我国西部城市中继续处于领先位置；到2020年即迎来建党100周年之际，推动城市综合经济实力和竞争力进入全国地级城市前列，实现全面建成小康社会的宏伟目标。

实现上述目标任务，我们要围绕产业发展建设“五个基地”，围绕增强城市功能和辐射能力建设“四个中心”，围绕生态和稳定建设“两个屏障”，围绕提升开放水平建设“一个支点”。

——五个基地，即努力建成国家和自治区重要的稀土新材料基地、清洁能源输出基地、新型冶金基地、现代装备制造业基地、新型煤化工基地。

——四个中心，即努力建成区域生产性物流中心、区域性金融中心、区域性消费中心、区域性文化旅游中心。

——两个屏障，即努力建成北方重要的生态安全屏障和祖国北疆安全稳定屏障。

——一个支点，即发挥满都拉口岸利用俄蒙资源和对外贸易优势，推动达茂白云合并建设边境口岸城市，努力建设自治区向北开放的重要战略支点。

各位代表，全面深化改革是今后工作的重要统领，我们将按照中央和自治区的部署，结合实际、区分情况、分类推进，用改革的思路和办法破解发展难题，切实增强经济社会发展的内生动力。

经济体制改革方面。大力发展混合所有制经济，加快国有企业股份制改革，通过非国有资本参股国有资本投资项目、参与国有企业改制重组和合资经营等方式，增强国有企业发展活力，建设一批技术领先、品牌知名、引领产业升级的专精特新企业。支持非公有制经济健康发展，鼓励非公有制企业利用产权市场开展跨地区跨行业兼并重组，通过参股、控股、资产收购等方式参与国有企业改革。推动非公有制企业进入基础产业、基础设施、市政公用事业、社会事业、文化产业和金融服务等领域。放宽非公经济市场准入条件，改革商事登记管理制度，逐步把准入制改为备案制。发展多层次资本市场，鼓励和支持非公有制企业上市融资。

科技体制改革方面。实施创新驱动战略，更加注重协同创新，着力构建以企业为主体、市场为导向、产学研相结合的技术创新体系。发挥我市高等院校、科研院所、大企业多和科技力量雄厚的优势，盘活现有科研资源，实施重大科技创新项目，共同突破关键技术瓶颈。推动企业围绕主导产业建立产学研合作平台和中试基地，建立科技创新示范园区。实施知识产权战略，加强知识产权保护。

农村牧区土地制度改革方面。完善农村牧区土地产权制度，允许农牧民以承包经营权入股发展农牧业产业化经营。进一步完善土地和草牧场流转制度,支持承包经营权在公开市场上向专业大户、家庭农牧场、农牧民合作社、农牧业企业流转,发展多种形式规模经营。加快建立城乡统一的建设用地市场,在符合规划和用途管制的前提下,实行农村集体经营性建设用地与国有土地同等入市、同权同价,保障农牧民集体经济组织成员权利。搞好农牧民住房财产权抵押、担保、转让试点,允许进城落户农牧民自愿有偿退出承包地和宅基地。制定全市城镇化发展总体规划,科学确定城镇总体布局和功能定位。完善政策保障体系,有序推进农牧业转移人口市民化。

行政管理制度改革方面。最大限度取消和下放行政审批权限,力争市本级行政审批事项精简到50项左右,行政事业性收费精简到40项左右,对保留的事项优化流程,全面推行并联审批和网上审批。实施城市规划和土地集中管理,简化房地产审批程序,缩短办理时间。完善公共资源交易制度,把土地、矿产资源、政府采购、建筑工程招投标、国有资产交易等均纳入公开监管,避免权力寻租。强化城市综合行政执法职能,实行数字化城市管理,提升城市建设管理水平。合理划分市区两级事权财权,下放管理权限。推进水务一体化改革,组建国有控股水投公司。建立全市统一的信息共享平台,推进政务云建设。

文化体制改革方面。进一步完善文化管理体制,推动政府部门由办文化向管文化转变。推进文化事业单位改革,促进市演艺公司等转制文化单位进一步发展壮大。加快发展文化产业,建设内蒙古少数民族文化产业展示交易中心和包头广告园区等有带动力和影响力的文化产业园区和基地,形成一批有特色、有影响力的文化产业品牌。实施文化产业人才培养计划,培养引进一批文化经营管理、产品策划营销、经济代理、会展策划、文化创意、立体影视、新兴媒体、数字出版、动漫游戏等高端紧缺人才。建立公共文化服务公开招标和政府采购制度,鼓励社会力量、社会资本参与公共文化服务建设。

社会体制改革方面。深化教育领域综合改革,促进优质教育公平。建立经济发展和扩大就业联动机制,完善公共就业创业服务体系。建立更加公平可持续的社会保障制度,统筹推进医疗保障、医疗服务、公共卫生、药品供应、监管体制综合改革,为群众提供安全有效、方便价廉的公共卫生和基本医疗服务。加快实施政社分开,放宽社会组织登记门槛,激发社会组织活力。健全重大决策社会稳定风险评估机制和矛盾纠纷调解机制,有效化解社会矛盾。

生态文明制度改革方面。进一步完善草原生态保护补助奖励长效机制和草畜平衡制度。根据环境容量和产业定位合理配置水资源和节能减排指标,严禁生态脆弱区和缺水区新上高耗能、高排放、高耗水项目。建立严格监管污染物排放的环境保护管理制度、生态环境损害责任终身追究及赔偿制度,启动生态文明试点、重金属污染责任保险试点、主要污染物排污权有偿使用和交易试点,加快推进生态建设示范区、循环经济示范点、森林草原固碳增汇技术示范工程建设,推行环境污染第三方治理。

各位代表,改革创新是一个不断探索和深化的过程,需要定力和智慧,更需要理解和耐心。对需要顶层设计的改革,我们将切实加强与国家、自治区有关方面的对接,确保积极稳妥加以推进。

2014 年重点工作安排

今年经济社会发展的主要预期目标是:地区生产总值增长9.5%左右,固定资产投资增长15%左右,公共财政预算收入增长8%左右,城镇居民人均可支配收入增长9%左右,农牧民人均纯收入增长10%左右。实现上述目标任务,要重点抓好以下四个方面的工作:

一、全面提升城市综合发展水平

一是抓好工业园区建设。强化园区布局和功能定位,围绕主导产业制定园区中长期发展规划和产业上下游配套规划，避免同质化竞争，推动原材料前端生产企业和环保压力大的企业向外围园区转移。制定促进产业转型升级和园区发展的实施意见，集中力量打造钢铁深加工、铝业深加工、装备制造和稀土高新技术4个千亿元产业园区，争取申报国家级开发区。切实加强水、电、路、供热、供气、污水处理等基础设施建设，不断提高园区承载能力。加强土地规划管理，对分期实施的重大工业项目预留用地、分期供应，建立工业用地退出机制，提高土地集约利用水平。强化工业重大项目建设，加快实施神华煤制烯烃二期、东方希铝铝板带箔、包铝高品质铝合金等一批深加工项目，确保包钢稀土钢板材和明拓集团不锈钢基料等项目建成投产，促进传统产业改造提升。积极推动中国兵器装备园、北奔玉柴发动机等项目建设，扩大高端装备制造和战略性新兴产业规模。加强重大项目储备，加大招商引资力度，围绕产业结构调整方向和产业链延伸引进实施一批关键项目。强化企业服务工作，积极帮助困难企业度过难关，推动一批有条件的企业转型发展。完善中小企业公共服务平台功能，加强中小企业创业园建设。不断创新金融服务，拓宽中小企业融资渠道，缓解中小企业经营困难。支持企业信息化建设，推动工业化与信息化深度融合。

二是抓好城市棚户区改造。加快推进北梁棚户区搬迁改造，征收房屋150万平方米，新建安置房110万平方米，在建安置房交付使用7737套，回购安置房约30万平方米，安置居民1.5万户、3.9万人，同步配套建设道路、管网等公共基础设施和教育、医疗等公共服务设施。运用市场化方式全面启动全市棚户区（城中村）改造工程，优先改造居民生活燃煤散烧集中区、集中连片平房区和公路、铁路沿线及城市出入口周边城中村，重点实施棚户区（城中村）改造项目44个。加大老旧街区改造力度，对全市21个老旧小区实施硬化美化，对10个老旧小区实施供热二次管网和既有建筑节能改造。进一步提升居民小区物业管理水平。统筹规划建设一批农贸市场，促进便民服务。全年完成保障性安居工程建设任务1.4万套。

三是抓好新都市区建设。充分发挥规划龙头作用，高标准、高起点完善新都市区控制性详细规划和城市设计。加强基础设施建设，启动森林公园和市民广场建设，建设纬八路、世纪北路等16条道路和配套市政管线工程，实施11公里综合管廊二期工程和110国道、建设路雨水截留管线工程，提高新都市区承载能力。积极推进新都市区开发建设，加大征拆和土地收储力度，推动一批大型商业综合体项目尽快落地。统筹布局新都市区各类公共服务设施，有序启动社会公益项目建设。严格管理城市建设用地，切实提高土地利用效率和收益。

四是抓好现代农牧业示范园区建设。制定出台扶持政策，抓好土右旗、九原区、固阳县、达茂旗现代农牧业示范园区建设，打造示范基地30个，推动菜薯肉乳四大主导产业转型升级。依托万科、华鹿等企业，大力实施"菜篮子工程"，蔬菜面积稳定在20万亩。依托田丰、九华等企业，建成区域性马铃薯集散批发交易基地和期货交易市场，马铃薯面积稳定在100万亩。依托伊利、蒙牛等企业，加快大中型标准化奶牛养殖场建设，奶牛养殖规模化和标准化水平达到85%和45%。依托小尾羊、德彪肉业等龙头企业，实施50万只肉羊养殖加工等项目，使规模化养殖和改良率分别达到80%和75%。通过龙头企业培育一批特色驰名商标，建设区域性绿色农畜产品生产加工基地。

五是抓好现代物流园区建设。完善现代物流业发展规划，鼓励引导物流企业整合资源、错位发展，着力打造土右旗煤炭物流、昆区钢铁物流、青山区装备制造物流、达茂白云口岸物流、城区商贸物流五大基地。重点实施亿元以上物流项目36个，加快华蒙钢铁物流中心、润恒农副产品物流园、西部五金机电城、东鑫能源煤炭物流、呼铁局包头现代综合物流园等重点项目建设，培育一批现代物流龙头企业。大力发展国际物流，依托“国际陆港”发展“公铁海”货物联运业务，增强全市物流业辐射带动能力。加快发展电子商务，建设区域性物流综合信息服务平台，提升物流业现代化水平。

六是抓好文化旅游景区建设。进一步完善文化旅游产业发展规划，促进文化旅游深度融合，全力推动47个文化旅游重点项目建设，培育发展三星级以上乡村旅游示范点30个。按照国家5A级标准打造五当召旅游景区，加快推进美岱召、昆都仑召、秦长城、燕家梁等历史文化旅游景区建设和希拉穆仁、九峰山、梅力更等自然旅游风景区建设，完善配套服务功能，加强宣传推广，提升旅游接待能力和服务水平，打造特色旅游品牌。以保护原生态自然风貌为前提，高品位推进赛汗塔拉城中草原、小白河、南海湿地等生态旅游景区提质，促进旅游业蓬勃发展。

七是加快推进土右旗新型中等城市建设。立足呼包鄂600万人口城市圈，进一步明确土右旗城市定位。坚持高起点规划、高标准建设、高水平管理，围绕敕勒川、阿勒坦两条景观大道打造核心商圈，加快建设一批精品建筑、精品绿地、精品亮化工程，塑造现代精品城市形象。推进城区东延南拓，年内建成区增加7平方公里。大力支持土右旗创建国家级新型产业示范基地，加快推进天津渤海化工集团能源综合基地项目建设，培育发展清洁能源、现代煤化工、新型煤炭物流等优势特色产业，着力打造包头市新的经济增长极。加快实施土右旗“扩权强县”试点改革，增强地区经济发展活力和动力。提高地区人口集聚能力，新增城镇人口2.8万人，城镇化率达到50%。

八是加快推进达茂白云边境口岸城市建设。全力支持满都拉口岸建设，高标准建设口岸基础设施，提高口岸国际物流园区建设水平。积极开展对蒙合作，力争口岸过货量突破百万吨，推动满都拉口岸常年开放，建设向北开放桥头堡。以建设边境口岸城市为目标，研究制定达茂旗和白云矿区一体化发展规划，探索建立两地常态化财税协调机制，加快建立统一的户籍管理制度。提高达茂旗和白云矿区规划、建设、管理水平。做好“引水入达”前期工作，推进白彦花煤田综合开发。加快建设巴音百万千瓦级风电基地和中利腾晖太阳能光伏发电等一批新能源项目，确保包钢氧化矿搬迁等项目建成投产，不断夯实地区产业基础。

二、积极回应人民群众幸福期盼

一是全面启动大气污染防治工程，努力让群众呼得上新鲜空气。投资30亿元用于大气污染治理。强化企业主体地位，支持包钢启动二期尘源点治理工程，全部淘汰炼铁厂竖炉和老式球团机，完成4座高炉上料系统和出铁场电除尘改造。完成全市钢铁、火电等行业的污染物排放提标改造工程。清理整治包钢周边严重污染企业，关停公路、铁路沿线307家煤场。城市周边和城区范围禁止新建污染企业。提前一年完成“十二五”淘汰落后产能任务，争取进入国家第三批节能减排财政政策综合示范城市。取缔城区现有1170台燃煤小锅炉，淘汰2005年以前注册运营黄标车。全面加强建筑工地扬尘治理。建立全市燃煤管控机制，严禁使用高硫分劣质煤。建设覆盖全市的空气自动监测网络，制定空气重度污染应急预案。加大环境执法监管处罚力度，实行环保"硬执法"。我们力争用3到5年时间，使城区空气污染源得到有效治理，让城区空气质量得到明显改观。

二是大力实施城市供水改造工程，努力让群众喝得上干净地下水。投资7.1亿元用于改善居民饮水条件。启动工业用水置换工作，逐步关停企业自备井，让群众喝地下水，新增城区健康水受益人口10万人以上，解决农村牧区1.5万人的饮水安全问题。

建成国家西部地区一流水质检测中心，加强城乡居民饮水水质监管。投资6亿元续建完成北部区域城乡供水工程，保障装备制造园区、职教园区、什桂图新区和新都市区内30万人的用水需求。实施小白河蓄滞洪区续建工程，确保形成7000万立方米的年供水能力。加强污水排放监管，抓好南郊污水处理厂、万水泉污水处理厂提标扩建工程和污水管网建设工程，力争建成西郊污水处理厂和九原污水处理厂，完成包头市城市污水处理厂污泥综合利用工程。我们力争用2年时间，构建水资源优化配置新格局，让城乡居民饮水安全得到全面保障。

三是切实抓好食品安全监管工程，努力让群众吃得上放心食品。能不能在食品安全上给老百姓一个满意的交代，是对执政能力的重大考验。要加快推进食品监管体制改革，强化政府监管责任，落实企业主体责任。规划建设总投资6亿元的内蒙古西部粮食现代加工物流园区。在市区规划建设集生产加工、仓储物流、配送运营、检验检测于一体的食品加工园区，解决小作坊多、散、乱、差和监管困难等问题，确保人民群众舌尖上的安全。食品安全是产出来的，也是管出来的，要提高食品检验检测能力，建立农产品质量和食品追溯体系，加强基层监管力量，力争用3年时间实现从田间到餐桌的全过程监管。

四是加快实施交通设施改善工程，努力让群众用得上便捷交通。投资33.9亿元改善城市交通。新建改建青山路、哈屯高勒大街等9条城区道路，打通一批城区断头路和关键节点。全线贯通211省道固阳至百灵庙、104省道百灵庙至白云鄂博和包头至石拐一级公路，开工建设南北绕城公路、104省道希拉穆仁至百灵庙一级公路和311省道固阳至红泥井公路，新建300公里通村沥青路，覆盖34个嘎查村。更新公交车100台，开辟6条新线路，新建改造5个公交站场。全面加强城市机动车停车场管理，新建一批公共停车场。规划建设城区周边大型综合交通服务区。完成轨道交通规划报批前期工作。确保改扩建的机场候机楼投入使用，积极开展机场迁建前期工作。我们力争用3年时间，实现旗县区一级公路全覆盖和市区环线公路基本建成通车，为群众构建更加便利的公共交通保障体系。

五是全力推进生态环境整治工程，努力让群众看得见满眼绿色。投资90.7亿元用于生态环境整治。完成国家林业重点工程30万亩，六大重点区域绿化10万亩，加快推进大青山南坡绿化二期工程。加大公路、铁路沿线和城市出入口生态环境整治力度，完成绿化6.4万亩。继续强化围封禁牧，探索发展草原生态畜牧业的有效途径，切实保护森林资源，加强大青山国家级自然保护区建设。全力推进昆河、二道沙河、四道沙河、东河河道生态整治工程，建设城市水系。加快建设包头黄河国家湿地公园，新建改造南郊公园、转龙藏公园、大水卜洞公园等14个公园。启动实施钢铁大街、建设路沿线亮化、绿化提质工程。力争用3年时间，使城市形象和品位大幅提升，营造良好的人居环境。

三、更加注重民生和社会建设

一是突出抓好民生改善工作。坚持优先保障民生，确保新增财力70%用于民生投入，压缩7%的“三公”经费用于改善民生。深入实施创业就业工程，培育认定100个家庭服务企业，建立100个家庭社区服务站。全年城镇新增就业4.1万人，农牧民转移就业稳定在23万人。扩大社会保险覆盖面，提高各项保险参保率，适时提高保险待遇水平。启动建设全市综合性福利园区。全力打好扶贫攻坚战，落实扶贫资金1亿元，实施整村推进、产业化扶贫项目50个，继续集中全市社会力量帮扶固阳县，解决3.1万贫困人口的脱贫问题。改造农村牧区危旧房5400户，搬迁生态脆弱地区贫困农牧民1450户、4200人，集中力量打造10个新农村新牧区精品示范村。

二是提高社会事业发展水平。推动义务教育均衡发展，加快基础教育学校标准化建设。逐步弥补学前教育短板，新建15所以上公办幼儿园，适龄儿童入园率从66.5%提高到80%以上。加快发展职业教育，建设职教园区图书馆等配套公用设施。抓好公共文化设施建设，新建改建标准化旗县区文化艺术中心8个、乡镇综合文化站33个、社区综合文化室85个。建成远程公共文化信息资源共享平台和数字图书馆。组建包头市文化产业发展投资公司。大力创建国家公共文化服务体系示范区，力争用3年时间实现全市四级公共文化设施全覆盖。完善医疗卫生服务体系，开工建设新都市区医院，建成5个乡镇卫生院、40个村卫生室。实施基层医疗卫生机构信息化项目和农村牧区急救体系项目，推进名医人才培养工程。大力开展全民健身活动，促进群众体育与竞技体育协调发展。全面实施人才强市工程，强化经济社会发展智力支撑。做好第三次全国经济普查工作。

三是不断改进社会治理方式。完成全市社区管理体制改革任务，健全基层服务综合管理平台。深入推进平安包头建设，建成市县两级视频监控系统，强化四级巡控机制，依法严密防范和惩治各类违法犯罪活动。全面加强禁毒工作。扎实做好"六五"普法工作。加强安全生产，坚决遏制重特大生产安全事故。完善应急管理制度，增强政府应急管理能力。调整完善计划生育政策，促进人口长期均衡发展。认真落实党的民族宗教政策，维护团结和谐大好局面。加强国防教育，支持国防和军队建设，不断提高双拥共建水平。深入开展爱国卫生运动，巩固国家卫生城市创建成果。统筹抓好城乡精神文明建设，落实常态化工作机制，全力迎接全国文明城市第四次测评。

四、全面加强政府自身建设

一是着力建设诚信政府。民无信不立，政无信难施。我们要做诚信的倡导者、践行者和维护者，进一步完善政务公开制度，推进政府决策公开、管理公开、服务公开、结果公开，主动接受人民群众和社会各界的监督，建立刚性的政府失信惩戒机制，坚决兑现政府对社会公众做出的承诺。

二是着力建设法治政府。理念决定观念，法治高于人治。我们要自觉接受市人大及其常委会的法律监督、工作监督和市政协的民主监督，认真听取民主党派、工商联、无党派人士意见和建议，切实做到依法、科学、民主决策，坚决依法办事，依法行政，让政府行为始终在法律框架内运行。

三是着力建设创新政府。创新是时代的主题，是发展的动力源泉。我们要坚持解放思想，不断强化敢于担当的责任意识，在求真务实中全面推进理念创新、制度创新、方法创新，大胆破除制约科学发展的各种障碍，不断提高政府工作效能，切实增强驾驭经济社会发展的能力，树立奋发有为、积极进取的新形象。

四是着力建设廉洁政府。为政之要在于兴业，立政之本在于廉洁。我们要不断改进工作作风，全面开展党的群众路线教育实践活动，认真查摆整改"四风" 方面存在的问题，严格落实党风廉政建设责任制，加强行政监察和审计监督，加强公务员队伍建设，更好地服务于广大人民群众和全市经济社会发展。

各位代表，对党忠诚，对人民负责，全心全意为人民服务是政府的天职，也是时代赋予的使命。我们一定在自治区党委、政府和市委的坚强领导下，把握改革的新机遇，凝聚社会的正能量，夙夜在公、殚精竭虑，努力为全市人民创造更多的福祉！

关于包头市2013年国民经济和社会发展计划执行情况与2014年国民经济和社会发展计划草案的报告

——2014年1月9日在包头市第十四届人民代表大会第二次会议上

包头市发展和改革委员会

各位代表：

受市政府委托，现将全市2013年国民经济和社会发展计划执行情况与2014年国民经济和社会发展计划草案提请大会审议，并请各位政协委员和列席会议人员提出意见。

一、2013年国民经济和社会发展计划执行情况

一年来，全市上下认真贯彻落实党的十八大和十八届三中全会精神，按照自治区"8337"发展思路，紧紧围绕"稳中求进"的工作总基调，面对复杂严峻的国内外形势，加快转变发展方式，切实保障和改善民生，经济社会保持了平稳健康发展。预计2013年，地区生产总值完成3500亿元，同比增长9.5%，其中一产、二产、三产增加值分别完成91亿元、1824亿元和1585亿元，增长2%、12%和8%；固定资产投资完成2990亿元，增长18%；社会消费品零售总额完成1070亿元，增长11%；地方财政总收入完成345亿元，增长5.6%；城镇居民人均可支配收入达到36600元，增长9.5%；农牧民人均纯收入达到12680元，增长11%。圆满完成人大常委会审议调整后的目标任务。

(一)三次产业协调发展，经济运行健康平稳

工业经济稳步提升。预计规模以上工业实现增加值1350亿元，同比增长12%。一是装备制造业增势良好。预计装备制造业增长16%左右，增速居五大支柱产业之首，对全市工业增长的贡献率达28%。二是新兴支柱产业正在形成。神华煤制烯烃一期工程实现产值58亿元，增长3%左右，二期工程前期工作进展顺利。煤化工、新能源和新材料等产业正逐渐成为新的支柱产业。三是工业结构逐步优化。预计六大高耗能行业增加值同比增长5%，低于全市工业增速7个百分点；高技术产业增加值同比增长14%，高于全市工业增速2个百分点。此外，全市所有工业园区进入百亿元园区行列，营业收入超过百亿元企业新增1户达7户。

服务业保持稳定增长。预计社会消费品零售总额完成1070亿元，同比增长11%。一是物流业发展态势良好。三基地六园区建设全面推进，华蒙钢铁、北方国际原料城、满都拉园区等重点物流项目进展顺利。公路、铁路货运量完成3.2亿吨和1.1亿吨，同比增长18.5%和7%。二是房地产业健康发展。预计全年销售新建商品房3.7万套、销售额240亿元，分别下降17%和7%；二手房成交2.46万套、成交额66亿元，分别增长90%和87%。三是金融业运行平稳。1-11月份，金融机构存款余额2180.6亿元、较年初增加100.8亿元，贷款余额1572.8亿元、增加152.9亿元。四是对外贸易有所恢复。预计全市进出口总额完成21亿美元，与上年基本持平。此外，预计旅游业

接待国内外游客850万人次、增长10%，实现收入188亿元、增长22%。

农牧业发展态势良好。一是种植业收成良好。粮食总产量达到111.75万吨，较上年增加10万吨，创历史最高水平。预计蔬菜总产量达到106万吨，较上年增加1万吨。二是畜牧业稳步推进。预计全市牲畜存栏255万头(只)，同比增加0.8万头(只)。羊规模化养殖水平达到75%，优质肉羊改良率达到70%，较上年分别提高5个和10个百分点。奶牛规模化水平达到80%以上。三是产业化进程加快。市级以上农牧业产业化龙头企业新增12家达到113家，农牧民专业合作社新增307个达到770个，家庭农牧场(种养业大户)达到690个。

(二)招商引资成效明显，投资保持稳定增长

招商引资成效显著。一是精心策划招商项目。组织了40个重点招商项目汇编成册，除在重大招商活动中推介外，还为市委统战部、工商联、经信委等部门及各旗县区招商提供项目支撑。二是成功举办招商活动。去年4月、8月分别在珠三角(深圳)和长三角(南京)成功举办了两次规模较大的经贸合作活动。在"内蒙古·广东科技合作活动周"和"内蒙古·香港经贸合作活动周"上，举办了我市重点项目专题推介活动。9月底又在北京成功举办了"包头·北京科技创新合作签约大会"等五次招商活动。三是积极参加各类经贸洽谈活动。组织旗县区、相关部门参加了西洽会、津洽会、青洽会和兰洽会等合作洽谈活动。外出招商共签约合作项目95个，协议金额超过760亿元。四是加强区域合作。签署了《包头·深圳友好合作框架协议》、《包头发改委·深圳贸促委经贸合作框架协议》。预计全年引进国内(区外)资金到位530亿元，同比增长23%。

项目资金争取实现突破。一是石拐区资源枯竭城市转型专项规划通过国家评审，成为全国69个转型试点地区中首个通过国家评审的地区，获得1.45亿元，已累计获得国家和自治区3.9亿元的资金支持。二是将包头列入了全国老工业基地调整改造规划范围，又将东河区列为全国老工业基地搬迁改造试点候选地区方案上报国家发改委。新能源汽车应用推广示范城市方案已上报国家。三是加大对自治区电力多边交易及我市生产用电临时扶持政策的争取、落实力度，1-11月份，全市94户企业共获得自治区电价补贴资金4.35亿元，共享受电力多边交易优惠电费1.53亿元。四是从国家发改系统争取到位国家、自治区政策性资金15.7亿元，其中中央预算内资金10.5亿元，自治区预算内资金5.2亿元，较上年增长50%以上。

重点项目扎实推进。一是进一步完善重大项目协调机制，调整充实了重大项目领导小组，制定实施了市级领导重大项目包联工作制度。二是组织召开重点项目推进会，签订了责任书，实行月通报、季调度、年考核等制度，全力推进项目建设。三是901个投资5000万元以上重点项目全部开复工，预计完成投资1820亿元，同比增长18%。其中，498个续建项目完成投资1138.6亿元、403个新开工项目完成投资681.4亿元，有力的支撑了全市固定资产投资的稳定增长。

固定资产投资稳定增长。一是预计全市固定资产投资完成2990亿元，同比增长18%，投资结构日趋合理。二是预计服务业投资增速达到23%，高于全市投资5个百分点；高新技术产业完成投资32亿元，增长100%；六大高耗能行业完成投资570亿元，增长8%，低于全市投资增速10个百分点。

(三)重点工作有序开展，县域和非公经济发展加快

北梁棚改取得阶段性成果。一是科学制定棚改工作方案。按照"四年规划、三年基本完成"的目标，市人大常委会审议通过并颁布施行了《包头市北梁棚户区国有土地上房屋征收补偿方案》，为北梁棚改

顺利推进提供了政策和法律依据。二是圆满完成年度征拆任务。坚持“以片为主，整体推进”的思路，重点围绕“一园一路一社区三片区”等区域开展征收工作，累计拆除房屋1.3万户、76.4万平方米，分别完成年度任务的109.9%和153.3%。三是妥善解决拆迁安置房。一期、二期、三期共150万平方米的1.93万套安置房已全面开工建设，安置区内道路、水电气热等基础配套设施和医院、学校等社会服务配套设施同步建设。完成安置房回购5653套，落实周转过渡房3000余套，搬迁居民全部得到妥善安置。

重点区域环境整治初见成效。一是研究制定了《包头市铁路沿线环境综合整治工作方案》和《包头境内G6高速公路、110国道、210国道生态环境综合治理工作方案》，相关规划设计、配套政策等全部完成。同时建立了日报告、周例会、旬汇报、月总结的工作制度。二是公路铁路沿线共拆除影响环境的各类建筑40.9万平方米，整地挖坑280万穴，栽植苗木近100万株，绿化面积2.1万亩，完成投资10.9亿元。

县域和非公经济快速发展。一是县域经济发展加快。出台了《关于进一步加快县域经济发展的意见》。继续增加财政转移支付，实施了山北地区给水工程和一级公路通达工程。推进实施城乡一体化发展规划，实现了村镇规划全覆盖。加大了土右中等城市和达茂口岸城市建设力度，继续集中社会力量重点帮扶固阳县。土右、达茂、固阳三个地区经济总量和工业增速均高于全市平均水平。二是非公经济继续壮大。出台了《包头市鼓励和支持非公有制经济加快发展的若干规定（试行）》，从市场准入、财政支持等七个方面，进一步放宽了非公有制企业注册资本限制，压缩行政审批时限，多层次减免税费，为企业减轻负担。预计全市非公有规模以上工业增加值完成790亿元，同比增长25%，高于全市13个百分点。

此外，完成了全市“十二五”规划中期评估工作，规划中确定的各项主要指标完成或基本达到预期目标。

（四）城乡建设力度不断加大，生态环境工程全面展开

城乡基础设施更加完善。一是重点城建工程进展顺利。新都市区基础建设有序推进，道路和综合管廊工程加快实施，北部区域供水主体工程完工。新建扩建青山路、工业园区东路等25条城区道路，其中科技路、青年路已完工。民族东路、文化路等供热管线改造和12个旧小区二次管网改造全部完成。普拉特垃圾焚烧发电厂、东河垃圾处理场建成投产运营。二是交通建设工程扎实推进。G6高速包头段改扩建、国道110线协力气至西北门段改建、省道211线固阳至百灵庙、104线百灵庙至白云鄂博段一级公路工程主体建成通车。完成包头站和东站改扩建工程。三是农村基础设施建设不断加强。农田水利基础设施建设完成投资2.67亿元，新增水土流失治理面积16.74万亩，节水灌溉面积15.14万亩。新农村新牧区建设投入各类资金16.85亿元，实施村庄整合、村容村貌治理等工程，整旗、整镇示范和示范村建设全面推进。新增农村通沥青水泥路290公里，覆盖54个建制村。

生态环境工程全面展开。一是抓好生态林建设。继续实施天然林保护、“三北”防护林、退耕还林、京津风沙源治理工程，完成各项林业建设任务42.3万亩，森林覆盖率达16.9%。二是加强水污染防治。出台了《包头市集中式饮用水水源保护和黄河流域水污染整治方案》，北郊、东河东和南郊污水厂升级改扩建工程正在加快建设，西郊、九原污水厂工程完成过半。三是深入实施大气污染防治。编制了《包头市清洁空气行动计划》和《包头市大气重污染应急预案》。整治市区燃煤锅炉150余台。PM2.5监测平台完成建设并于11月1日正式向社会发布监测数据。全面实施机动车环保合格标志管理，发放环保合格标志22万枚。

节能减排完成目标任务。一是节能工作成效明显。通过落实责任、争取资金和加强监管，能耗水平不断降低，预计全年可超额完成自治区下达万元GDP能耗下降3.43%的目标任务。二是主要污染物排放持续下降。安排了101项重点减排项目，预计全市二氧化硫排放量同比减少1.5%、氮氧化物排放量减少2%、氨氮排放量减少2.5%、化学需氧量排放量减少2%，能够完成目标任务。三是"三片两线"环境综合整治圆满完成。累计治理"两高"企业和布局不合理企业345户，超计划治理186户，周边环境质量得到改善。此外，向上级部门争取节能减排专项资金1.5亿元，是上年全年的3.7倍。

（五）民生工作扎实推进，社会事业全面发展

三项收入稳步增长。一是财政收支基本平衡。地方财政总收入完成345亿元，同比增长5.6%。其中公共财政预算收入215.1亿元，增长15.8%。公共财政预算支出355.2亿元，增长22.1%，其中用于民生方面的支出286亿元，占公共财政预算支出的80.5%。二是城乡居民收入继续增加。在离退休人员养老金和城镇低保标准提高等一系列积极因素拉动下，预计城镇居民人均可支配收入达到36660元，同比增长9.5%。在外出务工收入和各项补贴增加等因素带动下，农牧民人均纯收入达到12680元，增长11%。

就业和保障水平不断提高。一是就业形势保持平稳。城镇新增就业4.2万人，失业人员再就业0.9万人，其中高校毕业生就业1.98万人，城镇登记失业率控制在3.87%，农牧民转移就业23.5万人。二是社会保障提标扩面。全市城镇职工养老、城镇医疗、失业、工伤和生育保险参保人数分别达到84.7万人、132.2万人、46.5万人、45.9万人和43.3万人，同比分别增加2.7万人、1.4万人、1.1万人、1万人和0.4万人。新农合参合66.86万人，参合率98.89%。继续提高企业退休人员养老金，月人均增加185元。最低工资标准，市区每月提高到1350元。城镇最低生活保障标准月人均提高45元，农牧区最低生活保障标准年人均提高276元。三是保障性住房建设全部开工。自治区下达我市的保障房新建任务6696套（含货币安置288户），已全部开工建设。基本建成任务21795套(户)，已全部建成。四是扶贫开发深入推进。项目扶贫、金融扶贫、社会扶贫深入开展，全年落实各类扶贫资金1.62亿元，实施扶贫项目67个，解决了3.5万贫困人口脱贫问题。

社会事业全面发展。一是科技创新能力稳步提高。预计全社会研究与试验发展(R&D)经费支出达47亿元，同比增长30%。围绕钢铁、稀土、资源综合利用等领域组织实施了20项重点科技项目，包钢"先进钢材生产技术"等4家院士工作站正式揭牌运行。二是教育事业优先发展。新建、改扩建26所公办幼儿园，蒙中、回中新校区投入使用。全市7个旗县区23所学校实施"免费午餐"工程，惠及1.4万名农村牧区中小学住宿生。实行中等职业学校住宿费补助政策，惠及1.7万名学生。三是卫生事业均衡发展。启动新农合大病商业保险，有效缓解农牧民因病致贫、返贫问题。基本药物制度和零差率销售政策覆盖所有政府办基层医疗机构。开工建设市精神卫生中心、土右旗中蒙医院和达茂旗蒙医院病房楼，建成10个标准化社区卫生服务中心，农村牧区"家庭小药箱"工程实现全覆盖。四是文化建设取得进展。成功申报创建第二批国家公共文化服务体系示范区，深入开展文化惠民"八进"活动、着力打造"双十"文化活动品牌。积极推进地方文化数字资源平台和数字图书馆建设，文化信息资源共享工程顺利开展。国有文艺院团改革取得阶段性成效。包头国际会展中心、包头大剧院、达茂旗那达慕会场建成投入使用。东河区乔家金街文化产业基地开始运营，敕勒川文化产业园区、国家广告传媒产业园、五当召文化旅游产业园加紧建设。

价费监管工作取得实效。一是加强市场物价监

管。强化对重点市场和商品的日常监测，组织开展交通运输、成品油等价格专项检查，前11月居民消费价格指数为102.8%，全年物价总水平基本稳定。二是做好临时物价补贴发放。共向7.96万名城乡低收入居民发放1258万元，减轻了物价波动对低收入居民的生活影响。三是加强收费管理。严格控制出台调涨价费项目，清理取消收费8项，免收3项，降低28项，进一步减轻了社会和企业负担。

此外，政府为民兴办的16件好事实事全部完成。信访、安全生产、体育、人口计生、民族宗教、外事侨务、人事、气象、审计、档案等方面的工作也都取得新的进展。

各位代表，回望2013年，在市委的正确领导下，在市人大、政协的大力支持和有效监督下，经过全市各族人民共同奋斗，面对复杂严峻的国内外发展形势，我市经济社会保持了平稳健康发展。在总结成绩的同时，我们也清醒地认识到当前发展中还存在一些突出的问题，主要表现为经济持续增长的动力不足、产业结构调整任务艰巨、企业生产经营面临的困难较多、城乡发展差距依然明显、环境质量亟待改善等。对于这些问题，我们要在今后的工作中，采取切实有效的措施，认真加以解决。

二、2014年经济社会发展预期目标和主要任务

今年是全面贯彻落实党的十八大和十八届三中全会精神重要的一年，也是实现“十二五”奋斗目标的关键一年。我们要以自治区“8337”发展思路为统领，全面落实市委十一届五次、六次全委（扩大）会议的各项决策部署，紧紧围绕“5421”总体定位和战略重点，继续扩大经济总量，积极转变发展方式，切实加强环境保护，努力做好民生改善，推动经济社会继续保持平稳健康发展。综合分析当前宏观形势，今年全市经济社会发展的主要目标是：地区生产总值增长9.5%左右，固定资产投资增长15%左右，社会消费品零售总额增长12%左右，公共财政预算收入增长8%左右，城镇居民人均可支配收入增长9%左右，农牧民人均纯收入增长10%左右，城镇登记失业率控制在3.9%以内，完成自治区下达的节能减排目标任务。为此，要统筹安排、突出重点，努力做好以下五个方面工作：

（一）继续抓好项目建设，保持投资稳定增长

一是做好项目策划储备。紧紧围绕自治区“8337”发展思路和市委十一届五次、六次全委（扩大）会议精神，结合自治区和我市近期制定的各项产业规划，以传统产业改造升级、战略性新兴产业发展壮大和承接产业转移为重点，认真做好项目的开发收集、筛选汇总、论证评审、储备管理工作。传统产业方面，重点包装策划钢铁精深加工、煤电铝、煤电化等项目，延长传统产业链条，提高产品科技含量，推动传统产业向新型化方向发展。战略性新兴产业方面，包装策划高端装备制造、风光新能源、稀土新材料等战略性新兴产业项目。

二是大力开展招商引资。紧紧抓住国务院出台《关于化解产能严重过剩矛盾的指导意见》的机遇，充分发挥我市电力、产业配套等方面的比较优势，促进技术含量高、耗能排放低的产业向我市转移。制定出台《进一步加强招商引资工作的实施意见》。在“京津冀”、“珠三角”和“长三角”地区有针对性的开展招商推介活动。积极组织参加“香港经贸活动周”、“广东科技活动合作周”和西洽会、津洽会等传统招商活动，在招商引资目标地区开展点对点专题招商推介活动。鼓励各旗县区和部门自主开展多层面、多形式的项目推介和对接。大力推行挂职、专业、定向、产业链、产业转移等多种形式的招商活动，发挥办事处在招商过程中的纽带作用。重点深化产业链招商，立足现有产业和产能，加强下游配套产业和产品的研究，通过招商引资有效承接沿海内地的一些特色产业链项目，促使生产要素向优势产业集聚、优惠政策向优势产业倾斜。加强与工商联、驻包各商会的联

系与合作，实现就地招商、以商招商，力争有更多大项目、好项目落户我市。年内引进国内区外资金突破600亿元以上，同比增长15%以上。

三是抓好项目建设和管理。组织实施583个投资亿元以上重点项目，力争续建项目5月底全部复工，新建项目8月底全部开工。按照“总量稳定、动态管理”的原则，对无法实施的项目进行调整，确保重点项目动态开工率达到100%。继续实施市领导包联重大项目工作责任制，实施重大项目包联工作管理办法，建立六级责任人制度，全力推动重大项目实施。严格执行“月通报、季督查、年考核”制度，会同相关部门建立不定期督查协调机制，深入项目建设一线，督查项目进度，了解并协调解决建设过程中遇到的困难和问题，推动重点项目顺利实施。力争年内完成投资1520亿元以上，同比增长15%以上，拉动固定资产投资增长15%左右。

(二)着力推进结构调整，加快转型升级步伐

一是调整优化工业结构。按照《产业结构调整指导意见》要求，加快传统产业转型升级，全面实施全市《结构调整规划》、《清洁能源输出产业发展规划》等5个重点产业专项发展规划。加快实施包钢550万吨稀土钢板材结构调整、明拓不锈钢、东方希铝和包铝铝合金等重大项目，积极争取神华煤化工二期开工建设。支持常铝、成功铝业、汇豪镁业等深加工企业向产业链下游延伸，引进更多下游产业项目。加快战略性新兴产业发展，加快推进达茂巴音140万千瓦风电、兵总高端装备制造园、中利腾晖100万千瓦太阳能光伏发电等重大项目建设。集聚发展高性能稀土新材料，延伸发展永磁电机、镍氢动力电池、核磁医疗设备等稀土应用产品，扩大发展核燃料元件产业。进一步提高战略性新兴产业占全市工业经济的比重。进一步明确各园区产业发展定位，围绕主导产业制定实施园区中长期发展规划和产业上下游配套规划，集中力量打造钢铁、铝业、装备制造和稀土4个千亿元产业园区。同时，加强企业信息化建设，推动工业化与信息化深度融合。全市规模以上工业增加值增长12.5%，二产业增加值增长12%。

二是加快第三产业发展。围绕全面建成小康社会的目标要求，促进第三产业快速发展，进一步提高三产占地区生产总值的比重。生产性服务业方面，加快推进北方原料城、润恒农副产品物流园、石拐原材料物流园区等重点项目建设，打造区域性物流综合信息服务平台。力争满都拉口岸常年通关，过货量达到100万吨以上。大力发展国际物流，依托“国际陆港”发展“公铁海”货物联运业务，提升物流业带动能力。加快服务业标准化建设，利用肉菜流通追溯体系试点，扩大电子商务应用领域。培育发展产品研发、金融服务、咨询评估等新兴服务业。生活性服务业方面，按照《旅游产业发展规划》的要求，加快文化旅游融合发展，有序推进五当召、赛汗塔拉和南海湿地等重点文化产业园建设，打造包头特色草原旅游品牌，引导释放居民的文化消费潜力。加快苏宁生活广场、东河维多利新天地、辛集国际皮革城等大型商贸综合体建设，合理布局城镇商贸设施，落实促进消费的各项政策措施，着力培育文化休闲、信息消费、电子商务等消费热点。同时，充分利用好各种金融工具，加大金融业对实体经济发展的支持力度。力争社会消费品零售总额增长12%左右，三产业增加值增长9%。

三是推进现代农牧业。按照《绿色农畜产品生产加工基地规划》的要求，全力构筑“三带、六区”发展格局，加快推进四大主导产业转型升级，着力打造国家马铃薯产业化示范基地、西北地区蔬菜集散地和自治区重要的优质肉羊基地、奶源基地、农畜产品加工基地。强化蔬菜示范基地建设，扩大物流配送规模。做大做强种薯产业，延长商品薯产业链条。加快肉羊品种改良，实施肉羊养殖加工等项目。推进大中型奶牛标准化养殖场建设，改扩建中小型养殖场(小

区)。大力发展农超对接、农社对接、社区直销等产销模式,减少中间流通环节。积极发展休闲农牧业,加大土地流转力度,提高规模化、集约化、机械化、标准化水平,力争一产业增加值增长3%。

(三)统筹推进重点工作,促进城乡全面发展

一是继续抓好城市棚户区改造。全力推进北梁棚户区搬迁改造,全面完成国有土地上居民搬迁安置、企事业单位房屋征收工作,启动集体土地上各类房屋征收工作。加快北梁新区一期、二期、三期、四期安置房建设进度,同步配套道路、管网等基础设施和教育、卫生等公共设施,在建安置房交付使用7737套,新建110万平方米,回购约30万平方米,安置居民1.5万户、3.9万人。启动全市棚户区改造工作,运用市场化方式,优先改造居民生活燃煤散烧集中地区和平房连片地区,重点实施昆区北部区、五二研究所棚户区、包铝棚户区、石拐城市棚户区、麻池新区等改造项目。

二是加快实施重点区域环境整治。完成公路铁路沿线垃圾清运、违章建筑拆除任务,集中整治沿线523户企业,对307家煤场进行关停取缔和全封闭治理。采取政府引导、社会各方面力量参与的方式,完成公路铁路沿线及城市出入口绿化6.4万亩,6月底前完成全部绿化种植任务,完成城市出入口景观和配套设施建设。

三是大力推进重点领域改革。进一步深化行政审批制度改革,实质性推进简政放权,大幅度取消行政审批。依法公布审批事项、审批程序、审批环节、审批结果,全面推行集中办理和网上审批,提高政府公信力和行政效能。加快发展混合所有制经济,推动国有资本、集体资本、非公有制资本交叉持股、相互融合,推动各种所有制资本取长补短、相互促进、共同发展。进一步深化土地制度改革,加快建立城乡统一的建设用地市场,实行农村集体经营性建设用地与国有土地同等入市、同权同价。进一步完善土地和草牧场流转制度,加快探索农牧民土地和草牧场承包经营权在我市的多种实现形式。

四是大力发展县域和非公经济。加快发展县域经济,深入贯彻市委、市政府出台的《关于进一步加快县域经济发展的意见》,通过制定差异化的项目准入政策,支持发展各具特色的优势产业。引导市域内符合产业政策和环保要求的冶金、制造业配套和农畜产品加工等部分产业,以及包钢铁矿洗选、初级冶炼等项目向外围旗县区布局。加强旗县区工业园区建设,努力将园区打造成县域产业发展的重要载体。加强县城和城郊型、旅游型等重点镇建设,不断提高城镇化水平。按照全市《沿边开发开放规划》要求,加快白云、达茂旗向北开放步伐。推动非公经济健康发展,充分发挥民间投资潜能,既要大力支持外来民营企业来我市投资兴业,更要帮助本地民营企业投资创业、做大做强。组织策划一批适合民间投资、成熟度高的中小项目,做好项目推介和对接工作。

(四)加大城乡建设力度,加强生态环境保护

一是加快城乡基础设施建设。继续加强市政基础设施建设,组织实施青山路、哈屯高勒大街等9条道路和奥林匹克公园、莫尼林带公园等14个公园广场建设,建设昆河二期等9项河道景观工程,确保完成南郊污水处理厂改扩建工程,积极推进其它污水处理厂建设工程。完成供水、污水、中水、供热、燃气管网铺设516.9公里。全面启动工业用水置换工作,大力推行企业使用黄河水,居民饮用地下水。抓好新都市区建设,加快医院、学校等公共服务设施及配套基础设施建设。继续完善城乡公交体系,提高公交出行分担率。开工建设南北绕城公路、省道104线希拉穆仁至百灵庙段和311线固阳至红泥井段公路。新建300公里通村沥青(水泥)路,覆盖34个嘎查村。力争二连至巴音花、明安至金山工业园区铁路开工建设,做好城市轻轨等项目前期工作。此外,加快土右新型中等城市建设步伐。

二是加强生态建设和环境保护。按照全市《林业发展规划》要求，继续实施天然林保护、京津风沙源治理二期、大青山南坡绿化二期、草原生态补奖等重点工程，全面推动黄河国家湿地公园建设。实施大气污染治理专项行动，全面实施大气污染源稳定达标治理工程、包钢尘源点二期治理工程、建成区燃煤锅炉清洁能源替代工程。建立健全新闻发布和环境信息公开制度，推进环境质量、重点污染源、饮用水源等环境信息公开。建立健全环境保护举报制度，解决好群众关心的突出问题，维护群众的环境权益。增设包铝、包钢、九原工业园区等空气自动监测点，对二氧化硫、二氧化氮、一氧化碳、臭氧及PM2.5、PM10六项指标进行监测，重点监控PM2.5和PM10两个指标，并向社会公布监测结果。加强集中式饮用水水源地保护和黄河流域水污染防治，修复黄河湿地生态，重点推进河道整治、排污口清理工作。

三是继续抓好节能减排。按照自治区下达的节能减排年度目标，做好指标分解，同旗县区签订责任状。做好重点地区和电力、钢铁、水泥、建材等高排放行业总量控制和监督检查，及时通报预警。抓好新建项目节能、环评审批，严控高耗能、高污染项目上马，抓好节能环保重点工程的实施和高耗能行业的技改，在农业、工业、服务业等领域加大清洁生产推行力度。继续优化工业布局，淘汰落后产能，力争提前完成“十二五”节能减排目标任务。

（五）努力保障和改善民生，促进社会事业全面发展

一是做好就业和社会保障。突出抓好就业创业工作，落实《包头市创业就业工程实施意见》，着力做好高校毕业生、就业困难人员、农牧民工等重点人群就业。鼓励扶持劳动密集型中小企业和家庭服务业发展，加快推进国家、自治区基层就业和社会保障服务设施项目建设，进一步提升全市基层就业和社会保障服务能力，力争年内新增就业4.1万人。继续扩大社会保险覆盖面，根据国家政策要求，调整企业退休人员养老金，适时提高城乡低保、优抚等标准。做好各项社会救助工作，鼓励和支持社会力量兴办养老机构。加强保障性住房建设，计划开工建设14105套保障房，年内基本建成14011套，确保完成自治区下达的目标任务。同时进一步完善保障房分配管理制度，切实解决城镇低收入家庭住房困难。全力打好扶贫攻坚战，创新社会扶贫工作模式，建成覆盖9个旗县区的贫困人口动态监测网络系统，实施整村推进、产业化等扶贫项目50个，解决3.1万贫困人口的脱贫问题。继续做好集中社会力量重点帮扶固阳县工作。此外，加强健康水质量监测和信息公开工作，力争健康水合格率较上年提高0.2个百分点，达到96.2%。继续实施好农村牧区安全饮水工程，解决1.5万人安全饮水问题。

二是促进各项社会事业发展。实施创新驱动战略，继续加大科技投入力度，研究与试验发展经费支出力争达到61亿元。大力推进创新型城市建设工作，积极发挥我市新设立的科技创新引导专项资金的作用，不断激发和调动企业科技创新的主动性和积极性。继续实施学前教育三年行动计划，新建15所以上公办幼儿园，稳步提高学前教育入园率。实施基础教育学校标准化建设工程，重点加强城区薄弱学校、乡镇未达标学校和农村校舍的建设，缩小城乡、区域和校际教育发展差距。农村义务教育学校学生免费午餐工程在全市范围内开展。继续完善医疗卫生服务体系，开工建设新都市区综合医院，完成北梁棚改安置区社区卫生服务机构建设。扩大基本药物制度实施范围，推进城乡居民规范化健康档案等公共卫生服务项目。提高新农合大病保险财政补助标准，提升农牧民医疗保障水平。创建国家第二批公共文化服务体系示范区，继续提高公共文化服务能力和水平，加快推进文化产业集聚发展。做好全市第一次全国可移动文物普查工作，坚持保护传承利用

原则，将北梁历史文化街区纳入我市重点文化产业发展规划。继续深入开展全民健身活动，做好广播电视工作，抓好社会管理创新和社会治安综合治理，落实安全生产责任制，完善公共应急体系和应急平台。全面推进“精街道、强社区”管理体制改革，继续加大社区服务设施和经费投入力度。继续强化工商、药监工作，加强食品药品安全监管，加大违法违规行为查处力度，保障公众饮食用药安全。此外，认真做好信访工作，妥善化解各类矛盾。

三是保持物价水平基本稳定。有序开展教育、医疗、房地产、能源、交通等重点行业价格和收费专项检查，营造良好价费环境。加强价格监测预警，关注市场动态，严厉打击各类串通涨价行为，做好各类涉价涉费投诉咨询和突发事件的处置。做好食品、食用油、肉类等生活必需品的调度供应，避免市场物价出现大幅度波动。

此外，重视做好计生、老龄、妇女儿童及人事、审计、统计、监察、外事、侨务、防震减灾、气象、档案等各项工作，实现经济社会和谐发展。

各位代表，当前我们正处于转型发展的关键时期，面对诸多的困难和挑战，完成2014年的工作目标，任务艰巨、意义重大。我们将在市委的正确领导下，自觉接受人大依法监督和政协民主监督，不断创新思路、开拓进取，为提前建成全面小康社会打下坚实的基础！

包头市2013年预算执行情况和2014年预算草案的报告

——2014年1月9日在包头市第十四届人民代表大会第二次会议上

包头市财政局

各位代表：

受市人民政府委托，现将我市2013年预算执行情况和2014年预算草案提请大会审议，并请市政协委员和其他列席人员提出意见。

一、2013年预算执行情况及财政重点工作

过去的一年，在市委的坚强领导和市人大及其常委会的监督支持下，全市上下认真贯彻落实市委十一届五次全委(扩大)会议精神，突出稳增长、调结构、促改革，全力保运转、保民生、保重点，财政收支平稳增长，实现了新一届政府财政工作的较好开局。

(一) 财政预算执行情况

根据国库汇总数据，全市地方财政总收入完成345亿元，增长5.6%，完成预算的97.7%。其中：公共预算收入完成215.1亿元，增长15.8%，完成预算的101.6%；上划中央、自治区税收完成129.9亿元，下降7.9%，完成预算的92%。全市公共预算支出完成355.2亿元，增长22.1%，完成预算的91.4%。政府性基金收入完成86.7亿元，增长70.6%；政府性基金支出完成87.4亿元，增长88.1%。

市本级地方财政总收入完成52.4亿元，增长5.3%，完成预算的105%。其中，公共预算收入完成29.6亿元，下降9.4%，完成预算的100.7%。包头市第十四届人大一次会议批准的2013年市本级地方财政支出预算61.6亿元，市人大批准调增预算6亿元，预算执行中自治区陆续下达税收返还及各类转移支付补助收入127亿元，财政部代理地方发行债券资金17.1亿元，剔除转移和补助旗县区76.7亿元后，市本级全年调整预算数预计135亿元。市本级公共预算支出121.3亿元，增长31.5%，完成全年调整预算数的90%。

市本级政府性基金收入完成73.8亿元，增长96.3%，完成预算的161.1%；政府性基金支出完成66.6亿元，增长148.1%，完成全年调整预算数的153.5%。

上述预算执行数据均以最终决算为准，财政决算编制完毕后将报请市人大常委会审查批准。

(二) 2013年财政重点工作

过去的一年，全市各级政府及财税部门按照市人大批准的预算和调整的预算，主要做了以下工作：

1.努力克服减收增支困难，财政收支保持了平稳增长。2013年财政收支困难叠加，既面临主导产业效益下滑、税收大幅减收的现实困境，又有上年收入不可比因素大及当年刚性支出大幅增加的特殊情况。对此，我们着力从支持经济持续健康发展、缓解企业运行困难、加强收入征管、合理调度资金、加大争取资金力度等方面综合施策、积极应对，有效地克服了各种困难，财政收支呈现以下特点。

一是财政收入稳中有增，非税占比逐月回落。全市地方财政总收入在一季度末仅增长2.7%后逐月恢复性增长，二、三季度月均增长4.7%，四季度月均增长7%，总体呈现稳中有增态势，且公共预算收入增速高于全区5.1个百分点。同时，我们统筹兼顾处理好完成收入总量和提高收入质量的关系，既保证在税收减收情况下加强非税征管弥补总量不足，又适时调控非税占比优化收入结构，非税收入占比由6月末的32%逐月回落到年末的24.1%。

二是财政支出增速高、进度快，支出总量高于收入。全市公共预算支出增速高于地方财政总收入16.5个百分点，支出进度达91%以上，增速和进度均位居自治区前列。特别是公共预算支出总量自分税制以来首次高于地方财政总收入（高出10.2亿元）。支出的较快增长不仅保障了各项民生政策的落实，且有效推动了北梁棚改、生态环境整治等重大项目早启动、早见效。

三是争取上级资金和调整支出结构成效显著。在中央、自治区财政支出相对收紧的情况下，全年得到上级各类资金127亿元，同比增加28.4亿元，增长28.8%。特别在北梁棚改、沿黄经济带、“双百亿园区”等方面实现争取资金大的突破。同时，合理调整支出结构，大力压缩行政开支，仅市本级“三公”经费和专项业务费压减总额达4,000万元，压减资金全部用于北梁棚改居民供暖、冬菜储备补贴和免费为低收入农牧户发放一吨煤等方面。争取资金的增加和支出结构的调整对确保收支平衡发挥了重要作用。

2.全力支持经济平稳发展，稳增长、调结构等政策措施得到有效落实。坚持把稳增长作为支持经济发展的首要任务，集中财力推动市委、市政府重大决策的落实，助推我市经济持续健康发展。

全力支持工业经济发展。市本级拨付6.5亿元，支持包钢集团结构调整、补助包铝集团贷款贴息、支持稀土产业和装备制造业发展。拨付6,600万元，实施了北重360吨矿用汽车制造技术等22项重大科研项目。拨付7,100万元支持北大科技园和云计算项目。拨付沿黄经济带发展资金3亿元，支持了稀土、装备制造、金属深加工、铝业等重点工业园区建设。

全力支持服务业发展。拨付4,400万元，支持商贸区域网点改造、现代物流业及包头国家广告产业园等项目。拨付3,400万元，支持小尾羊、包百等企业服务平台及直营店建设，推进“新网工程”，保障粮油、蔬菜储备和“米袋子、菜篮子”工程。拨付7,971万元，支持口岸建设，落实金融业扶持政策，推动旅游业发展。

积极推动现代农牧业发展。拨付2,500万元，继续扶持土右旗、九原区蔬菜和固阳县、达茂旗马铃薯等优势产业。拨付4,212万元，实施农业高产创建、专业合作组织及农牧业科技推广等项目。将土右旗、九原区、固阳县列入了自治区“四个千万亩”节水灌溉项目范围，全年争取补助资金2,400万元。进一步健全农业保险体系，拨付农业和森林保险保费补贴5,533万元。

积极帮助中小微企业解决困难。拨付1.5亿元实施电价、铁精粉价格补贴和中小微企业贷款贴息政策，全市累计940户企业受益。注资入股5,000万元成立内蒙古鼎新担保公司包头分公司，拨付1,000万元在青山区开展中小微企业贷款履约保险试点，有效改善中小微企业融资环境，解决中小微企业融资难题。

3.加大保障和改善民生投入力度，推动社会事业发展成效明显。经济越是困难，越需要关注民生，优先保障民生支出。全市用于民生的支出达286亿元，同比增加61.2亿元，增长27.2%，民生支出增量占公共预算支出总增量的95.3%。

全面落实惠民补贴政策。全年拨付8.2亿元，确保粮食直补、农资综补、良种和农机购置、草原生态奖补和围封禁牧等补贴足额发放，确保企业养老金、城乡低保等民生提标政策及时兑现，稳步增加居民政策性收入。拨付7,856万元，及时启动临时物价补贴机制，继续为80岁以上低收入老年人发放高龄津贴，为环卫一线工人提高工资，为住房困难家庭发放廉租房补贴。

积极扶持就业创业。全年就业补助支出2.5亿元，增长12.4%。重点落实自主创业、公益岗位、民生志愿者等就业补贴政策。全年拨付小额担保贷款财政贴息5,557万元，通过扶持创业带动就业2.97万人。拨付大学生村官和“三支一扶”经费2,703万元，支持高校毕业生就业。拨付2,705万元，支持公共实训基地和劳动保障事务所等就业设施建设。

优先支持教育事业发展。全市教育支出43.2亿元，增长6.9%。重点拨付1.2亿元，落实义务教育保障机制；发放资助金1.4亿元，确保了5.3万名大中专学生不因贫困失辍学；拨付2.5亿元改善高校教学条件，生均经费达到1.2万元；拨付1.02亿元，补助全市177所民办幼儿园和68所公立幼儿园，切实解决入园难问题。筹措资金6.6亿元，支持职教园区、标准化学校、农村薄弱学校和蒙中、回中等重点学校建设。

促进医疗卫生事业发展。全市医疗卫生支出14.9亿元，增长24.3%。拨付3.5亿元，用于疾病防控、卫生监督、妇幼保健等公共卫生服务项目，实施基本药物制度和支持基层医疗卫生机构；拨付6亿元用于城镇居民医保、新农合、城乡医疗救助等医疗保障支出。同时，积极筹资支持10个标准化社区卫生服务中心、第四医院医疗用房、第六医院病房楼、新都市区医院以及综合性医院、民营专科医院等建设。

支持文化大市建设。全市文化体育传媒支出4.7亿元，增长22.3%。积极构建公共文化服务体系，支持实施了文化场馆免费开放、农牧区电影放映、群众文化活动、文化精品创作等一大批文化惠民项目。继续推进文化体制改革，支持文化产业发展，提高广电能力建设，确保我市十二届运动会成功举办。

4.大力支持城乡基础设施建设，统筹城乡发展迈出坚实步伐。坚持多渠道筹措资金、集中财力办大事的原则，加大对城乡基础设施建设的投入力度。

集中财力打好北梁棚改攻坚战。把支持北梁棚改作为头等大事，多渠道筹集各类财政资金36亿元，有力地保障了这一重大民生工程顺利启动和实施。同时，拨付1.4亿元实施了全市3.5万套公租房和廉租房建设工程。

全力支持城市环境改善。拨付3.7亿元，支持城区道路、污水管网、垃圾转运站及城市绿亮美等项目建设。拨付6,560万元，推进四道沙河、二道沙河城区河道治理工程。利用外国政府贷款支持实施了集中供热改扩建、城市管道直饮水、天然气管网等项目。拨付公交运营及IC卡补贴7,000万元、公交车辆更新及站场建设资金10,000万元，不断改善市民出行条件。

加大城乡基础设施投入力度。继续实施北部城乡供水、大青山生态应急水源、健康水和农牧区安全饮水工程，全年拨付资金2.1亿元。拨付成品油价格改革补贴资金1.5亿元，对林业、交通、渔业等给予补贴；拨付1.4亿元，支持重点公路建设和维护。拨付"一事一议"财政奖补资金1.2亿元，建成项目355个。拨付1.3亿元，实施16个农业综合开发和2000户农村危房改造项目。拨付1.7亿元，落实以工代赈等扶贫政策，给予生态脆弱地区移民补助，继续扶持固阳县等困难地区发展。拨付4,800万元，支持城乡统筹试点和新农村新牧区示范点建设。

加大生态环保投入力度。全市节能环保支出7.8亿元。本级拨付1.2亿元，推动铁路公路沿线环境综合治理项目启动实施；拨付资金9,600万元全面完成了“三片两线”综合治理工程。继续支持六大区域、大青山南坡、黄河大堤等绿化工程，实施既有居住建筑节能改造项目，全年拨付资金2.5亿元。拨付2.9亿元，集中用于污染防治和节能减排项目。

5.加强制度建设和提高执行力，理财和服务水平得到新的提高。坚持把改革创新作为提升财政管理水平和能力的内生动力，进一步完善管理机制，推进依法理财。

财政专项改革积极推进。完善预算管理机制，整合优化部门预算管理系统，进一步提高了预算执行效率。完善了预算稳定调节基金制度。推进国库集中支付改革，直接支付比例由上年的68%提高到87%；全面推行公务卡结算制度，市本级预算单位实现全覆盖。电子化政府采购管理水平进一步提高。注重监督关口前移，以专项监督、会计执法检查为主的监督体系进一步完善。

重点领域管理得到加强。高度重视政府性债务管理，严格市人大审批和债务归口管理、统计等制度，制定了债务管理实施细则，进一步提高了债务管理的制度化、规范化水平。加强非税收缴管理，将非税收入全部纳入预算管理。积极做好以土地为重点的经营城市文章，为偿还债务本息、支持重点项目建设提供了资金保障。

执行力和落实力明显提高。全力抓好市委重大决策的落实，积极落实人大决议决定，加强与上级部门和预算单位的沟通联系，积极主动做好理财服务工作。进一步加强财政内部管理，重新梳理了财政各项规章制度，对公文运转、指标下达、资金拨付、项目评审等工作进一步规范和量化，并加大对执行情况的监督考核，有效改进了工作作风，提高了工作效率。

总的来看，2013年财政收入经历了“低开、平走、高收”的过程，在经济下行压力加大的情况下，总体保持稳中有增；财政支出坚持了“保运转、保民生、保重点”的原则，在刚性支出增多的情况下，结构效益进一步优化提高，实现了全年预算收支平衡。成绩的取得，得益于市委、市政府的正确决策和坚强领导，离不开市人大、市政协的有力监督和鼎力支持，凝聚着各地区、各部门以及广大财税干部共同的努力和奋斗。

在肯定成绩的同时，我们也清醒地认识到，当前我市财政运行中还面临不少困难和问题：一是国内经济下行压力依然存在，我市以原材料为主的工业经济税收增长乏力，新的税收增长点还不多，财政收入结构不优。二是财政支出刚性需求旺盛，相对于低增长的收入现状，财政收支矛盾更加突出，平衡难度加大。三是区域发展不平衡，部分地区财政依然十分困难，推进地区基本公共服务均等化任务繁重。四是财政支出结构固化、部分专项资金投入分散等问题依然存在，改革管理创新需进一步加强。五是财政包揽事项多，经营城市、社会化和市场化运作能力不强，争取资金认识有待提高，方法有待改进，力度还需进一步加大，基础工作和协作配合需进一步加强。对于这些问题，我们将采取有力措施加以解决。

二、2014年预算安排情况

2014年财政预算安排总的指导思想是：全面贯彻落实党的十八大和十八届三中全会、自治区“8337”发展思路和市委十一届五次、六次全委（扩大）会议精神，紧紧抓住深化财税体制改革的有利机遇，围绕稳增长、调结构、促改革重点任务，推动经济持续健康发展，促进城市综合发展水平持续提升，保障民生和社会事业持续改善，推进现代财政制度加快建立。

财政预算安排的原则：一是财政收入增长满足经济社会发展需要，兼顾质量提高，不低于自治区平均水平，并与GDP增长相适应；二是突出保民生，确保民生政策落实和社会事业发展需要；三是优化支出结构，全力支持市委、市政府重大决策、重点工作落实；四是大力压缩一般性开支，合理整合资金，集中财力办大事，提高财政资金使用效益；五是做好经营城市文章，充分利用市场和社会手段解决资金不足问题，同时积极筹集偿债资金，维护政府信誉。

(一)全市公共预算草案

2014年全市公共预算收入拟安排232.3亿元，较2013年实际完成数增加17.2亿元，增长8%。其中：按构成项目划分，税收收入151.3亿元，占比65.1%；非税收入81亿元，占比34.9%。按级次划分，市本级33亿元，占比14.2%；旗县区199.3亿元，占比85.8%。

全市公共预算收入加上级补助收入和2013年已提前下达需列入2014年预算的转移支付资金，减上解上级支出，全市公共预算可用财力约283亿元。按照收支平衡的原则，全市公共预算支出相应拟安排283亿元(中央、自治区2013年提前下达我市，并需列入2014年预算的各类专项转移支付资金21亿元，其中市本级8亿元左右，相应将增加市本级总财力来源8亿元，但这部分资金并未形成市本级的可使用财力)。其中各旗县区收支预算由旗县区政府提请同级人代会审议批准。

(二)市本级公共预算草案

市本级公共预算收入拟安排33亿元。其中：税收收入14亿元，占比42.4%；非税收入19亿元，占比57.6%。

按照现行财政体制测算，2014年市本级公共预算可用财力63.8亿元，其中：公共预算收入33亿元，中央及自治区税收返还补助12.9亿元，旗县区体制上解22.9亿元，上解自治区冲减财力2.6亿元，补助旗县区2.4亿元。

根据财力供给情况和上述支出预算安排原则，2014年市本级公共预算支出拟安排63.8亿元，比2013年预算增加2.2亿元，增长3.6%。其中：基本支出预算拟安排32.4亿元，较2013年预算增加1亿元，占比50.7%；项目支出预算拟安排31.4亿元，较2013年预算增加1.2亿元，占比49.3%。项目支出预算安排情况如下：

1. 民生支出。拟安排24.4亿元，占项目支出的78%。其中：

(1)与人民群众生活直接相关的民生支出：全年拟安排13.8亿元，占民生支出的56.5%，具体包括教育、医疗卫生、社会保障和就业、文化体育与传媒等方面支出。

——社会保障和就业支出7.2亿元，占直接民生支出的52%。主要包括：对企业基本养老及其他社会保障补助21,700万元，企业离退休人员供暖补贴4,361万元，对城乡居民养老及其他社会保障补助12,000万元，就业与再就业补助2,000万元，城乡低保17,000万元，北梁棚改居民养老和医保补助1,600万元，国有企业办中小学退休教师养老金补差、80周岁以上低收入老年人高龄津贴、社区街道硬件建设等。

——教育支出4.3亿元，占直接民生支出的31%。主要包括：中等职业学校、高中助学金及“两免”匹配资金6,570万元，全市中职学生教育券1,000万元，高校(含高职)助学贷款贴息996万元，教育费附加用于义务教育学校建设支出6,800万元，农村牧区贫困寄宿生生活补助、农村牧区义教阶段住宿生免费午餐、素质教育实施经费等。

——医疗卫生支出1亿元，占直接民生支出的7.5%。主要包括：离休、文革伤残人员医药费2,500万元，城镇居民医疗保险补助1,392万元，新农合市级补助1,700万元，基本公共卫生服务、基层医疗卫生机构综合改革、市疾控中心水质分析仪购置及中心血站专用设备及材料购置等。

——文化体育与传媒支出1.3亿元，占直接民生支出的9.5%。主要包括：骨干演艺人才定额补助800万元，转制院团一次性扶持1,000万元，文化产业发展扶持1,000万元，党报覆盖工程1,000万元，体育赛事参赛及奖励1,000万元，广播电视发射塔建设

2,000 万元，广播电视运行及人员支出 2,000 万元，公共文化信息中心建设 900 万元，文化大市、十八届三中全会精神宣传、青年文化人才培养、博物馆免费开放和美术馆、少年宫及图书馆运行经费等。

(2)与民生密切相关的支出：全年拟安排 10.6 亿元，占民生支出的 43.5%，具体包括农林水利、交通运输、城乡社区事务、科学技术、环境保护、粮油物资储备、商业服务、国土资源气象等方面支出。

—— 农林水事务支出 3.1 亿元，占相关民生支出的 29.1%。主要包括：草原禁牧牧民生产生活补贴 5,150 万元，县域经济发展 5,000 万元，大青山南坡绿化二期工程 2,000 万元，大青山应急水源运营补贴 6,530 万元，专项扶贫 3,500 万元，引导农牧业生产发展、推进农牧业产业化建设及"南菜北薯、乳肉并举" 2,400 万元，农业保险补贴、健康水工程贷款贴息、节水宣传、动物防疫体系、节水型社会试点等。

—— 科学技术支出 0.8 亿元，占相关民生支出的 7.3%。主要包括：应用技术研发资金 6,000 万元(其中科技应用技术研发重点项目 4,000 万元，科技创新引导 2,000 万元)，引进高科技人才入市 1,100 万元，科学技术进步奖、各类科普活动、专利扶持、农作物品种选育科技创新、哲学社会科学优秀成果评选和奖励等。

—— 环境保护支出 1.5 亿元，占相关民生支出的 13.8%。主要包括：污染防治项目 14,000 万元(其中包括包钢污染防治、大气污染治理、主要污染物减排及重点污染监测点建设)，环保专项业务费700 万元。

—— 城乡社区事务支出 3.2 亿元，占相关民生支出的 30%。主要包括：G6 高速、210、110 国道沿线生态环境综合整治奖补 10,000 万元，城市规划专项 3,000 万元，城市基础设施维护 17,700 万元(其中新增环卫工人工资 1,046 万元)，赛汗塔拉生态园土地租赁、城市执法专项、房管系统信息化建设等。

—— 交通运输支出 1.3 亿元，占相关民生支出的 11.9%。主要包括：公交 IC 卡建设 3,000 万元，航线补贴 5,000 万元，公交公司亏损补贴 2,200 万元，老年人免费乘车补贴 200 万元及燃油税费改革转移支付安排的农村牧区公路养护、水路运输、210 国道包头城区段公路养护、路政执法等。

—— 商业服务业、粮油储备等事务支出 0.3 亿元，占相关民生支出的 2.9%。主要包括：服务业发展(含非公、商业、外贸、肉储)1,500 万元，地方粮油储备补贴 979 万元，旅游事业发展 600 万元。

—— 国土资源气象支出 0.1 亿元，占相关民生支出的 1.1%。主要包括：探矿权评估及方案编制费 300 万元，信息化建设维护 300 万元，天气预报 185 万元，第二次全国土地变更调查 260 万元，地震应急现场视频采集传输信息系统及防震减灾 120 万元。

—— 其他用于民生方面的项目支出 0.4 亿元，占相关民生支出的 3.9%。主要包括：人口与计划生育专项经费 1,552 万元，住宅小区物业备用金 250 万元，企业军转干部解困及工作经费 213 万元，"三支一扶"高校毕业生生活和交通补贴、低收入困难群体和重点优抚对象免费殡葬服务、国有企业职教幼教退休教师待遇补差、市级劳模及先进工作者健康检查、刑事被害人困难救助等。

2.一般公共服务支出。全年拟安排 1.5 亿元，占项目支出的 4.8%。主要包括：新政务服务大厅建设 5,000 万元，电子政务内网二期工程建设 500 万元，税务部门税收征管业务费，以及民族、宗教、爱国团体、民主党派、档案、统计、巾帼建功和妇女维权、信访等工作经费，第三次经济普查、少数民族发展、青少年综合素质教育等。

3.公共安全支出。全年拟安排 4.3 亿元，占项目支出的 13.5%。主要包括：人民警察法定工作日之外加班补贴 1,584 万元，上级公检法司转移支付安排公检法司办案及装备购置 2,604 万元，消防特种车辆购置 1,000 万元，公安交警办案及建设还贷等支出

19,705万元，人防建设工程4,200万元，公安信息通讯建设、视频监控平台、信息整合1,000万元，交警协勤人员工资1,000万元，驻包部队经费4,018万元，互联网出入节点侦控系统后期经费、城市交通标志维护、强制戒毒人员戒毒、囚费、技侦设备专项购置、法律援助等。

4.资源勘探电力信息。全年拟安排0.3亿元，占项目支出的1%。主要包括：中小微企业以奖代补1,000万元，云计算发展运用专项1,000万元，中小企业安全生产、稀土产业发展奖补以及排污费安排的粉煤灰综合利用和节能奖补等。

5.市长预备费。全年拟安排0.7亿元。主要包括：招商引资前期费1,100万元，争取资金奖励1,000万元，其他5,000万元。

6.其他支出。全年拟安排0.2亿元，占项目支出的0.7%。主要包括：购置费475万元、会议费475万元等。

(三)市本级政府性基金预算收支安排情况

2014年市本级政府性基金收入预算拟安排151亿元，较2013年预算增加105.2亿元，增长229.7%。基金收入来源主要是国有土地使用权出让、国有土地收益基金、农业土地开发资金、地方教育附加、城市公用事业附加等。

按照“以收定支、收支平衡、专款专用”的原则，2014年市本级政府性基金支出预算相应安排151亿元。其中，国有土地使用权出让收入剔除成本和五项基金后，政府可统筹收益拟安排支出25亿元，重点用于铁路、公路沿线环境整治8,000万元，六大区域绿化2,000万元，城市基础设施建设专项资金(含新都市区、钢铁大街亮化工程)20,000万元，旧机场改造10,000万元，城区主河道治理10,000万元，购置100台公交车及公交站场建设7,000万元，城市规划专项经费5,000万元，戒毒所建设专项3,000万元，大气污染、环境治理及燃煤锅炉整治引导资金12,000万元，公共文化服务体系示范区经费3,000万元，满都拉口岸建设专项经费3,000万元，工业园区建设奖补资金10,000万元，中小微企业融资担保、贷款贴息、铁精粉、电价补贴7,500万元，产业转型升级和产学研结合专项经费7,000万元，水质检测中心建设和设备购置专项经费1,500万元，健康水工程和水源置换5,500万元，轻轨前期费、重大投资项目奖励、金融企业贷款奖励、重点产业扶持(包括钢铁、装备制造、稀土、铝、煤化工、电力等)、重点物流园区、食品园区和重点农业园区扶持专项资金共计10,000万元，群众来访接待中心建设资金500万元，用于偿还2014年到期政府债务本息122,000万元等。

需要说明的是，教育、农业、科技应用研发支出中剔除上年不可比因素分别增长17.7%、14.6%、8.7%，均高于地方财政经常性收入增长，满足相关法律法规的要求。按照市人大对编制2014年部门预算的要求，《包头市本级2014年政府预算草案》及58个部门的预算草案作为该报告的补充一并提交会议，请各位代表审查。

三、2014年财政主要工作

按照市委十一届五次、六次全委(扩大)会议精神，各级财政部门将把政策和工作的着力点放在“五个基地、四个中心、两个屏障、一个支点”战略任务上来，为实现2017年我市地方财政总收入较2010年翻一番的奋斗目标奠定基础。2014年将重点做好以下工作。

(一)全力支持经济持续健康发展。坚持把稳增长作为第一要务，充分发挥财政资金的撬动作用，在增投资、上项目、促发展上积极作为。一是以支持重点园区和重大项目建设为重点，推动工业经济发展。通过设立以奖代补预算资金，争取自治区沿黄经济带、双百亿园区扶持资金，促进工业园区提高基础设施建设水平和项目承载能力。加大科技创新和应用研发资金投入，积极争取节能技改资金项目，推动钢铁、铝、稀土、装备制造等主导产业加快结构调整和转型升级。整合专项资金和转移支付资金加大对非资源型产业和战略性新兴产业的支持力度，培育新的经济财政增长点。二是以支持现代物流业、文化旅游业为重点，推动现代服务业加快发展。整合各类专项资金，支持现代物流园区、城乡现代流通服务网络体系、质量体系等建设，保障粮油、肉菜等物资储备，落实支持现代服务业发展的财政政策。加大文化旅游业投入力度，支持文化体制改革，实施党报覆盖、公共文化设施建设等项目，提升广电服务及旅游业接待能力和水平。落实贷款增量奖励政策，支持金融业发展。三是以支持农牧业示范园区为重点，推动现代农牧业发展。加大支农资金整合力度，捆绑使用农牧业生产发展、农牧业产业化及“南菜北薯、乳肉并举”等项目资金，支持农牧业示范园区和基地建设，发挥其带动能力和效应。继续支持扩大农牧业保险范围，保障农牧业防灾救助、疫病防治等支出，提高农牧业抵御风险能力。四是以支持非公经济和中小微企业发展为重点，提高市场经济活力。通过落实电价补贴和贷款担保、贴息等政策，推动中小微企业稳定生产、促进就业、增加税收。创新财政资金使用和管理模式，推动混合所有制经济发展。

（二）大力支持城乡环境改善。积极顺应城乡居民意愿，加大生态环保治理和基础设施建设投入力度，努力让群众在饮用水、食药品方面得到更多安全保障，让住房、出行条件和空气、生态环境得到明显改善。一是全力支持新型城镇化，通过预算安排前期费、启动引导资金和争取上级专项以及协助融资、鼓励社会资本参与等政策措施，继续推进北梁棚改项目，支持其他城市棚户区改造、新都市区建设、老旧街区及农牧区危旧房改造项目加快启动和实施，积极带动投资增长。二是抓住中央加大大气污染治理的投资机遇，结合我市老工业城市特点，积极争取政策和资金支持，推进大气污染治理。三是继续支持大青山应急水源、城市健康水和农牧区安全饮水等水利工程，落实南郊污水处理厂补助政策，加快形成工业用水依靠黄河水、居民饮用水依靠地下水的格局。四是全力支持铁路公路沿线生态环境整治工程，继续支持六大区域和大青山南坡、村屯等绿化项目，加强环保能力建设。五是支持城市路网建设，争取成品油财政改革转移支付资金支持城乡重点公路建设和管理养护。支持实施公交优先政策，加快推动旧机场改造，加大航线补贴力度，推进城市轨道交通项目。继续做好农业综合开发和“一事一议”财政奖补工作。六是大力支持县域经济发展，安排专项扶持资金用于相关规划编制和重点项目，支持土右旗中等城市建设和达茂旗、白云区合并建设边境口岸城市，努力打造我市新的增长极。继续实施帮扶固阳县政策，支持重点扶贫项目，减少贫困人口。

（三）切实保障基本公共服务需求。继续加大财政投入力度，市本级预算安排的项目支出78%用于民生，让公共财政阳光普照全社会。一是增加城乡居民政策性收入。及时足额拨付资金，确保草原生态奖补、围封禁牧等惠农补贴政策如实兑现，确保养老、城乡低保、五保户和三无人员供养等资金按时发放，并根据国家、自治区政策要求及我市实际，适时适当提高保障标准，适时启动临时物价补贴机制。二是加大教育投入力度。优先支持学前教育发展，落实义务教育经费保障机制，继续实施中职、高中两免和农牧区义务教育住宿生免费午餐政策，加大困难家庭学生的资助力度，支持职业教育、高等教育、民族教育发展。三是突出扶持就业。支持劳务市场等社会保障服务设施建设，兑现公益岗位、高校就业、民生志愿者等就业补贴政策，保障大学生村官和“三支一扶”人员经费。继续实施小额担保贷款贴息政策，支持就业创业。四是积极支持医疗卫生事业。安排资金继续提高城镇居民医疗保险和新农合财政补助标准，支持重大公共卫生、基本公共卫生服务项目和基层医疗卫生机构改革，保障食品、药品检测经费，支持食品园区建设，努力使群众吃得上放心食药品。五是保障安全维稳投入。落实政法经费保障机制，支持平安包头建设。落实财政扶持政策，推动社会管理创新。

（四）抓好财政增收节支工作。完成预算目标既是保运转、保民生的前提，也是保重点项目建设，推动经济发展的必需，增收节支始终是财政工作第一要务。一是毫不放松地抓好组织收入工作。充分认清收入形势，对组织收入工作早谋划、早安排、早入手。全力支持税务部门和各地区加强税收征管，清理税费优惠政策，提高重点企业、行业税收贡献率，确保税收增长。积极支持和争取总部经济、央企等驻包机构变更为独立法人，增加新的税源。加强非税征管，合理降低非税占比，切实提高收入质量。二是下大力气抓好节支工作。充分认清财政收入进入低增长期、财政收支矛盾进一步凸显的实际，使过紧日子思想成为全市上下的共识和常态。严格执行党政机关厉行节约反对浪费条例及其配套制度，大力压减“三公”经费等一般性支出。市本级一般公共服务支出预算统一压减7%。同时，积极清理结余结转资金和归还财政暂付款、借款，激活财政存量资金。严格执行预算，控制预算执行中的调整和追加事项。三是全力做好向上争取资金工作。立足我市欠发达和发展不足的市情，认真分析整理出一批针对性、可操作性强和兼具我市特点的事项，多渠道向上反映我市的困难。一方面，认真算好政策账、体制账，积极争取对我市的一般性转移支付资金。另一方面，及时掌握中央、自治区投资政策，做好项目储备等前期工作，实现争取资金的新突破，力争全年争取项目资金总量较2013年增长20%以上。四是要树立经营城市理念，凡是可以利用市场机制和资源解决的事情，尽量交给市场自行调节。创新投入模式，通过财政贴息、补助等形式鼓励社会资金参与政府性公益项目，从根本上解决发展资金不足问题。

（五）积极推进财政改革和管理创新。密切关注中央、自治区关于深化财政改革的具体政策，扎实做好我市财政改革各项基础工作，不断提高财政管理水平。一是围绕中央提出的建立完善、规范、透明高效的现代政府预算管理制度，建立有利于科学发展、社会公平、市场统一的税收制度体系和健全中央和地方财力与事权相匹配的财政体制等改革重点，认真制定工作预案，提前摸准情况、搞好测算，努力使形成的财政体制与我市事权和财力更加适应，更加有利。同时，依据中央、自治区事权和收入划分，研究完善市与旗县区体制。二是不断改进提高理财水平。积极推进预算绩效管理，选择有代表性的项目开展绩效评价。学习借鉴其他地区成功做法，加大专项资金整合力度，提高财政资金使用效益。创新公共管理方式，积极开展政府购买公共服务。三是加强债务管理。进一步分析我市债务底数、结构、风险等情况，把短期应对措施和长期制度建设结合起来，妥善处理存量债务；严格实行统贷分还和债务归口管理、额度控制、财政部门审核、上级政府、人大审批制度，建立债务风险预警机制和偿债准备金制度，逐步将债务纳入预算管理。四是加强财政监督工作。建立内控机制，完善评审流程，逐步做到先评审，再编制预算、招标采购、拨付款项、批复决算。同时，进一步完善国库集中支付制度，推进部门预算、公务卡、政府采购、农村牧区综合改革，做好行政事业单位资产管理和会计从业管理等工作，推动财政各项事业取得新突破。五是加强财政干部队伍建设。打造一支廉政、勤政、高效、务实的财政干部队伍是做好工作的基本保证。要以开展第二批党的群众路线教育实践活动为契机，大力解决“四风”问题，坚决破除“包老大”思想，进一步提高执行力和落实力，树立新时期财政干部队伍的良好形象。

各位代表，新的目标和任务已经明确。我们将在市委的正确领导下，坚决执行市人大及其常委会决议决定，认真听取市政协的意见建议，自觉接受人大代表、政协委员和社会各方面监督，进一步解放思想、勇于担当，迎难而上、扎实工作，确保圆满完成预算目标任务，为推动全市经济社会持续健康发展而努力奋斗。

名 词 解 释

1.公共预算收入

是指政府凭借国家政治权力，以社会管理者身份筹集以税收为主体的财政收入，主要用于保障和改善民生、维持国家行政职能正常运转、保障国家安全等方面。完整的政府预算体系包括公共预算、国有资本经营预算、政府性基金预算以及社会保障预算。为了避免与预算体系中其他预算收入混淆，从2012年起各级政府一般预算收入改称为公共预算收入，在口径上与2011年以前的“一般预算收入”相同。

2.财政收入统计口径

按照自治区财政厅《关于调整全区财政收入统计口径的通知》(内财预〔2013〕1137号)要求，为便于财政部门分析研究财政问题，向各级政府、人大及社会汇报、解释财政工作，自治区决定从2014年起调整全区财政收入统计口径：全区各级财政部门统一采用本级公共预算收入统计、报告和公布本级财政收入，不再采用地方财政总收入统计、报告和公布本级财政收入。地方财政总收入=本级公共预算收入+上划中央、自治区税收

3.地方财政经常性收入

是指每个财政年度都能连续不断、稳定取得的财政收入。根据《财政部关于统一界定地方财政经常性收入口径的意见》(财预〔2004〕20号)规定，各级预算安排的教育、科技、农业支出的增长幅度，应高于财政经常性收入的增长。财政经常性收入原则上包括以下3个方面：财政预算收入(剔除城市维护建设税、专项收入及国有资产经营收益等一次性收入)；上级财政核定的增值税及消费税税收返还、所得税基数返还及出口退税基数返还；各级财政使用的中央一般性转移支付收入。

依此测算，2014年市本级地方财政经常性收入较2013年增长0.8%。

4.年度支出数据的口径说明

2014年公共财政支出预算和政府性基金支出预算是市本级依据当年财力水平安排的，未考虑自治区专项补助、上年结转、各旗县区预算安排以及实际预算执行中本年超收、调入资金和财政部代理发行政府债券资金等资金来源，而2013年实际执行中的财政支出数据是包含市本级和各旗县区所有资金来源的全口径支出数据，因此造成2014年年初预算与2013年预算执行数据差异较大。

5.预算稳定调节基金制度

预算稳定调节基金是指各级财政通过超收安排的具有储备性质的基金，用于弥补短收年份预算执行的收支缺口，以及视预算平衡情况，在安排年初预算时调入并安排使用，基金的安排使用接受同级人大及其常委会的监督。按照市人大要求，为保证市本级预算平稳运行，从2008年开始逐年提取预算稳定调节基金，并于2013年出台了《包头市本级预算稳定调节基金管理暂行办法》。

6.财政存量资金

主要是把一些没有按照预算进度执行、依然趴在账上的沉淀结余资金用起来，更好地提高财政资金使用效益。针对审计署向全国人大常委会报告的中央预算执行和其他财政收支审计情况，2013年6月19日召开的国务院常务会议强调，当前要研究激活财政存量资金，提高资金使用效益，把积极财政政策发挥好、运用好。按照上述要求，市财政局制发了《关于加快财政预算执行进度 激活财政存量资金的

通知》(包财预〔2013〕72 号),进一步加快全市财政预算执行进度,激活财政存量资金,集中有限财力用于稳增长、调结构、惠民生等重点领域和关键环节,提高财政资金使用效益。

7.政府购买公共服务

政府购买公共服务是一种新型政府提供公共服务方式。其主要方式是“市场运作、政府承担、定项委托、合同管理、评估兑现”。即政府购买公共服务是指政府将由自身承担的为社会发展和人民日常生活提供的公共服务事项交给有资质的社会组织来完成,并定期按照市场标准相互建立提供服务产品的合约,由该社会组织提供公共服务产品,政府按照一定的标准进行评估履约情况来支付服务费用。我市正在积极探索开展政府购买公共服务。

8.全市中职学生教育券

为鼓励初中毕业生就读职业高中、中等职业学校,扩大中职教育办学规模,培养更多实用型技术人才。从 2014 年开始,为就读我市所属的职业高中、中等职业学校的一年级新生,每人每年发放 1000 元的教育补助,所需资金由市本级财政负担。

9.农村牧区义务教育阶段住宿生免费午餐

为保证农村牧区学生顺利完成九年制义务教育,促进城乡教育均衡发展。按照包头市人民政府办公厅《关于做好农村牧区义务教育阶段住宿生免费午餐工作的通知》(包府办发〔2013〕83 号)要求,我市为农村牧区义务教育阶段住宿生提供免费午餐,小学住校生每生每天补助 5 元,初中住校生每生每天补助 6 元,每人每年补助天数为 200 天。所需资金由市、县两级财政按照 1:2 的比例承担。

10.80 周岁以上低收入老年人高龄津贴

是指凡具有包头市户籍、年龄在 80 周岁以上(含 80 周岁)、低收入和无固定工资收入的老年人(领取离退休工资、社保退休工资和低保金的高龄老人暂不享受高龄津贴),均可按年龄分档领取低收入老年人高龄津贴,标准为 80 至 99 周岁老年人,每人每月 100 元,100 岁(含 100 周岁)以上老年人,每人每月 300 元。所需资金由市、县两级财政按照 30%、70%的比例承担,市本级负担部分由福利彩票公益金和市本级公共预算各补助 50%。

11.党报覆盖工程

按照中央办公厅、自治区党委办公厅关于党报党刊的发行通知精神,要求各地党委、政府和宣传部门提高对党报党刊发行工作重要性的认识,以高度的政治责任意识扩大党报党刊覆盖面,落实分解好党报党刊的发行数,在人流密集的宾馆、饭店、车站、机场等公共场所加大党报党刊的投放量,圆满完成发行任务。2014 年,为扩大我市党报覆盖面,参照自治区做法,并结合我市实际,由市财政支持代购《包头日报》3 万份,作为公共文化产品在全市范围内免费发放。

12.低收入农牧户发放一吨煤

按照包头市人民政府办公厅《关于开展 2013 年为全市低收入农牧户供应冬季取暖用煤工作的紧急通知》要求,按照每户 600 元的标准为全市低收入农牧户发放货币补助。补助资金按照自治区、市本级、旗县区 3:3:4 的比例负担。

13.低收入困难群体和重点优抚对象免费殡葬服务

为加快推进以改善民生为重点的社会建设,进一步深化殡葬改革,减轻重点救助对象的殡葬负担,根据《包头市民政局、财政局关于免除城乡低收入困难群体 重点优抚对象等基本殡葬服务费用的通知》(包民发〔2013〕70 号)精神,凡具有我市常住户籍的城乡低保对象、农村牧区五保供养对象、优抚对象、城市“三无”对象、县以上公安机关开具允许火化证明的无名尸体和县级以上人民政府认定的流浪儿童等其他需要救助的城乡特殊困难群体免除基本殡葬服务费用。

14.“新网工程”

为健全农村市场体系，发展适应现代农业要求的流通产业，全国供销合作总社决定实施“新农村现代流通服务网络工程”(简称“新网工程”)。“新网工程”旨在大力发展农业生产资料现代经营服务网络、农副产品市场购销网络、日用消费品现代经营网络和再生资源回收利用网络。新网工程是推动社会主义新农村建设和落实科学发展观的新路径，也是各级政府和相关部门与“三农”沟通联结的新平台。

15.沿黄沿线经济带

按照《内蒙古自治区以呼包鄂为核心沿黄河沿交通干线经济带重点产业规划(2010–2020)》，自治区重点推动建设22个产业集中区和工业园区，其中我市稀土高新开发区、青山装备园区、昆区金属深加工园区、九原工业园区、东河铝业园区、土右新型工业园区等6个工业园区(开发区)被纳入规划区重点支持范围。2013年自治区政府将我市石拐工业园区纳入以呼包鄂为核心沿黄河沿交通干线经济带重点产业规划范围。

16.双百亿工程

按照《内蒙古自治区党委、政府关于培育建设大型骨干企业和重点开发区实施“双百亿工程”的意见(2011–2013)》，全区营业收入超百亿元的60户以上大型骨干企业、营业收入超百亿元的40个以上产业园区纳入实施范围。截止2013年底，我市共有10户企业营业收入达到百亿元以上、有9个园区营业收入达到百亿元以上。

17.住宅小区物业备用金

市住房保障和房屋管理部门从上年度房屋专项维修资金统一管理产生的增值资金中按一定比例提取，并由市、区两级财政部门等额匹配的资金。物业备用金全市统筹使用，主要用于未纳入市房屋专项维修资金统一管理住宅小区的房屋共用部位、共用设施设备保修期满后的维修和更新、改造；对接管旧住宅小区、弃管住宅小区及推行准物业管理住宅小区的物业服务企业进行的补贴；物业服务企业的奖励资金。同时，我市2013年出台了《包头市住宅小区物业备用金管理暂行办法》、《包头市住宅小区推行准物业管理实施方案》(包府办发〔2013〕131号)。

包头市2013年国民经济和社会发展统计公报

包头市统计局　国家统计局包头调查队

(2014年4月29日)

2013年,面对复杂多变的国内外经济形势,市委、市政府认真贯彻落实党的十八大精神,积极践行自治区"8337"发展思路,牢牢把握"稳中求进"的总基调,狠抓各项工作落实,全市经济继续保持平稳发展态势,各项社会事业取得新进步,全面建成小康社会进程加快推进。

一、综合

年末全市常住总人口为276.6万人,比上年末增加3.4万人,其中城镇人口226.8万人,乡村人口49.8万人。全市城镇化率为82.0%,比上年提高0.6个百分点。

初步核算,全市实现生产总值3503.0亿元,按可比价格计算,比上年增长9.3%。其中,第一产业增加值99.9亿元,增长5.2%;第二产业增加值1808.7亿元,增长10.8%;第三产业增加值1594.4亿元,增长7.9%。第一、第二和第三产业增加值占全市生产总值的比重分别为2.9%、51.6%和45.5%,三次产业对经济增长的贡献率分别为1.4%、61.0%和37.6%。全市人均生产总值达到127434元,增长7.9%,按年平均汇率折算为20578美元。

全年居民消费价格总水平比上年上涨2.8%。八大类商品及服务中,除交通和通信价格下降2.7%以外,其余七类商品及服务价格均呈上涨态势。其中,食品价格涨幅达5.8%,拉动居民消费价格总水平上涨1.8个百分点。

全市城镇新增就业4.1万人,其中城镇失业人员再就业人数1.0万。年末城镇登记失业率为3.87%。

全年地方财政总收入为345.0亿元,比上年增长5.6%。其中,公共财政预算收入215.1亿元,增长15.8%。公共财政预算收入中,税收收入为132.1亿元,增长5.6%。分税种来看,国内增值税15.8亿元,下降0.1%;营业税38.8亿元,增长13.2%;企业所得税13.6亿元,下降25.1%;个人所得税3.4亿元,下降18.6%。全年公共财政预算支出355.2亿元,增长22.1%。其用于民生的财政支出达286亿元,较上年增长27.2%,民生支出增量占到全市公共预算支出总增量的95.3%。民生支出中,教育支出43.2亿元,增长6.9%;社会保障和就业支出45.4亿元,增长16.6%;医疗卫生支出14.9亿元,增长24.3%;住房保障支出39.8亿元,增长2.3倍。

二、农牧业

全年农作物播种面积31.5万公顷,比上年增长0.8%。其中,粮食作物播种面积22.9万公顷,增长0.5%。全年粮食总产量111.8万吨,比上年增长9.8%。其中,小麦产量6.6万吨,下降18.0%;玉米产量89.1万吨,增长13.6%;马铃薯产量14.9万吨,增长 1.4%。全年油料产量 5.3 万吨,增长 3.9%;蔬菜产量 107.9 万吨,增长 2.8%。

全年全市牛存栏 33.4 万头,下降 4.8%;羊存栏 191.1 万只,下降 1.0%;猪存栏 26.9 万头,下降 2.0%。年末牲畜出栏头数达 421.6 万头(只),增长 6.1%,其中牛出栏 15.0 万头,下降 1.8%;羊出栏 374.1 万只,增长 7.2%;猪出栏 31.5 万头,下降 1.7%。全年猪肉产量 4.6 万吨,与上年持平;牛肉产量 3.9 万吨,下降 3.8%;羊肉产量 6.5 万吨,增长 2.2%;禽肉产量 6288 吨,下降 4.5%;禽蛋产量 2.8 万吨,下降 1.7%;牛奶产量 141.7 万吨,下降 10%;水产品产量 8112 吨,增长 5.3%。

全市农业综合机械化水平达到 87%,比上年提高 1.2 个百分点。年末农牧业机械总动力 157.3 万千瓦,比上年增长 1.3%。农业机械中,大中型拖拉机 5650 台,小型拖拉机 29250 台,农用排灌动力机械 11618 台。机耕面积 28.0 万公顷,比上年下降 2.3%;机播面积 27.3 万公顷,增长 1.2%;机械收获面积 21.5 万公顷,增长 4.9%。

农牧业产业化进程稳步推进,年末全市拥有各类农民专业合作社 777 家;拥有市级以上农牧业产业化重点龙头企业 113 家,其中国家级 6 家、自治区级 30 家、市级 77 家。全市农畜产品行业拥有中国驰名商标 9 个。

三、工业和建筑业

全年全部工业增加值 1605.5 亿元,比上年增长 11.6%。规模以上工业企业实现增加值 1379.5 亿元,增长 12.4%。在规模以上工业中,钢铁、铝业、装备制造、稀土、电力五大产业工业增加值比上年增长 9.6%,对规模以上工业经济增长的贡献率达 50.0%,拉动工业增长 6.2 个百分点;轻工业增加值增长 5.5%,重工业增长 12.7%;六大高耗能产业增加值比上年增长 7.9%,所占比重为 52.6%,比上年下降 2.5 个百分点;高技术产业增加值较上年增长 15.0%,高于规模以上工业增速 2.6 个百分点。

全年规模以上工业企业主营业务收入 3222.6 亿元,比上年增长 8.4%;税金总额 117.9 亿元,增长 13.3%;利润总额 187.3 亿元,下降 11%,其中国有及国有控股企业利润 29.9 亿元,下降 47.9%。

全年建筑业增加值 203.3 亿元,比上年增长 4.9%。在本市注册的具有资质等级的建筑企业共 97 户,完成总产值 223.0 亿元。

四、固定资产投资

全年固定资产投资 2991.4 亿元,比上年增长 18.0%。其中,第一产业投资 82.0 亿元,较上年增长 26.8%;第二产业投资 1584.6 亿元,增长 15.0%;第三产业投资 1324.8 亿元,增长 21.3%。在第二产业投资中,工业投资 1520.0 亿元,增长 15.8%。

分行业来看,制造业投资 1050.7 亿元,增长 25.8%;电力、热力、燃气及水的生产和供应业投资 184.4 亿元,下降 23.5%;交通运输、仓储和邮政业投资 120.6 亿元,增长 33.9%;水利、环境和公共设施管理业投资 345.5 亿元,增长 53.2%。

民间投资较为活跃。全年民间投资达 2206.2 亿元,比上年增长 13%,其占全市投资的比重达 73.8%。分行业看,民间投资主要投向制造业,投资额达 958.8 亿元,占到全部民间投资的 43.5%。

全年房地产开发投资 206.5 亿元,比上年增长 30.2%。其中,住宅投资 142.4 亿元,增长 31.0%;办公楼开发投资 10.1 亿元,增长 4.1%;商业营业用房 35.5 亿元,增长 48.0%。

五、国内贸易和对外经济

全年社会消费品零售总额 1077.4 亿元,比上年增长 11.5%。按经营地统计,城镇消费品零售额 1057.7 亿元,增长 11.6%;乡村消费品零售额 19.7 亿元,增长 4.7%。

全年限额以上批发零售贸易及住宿餐饮企业实现消费品零售额 379.6 亿元,比上年增长 3.7%。在限额以上企业商品零售额中，粮油、食品、饮料烟酒类商品零售额增长13.9%，服装鞋帽针纺织品类增长9.5%，化妆品类增长16.5%，日用品类增长7.5%，金银珠宝类增长31.7%，汽车类增长1.3%，石油及制品类下降8.7%。

全年外贸进出口总额为21.0亿美元，比上年同期增长0.3%。其中，出口总额为11.1亿美元，下降4.4%；进口总额9.9亿美元，增长6.0%。全年实际利用外资到位金额14.1亿美元，比上年增长3.3%。

六、交通、邮电和旅游业

全年铁路货运量9484.6万吨，比上年增长1.7%；铁路客运量777.6万人，增长32.1%。公路货运量31814万吨，增长18.0%；公路客运量1406万人，下降0.8%。民航客运吞吐量170.88万人次，比上年增长5.1%；民航货邮总量10011.6吨，增长8.1%。

年末全市民用汽车保有量达到45.8万辆（包括三轮汽车和低速货车），比上年末增长10.1%，其中私人汽车保有量39.0万辆，增长13.3%。民用载客汽车保有量为38.3万辆，增长13.7%，其中私人载客汽车35.1万辆，增长14.8%。

全年邮电业务总量28.1亿元，比上年下降6.0%。其中，邮政业务总量1.2亿元，下降5.4%；电信业务总量26.9亿元，下降6.0%。年末固定电话用户46.8万户，增长3.2%。移动电话用户392.0万户，增长9.4%。

全年实现旅游总收入207.3亿元，比上年增长34.2%。国内旅游人数842.3万人次，增长9.5%；国内旅游收入205.9亿元，增长34.0%。入境旅游人数3.4万人次，增长28.3%；旅游外汇收入2341万美元，比上年增长58.7%。

七、金融和保险业

年末全市金融机构人民币各项存款余额2326.6亿元，比上年末增长11.9%。其中，单位存款余额1011.0亿元，增长12.9%；个人存款余额1190.0亿元，增长13.3%。年末金融机构人民币各项贷款余额1629.0亿元，增长14.7%。其中，短期贷款余额770.5亿元，增长23.5%；中长期贷款余额788.9亿元，增长5.5%。

截至2013年底，全市共有保险公司32家，其中人身险公司15家，财产险公司17家。全年保险业务收入36.6亿元，比上年增长4.5%。其中，财产险收入16.8亿元，下降5.8%；人寿险收入19.8亿元，增长15.3%。保险赔款及给付支出11.7亿元，下降0.7%。其中，财产险赔款及给付8.9亿元，增长1.6%；人寿险赔款及给付2.8亿元，下降7.2%。

八、人民生活和社会保障

全年城镇居民人均可支配收入达36576元，比上年增长9.2%；城镇居民人均消费性支出26035元，增长0.1%；城镇居民家庭恩格尔系数（居民家庭食品消费支出占家庭消费总支出的比重）为31.2%。全年农牧民人均纯收入为12801元，比上年增长12.1%；农牧民人均生活消费支出8903元，增长13.1%；农村牧区居民家庭恩格尔系数为36.5%。

年末城镇职工养老保险参保人数为57.4万人，比上年末增长0.6%；享受城镇基本养老保险的离退休人员27.7万人，按时足额发放离退休人员养老金79.9亿元。全年城乡居民养老保险参保登记人数达到46.22万人。参加失业保险人数43.3万人，下降0.1%。参加城镇职工基本医疗保险的人数为78.8万人，增长1.9%；参加城镇居民医疗保险的人数为53.51万人，与上年持平；参加新型农村牧区合作医疗的人数达66.86万人，增长6.0%。参加工伤保险的人数为45.9万人，增长2.5%。参加生育保险人数为46.66万人，增长1.0%。

累计建成水站67个、分站8个、自助式饮水屋126座、现制现售水机150台，全市健康水工程覆盖受益人口达153.44万人。

九、教育和科学技术

全市有普通高等学校(包括高职院校)5所,全年招收学生2.1万人,在校学生7.0万人,毕业生1.8万人。普通中专和职业高中(含成人中专)共20所,在校学生2.8万人。普通高中35所,在校学生5.5万人。普通初中61所,在校学生7.4万人。普通小学153所,在校学生13.3万人。全市有幼儿园222所,在园幼儿4.1万人。全市有民族中小学13所,在校学生1.5万人。小学专任教师学历合格率100%,与上年持平;普通初中专任教师学历合格率为99.80%,较上年下降0.01个百分点;普通高中专任教师学历合格率为96.68%,比上年提高0.05个百分点。小学适龄儿童入学率99.99%,与上年持平。

全年申请专利1979件,比上年增长38.4%;专利授权量973件,增长19.4%。年末拥有国家级企业工程中心(技术中心)8家;国家高新技术企业累计达到78家,其中年内新增5家;市级以上创新型(试点)企业累计达到125家,其中国家级创新型(试点)企业2家。全年共签订各类技术合同71项,技术合同成交金额2.9亿元。

十、文化、卫生和体育

全市现有专业艺术表演团体7个,群艺馆、文化馆11个,公共图书馆10个,博物馆3个,美术馆1个。广播综合人口覆盖率达99.25%,电视综合人口覆盖率达99.23%。

全市共有卫生机构1645个,其中医院49个,社区卫生服务机构(中心、站)183个,乡镇卫生院69个,村卫生室446个,计划生育技术服务机构14个,疾病预防控制中心11个,妇幼保健院(所、站)12个;年末卫生机构实有床位15195张,拥有卫生技术人员19450人。

年内全市体育健儿在省级以上级别的各类比赛中,共获得金牌83枚、银牌96枚、铜牌72枚。

十一、城市建设

全市继续加大城市基础设施建设,城市承载能力不断提高。全年新增道路面积122.46万平方米,新建、改造供热设施及城市供热干网,集中供热普及率达到91.8%;加快天然气管网建设,城市燃气普及率达95.9%;生活污水处理率为85.6%。积极组织实施绿化工程,建成区绿化覆盖率达到42.3%。

截止年底,全市公路里程6872公里,其中高速公路里程135.2公里,全市公路网密度为24.75公里/百平方公里。

十二、资源和环境保护

全年水资源总量6.2亿立方米(不包括黄河水)。全年总用水量102500万立方米,其中生活用水9182.5万立方米(包括城市绿化、洗车洗浴等服务用水),工业用水28253万立方米,农业用水65026.5万立方米。

全年荒山黄(沙)地造林面积40256公顷,其中人工造林7254公顷。林业重点工程完成造林面积38003公顷,占全部造林面积的92.1%。截至2013年底,自治区级自然保护区达到3个,国家级自然保护区1个。

全年平均气温为8.2℃,年平均风速4.0米/秒,年降水总量239.7毫米,年日照时数2787.3小时。

初步核算,全年全市单位GDP能耗较上年下降5.1%,超额完成年度节能目标任务。

注释:

[1]本公报中数据均为初步统计数。

[2]地区生产总值、各产业增加值绝对数按现价计算,增长速度按不变价格计算。

[3]卫生机构中含村级卫生室。

资料来源:本公报中城镇新增就业、登记失业率、社会保障数据来自人力资源社会保障局;财政数据来自财政局;农业机械动力等数据来自农牧局;铁

路运输数据来自铁道部门；公路运输数据来自交通局；民航数据来自民航局；邮政业务总量数据来自邮政局，电信业务总量及电话用户数据来自电信部门；旅游数据来自旅游局；金融数据来自人民银行；保险业数据来自包头市保险协会；教育数据来自教育局；专利等科技数据来自科技局；城市建设数据来自城乡建设委员会；艺术表演团体、博物馆、公共图书馆、文化馆数据来自文化局；广播电视数据来自广电局；体育数据来自体育局；卫生数据来自卫生局；水资源数据来自水务局；健康水数据来自市健康水办公室；造林面积数据来自林业局；气候数据来自气象局；其他数据均来自包头市统计局和国家统计局包头调查队。

第二部分　统计资料

PART TWO STATISTICS

1

DIVISIONS OF ADMINISTRATIVE AREAS AND NATURAL RESOURCES

行政区划和自然资源

1-1 行政区划(2013年)

单位:个

项目	乡(苏木)	镇	街道办事处	社区居民委员会	村民委员会
全市	**10**	**29**	**47**	**251**	**638**
稀土高新区		1	2	7	9
东河区		2	12	60	49
昆都仑区		2	13	72	24
青山区		2	8	52	21
石拐区	1	1	6	6	17
白云矿区			2	6	
九原区	1	3	4	21	49
土默特右旗	3	5		11	288
固阳县		6		10	104
达尔罕茂明安联合旗	5	7		6	77

1-2 自然资源(2013年)

项目	单位	2013
地理位置		
东经		109°51′
北纬		40°40′
海拔	米	1067.2
土地资源		
土地总面积	平方公里	27768
#年末实有耕地面积	千公顷	422.11
耕地面积占土地面积的比重	%	15.2
草原资源		
草场面积	千公顷	2013
水利资源		
地表水资源量	亿立方米	0.43
地下水资源量	亿立方米	5.77
水资源总量	亿立方米	6.2
矿产资源		
煤矿储量	亿吨	93.8
铁矿储量	亿吨	17
铌氧化矿储量	万吨	273
石墨储量	万吨	232

1-3　土地面积和人口密度(2013年)

项　目	土地面积(平方公里)	年末常住人口(万人)	密度(人/平方公里)
全　市	**27768**	**276.62**	**100**
稀土高新区	116	13.86	1195
东河区	470	53.83	1145
昆都仑区	301	75.98	2524
青山区	280	50.42	1801
石拐区	761	3.36	44
白云矿区	303	2.7	89
九原区	734	21.28	290
土默特右旗	2368	28.01	118
固阳县	5025	17.29	34
达尔罕茂明安联合旗	17410	9.89	6

1-4　气　象　情　况

项　目	单　位	2012	2013
年平均气温	℃	7.2	8.2
年最高气温	℃	34.7	35.5
年最低气温	℃	-26.4	-26.6
年降水总量	毫米	421.8	239.7
年最大风速	米/秒	6.7	15.3
平均风速	米/秒	1.2	4.0
年日照时数	小时	2882.2	2787.3
年平均相对湿度	%	49	55
全年沙尘天气	次	1	4

1-5　分 月 气 象 情 况 (2013年)

月　份	月平均气温(℃)	月平均相对湿度(%)	月降水量(毫米)	月日照时数(小时)	月平均风速(米/秒)
一　月	-10.9	67	1.6	199.9	2.3
二　月	-5.3	45		224.2	2.9
三　月	3.6	43	0.1	272.5	3.1
四　月	9.5	38	1.5	296.2	4.3
五　月	18.6	41	16.2	274.3	3.5
六　月	21.9	54	46.2	215.3	3.8
七　月	23.1	69	51.3	220.8	2.8
八　月	22.2	68	52.2	247.8	3.2
九　月	16.2	63	58.1	222.6	2.9
十　月	8.3	55	5.1	249.4	2.7
十一月	-1.0	57	5.9	221.0	2.8
十二月	-8.3	59		199.7	2.2

主要统计指标解释

行政区划　指国家对行政区域的划分。根据宪法规定，我国的行政区域划分如下：(1)全国分为省、自治区、直辖市；(2)省、自治区分为自治州(盟)、县(旗)、自治县(旗)、市；(3)自治州分为县、自治县、市；(4)旗、县、自治县(旗)分为乡、民族乡、镇；(5)直辖市和较大的市分为区、县(旗)；(6)国家在必要时设立的特别行政区。

自然资源　指人类可以直接从自然界获得，并用于生产和生活的物质资源。自然资源一般可以分成可再生资源和非再生资源两大类。可再生资源指在较短时间内可以再生、可以循环利用的资源，包括土地资源、水资源、气候资源、生物资源和海洋资源等。非再生资源指在使用后不能再生的资源，包括矿产资源和地热能源。

土地资源　土地指陆地的表层部分，它主要由岩石、岩石的风化物和土壤构成。

土地资源按利用类型可以分为农用地、建筑用地和未利用地。农用地包括耕地、园地、林地、牧草地和水面。建筑用地包括居民点及工矿用地、交通用地和水利设施用地。未利用地指农用地和建筑用地以外的土地，包括滩涂、荒漠、戈壁、冰川和石山等。

耕地面积　指经过开垦用以种植农作物并经常进行耕耘的土地面积。包括种有作物的土地面积、休闲地、新开荒地和抛荒未满三年的土地面积。

草地面积　指牧区和农区用于放牧牲畜或割草，植被盖度在5%以上的草原、草坡、草山等面积。包括天然的和人工种植或改良的草地面积。

水资源　水在自然界中以固体、液体和气态三种聚集状态存在，分布于海洋、陆地(包括土壤)以及大气之中，通过水循环形成水资源。水资源包括经人类控制并直接可供灌溉、发电、给水、航运、养殖等用途的地表水和地下水，以及江河、湖泊、井、泉、潮汐、港湾和养殖水域等。水资源是发展国民经济不可缺少的重要自然资源。

地表水和地下水　陆地上的水因空间分布不同，可以分为地表水和地下水。地表水指分别存在于河流、湖泊、沼泽、冰川和冰盖等水体中水分的总称，又称陆地水。地下水指储存在地面以下饱和岩土孔隙、裂隙及溶洞中的水。

矿产资源　矿产指由地质作用形成，富集于地壳中或出露于地表达到工农业利用要求的有用矿物。矿产是一种重要的自然资源，是社会发展的重要物质基础。

气候　指地球与大气之间长期能量交换与质量交换所形成的一种自然环境状态，它是多种因素综合作用的结果。气候既是人类生活和生产的环境要素之一，又是供给人类生活和生产的重要资源。气温、降水、湿度等气象要素的多年平均值是用来描述一个地区气候状况的主要参数，而各种气象要素某年、某月的平均值(或总量)则可以反映出该时期天气气候状况的重要特征。

气温　指空气的温度，我国一般以摄氏度(°C)为单位表示。气象观测的温度表是[CM(7]放在离地面约[CM)]1.5 米处通风良好的百叶箱里测量的。因此，通常说的气温指的是离地面 1.5 米处百叶箱中的温度。其统计计算方法为：

月平均气温是将全月各日的平均气温相加，除以该月的天数而得。

年平均气温是将 12 个月的月平均气温累加后除以 12 而得。

相对湿度　指空气中实际所含水蒸汽密度和同温度下饱和水蒸汽密度的百分比值。其统计方法与气温相同。

降水量　指从天空降落到地面的液态或固态(经融化后)水，未经蒸发、渗透、流失而在地面上积聚的深度。其统计计算方法为：

月降水量是将全月各日的降水量累加而得。

年降水量是将 12 个月的月降水量累加而得。

日照时数　指太阳实际照射地面的时间。其统计方法与降水量相同。

2

综合

GENERAL SURVER

2-1 平均每天主要社会经济活动

指　　标	1995	2000	2005	2010	2012	2013
全市每天创造的财富						
生产总值(万元)	4089	6927	23589	67419	93412	95973
第一产业	339	444	952	1821	2459	2736
第二产业	2437	3716	12328	36478	51657	49555
# 工业	2185	3439	10816	32569	46348	43986
第三产业	1313	2767	10310	29120	39296	43683
工农业总产值(万元)	6466	11000	30548	84247	112665	118901
工业总产值	5922	10213	29040	81010	108292	114055
农业总产值	545	787	1508	3237	4373	4846
财政总收入(万元)	546	748	2799	8131	10345	11826
# 地方财政总收入	248	443	1677	6666	8953	9452
#公共财政预算收入		428	1601	3813	5089	5894
财政总支出(万元)	301	593	2133	6977	9246	12122
主要工农业产品产量						
粮食(吨)	1356	1515	2323	2719	2788	3062
油料(吨)	159	203	84	87	139	144
猪牛羊肉(吨)	87	127	218	412	413	413
牛奶(吨)	55	81	2867	4247	4315	3884
水产品(吨)	7.7	13.3	17.7	19.5	21.1	22.2
原煤(吨)	19807	10286	8933	61233	59572	54719
发电量(万千瓦时)	1584	1359	2760	7712	10241	10846
粗钢(吨)	9295	10950	20293	30484	38288	42891
钢材(吨)	6405	9738	19178	30668	35945	38031
糖(吨)	60.0	87.9	92.1	2.5		
每天其他经济活动						
社会消费品零售额(万元)	1501	3185	8016	20022	26714	29747
固定资产投资额(万元)	1673	1478	13728	49329	69431	81955
进出口总额(万美元)	86	86	256	535	575	577
# 出口总额	48	47	143	330	319	305
城乡居民年末储蓄余额(万元)	1956	4183	10671	20568	28357	31724
金融机构贷款余额(万元)	4089	4843	9226	28419	38900	44630
每天人口变动						
出生(人)	78	66	51	56	58	55
死亡(人)	27	26	25	22	22	22
人口自然增长(人)	51	40	26	34	36	33

注:1、财政总收入、财政总支出均为原口径总收入、总支出。其中地方财政总收入为公共财政预算收入(2012 年以前称地方一般预算收入)与上划中央、自治区税收之和;
2、1995 年、2000 年、2005 年生产总值数据分别按两次经济普查数据进行调整;
3、出生、死亡、人口自然增长数据来源于计生委。

2-2 社会经济主要指标人均水平

指　　标	1995	2000	2005	2010	2012	2013
全市生产总值(元)	**7692**	**11134**	**35343**	**93442**	**125709**	**127434**
第一产业	637	714	1426	2524	3309	3632
第二产业	4585	5973	18471	50558	69517	65799
# 工业	4111	5527	16205	45141	62373	58404
第三产业	2470	4447	15447	40360	52883	58002
工农业总产值(元)	**12215**	**17679**	**45768**	**116765**	**151618**	**157877**
工业总产值	11186	16415	43509	112279	145733	151443
农业总产值	1030	1264	2259	4486	5885	6434
财政总收入(元)	**1032**	**1203**	**4194**	**11269**	**13921**	**15703**
# 地方财政总收入	469	712	2512	9239	12048	12550
# 公共财政预算收入		681	2386	5240	6800	7777
财政总支出(元)	**569**	**953**	**3196**	**9670**	**12442**	**16096**
农牧业生产						
耕地面积(公顷)	0.15	0.20	0.17	0.16	0.16	0.15
粮食产量(千克)	256	244	348	377	375	407
油料产量(千克)	30.0	32.6	12.6	12.0	18.7	19.1
年末大牲畜(头)	1.09	0.05	0.20	0.15	0.14	0.13
# 牛	0.03	0.03	0.19	0.14	0.13	0.12
年末羊(头)	0.88	0.72	0.53	0.69	0.70	0.70
年末生猪(口)	0.14	0.12	0.10	0.10	0.10	0.10
猪牛羊肉产量(千克)	16.46	20.48	32.72	57.03	55.64	54.82
牛奶产量(千克)	10.30	12.99	429.53	588.65	580.70	515.66
水产品产量(千克)	1.45	2.14	2.64	2.70	2.84	2.95
主要工业产品产量						
原煤(吨)	3.74	1.65	1.34	8.49	8.02	7.27
发电量(千瓦小时)	2991	2184	4135	10689	13782	14401
粗钢(吨)	1.76	1.76	3.04	4.23	5.15	5.70
钢材(吨)	1.21	1.57	2.87	4.25	4.84	5.05
糖(千克)	10.00	14.14	13.79	0.35		
社会消费品零售额(元)	**2835**	**5119**	**12000**	**27751**	**35950**	**39498**
固定资产投资额(元)	**3159**	**2376**	**20569**	**68369**	**93437**	**108821**
进出口总额(美元)	**163**	**139**	**383**	**742**	**774**	**766**
# 出口总额	90	76	214	457	429	405
千人拥有电话部数(部)	**72**	**234**	**625**	**1096**	**1486**	**1582**
千人拥有卫生技术人员(人)	**7.3**	**6.4**	**5.7**	**6.5**	**6.7**	**7.1**
千人拥有病床数(张)	**4.8**	**4.2**	**4.0**	**4.9**	**5.6**	**5.5**
人民生活						
在岗职工平均工资(元)	4938	7517	19805	41403	51167	53100
城镇居民人均可支配收入(元)	3385	5436	13218	25862	33485	36576
城镇居民人均消费性支出(元)	2615	4257	10056	20994	26009	26035
农牧民人均纯收入(元)	1470	2548	4667	8766	11421	12801
农牧民人均生活消费支出(元)	1327	1626	2952	6132	7869	8903
城乡居民年末储蓄余额(元)	3696	6723	15988	28508	38161	42123
城镇居民住宅建筑面积(平方米)		21.3	27.0	31.7	33.1	34.0
城镇居民住宅使用面积(平方米)		17.0	20.3	23.8	24.8	25.5
农村居民住房面积(平方米)	16.0	19.1	26.1	29.6	30.1	31.0

注：2000年及以后各年人均指标按常住人口(均根据第六次人口普查数据调整)计算，之前年份按户籍人口计算。

2-3　国民经济主要比例关系

单位：%

指　　标	1995	2000	2005	2010	2012	2013
从业人员中三次产业的比例						
第一产业	28.9	23.2	24.9	14.1	14.1	13.7
第二产业	45.2	31.3	29.1	29.9	28.7	28.0
第三产业	25.9	45.5	46.0	56.0	57.2	58.3
生产总值中三次产业的比例						
第一产业	8.3	6.4	4.0	2.7	2.6	2.9
第二产业	59.6	53.6	52.3	54.1	55.3	51.6
第三产业	32.1	40.0	43.7	43.2	42.1	45.5
生产总值中公有与非公有经济比例						
公　有	80.2	61.8	54.0	49.5	35.4	34.3
非公有	19.8	38.2	46.0	50.5	64.6	65.7
工业总产值中轻重工业比例						
轻工业	15.0	23.4	18.0	18.2	17.7	14.1
重工业	85.5	76.6	82.0	81.8	82.3	85.9
农业总产值中农林牧渔业的比例						
农　业	66.5	64.6	41.4	35.6	29.7	33.1
林　业	1.7	2.4	0.9	0.9	0.5	0.5
牧　业	30.4	31.8	54.0	60.1	68.1	64.7
渔　业	1.4	1.2	1.0	0.8	0.5	0.6
农林牧渔服务业业			2.7	2.6	1.2	1.1
固定资产投资中三次产业比例						
第一产业	0.1	2.5	1.3	2.4	2.5	2.7
第二产业	83.0	52.9	60.1	51.0	54.4	53.0
第三产业	16.9	44.6	38.6	46.6	43.1	44.3
财政总收入占生产总值比例	**13.3**	**10.8**	**11.9**	**12.1**	**11.1**	**12.3**
固定资产投资占生产总值比例	**40.9**	**21.3**	**59.0**	**73.2**	**74.3**	**85.4**
进出口总额占生产总值比例	**11.9**	**10.2**	**8.7**	**5.4**	**3.9**	**3.7**

注：2012年起生产总值中非公有制经济比例由自治区统计局测算并反馈，测算口径和方法与以往年度不同。

2-4 国民经济和社会发

指标	总量指标					
	1978	1990	2000	2005	2010	2013
人口						
年末总人口(万人)	160.68	185.57	229.43	244.88	265.61	276.62
城镇人口	108.02	135.03	157.66	175.85	211.16	226.86
乡村人口	52.66	50.54	71.77	69.03	54.45	49.76
就业						
年末从业人员数(万人)	69.78	102.39	110.50	118.38	141.68	153.43
#职工人数	42.64	62.99	40.39	33.91	31.85	41.09
国民经济核算						
生产总值(亿元)	9.52	45.05	252.85	861.01	2460.80	3503.02
第一产业	1.02	4.93	16.22	34.73	66.48	99.85
第二产业	6.38	26.44	135.65	449.98	1331.45	1808.75
#工业	5.93	24.39	125.52	394.78	1188.78	1605.48
第三产业	2.12	13.68	100.98	376.30	1062.87	1594.42
人均生产总值(元)	594	2447	11134	35343	93442	127434
固定资产投资						
固定资产投资额(亿元)	1.93	9.43	53.95	501.08	1800.50	2991.37
竣工住宅面积(万平方米)	10.66	57.17	158.76	252.18	424.45	356.27
财政收支						
财政总收入(亿元)	1.61	7.59	27.32	102.17	296.78	431.66
#地方财政总收入	1.61	7.59	16.18	61.20	243.32	345.00
#公共财政预算收入			15.62	58.42	139.18	215.12
财政总支出(亿元)	1.03	6.22	21.65	77.86	254.67	442.46
农林牧渔业						
耕地面积(万公顷)	37.74	29.24	44.74	42.40	42.21	42.21
总产值(亿元)	1.23	6.86	28.71	55.03	118.14	176.87
主要农畜产品产量						
粮食(万吨)	17.20	35.60	55.30	84.78	99.25	111.75
油料(万吨)	0.60	4.90	7.41	3.06	3.16	5.26
猪牛羊肉产量(万吨)	0.63	1.71	4.65	7.97	15.02	15.07
牛奶(万吨)	0.50	1.59	2.95	104.64	155.02	141.75
年末牲畜总头数(万头、只)	148.80	196.60	202.19	202.71	250.28	254.42
大牲畜(万头)	20.10	12.50	11.62	49.85	40.17	36.41
#牛	8.40	4.10	5.98	46.92	37.97	33.42
#奶牛			0.91	41.04	34.75	29.66
羊(万只)	109.90	171.10	162.62	128.51	183.00	191.13
生猪(万口)	18.80	13.00	27.95	24.35	27.11	26.88
工业						
工业总产值(亿元)	14.97	70.18	372.77	1059.95	2956.87	4163.02
轻工业	2.85	14.19	87.37	190.41	538.95	588.12
重工业	12.12	55.99	285.40	869.54	2417.92	3574.90
主要产品产量						
原煤(万吨)	303.71	476.77	375.45	326.07	2235.00	1997.26

注：2000年以后年末总人口为常住人口(均按第六次人口普查数据进行调整)。

展总量与速度指标

速度指标（%）									
指数（2013 年比以下各年）						平均增长速度			
1978	1990	2000	2005	2010	2012	1979-2013	1991-2000	2001-2005	2006-2010
172.2	149.1	120.6	113.0	104.1	101.3	1.6	2.1	1.3	1.6
210.0	168.0	143.9	129.0	107.4	102.1	2.1	1.6	2.2	3.7
94.5	98.5	69.3	72.1	91.4	97.7	-0.2	3.6	-0.8	-4.6
219.9	149.8	138.9	129.6	108.3	101.9	2.3	0.8	1.4	3.7
96.4	65.2	101.7	121.2	129.0	114.4	-0.1	-4.3	-3.4	-1.2
9068.5	3364.5	951.8	329.5	142.1	109.3	13.7	13.5	23.6	18.3
995.9	424.5	233.5	156.0	118.3	105.2	6.8	6.2	8.4	5.7
9817.8	4089.2	1116.7	370.8	148.2	110.8	14.0	13.9	24.7	14.1
9772.5	4167.0	1120.0	389.0	150.5	111.6	14.0	14.0	23.6	20.9
12788.9	3439.2	883.2	299.2	136.4	107.9	14.9	14.6	24.2	17.0
5353.8	2289.3	788.0	292.4	136.2	107.9	12.0	11.3	21.9	16.5
154993.3	31721.8	5544.7	597.0	166.1	118.0	23.4	19.1	56.2	29.2
3342.1	623.2	224.4	141.3	83.9	107.7	10.5	10.8	9.7	11.0
26811.2	5687.2	1580.0	422.5	145.4	114.3	17.3	13.7	30.2	23.8
21428.6	4545.5	2132.3	563.7	141.8	105.6	16.6	7.9	30.5	31.8
		1377.2	368.2	154.6	115.8			30.2	19.0
42957.3	7113.5	2043.7	568.3	173.7	131.1	18.9	13.3	29.2	26.7
111.8	144.4	94.3	99.6	100.0	100.0	0.3	4.3	-1.1	-0.1
1655.1	746.1	404.8	209.5	512.9	104.5	8.3	6.3	14.1	12.3
649.7	313.9	202.1	131.8	112.6	109.8	5.5	4.5	8.9	3.2
876.7	107.3	71.0	171.9	166.5	104.0	6.4	4.2	-16.2	0.6
2392.1	881.3	324.1	189.1	100.3	99.9	9.5	10.5	11.4	13.5
28350.0	8915.1	4805.1	135.5	91.4	90.0	17.5	6.4	104.2	8.2
171.0	129.4	125.8	125.5	101.7	100.1	1.5	0.3	0.1	4.3
181.1	291.3	313.3	73.0	90.6	97.1	1.7	-0.7	33.8	-4.2
397.9	815.1	558.9	71.2	88.0	94.9	4.0	3.8	51.0	-4.1
		3259.3	72.3	85.4	92.4			114.2	-3.3
173.9	111.7	117.5	148.7	104.4	101.0	1.6	-0.5	-4.6	7.3
143.0	206.8	96.2	110.4	99.2	97.9	1.0	8.0	-2.7	2.2
11531.8	4495.9	1111.3	389.0	150.5	111.6	14.5	15.0	23.4	20.9
7474.7	2936.6	537.8	208.7	142.6	104.7	13.1	18.5	20.8	7.9
10140.0	4305.2	1167.8	409.4	150.9	111.9	14.1	13.9	23.3	22.1
657.6	418.9	532.0	612.5	89.4	91.9	5.5	-2.4	-2.8	47.0

2-4 续

指 标	总 量 指 标					
	1978	1990	2000	2005	2010	2013
发电量(亿千瓦小时)	20.45	44.19	49.60	100.74	281.50	395.87
粗钢(万吨)	89.23	261.90	399.67	740.69	1112.67	1565.52
成品钢材(万吨)	55.53	146.64	355.42	700.01	1119.40	1388.14
水泥(万吨)	2.49	14.98	46.93	157.43	476.18	730.21
电解铝(万吨)	1.93	5.91	11.84	40.69	87.13	120.08
焦炭(万吨)	125.66	180.09	195.28	316.02	569.96	507.49
运输、邮电						
公路客运量(万人)	123	306	950	11866	1406	1182
公路货运量(万吨)	634	2271	6800	15118	16928	22949
公路旅客周转量(亿人公里)	0.59	2.20	7.10	48.68	16.93	16.60
公路货物周转量(亿吨公里)	0.92	7.01	25.10	138.99	454.37	842.30
邮电业务总量(万元)	307	2413	98425	283985	734389	411782
全市固定电话用户(万户)	1.49	4.18	35.43	49.95	38.86	46.60
国内贸易						
社会消费品零售总额(亿元)	3.78	17.85	116.26	292.58	730.81	1085.76
对外经济贸易						
进出口总额(万美元)		982	31540	93321	195303	210508
# 出口总额		792	17189	52242	120403	111273
金融						
金融机构各项存款余额(亿元)	3.10	29.01	232.88	678.92	1705.62	2326.59
# 城乡居民储蓄存款余额	0.61	18.50	152.68	389.48	750.75	1157.92
金融机构各项贷款余额(亿元)	6.72	33.77	176.78	336.76	1037.29	1629.00
教育						
专任教师数(人)						
普通高校	342	1022	1331	1741	2655	4520
普通中专	583	883	727	679	1209	1116
普通中学	7020	8270	8219	9852	9038	9256
小学	7615	9306	9754	8888	8810	8454
在校学生数(万人)						
普通高校	0.19	0.47	1.22	3.18	5.64	7.01
普通中专	0.36	0.63	1.47	1.90	2.60	2.58
普通中学	17.58	10.48	13.23	17.68	13.49	12.89
小学	23.58	15.67	16.47	14.05	14.29	13.31
卫生						
卫生医疗机构数(个)	382	498	854	1123	2017	1645
医疗机构床位数(张)	6571	8319	9462	9731	12791	15195
卫生技术人员数(人)	8830	13505	14639	13916	17023	19450
人民生活						
城镇居民人均可支配收入(元)		1305	5436	13218	25862	36576
农牧民人均纯收入(元)		640	2548	4667	8766	12801
物价指数(上年=100)						
居民消费价格总指数(%)	100.2	102.8	102.6	101.7	102.8	102.8

注:从 2009 年开始,交通部门公路运输数据统计口径调整,从 2011 年开始邮电业务总量计算方法调整。

表

速度指标（%）									
指数(2013年比以下各年)						平均增长速度			
1978	1990	2000	2005	2010	2012	1979−2013	1991−2000	2001−2005	2006−2010
1935.8	895.8	798.1	393.0	140.6	105.9	8.8	1.2	15.2	22.8
1754.5	597.8	391.7	211.4	140.7	112.0	8.5	4.3	13.1	8.5
2499.8	946.6	390.6	198.3	124.0	105.8	9.6	9.3	14.5	9.8
29325.7	4874.6	1556.0	463.8	153.3	126.2	17.6	12.1	27.4	24.8
6221.8	2031.8	1014.2	295.1	137.8	102.8	12.5	7.2	28.0	16.4
403.9	281.8	259.9	160.6	89.0	93.7	4.1	0.8	10.1	12.5
961.0	386.3	124.4	10.0	84.1	83.4	6.7	12.0	65.7	−34.7
3619.7	1010.5	337.5	151.8	135.6	85.2	10.8	11.6	17.3	2.3
2813.6	754.5	233.8	34.1	98.1	101.8	10.0	12.4	47.0	−19.0
91554.3	12015.7	3355.8	606.0	185.4	118.3	21.5	13.6	40.8	26.7
134130.9	17065.1	418.4	145.0	56.1	111.1	22.8	44.9	23.6	20.9
3127.5	1114.8	131.5	93.3	119.9	102.9	10.3	23.8	7.1	−4.9
28723.8	6082.7	933.9	371.1	148.6	111.4	17.6	20.6	20.3	20.1
	21436.7	667.4	225.6	107.8	100.3		41.5	24.2	15.9
	14049.6	647.4	213.0	92.4	95.6		36.0	24.9	18.2
75051.3	8020.0	999.1	342.7	136.4	111.9	20.8	23.2	23.9	20.2
189823.0	6259.0	758.4	297.3	154.2	111.9	24.1	23.5	20.6	14.0
24241.1	4823.8	921.5	483.7	157.0	114.7	17.0	18.0	13.8	25.2
1321.6	442.3	339.6	259.6	170.2	99.5	7.7	2.7	5.5	8.8
191.4	126.4	153.5	164.4	92.3	93.9	1.9	−1.9	−1.4	12.2
131.9	111.9	112.6	94.0	102.4	96.5	0.8	−0.1	3.7	−1.7
111.0	90.8	86.7	95.1	96.0	96.9	0.3	0.5	−1.8	−0.2
3689.5	1491.5	574.6	220.4	124.3	102.2	10.9	10.0	21.1	12.1
716.7	409.5	175.5	135.8	99.2	100.0	5.8	8.8	5.3	6.5
73.3	123.0	97.4	72.9	95.6	98.8	−0.9	2.4	6.0	−5.3
56.4	84.9	80.8	94.7	93.1	98.3	−1.6	0.5	−3.1	0.3
430.6	330.3	192.6	146.5	81.6	101.5	4.3	5.5	5.6	12.4
231.2	182.7	160.6	156.2	118.8	100.5	2.4	1.3	0.6	5.6
220.3	144.0	132.9	139.8	114.3	107.7	2.3	0.8	−1.0	4.1
	2802.8	672.8	276.7	141.4	109.2		15.3	19.4	14.4
	2000.2	502.4	274.3	146.0	112.1		14.8	12.9	13.4
587.8	305.0	133.5	126.3	111.5	102.8	5.2	8.6	1.1	2.5

2-5 国民经济和社会主要指标占自治区比重(2013年)

指　　标	自治区	包头市	包头市占自治区比重(%)
年末总人口(万人)	**2497.61**	**276.62**	**11.1**
年末在岗职工人数(万人)	**294.42**	**41.09**	**14.0**
生产总值(亿元)	**16832.38**	**3503.02**	**20.8**
第一产业	1599.41	99.85	6.2
第二产业	9084.19	1808.75	19.9
#工业	7944.40	1605.48	20.2
第三产业	6148.78	1594.42	25.9
公共财政预算收入(亿元)	**1720.98**	**215.12**	**12.5**
公共财政预算支出(亿元)	**3686.52**	**355.26**	**9.6**
主要工业产品产量			
原煤(万吨)	103029.72	1997.26	1.9
发电量(亿千瓦时)	3520.77	395.87	11.2
粗钢(万吨)	1978.56	1565.52	79.1
主要农畜产品产量和年末牲畜存栏数			
粮食(万吨)	2773.00	111.75	4.0
油料(万吨)	158.14	5.26	3.3
猪牛羊肉(万吨)	213.94	15.07	7.0
牛奶(万吨)	767.30	141.75	18.5
大牲畜存栏(万头)	819.61	36.41	4.4
羊存栏(万只)	5239.21	191.13	3.6
猪存栏(万只)	684.50	26.88	3.9
固定资产投资额(亿元)	**15520.72**	**2991.37**	**19.3**
公路货物周转量(亿吨公里)	**1872.71**	**842.30**	**45.0**
公路旅客周转量(亿人公里)	**173.45**	**16.60**	**9.6**
金融机构各项存款余额(亿元)	**15205.69**	**2326.59**	**15.3**
金融机构各项贷款余额(亿元)	**12944.17**	**1629.00**	**12.6**
邮电业务总量(亿元)	**311.23**	**41.18**	**13.2**
社会消费品零售额(亿元)	**5114.20**	**1085.76**	**21.2**
进出口总额(万美元)	**119.92**	**21.05**	**17.6**
#出口总额	40.93	11.13	27.2
教育			
普通高校在校学生数(万人)	39.92	7.01	17.6
普通中专在校学生数(万人)	14.07	2.58	18.3
普通中学在校学生数(万人)	118.27	12.89	10.9
小学在校学生数(万人)	131.06	13.31	10.2
卫生			
医疗卫生机构床位数(万张)	12.01	1.52	12.7
卫生技术人员(万人)	14.82	1.95	13.1
人民生活			
城镇居民人均可支配收入(元)	25497	36576	
农牧民人均纯收入(元)	8596	12801	
在岗职工工资总额(亿元)	1563.34	220.40	14.1
在岗职工平均工资(元)	51388	53100	
城乡居民储蓄存款余额(亿元)	7455.17	1157.92	15.5

主要统计指标解释

可比价格　指计算各种总量指标所采用的扣除了价格变动因素的价格，可进行不同时期总量指标的对比。按可比价格计算总量指标有两种方法：一种是直接用产品产量乘某一年的不变价格计算；另一种是用价格指数进行缩减。

不变价格　指以同类产品某年的平均价格作为固定价格，用于计算各年的产品价值。按不变价格计算的产品价值消除了价格变动因素，不同时期对比可以反映生产的发展速度。新中国成立后，随着工农业产品价格水平的变化，国家统计局先后五次制定了全国统一的工业产品不变价格和农业产品不变价格。从 1952 年到 1957 年使用 1952 年工(农)业产品不变价格，从 1957 年到 1970 年使用 1957 年不变价格，从 1971 年到 1980 年使用 1970 年不变价格，从 1981 年到 1990 年使用 1980 年不变价格，从 1991 年开始使用 1990 年不变价格。

平均增长速度　我国计算平均增长速度有两种方法：一种是习惯上经常使用的"水平法"，又称几何平均法，是以间隔期最后一年的水平同基期水平对比来计算平均每年增长(或下降)速度；另一种是"累计法"，又称代数平均法或方程法，是以间隔期内各年水平的总和同基期水平对比来计算平均每年增长(或下降)速度。在一般正常情况下，两种方法计算的平均每年增长速度比较接近，但在经济发展不平衡、出现大起大落时，两种方法计算的结果差别较大。

本《年鉴》内所列的平均增长速度，除固定资产投资用"累计法"计算外，其余均用"水平法"计算。从某年到某年平均增长速度的年份，均不包括基期年在内。如建国四十三年的平均增长速度是以 1949 年为基期计算的，则写为 1950–1992 年平均增长速度，其余类推。

3 人口

POPULATION

3-1 年末户藉总人口及其构成

单位:万人

年份	年末总人口	年平均人口	按性别分		按农业、非农业分		按城乡分	
			男	女	农业人口	非农业人口	市镇人口	乡村人口
1949	35.79	35.47	20.44	15.35	24.37	11.42	16.79	19.00
1952	43.00	42.47	24.60	18.40	31.02	11.98	18.53	24.47
1957	80.16	75.49	46.43	33.73	36.63	43.53	51.62	28.55
1962	113.08	129.46	63.49	49.59	47.83	65.25	76.35	36.73
1966	123.02	121.58	68.12	54.90	53.26	69.76	84.29	38.73
1967	127.53	125.27	70.28	57.25	53.25	74.28	88.50	39.03
1968	131.09	129.31	72.10	58.99	54.91	76.18	90.83	40.26
1969	133.89	132.49	73.96	59.93	56.76	77.13	92.25	41.64
1970	136.20	134.70	75.75	60.45	58.57	77.63	93.15	43.05
1971	141.76	138.73	77.65	64.11	60.24	81.52	97.62	44.14
1972	147.86	145.00	80.03	67.83	61.97	85.89	102.52	45.34
1973	150.85	149.33	81.70	69.15	64.01	86.84	104.12	46.73
1974	154.42	152.63	83.14	71.28	66.68	87.74	106.47	47.95
1975	156.20	155.32	83.75	72.45	68.00	88.20	106.05	50.15
1976	157.86	157.03	84.65	73.21	69.60	88.26	106.93	50.93
1977	159.90	158.88	85.42	74.48	71.18	88.72	107.90	52.00
1978	160.68	160.31	85.68	75.00	71.96	88.72	108.02	52.66
1979	161.64	161.13	85.72	75.92	70.82	90.82	109.69	51.95
1980	162.10	161.86	86.07	76.03	71.02	91.08	110.07	52.03
1981	162.91	162.51	85.96	76.95	70.60	92.31	110.61	52.30
1982	165.33	164.13	87.16	78.17	72.20	93.13	112.23	53.10
1983	166.47	165.88	87.82	78.65	72.61	93.86	113.34	53.13
1984	168.40	167.44	88.73	79.67	73.81	94.59	114.39	54.01
1985	172.43	170.63	90.61	81.82	73.61	98.82	118.37	54.06
1986	175.05	173.73	92.00	83.05	75.22	99.83	124.19	50.86
1987	176.99	176.04	92.61	84.38	74.53	102.46	125.94	51.05
1988	180.03	178.49	94.18	85.85	75.00	105.03	129.22	50.81
1989	182.61	181.36	95.58	87.03	76.06	106.55	131.45	51.16
1990	185.57	184.12	96.93	88.64	77.11	108.46	135.03	50.54
1991	186.27	185.92	97.28	88.99	76.74	109.53	135.42	50.85
1992	187.75	187.01	98.00	89.75	77.50	110.25	136.59	51.16
1993	189.75	188.75	98.94	90.81	77.42	112.33	138.92	50.83
1994	192.49	191.12	100.28	92.21	77.88	114.61	141.60	50.89
1995	194.01	193.23	100.99	93.02	78.17	115.84	143.19	50.82
1996	196.23	195.12	101.97	94.26	78.53	117.70	145.63	50.60
1997	198.92	197.57	103.20	95.72	79.39	119.53	148.07	50.85
1998	201.12	200.02	104.31	96.81	79.95	121.17	150.93	50.19
1999	203.01	202.06	105.13	97.88	79.84	123.17	152.98	50.03
2000	204.31	203.66	105.52	98.79	78.89	125.42	154.81	49.50
2001	206.16	205.24	106.33	99.83	78.85	127.31	160.85	45.31
2002	208.02	207.09	107.17	100.85	78.48	129.54	162.78	45.24
2003	209.33	208.68	107.67	101.66	78.03	131.30		
2004	210.24	209.79	107.81	102.43	77.73	132.51		
2005	209.32	209.78	107.23	102.09	76.35	132.97		
2006	212.41	210.87	108.66	103.75	78.62	133.79		
2007	214.60	213.51	109.55	105.05	80.12	134.48		
2008	217.76	216.18	111.13	106.63	82.18	135.58		
2009	219.59	218.68	111.69	107.90	83.28	136.31		
2010	219.80	219.70	111.55	108.25	83.32	136.48		
2011	221.75	220.78	112.46	109.29	84.26	137.49		
2012	223.45	222.60	113.04	110.41	85.14	138.31		
2013	225.02	224.24	113.68	111.34	85.79	139.23		

3-2 人口出生率、死亡率、自然增长率

年份	出生		死亡		自然增长		人口机械增长率 (‰)
	出生人数 (万人)	出生率 (‰)	死亡人数 (万人)	死亡率 (‰)	人数 (万人)	增长率 (‰)	
1949	1.15	32.42	0.44	12.40	0.71	20.02	
1952	1.51	35.55	0.48	11.30	1.03	24.25	
1957	3.49	46.23	0.58	7.68	2.91	38.55	
1962	5.37	41.48	1.03	7.96	4.34	33.52	
1966	3.38	27.80	0.80	6.58	2.58	21.22	
1967	3.53	28.18	0.69	5.51	2.84	22.67	
1968	4.35	33.64	0.69	5.34	3.66	28.30	
1969	4.17	31.47	0.71	5.36	3.46	26.12	
1970	3.91	29.03	0.72	5.35	3.19	23.68	
1971	3.76	27.10	0.71	5.12	3.05	21.99	
1972	3.91	26.97	0.72	4.97	3.19	22.00	
1973	3.73	24.98	0.67	4.49	3.06	20.49	
1974	3.08	20.18	0.74	4.85	2.34	15.33	
1975	3.00	19.31	0.77	4.96	2.23	14.36	
1976	2.70	17.19	0.69	4.39	2.01	12.80	
1977	2.45	15.42	0.72	4.53	1.73	10.89	
1978	2.28	14.22	0.70	4.37	1.58	9.86	
1979	1.98	12.29	0.71	4.41	1.27	7.88	
1980	1.84	11.37	0.73	4.51	1.11	6.86	
1981	2.13	13.11	0.77	4.74	1.36	8.37	
1982	2.63	16.02	0.80	4.87	1.83	11.15	
1983	2.05	12.36	0.75	4.52	1.30	7.84	
1984	2.98	17.80	0.71	4.24	2.27	13.56	
1985	2.24	13.14	0.75	4.40	1.49	8.74	
1986	2.67	15.37	0.75	4.32	1.92	11.05	
1987	2.90	16.47	0.68	3.86	2.22	12.61	8.68
1988	2.98	16.70	0.74	4.15	2.24	12.55	7.25
1989	2.99	16.49	0.72	3.97	2.27	12.52	2.42
1990	3.39	18.41	0.95	5.16	2.44	13.25	6.19
1991	2.99	16.08	0.80	4.30	2.19	11.78	-1.56
1992	3.44	18.39	0.83	4.44	2.61	13.96	
1993	3.04	16.11	0.92	4.87	2.12	11.23	0.30
1994	3.02	15.80	0.89	4.66	2.13	11.14	3.87
1995	2.84	14.70	0.97	5.02	1.87	9.68	1.35
1996	2.91	14.90	0.95	4.88	1.96	10.02	3.10
1997	2.91	14.72	0.95	4.82	1.96	9.90	3.96
1998	2.72	13.59	1.02	5.11	1.70	8.48	2.72
1999	2.75	13.63	0.83	4.09	1.93	9.54	6.54
2000	2.33	16.37	1.17	5.73	2.16	10.64	3.82
2001	2.41	11.74	0.68	3.32	1.73	8.42	2.82
2002	2.39	11.53	0.72	3.50	1.66	8.03	5.45
2003	1.51	7.25	0.67	3.23	0.84	4.02	2.34
2004	1.79	8.52	1.49	7.12	0.30	1.40	2.05
2005	1.63	7.75	1.66	7.94	-0.03	-0.19	0.64
2006	1.57	7.45	0.74	3.51	0.83	3.94	9.44
2007	2.07	9.70	0.76	3.56	1.31	6.14	3.87
2008	2.02	7.97	0.83	3.29	1.18	4.68	8.28
2009	2.19	8.00	1.31	3.00	0.88	5.00	2.29
2010	2.32	10.56	2.41	10.97	-0.09	-0.41	1.69
2011	1.99	8.98	0.69	3.10	1.30	5.88	2.94
2012	2.12	9.52	0.89	4.00	1.23	5.52	2.10
2013	2.05	9.11	1.03	4.56	1.02	4.55	2.45

注:本表数据为公安户籍统计数。

3-3　年末户籍总人口及人口变动

项　目	2012 年	2013 年	2013 年比 2012 年增长(%)
年末总户数(万户)	**81.92**	**83.91**	**1.99**
年末总人口(万人)	**223.45**	**225.02**	**1.57**
# 蒙古族	8.53	8.73	0.20
其他少数民族	6.67	6.76	0.09
按性别分			
男	113.04	113.68	0.64
女	110.41	111.34	0.93
按农业、非农业分			
农业人口	85.14	85.79	0.65
非农业人口	138.31	139.23	0.92
人口自然变动			
出生人口(万人)	2.12	2.05	-0.07
男(万人)	1.07	1.04	-0.03
女(万人)	1.05	1.01	-0.04
死亡人口(万人)	0.89	1.03	-0.14
出生率(‰)	9.52	9.11	
死亡率(‰)	4.00	4.56	
自然增长率(‰)	5.52	4.55	
人口迁移变动			
省内迁入(万人)	1.04	1.11	0.07
省外迁入(万人)	0.72	0.71	-0.01
迁往省内(万人)	0.64	0.55	-0.09
迁往省外(万人)	0.65	0.72	0.07
迁入率(‰)	7.86	8.12	
迁出率(‰)	5.76	5.66	
机械增长率(‰)	2.10	2.45	

3-4 民族人口及构成

单位:人

项目	2012	2013	构成(%)	
			2012	2013
汉族	2082480	2095253	93.20	93.12
少数民族	152003	154909	6.80	6.88
蒙古族	85288	87308	3.82	3.88
回族	36874	37186	1.65	1.65
满族	25512	25965	1.14	1.15
朝鲜族	816	827	0.04	0.04
达斡尔族	858	879	0.04	0.04
鄂温克族	111	119		
鄂伦春族	29	33		
壮族	295	309	0.01	0.01
藏族	159	155	0.01	0.01
锡伯族	297	297	0.01	0.01
苗族	284	296	0.01	0.01
土家族	316	329	0.01	0.01
彝族	159	174		
维吾尔族	22	28		
其他少数民族	983	1004	0.04	0.04

注:本表数据为公安户籍统计数。

3-5 历年民族人口数

年份	在人口总数中							
	汉族（万人）	蒙古族（万人）	回族（万人）	满族（万人）	朝鲜族（人）	达斡尔族（人）	鄂温克族（人）	鄂伦春族（人）
1949	32.68	0.73	0.59	0.06				
1952	38.76	0.90	0.63	0.09				
1957	74.09	1.31	0.98	0.09	503	77		
1962	103.74	1.75	1.94	0.13	333	150	3	
1966	112.49	2.10	1.70	0.25	401	252	15	
1967	116.75	2.19	1.81	0.28	443	258	12	
1968	119.96	2.22	1.82	0.26	356	220	8	
1969	122.53	2.27	1.84	0.25	359	220	8	
1970	124.54	2.34	1.91	0.25	359	213	8	
1971	136.72	2.41	2.21	0.33	373	251	□□ 9	
1972	142.61	2.50	2.26	0.40	387	274	13	
1973	145.46	2.55	2.35	0.41	388	305	14	12
1974	148.83	2.65	2.43	0.40	462	287	9	1
1975	150.39	2.79	2.49	0.43	435	338	14	10
1976	152.10	2.78	2.46	0.43	414	257	17	6
1977	154.06	2.83	2.47	0.44	388	294	12	9
1978	154.85	2.82	2.45	0.45	356	333	6	11
1979	155.38	3.02	2.53	0.59	422	341	8	11
1980	155.58	3.10	2.55	0.75	413	361	10	10
1981	156.11	3.27	2.59	0.80	407	392	6	13
1982	157.79	3.60	2.78	1.01	448	415	11	14
1983	158.72	3.72	2.82	1.07	440	412	17	10
1984	160.69	3.77	2.76	1.05	437	401	14	20
1985	164.51	3.86	2.79	1.12	530	431	33	13
1986	166.82	4.00	2.80	1.26	434	459	41	15
1987	168.08	4.28	3.01	1.42	530	485	41	17
1988	171.11	4.33	2.96	1.46	509	486	31	14
1989	173.48	4.47	2.90	1.57	518	526	30	27
1990	176.07	4.65	3.02	1.63	532	514	34	14
1991	176.46	4.82	3.07	1.71	529	532	39	14
1992	177.64	4.92	3.17	1.81	553	593	42	14
1993	179.24	5.17	3.24	1.85	566	525	54	14
1994	181.67	5.37	3.27	1.94	640	639	57	16
1995	182.94	5.48	3.31	2.01	640	651	59	16
1996	184.88	5.69	3.35	2.05	655	661	52	18
1997	187.35	5.82	3.38	2.10	663	664	60	13
1998	189.21	6.03	3.45	2.15	686	656	59	18
1999	190.81	6.26	3.44	2.19	689	685	60	24
2000	191.86	6.42	3.49	2.22	712	718	70	21
2001	193.39	6.69	3.49	2.26	725	760	80	25
2002	195.11	6.80	3.50	2.27	726	770	87	23
2003	196.25	6.93	3.52	2.29	736	780	78	25
2004	196.97	7.09	3.53	2.30	744	781	91	23
2005	195.98	7.17	3.51	2.30	743	769	83	22
2006	198.95	7.26	3.50	2.31	751	783	74	23
2007	200.91	7.43	3.53	2.34	771	785	78	25
2008	203.79	7.63	3.57	2.37	787	779	86	28
2009	205.17	7.96	3.62	2.44	787	800	92	31
2010	205.15	8.13	3.64	2.46	792	802	102	29
2011	206.86	8.31	3.67	2.50	797	825	106	30
2012	208.25	8.53	3.69	2.55	816	858	111	29
2013	209.53	8.73	3.72	2.60	827	879	119	33

注：本表数据为公安户籍统计数。

3-6 年末常住人口及人口变动

项　　目	2012年	2013年
年末总户数(万户)	**103.64**	**104.97**
年末总人口(万人)	**273.16**	**276.62**
按性别分		
男	140.88	142.67
女	132.28	133.95
按城乡分		
城镇人口	222.24	226.86
农村人口	50.92	49.76
城镇化率(%)	81.36	82.01
按旗县分		
稀土高新区	13.19	13.86
东 河 区	53.10	53.83
昆　　区	75.08	75.98
青 山 区	49.79	50.42
石 拐 区	3.25	3.36
白 云 区	2.68	2.70
九 原 区	20.82	21.28
土 右 旗	27.85	28.01
固 阳 县	17.39	17.29
达 茂 旗	10.01	9.89

注:本表为人口抽样调查推算数据。

主要统计指标解释

人口数 指一定时点、一定地区范围内的有生命的个人的总和。

年度统计的年末人口数指每年12月31日24时的人口数。

户籍人口 指公民依《中华人民共和国户口登记条例》已在其经常居住地的公安户籍管理机关登记了常住户口的人,这类人口不管其是否外出,也不管外出时间长短,只要在某地注册有常住户口,则为该地区的户籍人口。

常住人口 指实际经常居住在某地区半年以上的人口。按人口普查和抽样调查规定,还包括户口在外地,但在本地居住半年以上者,或离开户口地半年以上而调查时在本地居住的人口;调查时居住在本地,但在任何地方都没有登记常住户口,如手持户口迁移证、出生证、退伍证、劳改劳教释放证等尚未办理常住户口的人。

城镇人口和乡村人口的划分 城镇人口是指居住在城镇范围内的全部人口;乡村人口是除上述人口以外的全部人口。

历年城乡人口数据是按照当时国家《关于统计上划分城乡的规定》计算的。

三次普查之间年份的城乡人口根据1990年和2000年人口普查数据进行了调查。

出生率(又称粗出生率) 指在一定时期内(通常为一年)平均每千人所出生的人数的比率,一般用千分率表示。本资料中的出生率指年出生率,其计算公式为:

出生率=年出生人数/年平均人数×1000‰

式中:出生人数指活产婴儿,即胎儿脱离母体时(不管怀孕月数),有过呼吸或其他生命现象。年平均人数指年初、年底人口数的平均数,也可用年中人口数代替。

死亡率(又称粗死亡率) 指在一定时期内(通常为一年)一定地区的死亡人数与同期平均人数(或期中人数)之比,一般用千分率表示。本资料中的死亡率指年死亡率,其计算公式为:

死亡率=年死亡人数/年平均人数×1000‰

人口自然增长率 指在一定时期内(通常为一年)人口自然增加数(出生人数减死亡人数)与该时期内平均人数(或期中人数)之比,一般用千分率表示。计算公式为:

人口自然增长率=(本年出生人数-本年死亡人数)/年平均人数×1000‰=人口出生率-人口死亡率

4

从业人员和职工工资

EMPLOYMENT AND WAGES

4-1 就业基本情况

项　　目	2008	2009	2010	2011	2012	2013
从业人员合计(万人)	**133.18**	**137.67**	**141.68**	**146.75**	**150.62**	**153.43**
第一产业	22.40	21.27	20.01	20.21	21.20	21.06
第二产业	40.22	42.13	42.34	43.22	43.26	42.92
第三产业	70.56	74.27	79.33	83.32	86.16	89.45
从业人员构成(%)						
第一产业	16.82	15.45	14.12	13.77	14.08	13.73
第二产业	30.20	30.60	29.89	29.45	28.72	27.97
第三产业	52.98	53.95	55.99	56.78	57.20	58.30
按城乡分组						
城镇从业人员(万人)	98.60	106.87	114.29	118.97	123.01	126.78
# 国有单位	14.45	14.47	14.49	14.52	15.12	13.05
城镇集体单位	3.70	1.16	0.83	0.39	0.33	0.10
股份合作单位	0.29	0.28	0.25	0.26	0.38	0.25
联营单位	0.01	0.01	0.01	0.02	0.01	0.01
有限责任公司	11.07	11.00	10.62	11.40	16.24	18.98
股份有限公司	5.49	5.63	5.55	6.10	6.11	7.70
私营	20.61	24.43	28.30	31.08	30.99	31.33
港澳台商投资单位	0.36	0.35	0.31	0.24	0.32	0.28
外商投资单位	0.53	0.50	0.48	0.67	0.60	0.80
个体	41.33	48.87	53.28	54.06	52.65	54.07
乡村从业人员(万人)	34.58	30.81	27.39	27.78	27.61	26.65
# 私营企业	2.77	2.86	2.09	2.53	2.52	2.65
个体	6.08	4.97	3.41	3.99	3.89	3.59
城填单位职工人数(万人)	**32.96**	**32.06**	**31.85**	**35.52**	**35.91**	**41.09**
国有单位	12.49	12.55	12.69	12.71	12.42	12.72
城镇集体单位	2.50	2.49	2.49	2.12	1.97	1.50
其他单位	17.97	17.02	16.67	20.69	21.52	26.87
城镇登记失业人数(万人)	**3.57**	**4.19**	**3.92**	**4.04**	**3.68**	**4.87**
城镇登记失业率(%)	**3.87**	**3.88**	**3.8**	**3.87**	**3.87**	**3.87**

注:1998 年及以后城镇单位从业人员、职工人数统计口径有调整,详见本篇指标解释。

4-2　按三次产业划分的年末从业人员

年　份	从业人员（万人）				构 成 (%)		
		第一产业	第二产业	第三产业	第一产业	第二产业	第三产业
1957	28.24	16.68	9.06	2.49	59.06	32.08	8.86
1965	44.06	22.26	18.30	3.51	50.52	41.53	7.95
1970	50.84	24.15	22.55	4.14	47.50	44.35	8.15
1975	65.19	27.20	27.88	10.11	41.72	42.77	15.51
1978	69.78	25.57	30.68	13.53	36.64	43.97	19.39
1980	77.99	26.08	35.27	16.64	33.44	45.22	21.34
1985	92.41	30.13	43.13	19.14	32.60	46.67	20.73
1986	95.38	30.00	44.78	20.60	31.45	46.95	21.60
1987	96.28	30.55	44.41	21.31	31.73	46.13	22.14
1988	99.01	30.47	46.09	22.45	30.77	46.55	22.68
1989	101.09	31.24	46.29	23.58	30.90	45.79	23.31
1990	102.39	31.82	46.70	23.87	31.08	45.61	23.31
1991	106.92	33.46	48.42	25.02	31.29	45.29	23.42
1992	109.34	32.82	50.43	26.09	30.02	46.12	23.86
1993	108.20	31.51	49.71	26.99	29.12	45.94	24.94
1994	113.63	31.40	52.23	29.99	27.63	45.96	26.41
1995	112.77	32.64	50.95	29.18	28.94	45.18	25.88
1996	111.41	32.57	49.05	29.79	29.23	44.03	26.74
1997	113.34	31.98	46.58	37.78	28.22	41.10	30.68
1998	105.66	32.57	39.17	33.92	30.82	37.07	32.11
1999	101.84	32.40	37.66	31.78	31.82	36.98	31.20
2000	110.50	25.59	34.66	50.25	23.16	31.37	45.47
2001	109.99	31.58	33.81	44.60	28.71	30.74	40.55
2002	111.07	32.60	32.90	45.57	29.35	29.62	41.03
2003	112.53	30.83	33.35	48.35	27.40	29.64	42.96
2004	114.24	30.62	32.55	51.07	26.80	28.49	44.71
2005	118.38	29.55	34.40	54.43	24.96	29.06	45.98
2006	121.68	27.17	39.18	55.33	22.33	32.20	45.47
2007	127.76	25.16	39.96	62.64	19.69	31.28	49.03
2008	133.18	22.40	40.22	70.55	16.82	30.20	52.98
2009	137.67	21.27	42.13	74.27	15.45	30.60	53.95
2010	141.68	20.01	42.34	79.33	14.12	29.89	55.99
2011	146.75	20.21	43.22	83.82	13.77	29.45	56.78
2012	150.62	21.20	43.26	86.16	14.08	28.72	57.20
2013	153.43	21.06	42.92	89.45	13.73	27.97	58.30

4-3　1980-2013 年城镇就业及失业人数

年　份	当年需要安置人数（人）	当年新增就业人数（人）	年末城镇失业人数（人）	登　记失业率（%）
1980	61861	35780	26081	5.25
1981	72917	50854	22063	4.23
1982	80442	33591	46851	8.23
1983	72988	31031	41677	7.36
1984	61774	31020	23424	4.14
1985	53357	26007	26245	4.42
1986	55112	31664	23448	3.88
1987	54665	21641	31314	5.04
1988	55455	16693	37880	5.79
1989	57314	10562	44584	6.69
1990	54950	16800	37002	5.51
1991	55867	17000	37914	5.30
1992	55589	24480	29441	4.12
1993	43249	17319	25574	3.00
1994	35484	10199	25285	3.34
1995	33879	6674	27205	3.81
1996	35045	7667	26866	3.70
1997	31288	8132	20875	2.83
1998	29823	7898	21794	3.02
1999	21265	2416	18847	2.65
2000	24256	3844	20412	3.40
2001	29119	2231	26812	4.01
2002	37109	5068	32041	4.30
2003	37885	38180	31746	4.50
2004	106494	72796	33698	4.67
2005	106933	105725	30945	3.97
2006	105491	105610	31829	3.87
2007	145780	113932	33116	3.82
2008	135723	99768	35739	3.87
2009	93089	85953	41924	3.88
2010	117091	73352	39203	3.88
2011	93271	53041	40369	3.87
2012	86916	41620	36771	3.87
2013		41485	48722	3.87

注：本表数据由就业局提供；2003 年及以后年份的“当年就业人数”中包括持优惠证的下岗职工。

4-4　按登记注册类型和城乡

年份	合计	城					
		小计	#国有单位	#集体单位	#股份合作单位	#联营单位	#有限责任公司
1965	44.06	21.80	19.33	2.27			
1970	50.84	26.69	23.27	3.37			
1975	65.19	37.19	28.38	8.80			
1978	69.78	42.69	30.84	11.80			
1980	77.99	50.39	33.70	16.44			
1985	92.41	61.09	39.71	19.92			
1986	95.38	61.68	40.66	19.61			
1987	96.28	61.78	40.67	19.78			
1988	99.01	64.41	41.65	20.45			
1989	101.09	65.89	42.90	20.63			0.09
1990	102.39	67.84	44.81	20.28			0.10
1991	106.92	71.14	46.55	20.65			0.38
1992	109.34	73.01	47.55	21.12			0.65
1993	108.20	71.28	48.58	16.99			0.47
1994	113.63	76.61	47.52	20.40			1.53
1995	112.77	74.16	45.31	18.73			2.49
1996	111.41	70.86	43.56	16.66		0.06	1.98
1997	113.34	73.33	40.88	15.08		0.01	
1998	105.66	65.40	23.04	10.12	0.78	0.03	11.97
1999	101.84	60.69	18.91	8.32	1.04		14.25
2000	110.50	66.85	16.95	7.18	0.79	0.02	14.21
2001	109.99	68.10	15.78	6.34	0.62	0.03	14.13
2002	111.07	67.54	15.60	4.36	0.43	0.03	13.74
2003	112.53	68.70	15.12	4.21	0.40		13.46
2004	114.24	69.45	15.10	4.05	0.40		14.18
2005	118.38	72.35	14.94	3.86	0.40		13.46
2006	121.68	76.36	13.56	3.61	0.30		13.30
2007	127.76	87.97	14.41	3.82	0.30		12.67
2008	133.18	98.60	14.45	3.70	0.29	0.01	11.07
2009	137.67	106.87	14.47	1.16	0.28	0.01	11.00
2010	141.68	114.29	14.49	0.83	0.25	0.01	10.62
2011	146.75	118.97	14.52	0.39	0.26	0.02	11.40
2012	150.62	123.01	15.12	0.33	0.38	0.01	16.24
2013	153.43	126.78	13.05	0.10	0.25	0.01	18.98

划分的年末从业人员

单位:万人

镇					乡村		
#股份有限公司	#私营企业	#澳台商投资单位	#外商投资单位	#个体	小计	#私营企业	个体
				0.20	22.26		
				0.05	24.15		
				0.01	28.00		
				0.05	27.09		
				0.24	27.60		
				1.44	31.32		
				1.41	28.87		
				1.91	29.55		
				2.31	29.52		
				2.27	30.05		
				2.60	34.55		
	0.67			2.88	35.78		
	0.42			3.27	36.33		
	0.83	0.59	0.43	3.41	36.92		
	1.07	0.83	0.52	4.74	37.02	0.43	
	1.95	0.77	0.82	4.09	38.61	0.68	4.10
	2.71	0.46	0.75	4.68	40.55	1.02	5.18
2.65	4.77	0.46	0.93	8.55	40.01	1.20	3.16
1.78	6.22	0.56	0.53	10.36	40.26	1.67	3.29
2.01	5.57	0.49	0.58	9.48	41.15	2.76	5.18
2.06	6.72	0.49	0.52	17.91	43.65	2.94	5.36
3.13	7.59	0.43	0.35	19.70	41.89	4.45	5.90
2.72	9.20	0.69	0.36	20.41	43.53	4.74	7.76
2.84	10.67	0.50	0.38	21.12	43.83	5.22	8.28
2.61	10.88	0.18	0.29	21.66	44.79	5.40	9.02
2.97	12.10	0.11	0.26	24.13	46.03	5.46	10.34
2.83	13.58	0.14	0.29	28.63	45.32	3.44	9.92
4.55	16.79	0.16	0.29	34.79	39.79	2.39	5.79
5.49	20.61	0.36	0.53	41.33	34.58	2.77	6.08
5.63	24.43	0.35	0.50	48.87	30.81	2.86	4.97
5.55	28.30	0.31	0.48	53.28	27.39	2.09	3.41
6.10	31.08	0.24	0.67	54.06	27.78	2.53	3.99
6.11	30.99	0.32	0.60	52.65	27.61	2.52	3.89
7.70	31.33	0.28	0.80	54.07	26.65	2.65	3.59

4-5 1985－2010 年

年 份	合 计	农林牧渔 业	采矿业	制造业	电力、燃汽及水的生产和供应业	建筑业	交通运输仓 储 及邮 政 业	信息传输、计算机服务和 软 件 业	批发和零售业
1985	92.41	30.13	35.00			8.13	4.05		7.19
1986	95.38	30.00	35.64			9.14	4.68		7.27
1987	96.28	30.55	35.39			9.02	4.67		7.65
1988	99.01	30.47	37.09			9.00	4.77		8.12
1989	101.09	31.24	37.88			8.41	5.10		8.37
1990	102.39	31.82	38.36			8.34	5.09		8.64
1991	106.92	33.46	39.71			8.71	5.18		9.30
1992	109.34	32.82	40.87			9.56	5.26		9.54
1993	108.20	31.51	2.73	35.47	1.15	10.76	5.20		11.09
1994	113.63	31.40	2.73	38.59	0.96	9.89	5.83		11.87
1995	112.77	32.64	2.27	37.46	0.97	10.25	5.67		11.94
1996	111.41	32.57	2.40	36.06	1.07	9.52	5.53		12.38
1997	113.34	31.98	2.25	34.53	1.09	8.72	5.94		14.85
1998	105.66	32.57	1.81	29.14	1.16	7.01	5.42		13.91
1999	101.84	32.39	1.40	27.57	1.19	7.50	4.77		12.31
2000	110.50	25.59	1.34	26.61	1.25	5.46	4.51		21.41
2001	109.99	31.58	1.38	26.19	1.36	4.88	4.73		23.10
2002	111.07	32.60	1.49	25.45	1.23	4.73	4.51		24.87
2003	112.53	31.09	1.47	25.67	1.19	5.02	4.53	0.85	6.27
2004	114.24	30.89	1.58	24.48	1.23	5.27	5.68	0.98	8.21
2005	118.38	29.55	1.70	25.50	1.35	5.85	8.01	0.96	11.56
2006	121.68	27.17	3.61	27.96	1.33	6.27	8.39	0.97	11.64
2007	127.76	25.16	3.79	28.23	1.37	6.57	10.11	1.23	12.89
2008	133.18	22.40	3.66	27.81	1.29	7.46	11.75	1.68	14.40
2009	137.67	21.27	3.59	28.05	1.35	9.14	12.54	1.78	15.81
2010	141.68	20.01	3.60	28.08	1.49	9.17	12.79	1.78	19.02

注：本表中行业按《国民经济行业标准》(GB/T4754-2002)进行分类，1993-2002年使用《国民经济行业分类标准》(GB/T4754-1994)行业分类

分行业从业人员

单位：万人

住宿和餐饮业	金融业	房地产业	租赁和商务服务业	科学研究、技术服务和地质勘查业	水利、环境和公共设施管理业	居民服务和其他服务业	教育	卫生、社会保障和社会福利业	文化、体育和娱乐业	公共管理和社会组织
	0.34	1.68		0.34	0.24		2.77	0.92		1.61
	0.41	1.82		0.35	0.25		2.38	0.91		2.53
	0.44	2.01		0.36	0.19		2.52	0.93		2.54
	0.50	2.18		0.36	0.20		2.45	0.96		2.91
	0.53	2.20		0.38	0.29		2.99	1.06		2.66
	0.57	2.24		0.39	0.36		2.70	0.98		2.90
	0.61	2.35		0.44	0.35		2.74	0.99		3.06
	0.64	2.44		0.32	0.34		2.76	1.00		3.49
	0.71	0.10		0.35	0.64	1.34	2.52	0.90		4.14
	0.76	0.19		0.51	0.44	2.37	2.73	0.89		4.40
	0.80	0.17		0.48	0.42	2.36	2.71	0.81		4.33
	0.87	0.12		0.46	0.43	2.43	2.74	0.94		4.33
	0.88	0.30		0.45	0.43	3.03	2.77	0.95		5.18
	0.92	0.30		0.49	0.34	3.42	2.75	0.94		5.43
	0.88	0.27		0.48	0.32	3.92	2.70	0.97		5.17
	0.93	0.28		0.44	0.32	8.99	2.70	0.99		2.51
	1.01	0.27		0.43	0.32	8.29	2.71	0.98		2.76
	0.89	0.19		0.40	0.31	8.17	2.68	1.08		2.47
20.94	0.86	0.17	0.78	0.59	0.62	6.31	2.34	1.00	0.53	2.30
20.08	0.83	0.18	0.76	0.58	0.65	6.59	2.41	1.01	0.58	2.25
17.73	0.85	0.20	0.77	0.55	0.66	6.40	2.66	1.10	0.61	2.37
17.86	0.91	0.22	0.79	0.56	0.71	6.44	2.77	1.14	0.61	2.33
19.17	1.08	0.82	1.04	0.58	0.72	7.15	3.08	1.61	0.78	2.38
18.68	1.34	1.20	2.23	0.93	0.78	8.77	3.49	1.83	1.06	2.42
19.36	1.73	1.23	2.18	0.87	1.26	7.60	4.43	1.84	0.86	2.78
20.03	1.88	1.48	2.57	1.12	0.97	7.57	4.53	1.87	0.99	2.73

数据;1993年前采矿业数据为全部工业数据(包含采矿业、制造业、电力煤气及水的生产供应业)(后同)。

4-6 1985 - 2010 年

年份	合计	农林牧渔业	采矿业	制造业	电力、燃汽及水的生产和供应业	建筑业	交通运输仓储及邮政业	信息传输、计算机服务和软件业	批发和零售业
1985	61.09	1.39	33.50			7.89	3.95		7.04
1986	61.68	1.47	34.05			7.82	3.34		7.08
1987	61.78	1.45	32.93			8.44	3.52		7.37
1988	64.41	1.46	34.33			8.55	3.30		7.82
1989	65.89	1.45	35.47			7.93	3.77		8.02
1990	67.94	1.54	36.90			7.95	4.11		8.27
1991	71.14	1.52	38.66			8.39	4.40		8.77
1992	73.01	1.48	39.51			8.96	4.24		9.42
1993	71.28	1.19	2.33	33.42	1.15	9.91	4.86		9.67
1994	76.61	1.31	2.72	37.23	0.96	8.96	4.41		11.05
1995	74.16	1.39	2.15	35.79	0.97	9.14	4.37		10.43
1996	70.86	1.43	2.21	33.07	1.02	7.60	3.96		11.39
1997	73.33	1.44	2.15	32.10	1.04	7.13	4.42		13.89
1998	65.40	1.39	1.72	27.15	1.13	5.45	3.94		12.95
1999	60.69	1.41	1.32	25.38	1.18	4.85	3.36		11.20
2000	66.85	1.00	1.18	24.54	1.20	2.97	3.01		20.09
2001	68.10	1.26	1.19	23.53	1.32	3.48	3.47		20.55
2002	67.54	1.31	1.38	22.67	1.23	3.28	3.25		20.41
2003	68.70	1.30	1.43	22.84	1.19	3.20	3.39	0.83	2.65
2004	69.45	1.37	1.44	22.03	1.23	3.45	3.82	0.94	4.03
2005	72.35	0.74	1.53	22.71	1.35	3.75	5.83	0.90	6.98
2006	76.36	0.61	2.50	24.13	1.33	3.90	6.48	0.88	7.37
2007	87.97	0.62	3.41	25.40	1.35	4.79	8.30	1.11	8.60
2008	98.60	0.51	3.33	26.28	1.26	5.83	9.44	1.38	12.52
2009	106.87	0.54	3.33	25.51	1.33	7.45	10.62	1.69	14.72
2010	114.29	0.59	3.54	25.66	1.48	7.92	11.69	1.75	18.00

分行业城镇从业人员

单位:万人

住宿和餐饮业	金融业	房地产业	租赁和商务服务业	科学研究、技术服务和地质勘查业	水利、环境和公共设施管理业	居民服务和其他服务业	教育	卫生、社会保障和社会福利业	文化、体育和娱乐业	公共管理和社会组织
	0.34	1.67		0.34	0.24		2.39	0.86		1.48
	0.40	1.83		0.35	0.25		2.38	0.91		1.80
	0.47	2.00		0.36	0.19		2.30	0.87		1.88
	0.50	2.18		0.36	0.20		2.44	0.94		2.33
	0.52	2.20		0.38	0.29		2.78	0.99		2.09
	0.57	2.24		0.39	0.36		2.49	0.91		2.11
	0.60	2.35		0.44	0.35		2.54	0.92		2.20
	0.64	2.44		0.31	0.34		2.57	0.94		2.16
	0.70	0.10		0.35	0.64	1.34	2.51	0.88		2.23
	0.76	0.19		0.51	0.44	2.04	2.73	0.88		2.42
	0.79	0.17		0.48	0.42	2.15	2.70	0.82		2.39
	0.87	0.12		0.45	0.43	2.40	2.63	0.93		2.35
	0.85	0.29		0.46	0.43	3.01	2.71	0.95		2.46
	0.91	0.30		0.49	0.34	3.41	2.71	0.93		2.58
	0.88	0.27		0.48	0.31	3.91	2.68	0.96		2.50
	0.93	0.28		0.44	0.31	4.73	2.69	0.98		2.50
	0.85	0.27		0.43	0.32	5.02	2.69	0.96		2.76
	0.89	0.19		0.40	0.31	6.00	2.68	1.08		2.46
18.51	0.86	0.17	0.39	0.58	0.62	4.71	2.31	1.00	0.43	2.29
17.61	0.83	0.17	0.39	0.55	0.64	4.84	2.40	1.01	0.45	2.25
15.07	0.85	0.18	0.39	0.55	0.64	4.37	2.62	1.07	0.47	2.35
15.41	0.91	0.19	0.40	0.54	0.68	4.41	2.73	1.13	0.46	2.30
17.36	1.08	0.51	0.67	0.59	0.68	5.92	3.04	1.61	0.56	2.37
17.50	1.31	1.08	1.49	0.74	0.75	6.71	3.49	1.83	0.75	2.42
18.44	1.70	1.20	1.91	0.87	1.26	6.72	4.40	1.84	0.58	2.76
18.93	1.87	1.48	2.25	1.12	0.95	7.23	4.53	1.87	0.71	2.72

4-7　2011-2013 年分行业从业人员

单位：万人

项目	从业人员			# 城镇		
	2011	2012	2013	2011	2012	2013
合　计	**146.75**	**150.62**	**153.43**	**118.97**	**123.01**	**126.78**
农、林、牧、渔业	20.21	21.2	20.41	0.65	0.68	0.65
采矿业	3.93	3.55	3.18	3.87	3.49	3.12
制造业	28.40	29.62	30.52	27.08	28.25	28.88
电力、燃气及水的生产和供应业	1.65	1.70	1.71	1.63	1.68	1.69
建筑业	9.23	8.40	7.52	7.98	7.26	6.56
批发和零售业	19.85	20.52	21.15	18.55	19.51	20.07
交通运输、仓储和邮政业	13.83	14.30	14.75	12.38	13.13	14.30
住宿和餐饮业	21.03	21.75	22.47	19.57	20.56	21.33
信息传输、软件和信息技术服务业	2.13	2.10	2.66	1.91	1.98	2.53
金融业	1.90	1.96	2.12	1.84	1.90	1.94
房地产业	1.65	1.70	1.74	1.64	1.70	1.72
租赁和商务服务业	2.87	2.97	3.15	2.44	2.63	3.03
科学研究和技术服务业	1.16	1.20	1.26	1.16	1.20	1.13
水利、环境和公共设施管理业	1.01	1.05	1.21	0.99	1.03	1.04
居民服务、修理和其他服务业	7.61	7.87	8.24	7.28	7.62	7.88
教育	4.60	4.75	5.00	4.59	4.75	5.00
卫生和社会工作	1.89	1.95	2.11	1.89	1.95	2.11
文化、体育和娱乐业	0.99	1.02	1.32	0.72	0.79	0.89
公共管理、社会保障和社会组织	2.81	2.91	2.91	2.80	2.90	2.91

注：本表中行业按最新《国民经济行业分类》(GB/T4754-2011) 进行划分。

4-8 城镇单位在岗职工年末人数(2013 年)

单位:人

项目	合计	国有单位	集体单位	其他单位
总计	**410964**	**127248**	**14976**	**268740**
按企业、事业、机关分组				
# 企业	324427	42080	13659	268688
事业	61189	59879	1310	
机关	25289	25289		
按国民经济行业分组				
农、林、牧、渔业	**2904**	**2904**		
农业	97	97		
林业	272	272		
畜牧业	1186	1186		
农、林、牧、渔服务业	1349	1349		
采矿业	**7412**	**2434**	**459**	**4519**
制造业	**161839**	**6466**	**6890**	**148483**
电力、燃气及水的生产和供应业	**14631**	**7422**	**79**	**7130**
建筑业	**53847**	**41**	**2095**	**51711**
房屋建筑业	40542	41	2022	38479
土木工程建筑业	10027		18	10009
建筑安装业	2940		17	2923
建筑装饰业和其他建筑业	338		38	300
批发和零售业	**18519**	**2903**	**519**	**15097**
批发业	6424	1604	249	4571
零售业	12095	1299	270	10526
交通运输、仓储和邮政业	**10676**	**4431**	**294**	**5951**
铁路运输业	134		20	114
航空运输业	383	383		
道路运输业	7208	1584	105	5519
装卸搬运和运输代理业	319		169	150
仓储业	408	240		168
邮政业	2224	2224		
住宿和餐饮业	**7839**	**413**		**7364**
住宿业	3338	363		2913
餐饮业	4501	50		4451
信息传输、软件和信息技术服务业	**7373**	**5344**	**62**	**2029**
电信、广播电视和卫星传输服务	7114	5335	62	1779
互联网和相关服务	18			18
软件和信息技术服务业	241	9		232
金融业	**13136**	**4198**	**2094**	**6844**
货币金融服务业	10881	3228	2094	5559
资本市场服务业	397	331		66

4-8 续 表

单位:人

项目	合计	国有单位	集体单位	其他单位
保险业	1797	639		1158
其他金融业	61			61
房地产业	**9669**	**997**		**8672**
租赁和商务服务业	**10647**	**3006**	**747**	**6894**
租赁业	3			3
商务服务业	10644	3006	747	6891
科学研究和技术服务业	**6377**	**5201**	**81**	**1095**
研究与试验发展	422	243		179
专业技术服务业	5459	4661	81	717
科技交流和推广服务业	496	297		199
水利、环境和公共设施管理业	**8421**	**6724**	**465**	**1232**
水利管理业	789	675	54	60
生态保护和环境治理业	191	11		180
公共设施管理业	7441	6038	411	992
居民服务、修理和其他服务业	**1385**	**317**	**326**	**742**
居民服务业	965	317	305	343
机动车、电子产品和日用产品修理业	45		6	39
其他服务业	375		15	360
教育	**31219**	**30835**	**31**	**353**
卫生和社会工作	**13330**	**12082**	**834**	**414**
卫生	12913	11665	834	414
社会工作	417	417		
文化、体育和娱乐业	**3018**	**2808**		**210**
新闻出版社	434	434		
广播、电视、电影和音像业	927	882		45
文化艺术业	1467	1466		1
体育	26	26		
娱乐业	164			164
公共管理、社会保障和社会组织	**28722**	**28722**		
中国共产党机关	1152	1152		
国家机构	25868	25868		
人民政协、民主党派	200	200		
社会保障	395	395		
群众团体、社会团体和其他成员组织	1107	1107		

4-9　职工工资总额和平均工资

年份	职工工资总额(万元)				职工平均工资(元)			
	合计	国有单位	城镇集体单位	其他单位	合计	国有单位	城镇集体单位	其他单位
1949	65	65			271	271		
1950	115	115			230	230		
1952	387	387			362	362		
1957	9347	9347			782	782		
1962	14067	13658	409		663	693	269	
1965	15175	14144	1031		741	769	496	
1970	17262	15591	1671		674	694	527	
1975	22961	18880	4081		674	694	598	
1978	27427	21818	5609		655	727	423	
1980	37311	28176	9134		788	868	614	
1985	58947	43377	15570		1074	1193	841	
1990	114096	85748	28146	202	1893	2085	1476	2244
1991	131511	98329	32501	681	2104	2288	1693	2003
1992	159536	117302	40969	1265	2473	2659	2068	2144
1993	222975	168186	52337	2452	3328	3647	2633	2452
1994	298468	225802	62971	9695	4496	5027	3363	3564
1995	313407	227407	69820	16179	4938	5398	4050	3946
1996	330304	246197	69234	14873	5312	5809	4292	4053
1997	342181	261676	62080	18424	5813	6612	4159	4221
1998	298452	133791	46357	118304	6178	6080	4655	7240
1999	299566	122355	37818	139393	6736	6861	4927	7350
2000	311025	125137	33840	152047	7517	7945	5262	7921
2001	327986	136178	33831	157977	8384	9366	6490	8156
2002	369801	155009	28060	186732	10212	11360	7368	9989
2003	471324	201602	33426	236296	13417	15165	8974	13048
2004	565169	250429	39029	275711	16173	19166	11301	14964
2005	676236	304463	41536	330237	19805	23492	13100	18333
2006	757428	337708	43664	376056	22815	26584	14931	21402
2007	883220	375231	45152	462837	26867	30483	16989	25847
2008	1044468	441416	51533	551519	31780	35805	20249	30653
2009	1186242	516559	65521	604162	36723	41291	25952	34988
2010	1323917	584560	71517	667841	41403	46112	29496	39576
2011	1714634	666253	77650	970731	47059	52403	35734	45047
2012	1881466	733400	72032	1076034	51646	59643	38292	48355
2013	2203988	816660	59796	1327532	53100	64871	39830	48421

注:1998年及以后年度职工工资总额、平均工资为城镇单位在岗职工的工资总额和平均工资。

4-10 1978－2010 年分行业

年 份	合 计	农林牧渔 业	采矿业	制造业	电力、燃汽及水的生产和供应业	建筑业	交通运输仓 储 及邮 政 业	信息传输、计算机服务和 软 件业	批发和零售业
1978	655	532	671	745		836	739		640
1979	667	500	738	648		817	760		682
1980	788	639	835	910		954	889		754
1985	1074	726	971	1086		1236	1075		843
1986	1223	761	1008	1244		1341	1309		990
1987	1338	827	1114	1358		1532	1367		1037
1988	1545	934	1349	1573		1788	1590		1182
1989	1695	953	1458	1761		1882	1764		1282
1990	1893	1144	1387	1996		2128	1842		1367
1991	2104	1236	1678	2210		2528	1945		1514
1992	2473	1555	1712	2519		3225	2366		1663
1993	3328	2758	3326	3460	4380	4352	3013		1896
1994	4496	2087	4667	4597	6655	5655	3698		2369
1995	4938	2077	5197	5003	7552	6216	4221		2386
1996	5312	2342	5500	5579	5770	6242	4769		2634
1997	5813	4334	5343	6086	9390	6423	4777		2581
1998	6178	3845	5834	6127	10905	6120	5993		3618
1999	6736	4151	4982	6768	12107	6188	6536		3832
2000	7517	4126	6835	7536	13949	6206	7120		4280
2001	8384	4616	7535	8061	14807	6568	6888		4500
2002	10212	6952	8461	10192	15121	7575	7884		5067
2003	13417	9565	9202	13183	21172	9590	9763	15167	8110
2004	16173	10561	11726	15055	30575	13015	11423	17964	9649
2005	19805	13482	13310	17960	35763	14470	19874	25806	15071
2006	22815	14780	15374	20987	40866	16861	18952	23787	16011
2007	26867	16727	17617	25370	45661	20853	21473	28822	17729
2008	31780	18536	19402	30324	48492	23679	26403	38739	22483
2009	36723	22237	26605	34418	49911	28235	27046	32669	26172
2010	41403	25846	36216	39478	56948	32132	29389	38553	28790

职 工 平 均 工 资

单位：元

住宿和餐饮业	金融业	房地产业	租赁和商务服务业	科学研究、技术服务和地质勘查业	水利、环境和公共设施管理业	居民服务和其他服务业	教育	卫生、社会保障和社会福利业	文化、体育和娱乐业	公共管理和社会组织
	662			694		686	599			735
	687			848		695	628			617
	763			863		783	694			844
	1158			1261	1439	888	1223	1116		1169
	1302			1460	1553	1017	1317	1282		1345
	1299			1606	1573	1216	1437	1309		1448
	1494			1814	1786	1276	1699	1594		1641
	1634			2023	1996	1528	1216	1726		1686
	1804	1279		2205	2283	1516	1890	1839		1839
	1917	1546		2319	2389	1712	1958	1938		1974
	2557	1618		2639	2723	2169	2422	2393		2511
	4320	2300		3772	3824	2437	3492	3520		3600
	7727	4617		5727	4313	3397	4643	4911		5020
	6549	5216		5941	3969	3819	5098	5588		5440
	6641	4882		6351	4448	3610	5810	5925		5884
	9396	5963		6890	4883	4501	6509	6825		6867
	9093	7281		7217	6015	5210	6896	7567		7296
	9156	7196		7709	6910	5863	7852	7972		7899
	9803	7832		9062	7145	5968	8867	9071		8944
	10764	8633		10629	8851	6783	11278	10472		11428
	11625	8805		12761	10627	7649	13545	12840		13628
8307	12882	11004	13735	17122	14110	9664	17961	16228	14342	19029
9850	16498	14884	16286	18113	14845	11406	22232	19606	20470	23920
11069	23691	22282	20888	23700	22224	12929	25747	22568	26528	27905
12163	30435	25530	19196	27657	24191	15259	29551	27146	26768	30017
13876	38310	28209	21678	28975	25524	18308	32530	30216	30578	34881
19147	48389	30368	29921	30607	25511	26089	39770	34424	35378	41237
22471	59341	36060	34213	36015	28341	30738	46779	42019	38421	47666
23760	61178	38286	37431	36918	31704	33002	51787	44999	42570	51820

4-11 2011-2013 年分行业职工平均工资

单位:元

项目	2011	2012	2013
合计	**47059**	**51646**	**53100**
农、林、牧、渔业	32704	38399	40861
采矿业	46745	50949	61636
制造业	45977	50481	52557
电力、燃气及水的生产和供应业	59859	70634	73717
建筑业	37552	35420	35956
批发和零售业	34090	42026	44738
交通运输、仓储和邮政业	37968	43928	44547
住宿和餐饮业	30378	32042	32064
信息传输、软件和信息技术服务业	41787	50866	50883
金融业	80024	90603	95177
房地产业	43425	46191	39209
租赁和商务服务业	42909	48144	39219
科学研究和技术服务业	42651	48769	68760
水利、环境和公共设施管理业	36674	40259	42125
居民服务、修理和其他服务业	36734	37777	37782
教育	56921	64782	69124
卫生和社会工作	50518	54743	63492
文化、体育和娱乐业	50472	55974	54726
公共管理、社会保障和社会组织	57512	60477	64290

注:本表中行业按最新《国民经济行业分类》(GB/T4754-2011)进行划分。

4-12 在岗职工平均工资(2013年)

单位:元

项　　目	合　计	国有单位	集体单位	其他单位
总　计	**53100**	**64871**	**39830**	**48421**
按企业、事业、机关分组				
# 企业	50732	69674	39350	48425
事业	60973	61331	44782	
机关	65284	65284		
按国民经济行业分组				
农、林、牧、渔业	40861	40861		
采矿业	61636	84874	50232	50266
制造业	52557	72160	27466	52885
电力、燃气及水的生产和供应业	73717	82718	31133	64947
建筑业	35956	52000	20537	36521
批发和零售业	44738	60501	32351	42251
交通运输、仓储和邮政业	44547	54219	21959	38561
住宿和餐饮业	32064	34269	20522	32050
信息传输、软件和信息技术服务业	50883	48845		56587
金融业	95177	89946	101970	96339
房地产业	39209	54419		37407
租赁和商务服务业	39219	48792	41747	34818
科学研究和技术服务业	68760	68976	45720	69458
水利、环境和公共设施管理业	42125	41437	28612	51054
居民服务、修理和其他服务业	37782	51646	23402	38602
教育	69124	69592	36355	31377
卫生和社会工作	63492	64493	53781	53987
文化、体育和娱乐业	54726	55844	29667	44111
公共管理、社会保障和社会组织	64290	64290		

4-13　城镇单位从业人员和劳动报酬(2013 年)

单位:人

项　　目	单位从业人员年末人数	# 女性	在岗职工	其他从业人员
总　计	**430693**	**151272**	**410964**	**19729**
按企业、事业、机关分组				
# 企业	341829	108839	324427	17402
事业	63218	33582	61189	2029
机关	25587	8799	25289	298
按国民经济行业分组				
农、林、牧、渔业	2904	1580	2904	
采矿业	8188	1874	7412	776
制造业	166284	49575	161839	4445
电力、燃气及水的生产和供应业	14828	5162	14631	197
建筑业	60985	8306	53847	7138
批发和零售业	18914	7921	18519	395
交通运输、仓储和邮政业	11289	4157	10676	613
住宿和餐饮业	8000	4451	7839	161
信息传输、软件和信息技术服务业	7373	4135	7373	
金融业	15480	8597	13136	2344
房地产业	10126	4943	9669	457
租赁和商务服务业	10738	4005	10647	91
科学研究和技术服务业	6572	2374	6377	195
水利、环境和公共设施管理业	10438	4301	8421	2017
居民服务、修理和其他服务业	1410	4301	1385	25
教育	31484	19181	31219	265
卫生和社会工作	13404	8401	13330	74
文化、体育和娱乐业	3144	1551	3018	126
公共管理、社会保障和社会组织	29132	10027	28722	410

4-13 续 表

单位：万元

项 目	单位从业人员劳动报酬	在岗职工工资总额	其他从业人员劳动报酬
总 计	**2293338**	**2203988**	**89350**
按企业、事业、机关分组			
# 企业	1756042	1671134	84908
事业	373873	369965	3908
机关	163248	162714	534
按国民经济行业分组			
农、林、牧、渔业	11891	11891	
采矿业	50002	45691	4311
制造业	867467	851487	15980
电力、燃气及水的生产和供应业	106719	106212	507
建筑业	261809	210677	51132
批发和零售业	87424	86801	623
交通运输、仓储和邮政业	47720	46769	951
住宿和餐饮业	25668	25225	443
信息传输、软件和信息技术服务业	38817	38813	4
金融业	129379	122474	6905
房地产业	38832	37798	1034
租赁和商务服务业	41488	41144	344
科学研究和技术服务业	44641	43807	834
水利、环境和公共设施管理业	39943	35418	4525
居民服务、修理和其他服务业	5172	5161	11
教育	214799	214255	544
卫生和社会工作	83158	82984	174
文化、体育和娱乐业	15673	15493	180
公共管理、社会保障和社会组织	182736	181888	848

4-14　城镇单位女性从业人员(2013 年)

单位:人

项　　目	合　计	国有单位	集体单位	其他单位
总　　计	**151272**	**62274**	**7583**	**81415**
按企业、事业、机关分组				
# 企业	108839	20710	6763	81366
事业	33582	32765	817	
机关	8799	8799		
按国民经济行业分组				
农、林、牧、渔业	1580	1580		
采矿业	1874	695	360	819
制造业	49575	2295	3170	44110
电力、燃气及水的生产和供应业	5162	2719	38	2405
建筑业	8306	10	1023	7273
批发和零售业	7921	1453	180	6288
交通运输、仓储和邮政业	4157	2314	141	1702
住宿和餐饮业	4451	231	50	4170
信息传输、软件和信息技术服务业	4135	2870		1265
金融业	8597	2501	1068	5028
房地产业	4943	454		4489
租赁和商务服务业	4005	1728	412	1865
科学研究和技术服务业	2374	1889	42	443
水利、环境和公共设施管理业	4301	3520	309	472
居民服务、修理和其他服务业	731	98	272	361
教育	19181	18857	20	304
卫生和社会工作	8401	7609	498	294
文化、体育和娱乐业	1551	1424		127
公共管理、社会保障和社会组织	10027	10027		

4-15　国有单位从业人员和劳动报酬(2013年)

单位：人

项　　目	单位从业人员年末人数	#女性	在岗职工	其他从业人员
总　计	**130881**	**62274**	**127248**	**3633**
按企业、事业、机关分组				
#企业	43414	20710	42080	1334
事业	61880	32765	59879	2001
机关	25587	8799	25289	298
按国民经济行业分组				
农、林、牧、渔业	2904	1580	2904	
采矿业	2434	695	2434	
制造业	7160	2295	6466	694
电力、燃气及水的生产和供应业	7510	2719	7422	88
建筑业	41	10	41	
批发和零售业	3139	1453	2903	236
交通运输、仓储和邮政业	4501	2314	4431	70
住宿和餐饮业	413	231	413	
信息传输、软件和信息技术服务业	5344	2870	5344	
金融业	4304	2501	4198	106
房地产业	997	454	997	
租赁和商务服务业	3079	1728	3006	73
科学研究和技术服务业	5373	1889	5201	172
水利、环境和公共设施管理业	8173	3520	6724	1449
居民服务、修理和其他服务业	317	98	317	
教育	31091	18857	30835	256
卫生和社会工作	12128	7609	12082	46
文化、体育和娱乐业	2841	1424	2808	33
公共管理、社会保障和社会组织	29132	10027	28722	410

4-15 续 表

单位:万元

项　　目	单位从业人员劳动报酬	在岗职工工资总额	其他从业人员劳动报酬
总　计	**825099**	**816660**	**8439**
按企业、事业、机关分组			
# 企业	293942	289865	4077
事业	367909	364081	3828
机关	163248	162714	534
按国民经济行业分组			
农、林、牧、渔业	11891	11891	
采矿业	20675	20675	
制造业	47660	45663	1997
电力、燃气及水的生产和供应业	60110	59996	114
建筑业	208	208	
批发和零售业	18044	17684	360
交通运输、仓储和邮政业	23581	23450	131
住宿和餐饮业	1402	1402	
信息传输、软件和信息技术服务业	27451	27451	
金融业	38273	37543	730
房地产业	5556	5556	
租赁和商务服务业	14626	14311	315
科学研究和技术服务业	36635	35854	781
水利、环境和公共设施管理业	30249	27784	2465
居民服务、修理和其他服务业	1518	1518	
教育	213567	213035	532
卫生和社会工作	76460	76366	94
文化、体育和娱乐业	14457	14385	72
公共管理、社会保障和社会组织	182736	181888	848

4-16　集体单位从业人员和劳动报酬(2013 年)

单位:人

项　目	单位从业人员年末人数	# 女性	在岗职工	其他从业人员
总　计	**15256**	**7583**	**14976**	**280**
按企业、事业、机关分组				
# 企业	13911	6763	13659	252
事业	1338	817	1310	28
机关				
按国民经济行业分组				
农、林、牧、渔业				
采矿业	541	360	459	82
制造业	6928	3170	6890	38
电力、燃气及水的生产和供应业	79	38	79	
建筑业	2120	1023	2095	25
批发和零售业	555	180	519	36
交通运输、仓储和邮政业	335	141	294	41
住宿和餐饮业	62	50	62	
信息传输、软件和信息技术服务业				
金融业	2101	1068	2094	7
房地产业				
租赁和商务服务业	747	412	747	
科学研究和技术服务业	81	42	81	
水利、环境和公共设施管理业	465	309	465	
居民服务、修理和其他服务业	349	272	326	23
教育	31	20	31	
卫生和社会工作	862	498	834	28
文化、体育和娱乐业				
公共管理、社会保障和社会组织				

4-16 续 表

单位:万元

项　　目	单位从业人员劳动报酬	在岗职工工资总额	其他从业人员劳动报酬
总　计	**60687**	**59796**	**891**
按企业、事业、机关分组			
# 企业	54690	53878	812
事业	5964	5885	79
机关			
按国民经济行业分组			
农、林、牧、渔业			
采矿业	2870	2381	489
制造业	18978	18924	54
电力、燃气及水的生产和供应业	234	234	
建筑业	4380	4335	45
批发和零售业	1706	1666	40
交通运输、仓储和邮政业	792	646	146
住宿和餐饮业	141	141	
信息传输、软件和信息技术服务业			
金融业	21269	21240	29
房地产业			
租赁和商务服务业	3123	3123	
科学研究和技术服务业	375	375	
水利、环境和公共设施管理业	1351	1351	
居民服务、修理和其他服务业	771	763	8
教育	113	113	
卫生和社会工作	4549	4469	80
文化、体育和娱乐业	35	35	
公共管理、社会保障和社会组织			

4-17 其他单位从业人员和劳动报酬(2013年)

单位:人

项　　目	单位从业人员年末人数	# 女性	在岗职工	其他从业人员
总　计	**284556**	**81415**	**268740**	**15816**
按企业、事业、机关分组				
# 企业	284504	81366	268688	15816
事业				
机关				
按国民经济行业分组				
农、林、牧、渔业				
采矿业	5213	819	4519	694
制造业	15219	44110	148483	3713
电力、燃气及水的生产和供应业	7239	2405	7130	109
建筑业	58824	7273	51711	7113
批发和零售业	15220	6288	15097	123
交通运输、仓储和邮政业	6453	1702	5951	502
住宿和餐饮业	7525	4170	7364	161
信息传输、软件和信息技术服务业	2029	1265	2029	
金融业	9075	5028	6844	2231
房地产业	9129	4489	8672	457
租赁和商务服务业	6912	1865	6894	18
科学研究和技术服务业	1118	443	1095	23
水利、环境和公共设施管理业	1800	472	1232	568
居民服务、修理和其他服务业	744	361	742	2
教育	362	304	353	9
卫生和社会工作	414	294	414	
文化、体育和娱乐业	303	127	210	93
公共管理、社会保障和社会组织				

4-17 续 表

单位:万元

项 目	单位从业人员劳动报酬	在岗职工工资总额	其他从业人员劳动报酬
总 计	**1407552**	**1327532**	**80020**
按企业、事业、机关分组			
# 企业	1407411	1327391	80020
事业			
机关			
按国民经济行业分组			
农、林、牧、渔业			
采矿业	26457	22635	3822
制造业	800829	786900	13929
电力、燃气及水的生产和供应业	46375	45982	393
建筑业	257221	206134	51087
批发和零售业	67673	67450	223
交通运输、仓储和邮政业	23347	22674	673
住宿和餐饮业	24125	23682	443
信息传输、软件和信息技术服务业	11366	11362	4
金融业	69837	63690	6147
房地产业	33276	32242	1034
租赁和商务服务业	23740	23711	29
科学研究和技术服务业	7631	7578	53
水利、环境和公共设施管理业	8345	6285	2060
居民服务、修理和其他服务业	2882	2879	3
教育	1119	1107	12
卫生和社会工作	2149	2149	
文化、体育和娱乐业	1180	1072	108
公共管理、社会保障和社会组织			

主要统计指标解释

经济活动人口　指在16岁以上，有劳动能力，参加或要求参加社会经济活动的人口。包括就业人员和失业人员。

从业人员　指从事一定社会劳动并取得劳动报酬或经营收入的人员，包括在岗职工、再就业的离退休人员、私营业主、个体户主、私营和个体就业人员、乡镇企业就业人员、农村就业人员、其他就业人员(包括民办教师、宗教职业者、现役军人等)。这一指标反映了一定时期内全部劳动力资源的实际利用情况，是研究我国基本国情国力的重要指标。

各单位的从业人员　指在各级国家机关、政党机关、社会团体及企业、事业单位中工作，取得工资或其他形式的劳动报酬的全部人员。包括在岗职工、再就业的离退休人员、民办教师以及在各单位中工作的外方人员和港澳台方人员、兼职人员、借用的外单位人员和第二职业者。不包括离开本单位仍保留劳动关系的职工。各单位的从业人员反映了各单位实际参加生产或工作的全部劳动力。

城镇私营和个体从业人员　城镇私营从业人员指在工商管理部门注册登记，其经营地址设在县城关镇(含城关镇)以上的私营企业从业人员，包括私营企业投资者和雇工。城镇个体就业人员指在工商管理部门注册登记，并持有城镇户口或在城镇长期居住，经批准从事个体工商经营的从业人员，包括个体经营者和在个体工商户劳动的家庭帮工和雇工。

城镇登记失业人员　指有非农业户口，在一定的劳动年龄内(16岁以上及男50岁以下、女45岁以下)，有劳动能力，无业而要求就业，并在当地就业服务机构进行求职登记的人员。

城镇登记失业率　指城镇登记失业人员与城镇单位就业人员(扣除使用的农村劳动力、聘用的离退休人员、港澳台及外商人员)、城镇单位中的不在岗职工、城镇私营业主、个体户主、城镇私营企业和个体就业人员、城镇登记失业人员之和的比。计算公式为：

城镇登记失业率＝城镇登记失业人数／((城镇单位就业人员－使用的农村劳动力－聘用的离退休人员－港澳台及外商人员)＋不在岗职工＋城镇私营业主＋个体户主＋城镇私营企业和个体就业人员＋城镇登记失业人数)×100%

职工　指在国有经济、城镇集体经济、联营经济、股份制经济、外商和港、澳、台投资经济、其他经济单位及其附属机构工作，并由其支付工资的各类人员，不包括下列人员：(1)乡镇企业就业人员；(2)私营企业就业人员；(3)城镇个体劳动者；(4)离休、退休、退职人员；(5)再就业的离、退休人员；(6)民办教师；(7)在城镇单位中工作的外方人员和港、澳、台人员；(8)其他按有关规定不列入职工统计范围的人员。(1998年以后的数据均为在岗职工数据，其他相关指标如职工工资总额，职工平均工资等指标也从1998年按此口径进行了相应调整)。

在岗职工　指在本单位工作并由单位支付工资的人员，以及有工作岗位，但由于学习、病伤产假等原因暂未工作，仍由单位支付工资的人员。

工资总额　指各单位在一定时期内直接支付给本单位全部职工的劳动报酬总额。

工资总额的计算原则应以直接支付给职工的全部劳动报酬为根据。各单位支付给职工的劳动报酬以及其他根据有关规定支付的工资，不论是计入成本的还是不计入成本的，不论是按国家规定列入计征奖金税项目的，还是未列入计征奖金税项目的，不论是以货币形式支付的还是以实物形式支付的，均包括在工资总额内。

平均工资　指企业、事业、机关单位的职工在一定时期内平均每人所得的货币工资额。它表明一定时期职工工资收入的高低程度，是反映职工工资水平的主要指标。计算公式为：

平均工资＝报告期实际支付的全部职工工资总额／报告期全部职工平均人数

5

固定资产投资

INVESTMENT IN FIXED ASSETS

5-1 固定资产投资

指　　标	2012	2013	2013年比2012年增长(%)
投资总额(万元)	**25342444**	**29913703**	**18.04**
#住宅	1454888	1681116	15.55
#国有经济控股	5576265	7708692	38.24
按构成分			
建筑安装工程	17140507	20341012	18.67
设备工器具的购置	6626404	8049657	21.48
其他费用	1575533	1523034	-3.33
按三次产业分			
第一产业	646531	819978	26.83
第二产业	13774896	15791445	14.64
第三产业	10921017	13302280	21.80
按登记类型分			
国有经济	5294599	6971048	31.66
集体经济	1664519	767192	-53.91
私营个体经济	5359121	6476112	20.84
股份制经济	12381270	15089772	21.88
港澳台投资经济	120800	83297	-31.05
外商投资经济	69300	66290	-4.34
其他经济	452835	459992	1.58
本年资金来源合计(万元)	**26138233**	**31400670**	**20.13**
#国家预算内资金	346239	182710	-47.23
国内贷款	1678139	2015920	20.13
利用外资	9900	13320	34.55
自筹资金	22688858	27168925	19.75
其他资金来源	1100652	1560090	41.74
本年新增固定资产	**23270110**	**26282576**	**12.95**
本年施工房屋面积(万平方米)	**2890.85**	**3140.20**	**8.63**
#住宅	1504.70	1798.46	19.52
本年竣工房屋面积(万平方米)	**806.52**	**813.57**	**0.87**
#住宅	330.87	356.27	7.68

注:按资金来源分组为财务拨款数,各项相加不等于投资总额(后同)。

5-2　1992-2013 年固定资产投资（按

年　份	投资总额	# 住宅	按　经　济 国有经济
1992	177003	34313	168403
1993	371725	86700	332281
1994	464517	87120	430219
1995	610503	88814	583493
1996	459118	115335	421441
1997	419178	120864	380650
1998	434333	123472	367865
1999	419715	82860	343520
2000	539492	111175	423378
2001	652392	132483	471553
2002	1094680	129148	670781
2003	2236495	252415	947407
2004	3402847	279486	1444269
2005	5010844	315768	2278316
2006	6001727	614789	2397165
2007	8035077	906148	3228469
2008	10800593	1481358	3944978
2009	15002586	1238877	4661089
2010	18005021	1539606	5472181
2011	21605981	2099181	5533705
2012	25342444	1454888	5294599
2013	29913703	1681116	6971048

5-2　续

年　份	按隶属关系分			按　三　次　产	
	中央项目	地方项目	# 市属项目	第一产业	第二产业
1992	18485	158518	78040	332	132874
1993	61432	310293	125539	232	267767
1994	44965	419552	119201	284	345614
1995	101717	508786	101569	302	506819
1996	53515	405603	131756	1133	341171
1997	68082	351096	162595	1157	271677
1998	55903	378430	238789	5511	226065
1999	72127	347588	205617	7148	220981
2000	52129	487363	254914	13165	285204
2001	50855	601537	304342	12940	354608
2002	79493	1015187	775529	61475	522060
2003	178539	2057956	1602431	40726	1384192
2004	246450	3156397	2168766	39283	2277917
2005	398960	4611884	3741612	66711	3012598
2006	391756	5609971	4565905	79838	3641701
2007	414169	7620908	6623323	94158	4236294
2008	715505	10085088	9168279	189973	5373898
2009	975632	14026954	11057519	284930	7832050
2010	1129775	16875246	15811600	436764	9186411
2011	500285	21105696	20359019	383180	10161949
2012	466782	24875662	24245354	646531	13774896
2013	523493	29390210	27896249	819978	15791445

经济类型和产业分）

单位：万元

集体经济	#城镇集体	个体经济	其他经济
7397	7397	1203	
15696	15696	3777	19971
11739	11739	3215	19344
5452	5452	6840	14718
3890	3890	9387	24400
5237	5237	5120	28171
5453	5453	16830	44185
3328	3328	1742	71125
3736	3736	2819	109559
6430	6430	2537	171872
11366	11366	2265	410268
44454	44454	6384	1238250
49536	49536	20151	1888891
89861	88391	30480	2612187
140436	140036	14079	3450047
232658	211558	28179	4545771
309539	299639	45681	6500395
272435	272435	32130	10036932
529261	495376	7918	11995661
614584	607534	19149	15438543
1664519	1645744	103192	18280134
767192	755302	225668	21949795

表

单位：万元

第三产业	房屋建筑面积 施工面积（万平方米）	竣工面积（万平方米）	#住宅
43797	288.37	123.05	69.98
103726	364.08	171.30	112.56
118619	363.67	197.46	135.47
103382	305.38	182.87	136.62
116814	416.28	163.64	132.55
146344	449.30	298.29	238.08
202757	379.15	236.15	175.16
191586	326.63	191.28	138.80
241123	383.78	217.48	158.76
284844	439.69	228.15	171.62
511145	490.20	224.31	122.59
811577	772.22	456.78	292.31
1085647	742.07	372.22	183.94
1931535	806.02	487.29	252.18
2280188	1068.71	465.06	222.68
3704625	1761.36	776.12	327.77
5236722	1998.31	469.23	227.76
6885606	2158.88	845.51	430.77
8381846	2744.85	976.94	424.45
11060852	3523.34	1382.32	562.00
10921017	2890.85	806.52	330.87
13302280	3140.20	813.57	356.27

5-3　1992-2013年固定资产投资构成和资金来源

年　份	资金来源				投资构成		
	国家预算内资金	国内贷款	利用外资	自筹和其他资金	建筑安装工程	设备工具器具购置	其他费用
投资额(万元)							
1992	7185	56438	8291	110313	113568	52815	10620
1993	14017	66471	22370	191178	247048	102467	22210
1994	9529	97697	9527	394000	322472	122478	19567
1995	12639	46414	41422	445600	331720	232752	46031
1996	17283	58992	11215	266134	292415	153207	13496
1997	7556	56059	12536	301553	286671	121816	10691
1998	44030	45772	10126	273960	324956	92391	16986
1999	28341	85834	35396	285063	261819	136200	21696
2000	43935	127328	27122	257493	293274	216950	29268
2001	37518	162306	110695	344931	391111	174074	87207
2002	87077	114409	11497	786836	598831	354335	141514
2003	128451	236429	25505	1812771	1228152	695329	313014
2004	79030	339617	17374	2812462	2113747	1006513	282587
2005	179120	536836	29767	4327554	3425515	1272251	313078
2006	32146	277437	45697	5629168	4337554	1220997	443176
2007	84671	257022	39515	7676387	5516793	1700713	817571
2008	83458	157790	80500	10133535	7336893	2184764	1278936
2009	94460	241667	48000	14597096	10083637	3641573	1277376
2010	146469	783129	32889	17437205	11698160	4405767	1901094
2011	120533	2034978	33480	20002962	14687647	5497787	1420547
2012	346239	1678139	9900	23789510	17140507	6626404	1575533
2013	182710	2015920	13320	28729015	20341012	8049657	1523034
构成(%)							
1992	3.9	31.0	4.5	60.6	64.2	29.8	6.0
1993	4.8	22.6	7.6	65.0	66.5	27.6	5.9
1994	1.9	19.1	1.9	77.1	69.5	26.4	4.1
1995	2.3	8.5	7.6	81.6	54.3	38.1	7.6
1996	4.9	16.7	3.2	75.2	63.7	33.4	2.9
1997	2.0	14.8	3.3	79.9	68.4	29.1	2.5
1998	11.8	12.2	2.7	73.3	74.8	21.3	3.9
1999	6.5	19.7	8.1	65.7	62.4	32.5	5.1
2000	9.6	27.9	5.9	56.6	54.4	40.2	5.4
2001	5.7	24.8	16.9	52.6	60.0	26.7	13.3
2002	8.7	11.4	1.2	78.7	54.7	32.4	12.9
2003	5.8	10.7	1.2	82.3	54.9	31.1	14.0
2004	2.4	10.5	0.5	86.6	62.1	29.6	8.3
2005	3.5	10.6	0.6	85.3	68.4	25.4	6.2
2006	0.5	4.6	0.8	94.1	72.3	20.3	7.4
2007	1.0	3.2	0.5	95.3	68.6	21.2	10.2
2008	0.8	1.5	0.8	96.9	67.9	20.2	11.9
2009	0.6	1.6	0.3	97.5	67.2	24.3	8.5
2010	0.8	4.2	0.2	94.8	65.0	24.5	10.5
2011	0.5	9.2	0.2	90.1	68.0	25.4	6.6
2012	1.2	6.4	0.1	92.3	67.6	26.2	6.2
2013	0.6	6.5		92.9	68.0	26.9	5.1

5-4 历年固定资产投资

单位:万元

年 份	投资总额	城镇投资	房地产开发	农村非农户
1953	800	800		
1954	5460	5460		
1955	6051	6051		
1956	17418	17418		
1957	15707	15707		
1958	50285	50285		
1959	66776	66776		
1960	53740	53740		
1961	11202	11202		
1962	7879	7879		
1963	8267	8267		
1964	12031	12031		
1965	21354	21354		
1966	26376	26376		
1967	10257	10257		
1968	13950	13950		
1969	8455	8455		
1970	17187	17187		
1971	17037	17037		
1972	13814	13814		
1973	11527	11527		
1974	13945	13945		
1975	16197	16197		
1976	12428	12428		
1977	10664	10664		
1978	19252	19252		
1979	23215	23215		
1980	22913	22913		
1981	20624	20624		
1982	24759	24759		
1983	25292	25292		
1984	26021	26021		
1985	55188	55188		
1986	58636	58636		
1987	74546	74546		
1988	85584	85584		
1989	93873	93873		
1990	94322	92145	2177	
1991	110183	107294	2889	
1992	177003	170560	1203	
1993	371725	352291	19434	
1994	464517	443917	20600	
1995	610503	590377	20126	
1996	459118	432956	26162	
1997	419178	386098	33080	
1998	434333	374985	59348	
1999	419715	359634	60081	
2000	539492	461434	78058	
2001	652392	539675	112717	
2002	1094680	990925	103755	
2003	2236495	2057383	179112	
2004	3402847	3104964	297883	
2005	5010844	4688838	309976	12030
2006	6001727	5384194	592948	24585
2007	8035077	6985110	819340	230627
2008	10800593	9355012	1396036	49545
2009	15002586	13287131	1404316	311139
2010	18005021	15720249	2028264	256508
2011	21605981	19191460	2341741	72780
2012	25342444	23644182	1585583	112679
2013	29913703	27728720	2064694	120289

5-5 按经济类型分的

指　　标	总 计	国有经济	集体经济
投资总额(万元)	**29913703**	**6971048**	**767192**
按管理渠道分(万元)			
城镇投资	27728720	6855700	755302
农村非农户	120289	92749	11890
房地产开发	2064694	22599	
按构成分(万元)			
建筑安装工程	20341012	5593325	524170
设备工器具购置	8049657	992033	212030
其他费用	1523034	385690	30992
本年资金来源合计(万元)			
# 国家预算内资金	182710	176370	1950
国内贷款	2015920	309245	67400
债券	3000		
利用外资	13320		
自筹资金	27168925	6034925	694964
其他资金来源	1560090	642908	10200
新增固定资产(万元)	**26282576**	**6597004**	**834211**
房屋建筑面积(万平方米)			
施工面积	3140.20	405.11	143.87
# 住宅	1798.45	180.09	128.21
竣工面积	813.57	189.96	57.26
# 住宅	356.27	114.83	53.41
房屋竣工价值(万元)	**2424488**	**227843**	**79183**
# 住宅	764042	105004	68448

固定资产投资（2013 年）

私　　营 个体经济	股份制经济	港澳台投资 经　　济	外商投资 经　　济	其他经济 （含联营）
6476112	**15089772**	**83297**	**66290**	**459992**
5694909	13850840	83297	61390	427282
11300	4350			
769903	1234582		4900	32710
4500828	9300892	58149	39452	324196
1617597	5119652	19954	23041	65350
357687	669228	5194	3797	70446
2200	2190			
658119	967433	1523		12200
3000				
	5600		7720	
5795134	14126966	125796	53670	337470
192481	584676		7161	122664
5663560	**12589874**	**125115**	**56790**	**416022**
1071.53	1477.14	0.60	15.68	26.25
613.48	863.00		11.08	2.60
248.17	306.63	0.60	4.61	6.33
61.11	125.03			1.89
746912	**1317385**	**1800**	**16150**	**35215**
144660	437540			8390

5-6 按行业分的固定资产投资（2013年）

单位：万元

行业	投资额	城镇项目	农村非农户	房地产开发
农、林、牧、渔业	**819978**	**765178**	**54800**	
农业	275237	249007	26230	
林业	72194	66774	5420	
畜牧业	302148	291548	10600	
渔业	13000	8000	5000	
农、林、牧、渔服务业	157399	149849	7550	
采矿业	**2826783**	**2826783**		
煤炭开采和洗选业	1111270	1111270		
黑色金属矿采选业	1368438	1368438		
有色金属矿采选业	81900	81900		
非金属矿采选业	240245	240245		
开采辅助活动	10596	10596		
其他采矿业	14334	14334		
制造业	**10474609**	**10468959**	**5650**	
农副食品加工业	430050	426900	3150	
食品制造业	224807	224807		
酒、饮料和精制茶制造业	102330	102330		
纺织业	38420	38420		
纺织服装、服饰业	8200	8200		
皮革、毛皮、羽毛及其制品和制鞋业	18450	18450		
木材加工和木、竹、藤、棕、草制品业	39647	39647		
家具制造业	30740	30740		
造纸和纸制品业	82557	82557		
印刷和记录媒介复制业	84193	84193		
文教、工美、体育和娱乐用品制造业	40070	40070		
石油加工、炼焦和核燃料加工业	92779	92779		
化学原料和化学制品制造业	403713	401213	2500	
医药制造业	34832	34832		
化学纤维制造业	9980	9980		
橡胶和塑料制品业	268382	268382		
非金属矿物制品业	759437	759437		
黑色金属冶炼和压延加工业	1787823	1787823		
有色金属冶炼和压延加工业	1401269	1401269		
金属制品业	1055380	1055380		
通用设备制造业	1060984	1060984		
专用设备制造业	505319	505319		

5-6 续 表 1

单位：万元

行 业	投资额	城镇项目	农村非农户	房地产开发
汽车制造业	733863	733863		
铁路、船舶、航空航天和其他运输设备制造业	120559	120559		
电气机械和器材制造业	899687	899687		
计算机、通信和其他电子设备制造业	69043	69043		
仪器仪表制造业	57233	57233		
其他制造业	18540	18540		
废弃资源综合利用业	24400	24400		
金属制品、机械和设备修理业	71922	71922		
电力、热力、燃气及水生产和供应业	**1816863**	**1816863**		
电力、热力生产和供应业	1400935	1400935		
燃气生产和供应业	300798	300798		
水的生产和供应业	115130	115130		
建筑业	**673190**	**665486**	**7704**	
房屋建筑业	277101	269397	7704	
土木工程建筑业	250812	250812		
建筑安装业	25891	25891		
建筑装饰和其他建筑业	119386	119386		
批发和零售业	**2542751**	**2541171**	**1580**	
批发业	1696817	1695237	1580	
零售业	845934	845934		
交通运输、仓储和邮政业	**1139772**	**1139772**		
铁路运输业	39257	39257		
道路运输业	669853	669853		
水上运输业	1800	1800		
航空运输业	40200	40200		
管道运输业	60839	60839		
装卸搬运和运输代理业	127571	127571		
仓储业	184000	184000		
邮政业	16252	16252		
住宿和餐饮业	**460016**	**460016**		
住宿业	230108	230108		
餐饮业	229908	229908		
信息传输、软件和信息技术服务业	**181223**	**181223**		
电信、广播电视和卫星传输服务	15055	15055		
互联网和相关服务	17486	17486		
软件和信息技术服务业	148682	148682		

5-6 续 表 2

单位：万元

行业	投资额	城镇项目	农村非农户	房地产开发
金融业	**203797**	**203797**		
货币金融服务	163855	163855		
资本市场服务	13886	13886		
保险业	2100	2100		
其他金融业	23956	23956		
房地产业	**2724728**	**658444**	**1590**	**2064694**
租赁和商务服务业	**370884**	**370884**		
租赁业	34810	34810		
商务服务业	336074	336074		
科学研究和技术服务业	**162580**	**162580**		
研究和试验发展	25220	25220		
专业技术服务业	41799	41799		
科技推广和应用服务业	95561	95561		
水利、环境和公共设施管理业	**3516448**	**3475233**	**41215**	
水利管理业	156090	131155	24935	
生态保护和环境治理业	79044	79044		
公共设施管理业	3281314	3265034	16280	
居民服务、修理和其他服务业	**151869**	**151869**		
居民服务业	78152	78152		
机动车、电子产品和日用产品修理业	39981	39981		
其他服务业	33736	33736		
教育	**355002**	**354422**	**580**	
卫生和社会工作	**171253**	**167753**	**3500**	
卫生	134749	131249	3500	
社会工作	36504	36504		
文化、体育和娱乐业	**269479**	**265919**	**3560**	
广播、电视、电影和影视录音制作业	24699	24699		
文化艺术业	142239	138679	3560	
体育	51294	51294		
娱乐业	51247	51247		
公共管理、社会保障和社会组织	**1052478**	**1052368**	**110**	
国家机构	645839	645839		
社会保障	4200	4200		
群众团体、社会团体和其他成员组织	137003	137003		
基层群众自治组织	265436	265326	110	

5-7 分组固定资产投资（2013年）

单位：万元

	本年完成投资	城镇投资	农村非农户	房地产开发
按登记注册类型分				
内资企业	29538448	27358365	120289	2059794
国有企业	6838714	6725366	92749	20599
集体企业	767192	755302	11890	
股份合作企业	28101	28101		
联营企业	74561	74561		
国有联营企业	74561	74561		
有限责任公司	13953107	12728092		1225015
国有独资公司	57773	55773		2000
其他有限责任公司	13895334	12672319		1223015
股份有限公司	1166337	1150420	4350	11567
私营企业	6250444	5469241	11300	769903
其他企业	459992	427282		32710
港澳台商投资企业	83297	83297		
外商投资企业	66290	61390		4900
个体经营	225668	225668		
按隶属关系分				
中央	523493	518308		5185
地方	29390210	27210412	120289	2059509
自治区	1493961	1493961		
盟市旗县	27896249	25716451	120289	2059509
盟（市）	1701589	1565212		136377
县（旗、县级市）	5878667	5396816	13790	468061
其他	20315993	18754423	106499	1455071
按建设性质分				
新建	16459765	16341276	118489	
扩建	2023506	2021706	1800	
改建和技术改造	7866902	7866902		
单纯建造生活设施	58413	58413		
迁建	38676	38676		
恢复	78406	78406		
单纯购置	1323341	1323341		
按控股情况分				
国有控股	7708692	7506345	92749	109598
集体控股	2640538	2398673	16240	225625
私人控股	18896383	17237801	11300	1647282
港澳台商控股	119098	119098		
外商控股	35160	30260		4900
按期末项目建设状态分				
在建	4138546	4138546		
全部投产	23710463	23590174	120289	

5-8 国民经济各行业按建设性质分的城镇投资（2013年）

单位:万元

行业	投资额	新建	扩建	改建	单纯建造生活设施	迁建	恢复	单纯购置
农、林、牧、渔业	**765178**	**669769**	**61488**	**15213**			**4108**	**14600**
农业	249007	226292	21215	1500				
林业	66774	34300	26473	1893			4108	
畜牧业	291548	277748	13800					
渔业	8000	8000						
农、林、牧、渔服务业	149849	123429		11820				14600
采矿业	**2826783**	**2185837**	**67609**	**557282**		**8700**		**7355**
煤炭开采和洗选业	1111270	694348	12800	404122				
黑色金属矿采选业	1368438	1270295	36239	53204		8700		
有色金属矿采选业	81900	2500	8990	67410				3000
非金属矿采选业	240245	218694	9580	11971				
开采辅助活动	10596			10596				
其他采矿业	14334			9979				4355
制造业	**10468959**	**4946316**	**1223655**	**3421175**	**4300**	**12580**	**4980**	**855953**
农副食品加工业	426900	249789	52256	86860				37995
食品制造业	224807	99883	39570	59615				25739
酒、饮料和精制茶制造业	102330	57700	10400	15650				18580
纺织业	38420	38420						
纺织服装、服饰业	8200	4200		4000				
皮革、毛皮、羽毛及其制品和制鞋业	18450			8800				9650
木材加工和木、竹、藤、棕、草制品业	39647	6200	8500	22628				2319
家具制造业	30740	5800	14000	8240				2700
造纸和纸制品业	82557	72627		6930				3000
印刷和记录媒介复制业	84193	42300	9682	29255				2956
文教、工美、体育和娱乐用品制造业	40070	2000		38070				
石油加工、炼焦和核燃料加工业	92779	52439	27500	12840				
化学原料和化学制品制造业	401213	207000	42385	147028				4800
医药制造业	34832	23960		9752				1120
化学纤维制造业	9980	9980						
橡胶和塑料制品业	268382	128287	40042	81266				18787
非金属矿物制品业	759437	460632	105140	174931				18734
黑色金属冶炼和压延加工业	1787823	1236739	40585	481399				29100
有色金属冶炼和压延加工业	1401269	554981	95370	733043				17875
金属制品业	1055380	452028	304063	246399	4300			48590
通用设备制造业	1060984	380940	65035	560611				54398
专用设备制造业	505319	143530	84380	161549		7780		108080

5-8 续 表 1

单位：万元

行 业	投资额	新建	扩建	改建	单纯建造生活设施	迁建	恢复	单纯购置
汽车制造业	733863	221614	113477	95795		4800		298177
铁路、船舶、航空航天和其他运输设备制造业	120559	63465	4990	34124				17980
电气机械和器材制造业	899687	332109	130710	314105				122763
计算机、通信和其他电子设备制造业	69043	34223	18790	6060			4980	4990
仪器仪表制造业	57233	26220	2980	25333				2700
其他制造业	18540	8800		4820				4920
废弃资源综合利用业	24400	20650		3750				
金属制品、机械和设备修理业	71922	9800	13800	48322				
电力、热力、燃气及水生产和供应业	**1816863**	**1627199**	**76088**	**102076**		**5000**		**6500**
电力、热力生产和供应业	1400935	1256194	63288	74753		5000		1700
燃气生产和供应业	300798	275675	7000	18123				
水的生产和供应业	115130	95330	5800	9200				4800
建筑业	**665486**	**458552**	**24796**	**148469**	**9800**			**23869**
房屋建筑业	269397	263148		6249				
土木工程建筑业	250812	141604	17896	78412				12900
建筑安装业	25891	9000		15852				1039
建筑装饰和其他建筑业	119386	44800	6900	47956	9800			9930
批发和零售业	**2541171**	**1149159**	**145639**	**1032324**			**13000**	**201049**
批发业	1695237	702651	62776	794740				135070
零售业	845934	446508	82863	237584			13000	65979
交通运输、仓储和邮政业	**1139772**	**747680**	**126512**	**191661**	**11723**			**62196**
铁路运输业	39257	11750	3700	9989				13818
道路运输业	669853	410389	82612	138912	11723			26217
水上运输业	1800			1800				
航空运输业	40200		40200					
管道运输业	60839	58839		2000				
装卸搬运和运输代理业	127571	115580		3730				8261
仓储业	184000	151122		26478				6400
邮政业	16252			8752				7500
住宿和餐饮业	**460016**	**216594**	**30708**	**191227**	**8000**			**13487**
住宿业	230108	141559	21998	51941	8000			6610
餐饮业	229908	75035	8710	139286				6877
信息传输、软件和信息技术服务业	**181223**	**76339**		**79704**				**25180**
电信、广播电视和卫星传输服务	15055	8355		1500				5200
互联网和相关服务	17486			17486				
软件和信息技术服务业	148682	67984		60718				19980

5-8 续 表 2

单位:万元

行业	投资额	新建	扩建	改建	单纯建造生活设施	迁建	恢复	单纯购置
金融业	**203797**	**130514**	**2239**	**63144**				**7900**
货币金融服务	163855	124240	2239	37376				
资本市场服务	13886			10186				3700
保险业	2100			2100				
其他金融业	23956	6274		13482				4200
房地产业	**658444**	**444935**	**16992**	**176014**	**3000**	**4000**	**4990**	**8513**
租赁和商务服务业	**370884**	**165480**	**4500**	**188632**				**12272**
租赁业	34810		4500	30310				
商务服务业	336074	165480		158322				12272
科学研究和技术服务业	**162580**	**58264**		**89649**				**14667**
研究和试验发展	25220	11713		13507				
专业技术服务业	41799	7331		29112				5356
科技推广和应用服务业	95561	39220		47030				9311
水利、环境和公共设施管理业	**3475233**	**2232556**	**97863**	**1096406**	**16600**		**27428**	**4380**
水利管理业	131155	129127	600				1428	
生态保护和环境治理业	79044	42564		36480				
公共设施管理业	3265034	2060865	97263	1059926	16600		26000	4380
居民服务、修理和其他服务业	**151869**	**76862**	**18429**	**45619**				**10959**
居民服务业	78152	43400	4300	27972				2480
机动车、电子产品和日用产品修理业	39981	2600	14129	17647				5605
其他服务业	33736	30862						2874
教育	**354422**	**218407**	**27940**	**90309**	**4990**	**500**		**12276**
卫生和社会工作	**167753**	**59390**	**14709**	**59524**				**34130**
卫生	131249	45540	9929	41650				34130
社会工作	36504	13850	4780	17874				
文化、体育和娱乐业	**265919**	**175404**	**17939**	**62125**		**7896**		**2555**
广播、电视、电影和影视录音制作业	24699	17350		5649				1700
文化艺术业	138679	102254	2999	25530		7896		
体育	51294	39000	2890	9404				
娱乐业	51247	16800	12050	21542				855
公共管理、社会保障和社会组织	**1052368**	**702019**	**64600**	**256349**			**23900**	**5500**
国家机构	645839	451930	32370	160739				800
社会保障	4200	4200						
群众团体、社会团体和其他成员组织	137003	52908	19685	35810			23900	4700
基层群众自治组织	265326	192981	12545	59800				

5-9 国民经济各行业城镇投资和新增固定资产（2013 年）

单位：万元

行业	投资额	# 地方	# 市属	新增固定资产	# 地方	# 市属
农、林、牧、渔业	**765178**	**765178**	**765178**	**810583**	**810583**	**810583**
农业	249007	249007	249007	297707	297707	297707
林业	66774	66774	66774	67479	67479	67479
畜牧业	291548	291548	291548	291548	291548	291548
渔业	8000	8000	8000	8000	8000	8000
农、林、牧、渔服务业	149849	149849	149849	145849	145849	145849
采矿业	**2826783**	**2783186**	**2470543**	**2436121**	**2436121**	**2403282**
煤炭开采和洗选业	1111270	1067673	1067673	1005903	1005903	1005903
黑色金属矿采选业	1368438	1368438	1080825	1088706	1088706	1080867
有色金属矿采选业	81900	81900	56900	81800	81800	56800
非金属矿采选业	240245	240245	240245	234812	234812	234812
开采辅助活动	10596	10596	10566	10566	10566	10566
其他采矿业	14334	14334	14334	14334	14334	14334
制造业	**10468959**	**10055482**	**8944882**	**9342136**	**8982155**	**8788014**
农副食品加工业	426900	426900	426900	419250	419250	419250
食品制造业	224807	224807	214887	224707	224707	214787
酒、饮料和精制茶制造业	102330	102330	102330	101980	101980	101980
纺织业	38420	38420	38420	38420	38420	38420
纺织服装、服饰业	8200	8200	8200	8200	8200	8200
皮革、毛皮、羽毛及其制品和制鞋业	18450	18450	18450	18450	18450	18450
木材加工和木、竹、藤、棕、草制品业	39647	39647	39647	39647	39647	39647
家具制造业	30740	30740	30740	30740	30740	30740
造纸和纸制品业	82557	82557	82557	81557	81557	81557
印刷和记录媒介复制业	84193	84193	84193	83733	83733	83733
文教、工美、体育和娱乐用品制造业	40070	40070	40070	40070	40070	40070
石油加工、炼焦和核燃料加工业	92779	65279	65279	110713	110713	68979
化学原料和化学制品制造业	401213	401213	401213	355203	355203	355203
医药制造业	34832	34832	34832	34832	34832	34832
化学纤维制造业	9980	9980	9980	9980	9980	9980
橡胶和塑料制品业	268382	263482	254582	258302	253402	244502
非金属矿物制品业	759437	759437	759437	661850	661850	661850
黑色金属冶炼和压延加工业	1787823	1777836	721801	690511	680524	581206
有色金属冶炼和压延加工业	1401269	1397421	1394006	1577639	1574409	1574409
金属制品业	1055380	1049377	1049377	1047524	1042074	1042074
通用设备制造业	1060984	823938	823938	1071344	834298	834225
专用设备制造业	505319	505319	505319	520319	520319	520319
汽车制造业	733863	631570	600398	701162	611594	577398
铁路、船舶、航空航天和其他运输设备制造业	120559	108459	108414	109050	109050	109050
电气机械和器材制造业	899687	899687	899687	841517	841517	841517
计算机、通信和其他电子设备制造业	69043	69043	69043	73543	73543	73543
仪器仪表制造业	57233	57233	57233	55990	55990	55990
其他制造业	18540	18540	18540	18540	18540	18540
废弃资源综合利用业	24400	24400	24400	45441	45441	45441
金属制品、机械和设备修理业	71922	62122	62122	71922	62122	62122
电力、热力、燃气及水生产和供应业	**1816863**	**1801284**	**1797325**	**992443**	**977713**	**942066**
电力、热力生产和供应业	1400935	1385356	1381555	715024	700294	665052
燃气生产和供应业	300798	300798	300797	162041	162041	162041
水的生产和供应业	115130	115130	114973	115378	115378	114973
建筑业	**665486**	**665486**	**663986**	**648185**	**648185**	**646685**
房屋建筑业	269397	269397	269397	259748	259748	259748
土木工程建筑业	250812	250812	249312	243202	243202	241702
建筑安装业	25891	25891	25891	25849	25849	25849
建筑装饰和其他建筑业	119386	119386	119386	119386	119386	119386

5-9 续 表

单位:万元

行 业	投资额	# 地方	# 市属	新增固定资产	# 地方	# 市属
批发和零售业	**2541171**	**2532154**	**2520764**	**2477664**	**2465303**	**2460313**
批发业	1695237	1686220	1681230	1660545	1648184	1643194
零售业	845934	845934	845934	817119	817119	817119
交通运输、仓储和邮政业	**1139772**	**1133022**	**1116153**	**1033189**	**1026439**	**1020421**
铁路运输业	39257	32507	30489	39257	32507	30489
道路运输业	669853	669853	665853	626799	626799	626799
水上运输业	1800	1800	1800	1800	1800	1800
航空运输业	40200	40200	40200			
管道运输业	60839	60839	49988	94010	94010	94010
装卸搬运和运输代理业	127571	127571	127571	127571	127571	127571
仓储业	184000	184000	184000	127500	127500	127500
邮政业	16252	16252	16252	16252	16252	16252
住宿和餐饮业	**460016**	**451316**	**451316**	**451365**	**451365**	**451365**
住宿业	230108	221408	221408	227057	227057	227057
餐饮业	229908	229908	229908	224308	224308	224308
信息传输、软件和信息技术服务业	**181223**	**181223**	**176023**	**143624**	**143624**	**138424**
电信、广播电视和卫星传输服务	15055	15055	9855	15055	15055	9855
互联网和相关服务	17486	17486	17486	17486	17486	17486
软件和信息技术服务业	148682	148682	148682	111083	111083	111083
金融业	**203797**	**203797**	**203797**	**194577**	**194577**	**194577**
货币金融服务	163855	163855	163855	154635	154635	154635
资本市场服务	13886	13886	13886	13886	13886	13886
保险业	2100	2100	2100	2100	2100	2100
其他金融业	23956	23956	23956	23956	23956	23956
房地产业	**658444**	**658444**	**644444**	**716812**	**716812**	**690812**
租赁和商务服务业	**370884**	**370884**	**370884**	**348068**	**348068**	**348068**
租赁业	34810	34810	34810	34810	34810	34810
商务服务业	336074	336074	336074	313258	313258	313258
科学研究和技术服务业	**162580**	**159672**	**159672**	**163910**	**154859**	**154859**
研究和试验发展	25220	25220	25220	17807	17807	17807
专业技术服务业	41799	41799	41799	41799	41799	41799
科技推广和应用服务业	95561	92653	92653	104304	95253	95253
水利、环境和公共设施管理业	**3475233**	**3456953**	**3456293**	**3503506**	**3485226**	**3485226**
水利管理业	131155	126155	126155	125372	120372	120372
生态保护和环境治理业	79044	79044	78384	73357	73357	73357
公共设施管理业	3265034	3251754	3251754	3304777	3291497	3291497
居民服务、修理和其他服务业	**151869**	**151869**	**151869**	**157478**	**157478**	**157478**
居民服务业	78152	78152	78152	76461	76461	76461
机动车、电子产品和日用产品修理业	39981	39981	39981	47281	47281	47281
其他服务业	33736	33736	33736	33736	33736	33736
教育	**354422**	**354422**	**347059**	**362233**	**362233**	**330576**
卫生和社会工作	**167753**	**167753**	**162971**	**179826**	**179826**	**162517**
卫生	131249	131249	126467	143322	143322	126013
社会工作	36504	36504	36504	36504	36504	36504
文化、体育和娱乐业	**265919**	**265919**	**265919**	**262669**	**262669**	**262669**
广播、电视、电影和影视录音制作业	24699	24699	24699	24699	24699	24699
文化艺术业	138679	138679	138679	139729	139729	139729
体育	51294	51294	51294	51294	51294	51294
娱乐业	51247	51247	51247	46947	46947	46947
公共管理、社会保障和社会组织	**1052368**	**1052368**	**1047373**	**1039875**	**1039875**	**1034880**
国家机构	645839	645839	645839	669110	669110	669110
社会保障	4200	4200	4200	4200	4200	4200
群众团体、社会团体和其他成员组织	137003	137003	137003	105669	105669	105669
基层群众自治组织	265326	265326	260331	260896	260896	255901

5-10　固定资产投资新增生产能力(2013年)

能力名称	单　位	新增生产能力
原煤开采	万吨/年	237
洗煤	万吨/年	610
焦炭	万吨/年	116
铁矿开采(原矿)	万吨/年	995
铁矿选矿处理原矿量	万吨/年	757
生铁	万吨/年	14
粗钢	万吨/年	10
铁合金	万吨/年	717
钢材	万吨/年	95.2
铜冶炼	万吨/年	20
铝加工	吨/年	275000
风力发电	万千瓦	59.9
太阳能发电	万千瓦	7.6
其他发电	万千瓦	3.6
输电线路长度(110KV及以上)	公　里	631
水泥	万吨/年	26
塑料树脂及共聚物	吨/年	34000
化学纤维	吨/年	4800
其他酒	万吨/年	0.3
新建公路	公　里	371.4
改建公路	公　里	555.5
新(扩)建公路客、货运站	平方米	17000
新(扩)建公路客、货运站	个	5

5-11　2008-2013年房地产开发主要指标

指　　标	2008	2009	2010	2011	2012	2013
企业个数(个)	**315**	**394**	**307**	**322**	**324**	**331**
内资	310	289	302	317	320	327
#国有	9	10	10	11	12	13
集体						
港、澳、台投资	4	4	4	4	3	3
外商投资	1	1	1	1	1	1
平均从业人员(人)	**9498**	**7500**	**7211**	**10522**	**9962**	**9963**
内资	9270	7273	6999	10328	9845	9858
#国有	298	309	230	443	322	327
集体						
港、澳、台投资	204	203	188	174	21	9
外商投资	24	24	24	20	96	96
土地开发及购置						
本年土地购置面积(万平方米)	350.67	133.25	423.91	251.62	143.96	186.97
本年土地成交价款(万元)	263582	152414	424489	238720	251819	265835
本年完成投资额(万元)	**1396036**	**1404316**	**2028264**	**2341741**	**1585583**	**2064694**
#住宅	1161665	1121850	1411621	1682473	1086398	1423593
资金来源小计(万元)	**1409057**	**1469164**	**2180662**	**2661313**	**1679640**	**2364356**
#国内贷款	11820	13156	46419	71615	56185	242255
自筹资金	1269784	1291352	1779788	2116252	1086651	1345221
房屋建筑面积(万平方米)						
施工面积	1120.01	1189.04	1621.77	1990.18	1633.77	2028.12
竣工面积	249.99	376.96	398.17	523.61	253.29	263.16
本年新开工面积	542.12	615.69	883.71	783.54	598.52	721.27
#住宅	469.97	531.47	618.18	620.08	423.01	535.24
竣工房屋价值(万元)	511067	904113	892222	1167737	722208	819242
竣工房屋造价(元/平方米)	2044.3	2398.4	2240.8	2230.2	2851.3	3113.09
商品房屋销售面积(万平方米)	**418.73**	**570.05**	**597.72**	**730.65**	**354.30**	**408.28**
#住宅	337.65	517.66	473.96	591.97	314.15	352.30
商品房屋销售价格(元/平方米)	**3232.2**	**3380.8**	**4459.8**	**4421.8**	**4566.8**	**5245.22**
#住宅	2987.1	3218.0	3426.7	3997.9	4292.6	4707.6

注:2011年起平均从业人员指标取消,用期末从业人员数代替。

5-12　2008-2013 年房地产开发企业(单位)的土地购置及成交价款

年 份	待开发的土地面积（万平方米）	本年购置土地面积（万平方米）	本年土地成交价款（万元）
2008	81.42	350.67	263582
2009	72.57	133.25	152414
2010	214.93	423.91	424489
2011	100.91	251.62	238720
2012	53.00	143.96	251819
2013	24.80	186.97	265835

5-13　2008-2013 年房地产开发建设投资情况

单位:万元

年 份	实际需要总 投 资	自开始建设至本年底累计完成投资	# 本年完成投资	全部建成尚需投资
2008	3295018	2119963	1396036	1175155
2009	3801114	2623127	1404316	1177987
2010	5869558	3892267	2028264	1977291
2011	7846489	5479813	2341741	2366676
2012	8418309	5091113	1585583	3327196
2013	9580831	6264967	2064694	3315864

5-14　2008-2013 年按用途分的房地产开发投资完成额

单位:万元

年 份	本年完成投 资 额	住 宅	# 别墅、高档 公 寓	办公楼	商 业 营业 用 房	其 他
2008	1396036	1161665	24183	59580	164790	10001
2009	1404316	1121850	27105	66368	123174	92924
2010	2028264	1411621	29717	126665	362730	127248
2011	2341741	1682473	33037	98851	410815	149602
2012	1585583	1086398	13851	97337	240015	161833
2013	2064694	1423593	68444	101279	355236	184586

5-15 1994-2013年商品房屋销售情况

年　份	房屋销售面积（万平方米）	#住宅	商品房屋销售额（万元）	#住宅
1994	13.27	12.04	12730	11769
1995	15.21	14.16	16454	14440
1996	16.85	15.52	16348	14258
1997	24.68	22.02	23429	17854
1998	36.39	31.59	30748	23581
1999	55.49	45.06	48567	36633
2000	64.08	56.04	61546	49041
2001	67.95	64.81	68892	63328
2002	75.21	68.94	76286	61997
2003	114.04	99.05	127351	101913
2004	137.52	125.22	184962	156725
2005	217.49	182.54	376736	281228
2006	262.03	229.25	508412	387547
2007	306.86	265.63	940240	699922
2008	418.73	337.65	1353379	1008590
2009	570.05	517.66	1927244	1665846
2010	597.72	473.96	2665691	1624098
2011	730.65	591.97	3230772	2366622
2012	354.30	314.15	1618014	1348541
2013	408.28	352.30	2141525	1658466

主要统计指标解释

全社会固定资产投资 以货币形式表现的在一定时期内全社会建造和购置固定资产的工作量以及与此有关的费用的总称。该指标是反映固定资产投资规模、结构和发展速度的综合性指标，又是观察工程进度和考核投资效果的重要依据。全社会固定资产投资按登记注册类型可分为国有、集体、个体、联营、股份制、外商、港澳台商、其他等。

城镇固定资产投资 指城镇各种登记注册类型的企业、事业、行政单位及个体户进行的计划总投资（或实际需要总投资)50万元及50万元以上的建设项目投资、房地产开发投资、城镇和工矿区私人建房投资。县城及以上区域内发生的投资，县及县以上各级政府及主管部门直接领导、管理的建设项目和企业事业单位的投资均为城镇固定资产投资。

房地产开发投资 指各种登记注册类型的房地产开发公司、商品房建设公司及其他房地产开发法人单位和附属于其他法人单位实际从事房地产开发或经营活动的单位统一开发的包括统代建、拆迁还建的住宅、厂房、仓库、饭店、宾馆、度假村、写字楼、办公楼等房屋建筑物和配套的服务设施，土地开发工程（如道路、给水、排水、供电、供热、通讯、平整场地等基础设施工程）的投资；不包括单纯的土地交易活动。

农村投资 包括在农村区域范围内进行固定资产投资活动的企业、事业、行政单位及农村个人投资。

固定资产投资的资金来源 根据固定资产投资的资金来源不同，分为国家预算内资金、国内贷款、利用外资、自筹资金和其他资金来源。

(1)国家预算内资金：分为财政拨款和财政安排的贷款两部分。包括中央财政的基本建设基金(分经营性基金和非经营性基金两部分)、专项支出(如煤代油专项等)、收回再贷、贴息资金，财政安排的挖潜改造和新产品试制支出、城建支出、商业部门简易建筑支出、不发达地区发展基金等资金中用于固定资产投资的资金；地方财政中由国家统筹安排的资金等。

(2)国内贷款：指报告期内企、事业单位向银行及非银行金融机构借入的用于固定资产投资的各种国内借款。包括银行利用自有资金及吸收的存款发放的贷款、上级主管部门拨入的国内贷款、国家专项贷款(包括煤代油贷款、劳改煤矿专项贷款等)、地方财政专项资金安排的贷款、国内储备贷款、周转贷款等。

(3)利用外资：指报告期收到的用于固定资产建造和购置的国外资金(包括设备、材料、技术在内)。包括对外借款(外国政府、国际金融组织贷款、出口信贷、外国银行商业贷款、对外发行债券和股票)、外商直接投资及外商其他投资。不包括我国自有外汇资金(国家外汇、地方外汇、留成外汇、调剂外汇和中国银行自有资金发行的外汇贷款等)。计算利用外资时，需要折算成人民币，折算中所使用的外汇汇率按现汇计算，即按使用外汇时的汇率计算。

(4)自筹资金：指建设单位报告期内收到的，用于进行固定资产投资的上级主管部门、地方和企、事业单位自筹资金。

(5)其他资金来源：指报告期内收到的除以上各种拨款、借款、自筹资金之外，其他用于固定资产投资的资金。

固定资产投资按国民经济行业分 建设项目归哪个行业，按其建成投产后的主要产品或主要用途及社会经济活动性质来确定。基本建设按建设项目划分国民经济行业，更新改造、国有单位其他固定资产投资及城镇集体投资根据整个企业、事业单位所属的行业来划分。一般情况下，一个建设项目或一个企业、事业单位只属于一种国民经济行业。为了更准确地反映国民经济各行业之间的比例关系，联合企业(总厂)所属分厂属于不同行业，原则上按分厂划分行业。

固定资产投资按隶属关系分 是按建设单位或企业、事业、行政单位的主管上级机关确定的。

(1)中央：是指中共中央、人大常委会和国务院各部、委、局、总公司以及直属机构直接领导的建设项目和企业、事业、行政单位。这些单位的固定资产投资计划由国务院各部门直接编制和下达，建设中所需物资、主要设备以及建设中的问题都由中央有关部门安排和解决。

(2)地方：是由省（自治区、直辖市）、地区（州、盟、省辖市）、县（旗、县级市）三级政府及业务主管部门直接领导和管理的建设项目、企业、事业、行政单位。地方项目还包括不隶属以上各级政府及主管部门的建设项目和企业、事业单位，如外商投资企业和无主管部门的企业等。

固定资产投资按建设性质分 根据整个建设项目情况来确定。建设项目的性质一般分为新建、扩建、改建和技术改造、迁建、恢复。房地产开发单位、农村投资、城镇工矿区私人建房投资不划分建设性质。

(1)新建：一般指从无到有"平地起家"开始建设的企业、事业和行政单位或建设项目。现有企业、事业、行政单位一般不属于新建。但如有的单位原有基础很小，经过建设后新增的固定资产价值超过该企、事业、行政单位原有固定资产价值(原值)三倍以上的也应作为新建。

(2)扩建：指在厂内或其他地点，为扩大原有产品的生产能力(或效益)或增加新的产品生产能力，而增建主要的生产车间(或主要工程)、分厂、独立的生产线。行政、事业单位在原单位增建业务用房(如学校增建教学用房、医院增建门诊部、病房等)也作为扩建。

现有企、事业单位为扩大原有主要产品生产能力或增加新的产品生产能力，增建一个或几个主要生产车间(或主要工程)、分厂，同时进行一些更新改造工程的，也应作为扩建。

(3)改建和技术改造：指现有企业、事业单位，对原有设施进行技术改造或更新（包括相应配套的辅助性生产、生活福利设施)的建设项目。现有企业、事业单位为适应市场变化的需要，而改变企业的主要产品种类(如军工企业转产民用品等)的建设项目，应作为改建。原有产品生产作业线由于各工序（车间)之间能力不平衡，为填平补齐充分发挥原有生产能力而增建不增加本企业主要产品设计能力的车间，也应作为改建。技术改造是指企业、事业单位在现有基础上，用先进的技术代替落后的技术，用先进的工艺和装备代替落后的工艺和装备，以改变企业落后的技术经济面貌，实现以内涵为主的扩大再生产，达到提高产品质量、促进产品更新换代、节约能源、降低消耗、扩大生产规模、全面提高社会经济效益的目的。技术改造具体包括以下内容：机器设备和工具的更新改造；生产工艺改革、节约能源和原材料的改造；厂房建筑和公共设施的改造；劳动条件和生产环境的改造等。

固定资产投资按构成分 固定资产投资活动按其工作内容和实现方式分为建筑安装工程，设备、工具、器具购置，其他费用三个部分。

(1)建筑安装工程(建筑安装工作量)：指各种房屋、建筑物的建造工程和各种设备、装置的安装工程。包括各种房屋建造工程，各种用途设备基础和各种工业窑炉的砌筑工程及金属结构工程；为施工而进行的各种准备工作和临时工程以及完工后的清理工作等；铁路、道路的铺设，矿井的开凿及石油管道的架设等；水利工程；防空地下建筑等特殊工程；

列入房屋工程预算内的暖气、卫生、通风、照明、煤气等设备的价值及装设油饰工程；列入建筑工程预算内的各种管道(蒸汽、压缩空气、石油、给排水等管道)、电力、电讯电缆导线等的敷设工程；以及各种机械设备的安装工程；为测定安装工程质量，对设备进行的试运工作；房地产开发单位进行的商品房屋开发建设工程、土地开发工程。

在安装工程中，不包括被安装设备本身的价值。

(2)设备、工具、器具购置：指建设单位或企、事业单位购置或自制的，达到固定资产标准的设备、工具、器具的价值。新建单位及扩建单位的新建车间，按照设计或计划要求购置或自制的全部设备、工具、器具，不论是否达到固定资产标准均计入“设备、工具、器具购置”中。

(3)其他费用：指在固定资产建造和购置过程中发生的，除上述几项内容以外的各种应分摊计入固定资产的费用。

施工项目　指报告期内进行过建筑或安装施工活动的项目。凡是报告期内施过工的建设项目，不论施工时间长短，均作为施工项目统计。施工项目个数可以反映一定时期固定资产投资的实际规模，与同期全部建成投产项目个数相比，可以从建设速度的角度反映固定资产投资的效果。根据建设项目施工活动的不同性质，施工项目又分为：本年正式施工项目、本年收尾项目和以前年度全部停缓建项目。

全部建成投产项目　工业项目指设计文件规定形成生产能力的主体工程及其相应配套的辅助设施全部建成，经负荷试运转，证明具备生产设计规定合格产品的条件，并经过验收鉴定合格或达到竣工验收标准，与生产性工程配套的生活福利设施可以满足近期正常生产的需要，正式移交生产的建设项目。非工业项目指设计文件规定的主体工程和相应的配套工程全部建成，能够发挥设计规定的全部效益，经验收鉴定合格或达到竣工验收标准，正式移交使用的建设项目。

新增生产能力　指通过固定资产投资活动而增加的设计能力(或工程效益)，该指标是以实物形态表现的反映固定资产投资成果的指标，也是考核投资经济效果的重要依据之一。

新增生产能力(或工程效益)一般有以下几种表现形式：

(1)用产品数量表示，以工程在单位时间内(一般是一年)所能生产的产品数量(即年产量)表示。如原煤开采用万吨／年表示，化学农药用吨／年表示，拖拉机制造用台／年表示等。某些化工产品由于含量差别较大，按其设计含量计算折合量表示，如硫酸、纯碱、烧碱等。

(2)用单位时间内所能处理的原料数量表示，以工程每天(或小时)所能处理原料的数量表示。如机制糖工程日处理原料吨，食用植物油日处理原料吨，城市污水处理能力用万吨／日表示等。

(3)用新增加的主要设备的数量或容量表示，如新增棉布织机、丝织机等台数，毛纺锭等锭数，发电厂新增发电机组容量用千瓦表示等。

(4)用建筑物容积、容量、面积、长度表示，是非工业项目或工程新增效益的一种表现形式。如铁路投产里程、新建公路、水库容量、粮食仓库、学校学生席位、医院病床、有效灌溉面积等。

根据工程的特点，有时需要用两种或两种以上的复合计量单位表示新增生产能力（或工程效益)，如新增内燃机生产能力同时用年产台数、千瓦数表示等。

为了规范新增生产能力(或工程效益)的名称和计算单位，国家统计局制订了《新增生产能力(或工程效益)目录及代码》。各固定资产投资单位在统计新增生产能力(或工程效益)时，必须按目录中规定的名称、计量单位和代码填报。

房屋建筑面积　指房屋建筑物勒脚以上外墙外

围的水平截面面积，包括有效面积和结构面积。该指标是从实物形态上反映建设规模和建设成果的重要指标之一，也是检查工程形象进度、计算工程造价、分析投资效果、研究施工任务和建筑材料之间平衡情况的重要依据。

住宅建筑面积　指施工和竣工房屋建筑面积中供居住用的施工和竣工房屋建筑面积。

施工面积　指报告期内施工的全部房屋建筑面积。包括本期新开工的面积、上期跨入本期继续施工的房屋面积、上期停缓建在本期恢复施工的房屋面积、本期竣工的房屋面积及本期施工后又停缓建的房屋面积，其建筑面积仍计入本期房屋施工面积中。

竣工面积　指在报告期内房屋建筑按照设计要求已经全部完工，达到住人和使用条件，经验收鉴定合格(或达到竣工验收标准)，正式移交使用单位的各栋房屋建筑面积的总和。

新增固定资产　指报告期内以完成建造和购置的过程通过投资活动所形成的新的固定资产价值，包括已经建成投入生产或交付使用的工程价值和达到固定资产标准的设备、工具、器具的价值及有关应摊入的费用。它是以价值形式表示的固定资产投资成果的综合性指标，可以综合反映不同时期、不同部门、不同地区的固定资产投资成果，计算固定资产投资效果的重要指标。

6

能源

ENERGY

6-1　2005-2013 年能源消费总量及构成

年　份	能源消费总量（万吨标准煤）	占能源消费总量的比重（%）	
		原煤	天然气
2005	2410.86	52.64	0.53
2006	2724.28	57.70	0.61
2007	3037.96	60.04	2.26
2008	3366.12	60.09	2.37
2009	3635.74	61.00	3.23
2010	4018.87	60.26	4.05
2011	4518.38	57.25	4.56
2012	4699.31	60.87	2.67
2013	4587.86	72.10	2.74

6-2　2005-2013 年能源消费指标

年　份	单位地区生产总值能耗（等价值）		单位工业增加值能耗（规模以上，当量值）		单位地区生产总值电耗（等价值）	
	指标值（吨标煤/万元）	上升或下降（±%）	指标值（吨标煤/万元）	上升或下降（±%）	指标值（千瓦小时/万元）	上升或下降（±%）
2005	2.8044		5.1000		2123.5	
2006	2.6733	-4.68	4.7385	-7.09	2167.8	2.08
2007	2.4862	-7.00	4.2972	-9.31	2118.3	-2.28
2008	2.3005	-7.45	3.8800	-9.71	1907.5	-9.95
2009	2.1125	-8.19	3.4451	-10.95	1612.2	-14.50
2010	2.0124	-4.74	3.2221	-6.74	1649.2	2.29
2011	1.5900	-2.60	2.258	-4.55	1396.24	4.34
2012	1.4692	-7.60	1.911	-15.38	1270.86	-8.98
2013	1.3946	-5.08	1.723	-9.82	1171.22	-7.84

注：2010 年及以前年度数据按 2005 年价格计算，2011 年及以后数据按 2010 年价格计算。

6-3 2010-2013年综合能源平衡表

单位:万吨标煤

项 目	2010	2011	2012	2013
可供本地区消费的能源量	**4019.91**	**4517.11**	**4699.25**	**4587.84**
一次能源生产量	1622.40	1478.81	1637.85	1426.64
回收能	219.67	218.03	222.96	226.01
外市调入量	2390.20	3008.67	2950.11	3442.21
本市调出量(-)	-174.61	-146.47	-176.17	-304.04
年初年末库存差额	-37.75	-41.92	64.50	23.02
能源消费总量	**4018.87**	**4518.38**	**4699.31**	**4587.87**
在消费总量中:				
1.农、林、牧、渔业	47.00	49.52	52.55	52.28
2.工业	3355.00	3773.96	3877.15	3705.98
3.建筑业	25.03	28.39	30.63	29.51
4.交通运输、仓储和邮政业	232.92	262.78	284.08	300.89
5.批发、零售业和住宿、餐饮业	121.11	136.10	150.28	160.28
6.其他	35.29	39.76	42.25	44.15
7.生活消费	202.51	227.87	262.37	294.78
在消费总量中:				
(一)终端消费量	3736.33	4244.78	4365.40	4414.93
# 工业	3072.47	3500.36	3543.24	3533.03
(二)加工转换损失量	62.86	55.57	110.95	172.95
平衡差额	**1.04**	**-1.27**	**-0.05**	**-0.03**

6-4　2010-2013年电力平衡表

单位:亿千瓦时

项　目	2010	2011	2012	2013
可供量	**329.25**	**396.78**	**406.52**	**409.66**
生产量	315.61	349.75	376.16	395.86
火电	308.98	336.61	358.46	373.32
风电	6.63	13.14	17.70	22.54
外市调入量	13.64	47.03	30.36	13.80
消费量	**329.25**	**396.78**	**406.52**	**409.66**
在消费总量中:				
1.农、林、牧、渔业	9.23	8.16	5.58	8.33
2.工业	296.10	361.18	371.01	369.25
3.建筑业	0.34	0.34	0.27	0.22
4.交通运输、仓储和邮政业	2.53	2.46	2.35	2.56
5.批发、零售业和住宿、餐饮业	3.28	3.43	3.51	3.48
6.其他	4.15	4.25	4.28	4.31
7.生活消费	13.62	16.96	19.52	21.51
在消费总量中:				
终端消费	329.25	396.78	406.52	409.66
# 工业	296.10	361.18	371.01	369.25

6-5 规模以上工业企业主要能源

行业名称	原煤 (吨)	洗精煤 (吨)	焦炭 (吨)	焦炉煤气 (万立方米)	高炉煤气 (万立方米)	转炉煤气 (万立方米)
煤炭开采和洗选业	12330122					
黑色金属矿采选业	1105731		15000			
有色金属矿采选业	17309					
非金属矿采选业	6547					
农副食品加工业	60726					
食品制造业	2961					
酒、饮料和精制茶制造业	32063					
纺织业	2159					
纺织服装、服饰业	15016					
皮革、毛皮、羽毛及其制品和制鞋业						
木材加工和木、竹、藤、棕、草制品业						
造纸和纸制品业	114602					
印刷和记录媒介复制业						
文教、工美、体育和娱乐用品制造业	10					
石油加工、炼焦和核燃料加工业	46	735244				
化学原料和化学制品制造业	4660437	16635	21623	2		
医药制造业	1989					
橡胶和塑料制品业	824					
非金属矿物制品业	130593					
黑色金属冶炼和压延加工业	2316321	6154824	6315745	132248	1540976	91314
有色金属冶炼和压延加工业	6124741	668602	14802			
金属制品业	57894		16			
通用设备制造业	11164		106	366		
专用设备制造业	220					
汽车制造业	1287					
铁路、船舶、航空航天和其他运输设备制造业	194					
电气机械和器材制造业	2183					
计算机、通信和其他电子设备制造业						
仪器仪表制造业						
其他制造业	1161					
废弃资源综合利用业	182					
金属制品、机械和设备修理业						
电力、热力生产和供应业	13866862				17409	
燃气生产和供应业						
水的生产和供应业	3818					

按行业分组消费量(2013年)

天然气（万立方米）	汽油（吨）	柴油（吨）	燃料油（吨）	石油焦（吨）	石油沥青（吨）	热力（百万千焦）	电力（万千瓦时）	煤矸石用于燃料（吨）	余热余压（百万千焦）
	12	33606					9513		
	655	59702					158346		
		300					8987		
							5463		
67	117	72				192583	6510		
278	1						7224		
	228	100				157847	6644		
65	77	5				7510	1617		
	18	50					1086		
							248		
							168		
						7200	2000		
							526		
							17		
	40	44					583		
150	158	1600					81270	665036	
							104		
	81					57732	3864		
1096	103	1752		144779	27126	20000	80183		
4031	1154	69360				9899155	1243264		4528410
4137	616	4338	491	109140	1794	420381	1911298		
7163	906	2595				2066828	49486		
396	111	179				92842	27531		
263	65	69				18213	5982		
1203	484	714				133409	9454		
2	48	46				98679	1476		
144	184	147				24753	6809		
							1140		
							524		
	175						1872		
	14	23				18080	196		
	7	9					256		
	510	3443					199264		
42741	82	178					1528		
82	167	11					9073		

6-6　规模以上工业企业能源

能源名称	计量单位	年初库存量	购进量	
			实物量	金额（万元）
原煤	吨	1983930	40708427	9462852
洗精煤	吨	424443	7017790	5926387
其它洗煤	吨	15109	16551	9561
煤制品	吨	39	13748	8434
焦炭	吨	218532	2350061	2276569
其它焦化产品	吨		8552	6128
焦炉煤气	万立方米		368	1621
高炉煤气	万立方米		17409	3148
转炉煤气	万立方米			
天然气(气态)	万立方米		67303	920941
液化天然气(液态)	吨		75	487
汽油	吨	83	5698	48903
煤油	吨	80	1926	16481
柴油	吨	6551	174502	1551754
燃料油	吨	215	470	3499
润滑油	吨		94	1254
石油焦	吨	22421	251965	398962
石油沥青	吨	1200	28920	35186
其它石油制品	吨	507	4278	47058
热力	百万千焦		4096280	105588
电力	万千瓦时		2489319	11448637
煤矸石用于燃料	吨		665036	33251
余热余压	百万千焦			
其他燃料	吨标准煤	7353		
能源合计	**吨标准煤**			

购进、消费与库存(2013 年)

消费量				年末库存
合计	工业生产消费	# 用于原材料	非工业生产消费	
40867160	40735729	3125496	131430	1851564
7575313	7575313			388164
41886	41886			17356
11286	11286			686
6367292	6367292	166812		127790
8552	8552	8552		
132616	132616			
1558385	1558385			
91314	91314			
61819	60864		955	
75	75			
6012	5341		671	70
1952	1758	945	194	56
178343	154133		24209	2718
491	491			195
94	94			
253919	253919			20528
28920	28920			1200
4173	1288		2885	612
13218977	11560569		1658408	
3843505	3792265		51241	
665036	665036			
4528410	4528410			
624	624			
49284874	**49022968**		**261906**	

6-7 规模以上工业企业能源加工转换情况(2013 年)

能源名称	计量单位	加工转换投入合计	火力发电	供热	原煤入洗	炼焦	天然气液化	能源加工转换产出	回收利用
原煤	吨	34699702	17964358	3441211	13294133				
洗精煤	吨	7527780				7527780		5029572	
其它洗煤	吨							6127449	
焦炭	吨							5074895	
其它焦化产品	吨							248806	
焦炉煤气	万立方米	47721	35258	12463				176662	
高炉煤气	万立方米	627990	498513	129477					1590352
转炉煤气	万立方米	70924		70924					106485
天然气(气态)	万立方米	42741					42741		
液化天然气(液态)	吨							271185	
汽油	吨	43	43						
煤油	吨								
柴油	吨	1536	1386	150					
热力	百万千焦							52602615	
电力	万千瓦时							3733217	
煤矸石用于燃料	吨	665036	665036						
余热余压	百万千焦	4528410	4528410						4528410
能源合计	**吨标准煤**	**30842985**	**11563580**	**2529114**	**9473259**	**6754498**	**522534**	**21128342**	**2260046**

主要统计指标解释

能源消费总量　指一定时期内全国物质生产部门、非物质生产部门和生活消费的各种能源的总和。该指标是观察能源消费水平、构成和增长速度的总量指标。能源消费总量包括原煤和原油及其制品、天然气、电力，不包括低热值燃料、生物质能和太阳能等的利用。能源消费总量分为终端能源消费量、能源加工转换损失量和能源损失量三部分。

(1)终端能源消费量：指一定时期内全国生产和生活消费的各种能源在扣除了用于加工转换二次能源消费量和损失量以后的数量。

(2)能源加工转换损失量：指一定时期内全国投入加工转换的各种能源数量之和与产出各种能源产品之和的差额。该指标是观察能源在加工转换过程中损失量变化的指标。

(3)能源损失量：指一定时期内能源在输送、分配、储存过程中发生的损失和由客观原因造成的各种损失量，不包括各种气体能源放空、放散量。

能源加工转换效率　指一定时期内能源经过加工、转换后，产出的各种能源产品的数量与同期内投入加工转换的各种能源数量的比率。它是观察能源加工转换装置和生产工艺先进与落后、管理水平高低等的重要指标。计算公式为：

能源加工转换效率＝能源加工、转换产出量／能源加工、转换投入量×100%

7

财政

GOVERMENT FINANCE

7-1　2007-2013 年财政收入情况

单位：万元

项　目	2007	2008	2009	2010	2011	2012	2013
地方财政总收入	**1437712**	**1818057**	**2172366**	**2433151**	**2954983**	**3267779**	**3450009**
公共财政预算收入	767476	964808	1303120	1391830	1618571	1857557	2151179
税收收入	534824	692399	825995	942677	1136263	1251286	1321226
#增值税	115245	144399	143787	157257	176955	157986	163771
营业税	148355	159304	184587	256484	267000	342875	388265
企业所得税	50902	69973	60854	83006	142028	180818	135503
个人所得税	18490	21243	24005	30996	42077	41997	34187
城市维护建设税	47745	55454	62988	73789	81164	81142	89595
印花税	13222	16906	15191	18873	24294	23529	23933
非税收入	232652	272409	477125	449153	482308	606271	829953
上划中央税收	576111	735347	739096	866047	1101110	1150058	1041739
#增值税	437637	555376	560205	620741	707820	677087	676153
企业所得税	96651	132190	118545	163994	285628	363733	272345
个人所得税	35108	40851	46764	61176	84155	83993	68374
上划自治区税收	94125	117902	130150	175274	235302	260164	257091
#增值税	30635	40728	42950	49659	58985	67709	68278
营业税	39436	44933	55138	80995	89000	38098	43142
政府性基金收入	**192366**	**233951**	**269636**	**534637**	**604775**	**508046**	**866645**
财政总收入(原口径)	**1630078**	**2052008**	**2442002**	**2967788**	**3559758**	**3775825**	**4316654**

注:1、2007 年起,全市各级财政统一按剔除基金收入和基金支出后统计地方财政总收入和地方财政支出,同时按财政决算进行相应数据调整;
2、2012 年以前公共财政预算收入为地方财政一般预算收入。

7-2　2007-2013年财政支出情况

单位：万元

项　目	2007	2008	2009	2010	2011	2012	2013
公共财政预算支出	**1143996**	**1531681**	**1955634**	**2049617**	**2512724**	**2911038**	**3552582**
#一般公共服务	201266	221665	251449	242146	281211	326460	298080
公共安全	54797	72699	88236	101063	118322	130861	132082
教育	149685	184248	239935	281619	365274	403763	431563
科学技术	16705	20895	27231	29227	36556	38200	44914
文化体育与传媒	11860	16504	23594	25628	37401	45498	47073
社会保障和就业	207235	265359	357417	306442	337339	389005	453880
医疗卫生	37281	55737	75922	78962	103896	120209	149311
节能环保	25536	53466	50586	76050	63336	111849	78273
城乡社区事务	172279	253441	443583	451018	521101	565971	825031
农林水事务	83388	99458	129151	153203	214191	302194	300424
交通运输	18981	22010	44180	38752	57673	94474	90199
资源勘探电力信息等事务			114259	87786	94459	89222	160181
粮油物资储备管理事务			31699	4237	2790	5006	3894
住房保障支出				44711	135195	127765	398303
政府性基金支出	**201369**	**239393**	**314340**	**497045**	**622342**	**463693**	**872030**
财政总支出(原口径)	**1345365**	**1771074**	**2269974**	**2546662**	**3135066**	**3374731**	**4424612**

注:2012年以前公共财政预算支出为地方财政支出。

7-3 历年财政收支总额及增长速度

年 份	财政总收入（万元）	财政总支出（万元）	增长速度（%）	
			财政总收入	财政总支出
1950	147	95		
1951	283	220	92.5	131.6
1952	374	338	32.2	53.6
1953	275	594	-26.5	75.7
1954	599	1400	117.8	135.7
1955	1033	1367	72.5	-2.4
1956	3496	4261	238.4	211.7
1957	3378	3387	-3.4	-20.5
1958	5622	8598	66.4	153.9
1959	7676	10707	36.5	24.5
1960	10110	13061	31.7	22.0
1961	5014	4798	-50.4	-63.3
1962	4651	2608	-7.2	-45.6
1963	5587	2629	20.1	0.8
1964	6605	2895	18.2	10.2
1965	6850	2866	3.7	-1.0
1966	7319	3849	6.8	34.3
1967	6392	2981	-12.7	-22.6
1968	6318	2393	-1.2	-19.7
1969	6331	3256	0.2	36.1
1970	9598	4636	51.6	42.4
1971	17552	7669	82.9	65.4
1972	11659	7427	-33.6	-3.2
1973	12700	6563	8.9	-11.6
1974	8710	6073	-31.4	-7.5
1975	8510	6825	-2.3	12.4
1976	8454	6832	-0.7	0.1
1977	10558	8092	24.9	18.4
1978	16091	10332	52.0	27.7
1979	15646	10928	-2.7	5.8
1980	14681	11202	-6.2	2.5
1981	14116	10572	-3.8	-5.6

7-3 续 表

年 份	财政总收入(万元)	财政总支出(万元)	增长速度(%)	
			财政总收入	财政总支出
1982	15145	12681	7.3	19.9
1983	13447	13989	-11.2	10.3
1984	16792	18742	24.9	34.0
1985	24228	22338	44.3	19.2
1986	35527	35161	46.6	57.4
1987	43271	36428	21.6	3.6
1988	53112	39672	22.9	8.9
1989	62205	49665	17.1	25.2
1990	75927	62151	22.1	25.1
1991	85721	70092	12.9	12.8
1992	92097	70181	7.4	0.1
1993	169862	140335	84.4	99.9
1994	188676	104576	11.1	-25.5
1995	199145	109770	5.5	5.0
1996	221228	145990	11.1	33.0
1997	243174	165297	9.9	13.2
1998	265538	177821	9.2	7.6
1999	272394	202951	2.6	14.1
2000	273236	216546	0.3	6.7
2001	283980	245235	3.9	13.2
2002	353386	312753	24.4	27.5
2003	502386	497066	42.2	58.9
2004	732737	643749	45.9	30.4
2005	1021695	778564	39.4	20.9
2006	1301171	1057327	27.4	35.8
2007	1630078	1345365	25.3	27.2
2008	2052008	1771074	25.9	31.6
2009	2442002	2269974	19.0	28.2
2010	2967788	2546662	21.5	12.2
2011	3559758	3135066	19.9	23.2
2012	3775825	3374731	6.1	7.6
2013	4316654	4424612	14.3	31.1

7-4 历年财政总收入占生产总值的比重

年 份	财政总收入（万元）	生产总值（万元）	财政总收入占生产总值比重(%)
1978	16091	95167	16.9
1979	15646	107645	14.5
1980	14681	110281	13.3
1981	14116	121695	11.6
1982	15145	144014	10.5
1983	13447	167979	8.0
1984	16792	190838	8.8
1985	24228	217685	11.1
1986	35527	235671	15.1
1987	43217	250864	17.2
1988	53122	316467	16.8
1989	62205	378511	16.4
1990	75927	450519	16.9
1991	85721	529533	16.2
1992	92097	661022	13.9
1993	169862	1007100	16.9
1994	188676	1248000	15.1
1995	199145	1492400	13.3
1996	221228	1806500	12.2
1997	243174	2053700	11.8
1998	265538	2195800	12.1
1999	272394	2331900	11.7
2000	273236	2528500	10.8
2001	283980	2812300	10.1
2002	353386	3382700	10.4
2003	502386	4527700	11.1
2004	732737	6105100	12.0
2005	1021695	8610151	11.9
2006	1301171	10348830	12.6
2007	1630078	13272338	12.3
2008	2052008	18599900	11.0
2009	2442002	21687980	11.3
2010	2967788	24607967	12.1
2011	3559758	30053986	11.8
2012	3775825	32091400	11.8
2013	4316654	35030200	12.3

注：1993-2008 年生产总值数据已按照经济普查数据调整，财政总收入为原口径。

7-5　历年财政分项收入

单位:万元

年　份	财政总收入	# 地方财政总收入	# 营业税	# 增值税	# 农牧业税和耕地占用税	# 企业所得税
1950	147	147	14			
1951	283	283	43			
1952	374	374	48			
1953	275	275	30			
1954	599	599	222			
1955	1033	1033	285			
1956	3496	3496	2310			
1957	3378	3378	1788			
1958	5622	5622	3244			
1959	7676	7676	4457			
1960	10110	10110	6243			
1961	5014	5014	4102			
1962	4651	4651	4128			
1963	5587	5587	4828			
1964	6605	6605	5063			
1965	6850	6850	4474			
1966	7319	7319	4969			
1967	6392	6392	4899			
1968	6318	6318	4778			
1969	6331	6331	4157			
1970	9598	9598	6132			
1971	17552	17552	8486			
1972	11659	11659	8434			
1973	12700	12700	9788			
1974	8710	8710	8533			
1975	8510	8510	9238			
1976	8454	8454	9487			
1977	10558	10558	10772			
1978	16091	16091	13373			
1979	15646	15946	12446			
1980	14681	14681	12536			
1981	14116	14116	12512			

注:1、1995 年以前营业税为工商税收。

2、表中 2007 年以前地方财政总收入为地方财政收入数据(不含上划中央、自治区税收收入),营业税、增值税、企业所得税数据为地方财政一般预算收入中的相应数据。

7-5 续　　表

单位：万元

年　份	财政总收入	# 地方财政总收入	# 营业税	# 增值税	# 农牧业税和耕地占用税	# 企业所得税
1982	15145	15145	14921			
1983	13447	13447	16557			
1984	16792	16792	19020			
1985	24228	24228	29044			
1986	35527	35527	35534			
1987	43217	43217	43215			
1988	53122	53122	52618			
1989	62205	62205	63073			
1990	75927	75927	72897			
1991	85721	85721	78513			
1992	92097	92097	88816			
1993	169862	169862	166586			
1994	188676	80543	72045			
1995	199145	90473	77170			
1996	221228	116866	17746	33205	4672	6673
1997	243174	124922	18724	33384	5014	7333
1998	265538	144454	21564	35570	4618	8278
1999	272394	156698	22438	34244	4850	11227
2000	273236	161794	25931	35873	5393	15556
2001	283980	167707	22157	37479	5789	21766
2002	353386	200015	32506	44407	8065	10890
2003	502386	297638	51358	59547	12777	8977
2004	732737	452387	85723	80180	23168	12937
2005	1021695	612049	146427	115813	30993	22429
2006	1301171	784019	130725	97141	32847	25794
2007	1630078	1437712	187791	583517		161084
2008	2052008	1818057	204237	740503		221551
2009	2442002	2172366	239725	746942		197575
2010	2967788	2433151	337479	827657		273024
2011	3559758	2954983	356000	943760		474997
2012	3775825	3267779	380973	902782		604822
2013	4316654	3450009	431407	908202		453015

7-6　历年地方财政支出及主要支出项目

单位:万元

年 份	地方财政支出	基本建设支出	技术改造	农、林水 利气 象	工交商事 业	教科文卫	#教育事业	城市维护	社会保障补助支出	抚恤社救	行政管理	公检法司	政策补贴
1950	95					31	18				47		
1951	220					47	27				105		
1952	338			3		94	55				131		
1953	594			4		209	118				187		
1954	1400	124		12		266	149				510		
1955	1367	885		49		262	149				364		
1956	4261	891		88		681	384				544		
1957	3387	798		91		855	484				659		
1958	8598	5446		602		791	448				744		
1959	10707	5740		475		940	533				836		
1960	13061	8950		991		1374	778				914		
1961	4798	2472		675		907	517				739		
1962	2608	289		462		853	488				626		
1963	2629	139		281		807	457				607		
1964	2895	555		235		928	528				683		
1965	2866	64		197		1068	607				630		
1966	3849	421		387		1243	710				656		
1967	2981	214		187		1237	708				586		
1968	2393	262		99		971	554				648		
1969	3256	327		117		1058	596				843		
1970	4636	1109		196		1104	624				879		
1971	7669	2872		306		1301	740				1023		
1972	7427	2596		351		1736	996				1060		
1973	6563	90		814		1908	1156				1084		
1974	6073	121		791		1970	1129				1079		
1975	6825	127		921		2071	1204				1152		
1976	6832	164		873		2308	1252				1243		
1977	8092	400		1043		2337	1308				1281		
1978	10332	1452		1266		2803	1605				1361		

注:农、林、水利、气象支出一栏2003年以前数据为支援农业支出;2007年以后财政支出项目调整,具体支出项目见7-2表。

7-6 续 表

单位：万元

年份	地方财政支出	基本建设支出	技术改造	农、林水利气象	工交商事业	教科文卫	#教育事业	城市维护	社会保障补助支出	抚恤社救	行政管理	公检法司	政策补贴
1979	10928	1290		1398		3132	1749				1515		
1980	11202	627		1465		3505	2051				1820		
1981	10572	341		1126		3663	2088				1758		
1982	12681	312		1318		4282	2321				1950		
1983	13989	1229		666		5091	2683				2541		
1984	18742	2354		783		5581	2916				3599		
1985	22338	3274		632		6855	3744				2904		
1986	35161	7430		1311		8287	4266				3694		
1987	36428	4791		1302		8779	5043				3638		
1988	39672	5953		1296		10698	5980				3377		
1989	49665	8701		2041		11634	6577				3595		
1990	62151	10312		2424		13756	7472				5267		
1991	70092	10739		2909		14493	7613				6494		
1992	70181	12113		3542		16643	8924				8543		
1993	140335	65597		3460		20919	11791				11339		
1994	104576	18025		3462		26991	15260				14124		
1995	109770	18629		3517		28395	16147				16115		
1996	145990	10055	12525	4300	1547	32136	19306	14242		5871	19363	7967	1005
1997	165297	13900	12617	3925	1881	27060	21291	11870		3478	23381	9579	1016
1998	177821	25172	10585	3471	1649	34097	19726	11795		3783	18085	9814	504
1999	202951	21736	10150	4187	1414	40060	23047	12741	11813	3507	19480	11521	511
2000	216546	25597	9969	2143	1810	42016	24142	12079	23048	4190	20490	12157	527
2001	245235	36861	7005	3345	1776	48054	29196	13392	18417	4196	23172	13013	4309
2002	312753	46931	16431	2405	2089	54233	33640	16502	28089	7685	28241	16066	5477
2003	497066	64678	39130	13107	3553	71842	44462	19844	37093	13348	47879	25794	4671
2004	643749	73143	73729	32895	5136	86445	56233	28041	38177	13103	77743	32506	2356
2005	778564	87929	64551	43410	4681	107004	72366	49825	44614	17405	107591	34037	1335
2006	1057327	129145	72643	62871	3926	139395	96894	95095	80572	21885	110806	34964	5981

7-7 历年各项税收收入

单位：万元

年份	税收总额	# 地方税收	# 工商税收	# 增值税	# 农业各税	# 企业所得税	税收总额占财政总收入比重(%)
1951	207	207	43				73.1
1952	254	254	48				67.9
1953	228	228	30				82.9
1954	457	457	222				76.3
1955	843	843	285				81.6
1956	2918	2918	2310				83.5
1957	2666	2666	1788				78.9
1958	3829	3829	3244				68.1
1959	5053	5053	4457				65.8
1960	6716	6716	6243				66.4
1961	4317	4317	4102				86.1
1962	4483	4483	4128				96.4
1963	5057	5057	4828				90.5
1964	5700	5700	5063				86.3
1965	5692	5692	4474				83.1
1966	6167	6167	4969				84.3
1967	6182	6182	4899				96.7
1968	5900	5900	4778				94.8
1969	5536	5536	4157				87.4
1970	7793	7793	6132				81.2
1971	9420	9420	8486				53.7
1972	9122	9122	8434				78.2
1973	10221	10221	9788				80.5
1974	9083	9083	8533				104.3
1975	9690	9690	9238				113.9
1976	10188	10188	9487				120.5
1977	13840	13840	10772				131.1
1978	13718	13718	13373				85.3
1979	12796	12796	12446				81.8
1980	12786	12786	12536				87.1
1981	12833	12833	12512				90.9

注：农业各税包括农业税、牧业税、耕地占用税、农业特产税和契税。从2006年起，农业各税不包括农业税、牧业税和农业特产税。

7-7 续 表

单位:万元

年 份	税收总额	# 地方税收	# 工商税收	# 增值税	# 农业各税	# 企业所得税	税收总额占财政总收入比重(%)
1982	15202	15202	14921				100.4
1983	16861	16861	16557				125.4
1984	15960	15960	19020				95.0
1985	31397	31397	29044				129.6
1986	38929	38929	35534				109.6
1987	49033	49033	43215				113.5
1988	58561	58561	52618				110.2
1989	69750	69750	63703				112.1
1990	79250	79250	72897				104.4
1991	83035	83035	78513				96.9
1992	92430	92430	88816				100.4
1993	170065	170065	166586				100.1
1994	184563	76917		33499	1646	3382	97.8
1995	191065	82752		32181	2207	3654	95.9
1996	206418	101610		33205	4672	6164	93.3
1997	223171	118478		33384	5014	7333	91.8
1998	249895	127209		35570	4618	8278	94.1
1999	244856	137504		34244	4850	11227	89.9
2000	253219	141777		35873	5393	15556	92.7
2001	262515	146242		37479	5789	21766	92.4
2002	306214	152897		44407	8065	10890	86.7
2003	408552	203804		59547	12777	8977	81.3
2004	584945	304595		80180	23168	12937	79.8
2005	850592	440946		115813	40095	22429	83.3
2006	974138	456986		97141	47136	25794	74.9
2007	1205060	534824		115245	27473	50902	73.9
2008	1545648	692399		144399	76874	68739	75.3
2009	1695241	825995		143787	163109	60854	69.4
2010	1983998	942677		157257	125118	82409	66.9
2011	2472675	1136263		176955	126675	142028	69.5
2012	2661508	1251286		157986	147647	180818	70.5
2013	2620056	1321126		163771	149617	135503	60.7

主要统计指标解释

公共财政预算收入　是指政府凭借国家政治权力，以社会管理者身份筹集以税收为主体的财政收入，主要用于保障和改善民生、维持国家行政职能正常运转、保障国家安全等方面。从2012年起各级政府一般预算收入改称为公共财政预算收入，在口径上与2011年以前的“一般预算收入”相同。公共财政预算收入包括税收收入和非税收收入，其中税收收入包括增值税、营业税、消费税、土地增值税、城市维护建设税、资源税、城市土地使用税、企业所得税、个人所得税、关税、证券交易印花税、车辆购置税、农牧业税和耕地占用税等。

非税收入　是指由各级人民政府及其所属部门和单位依法利用行政权力、政府信誉、国家资源、国有资产或提供特定公共服务征收、收取、提取、募集的除税收和政府债务收入以外的财政收入，包括行政事业性收费、政府性基金、国有资源有偿使用收入、国有资产有偿使用收入、国有资本经营收入、彩票公益金、罚没收入、以政府名义接受的捐赠收入、主管部门集中收入、政府财政资金产生的利息收入等十类。

财政收入统计口径　按照财政部、自治区财政厅要求，从2007年起，全市各级财政统一按剔除基金收入和基金支出后统计地方财政总收入和地方财政支出。

新统计口径：

地方财政总收入＝公共财政预算收入＋上划中央税收＋上划自治区税收

地方财政支出＝公共财政预算支出

原统计口径：

财政总收入＝地方财政收入＋上划中央收入＋上划自治区收入

地方财政收入＝公共财政预算收入＋基金收入

财政总支出＝公共财政预算支出＋基金支出

财政支出　国家财政将筹集起来的资金进行分配使用，以满足经济建设和各项事业的需要，主要包括：

(1)基本建设支出：指按国家有关规定，属于基本建设范围内的基本建设有偿使用、拨款、资本金支出以及经国家批准对专项和政策性基建投资贷款，在部门的基建投资额中统筹支付的贴息支出。

(2)企业挖潜改造资金：指国家预算内拨给的用于企业挖潜、革新和改造方面的资金。包括各部门企业挖潜改造资金和企业挖潜改造贷款资金，为农业服务的县办“五小”企业技术改造补助，挖潜改造贷款贴息资金。

(3)地质勘探费用：指国家预算用于地质勘探单位的勘探工作费用，包括地质勘探管理机构及其事业单位经费、地质勘探经费。

(4)科技三项费用：指国家预算用于科技支出的费用，包括新产品试制费、中间试验费、重要科学研究补助费。

(5)支援农村生产支出：指国家财政支援农村集体(户)各项生产的支出。包括对农村举办的小型农田水利和打井、喷灌等的补助费，对农村水土保持措施的补助费，对农村举办的小水电站的补助费，特大抗旱的补助费，农村开荒补助费，扶持乡镇企业资金，支援农村合作生产组织资金、农村农技推广和植保补助费，农村草场和畜禽保护补助费，农村造林和林木保护补助费，农村水产补助费，发展粮食生产专项资金。

(6)农林水利气象等部门的事业费用：指国家财政用于农垦、农场、农业、畜牧、农机、林业、森工、水利、水产、气象、乡镇企业的技术推广、良种推广(示范)、动植物(畜禽、森林)保护、水质监测、勘探设计、资源调查、干部训练等项费用，园艺特产场补助费，中等专业学校经费，飞播牧草试验补助费，营林机构、气象机构经费，渔政费以及农业管理事业费等。

(7)工业交通商业等部门的事业费：指国家预算支付给工交商各部门用于事业发展的经费，包括勘探设计费、中等专业学校经费、技术学校经费、干部训练费。

(8)文教科学卫生事业费:指国家预算用于文化、出版、文物、教育、卫生、中医、公费医疗、体育、档案、地震、海洋、通讯、电影电视、计划生育、党政群干部训练、自然科学、社会科学、科协等项事业的人员和公用经费支出以及高技术研究专项经费。主要包括工资、补助工资、福利费、离退休费、助学金、公务费、设备购置费、修缮费、业务费、差额补助费。

(9)抚恤和社会福利救济费:指国家预算用于抚恤和社会福利救济事业的经费。包括由民政部门开支的烈士家属和牺牲病残人员家属的一次性、定期抚恤金,革命伤残人员的抚恤金,各种伤残补助费,烈军属、复员退伍军人生活补助费,退伍军人安置费,优抚事业单位经费,烈士纪念建筑物管理、维修费,自然灾害救济事业费和特大自然灾害灾后重建补助费等。

(10)行政事业单位离退休支出:指实行归口管理的行政事业单位离退休经费。

(11)社会保障补助支出:指国家预算用于社会保障的补助支出,包括对社会保障基金的补助、促进就业补助、国有企业下岗职工补助、补充全国社会保障基金等。

(12)国防支出:指国家预算用于国防建设和保卫国家安全的支出,包括国防费、国防科研事业费、民兵建设以及专项工程支出等。

(13)行政管理费:包括行政管理支出,党派团体补助支出,外交支出、公安安全支出,司法支出、法院支出,检察院支出和公检法办案费用补助。

(14)政策性补贴支出:指经国家批准,由国家财政拨给用于粮棉油等产品的价格补贴支出。主要包括粮、棉、油差价补贴,平抑物价和储备糖补贴,农业生产资料价差补贴,粮食风险基金,副食品风险基金,地方煤炭风险基金等。

(15)债务利息支出:指国家预算用于偿还国内外债务利息的支出。

中央财政收入和地方财政收入 指按现行分税制财政体制划分的中央本级收入和地方本级收入。1994 年分税制财政体制以后,属于中央财政的收入包括关税、海关代征消费税和增值税,消费税,中央企业所得税,地方银行和外资银行及非银行金融企业所得税,铁道、银行总行、保险总公司等集中缴纳的营业税、所得税、利润和城市维护建设税,增值税的 75%部分,证券交易税(印花税)50%部分和海洋石油资源税。属于地方财政的收入包括营业税,地方企业所得税,个人所得税,城镇土地使用税,固定资产投资方向调节税,城镇维护建设税,房产税,车船使用税,印花税、屠宰税,农牧业税,农业特产税,耕地占用税,契税,增值税 25%部分,证券交易税(印花税)6%部分和除海洋石油资源税以外的其他资源税。

中央财政支出和地方财政支出 指根据政府在经济和社会活动中的不同职责,划分中央和地方政府的责权,按照政府的责权划分确定的支出。中央财政支出包括国防支出,武装警察部队支出,中央级行政管理费和各项事业费,重点建设支出以及中央政府调整国民经济结构、协调地区发展、实施宏观调控的支出。地方财政支出主要包括地方行政管理和各项事业费,地方统筹的基本建设、技术改造支出,支援农村生产支出,城市维护和建设经费,价格补贴支出等。

8

PRICE INDICES

价格指数

8-1 历年各种价格总指数

上年=100

年 份	居民消费价格指数	商品零售价格指数
1953	105.5	105.1
1954	103.9	103.6
1955	101.9	101.9
1956	97.2	98.4
1957	103.3	103.8
1958	98.1	98.2
1959	100.2	100.5
1960	108.1	109.0
1961	105.5	106.2
1962	99.7	99.9
1963	100.9	101.4
1964	96.9	96.6
1965	98.2	98.1
1966	99.4	99.4
1967	100.9	101.1
1968	100.0	100.1
1969	100.0	100.0
1970	99.4	99.4
1971	99.7	99.7
1972	99.9	99.8
1973	100.4	100.4
1974	100.3	100.4
1975	100.0	100.0
1976	100.1	100.1
1977	99.7	99.6
1978	100.2	100.2
1979	101.8	101.8
1980	104.1	104.4
1981	101.7	101.2
1982	101.0	101.0

8-1 续 表

上年=100

年 份	居民消费价格指数	商品零售价格指数
1983	100.8	100.7
1984	102.1	102.0
1985	109.6	109.3
1986	105.1	104.7
1987	108.9	109.2
1988	117.7	117.4
1989	113.4	113.9
1990	102.8	102.8
1991	105.5	106.5
1992	108.8	108.9
1993	116.7	115.4
1994	125.1	118.2
1995	115.7	114.3
1996	108.0	106.4
1997	105.1	102.6
1998	99.6	98.1
1999	101.6	97.6
2000	102.6	99.0
2001	100.0	100.2
2002	99.5	99.3
2003	101.4	98.9
2004	103.0	102.3
2005	101.7	101.8
2006	101.5	101.4
2007	103.7	102.6
2008	104.9	105.0
2009	99.8	98.9
2010	102.8	102.2
2011	105.2	104.5
2012	103.1	102.1
2013	102.8	101.8

8-2　1978-2013 年各种价格总指数

1978 年=100

年　份	居民消费价格指数	商品零售价格指数
1978	100.0	100.0
1979	101.8	101.8
1980	106.0	106.2
1981	107.7	107.4
1982	108.8	108.5
1983	109.7	109.3
1984	112.0	111.4
1985	122.7	121.8
1986	129.0	127.5
1987	140.5	138.3
1988	165.3	163.5
1989	187.5	186.2
1990	192.7	191.4
1991	203.3	203.9
1992	221.2	222.0
1993	258.2	256.2
1994	323.0	302.8
1995	373.7	346.1
1996	403.5	368.3
1997	424.1	377.8
1998	422.4	370.6
1999	429.2	361.7
2000	440.3	358.1
2001	440.3	358.8
2002	438.1	356.3
2003	444.3	352.4
2004	457.6	360.5
2005	465.4	367.0
2006	472.4	372.2
2007	489.8	381.8
2008	513.8	400.9
2009	512.8	396.5
2010	527.2	405.2
2011	554.6	423.5
2012	571.8	432.4
2013	590.7	438.9

8-3 居民消费价格分类指数(2013年)

上年=100

项　目	指　数	项　目	指　数
居民消费价格总指数	**102.8**	**家庭设备用品及维修服务**	**100.5**
非食品价格指数	101.5	耐用消费品	99.8
服务项目价格指数	103.7	家具	102.8
扣除鲜菜鲜果总指数	101.5	家庭设备	97.2
消费品价格指数	102.5	室内装饰品	100.7
食品	**105.8**	床上用品	100.2
粮食	106.2	家庭日用杂品	100.6
淀粉及制品	93.2	家庭服务及加工维修服务	109.0
干豆类及豆制品	107.2	**医疗保健和个人用品**	**102.9**
油脂	103.1	医疗保健	103.1
肉禽及其制品	108.0	医疗器具及用品	103.3
食用畜肉及副产品	110.2	中药材及中成药	104.0
禽	98.4	西药	105.1
加工肉禽	103.3	保健器具及用品	100.8
蛋	101.9	医疗保健服务	100.1
水产品	106.8	个人用品及服务	102.4
鱼	102.1	化妆美容用品	100.3
其他水产品	112.1	清洁化妆用品	101.3
菜	109.6	个人饰品	96.5
# 鲜菜	109.9	个人服务	112.7
调味品	106.8	**交通和通信**	**97.3**
糖	98.9	交通	96.8
茶及饮料	103.0	交通工具	94.2
茶叶	100.0	车用燃料及零配件	98.6
饮料	104.6	车辆使用及维修费	101.5
干鲜瓜果	108.1	市区公共交通费	100.9
# 鲜果	109.6	城市间交通费	100.1
糕点饼干面包	100.9	通信	99.0
液体乳及乳制品	110.7	通信工具	96.5
在外用膳食品	103.0	通信服务	99.8
其他食品	102.8	**娱乐教育文化用品及服务**	**100.9**
烟酒及用品	**102.2**	文娱用耐用消费品及服务	95.2
烟草	101.8	教育	101.2
酒	102.8	教材及参考书	100.0
衣着	**101.8**	教育服务	101.3
服装	102.1	文化娱乐类	101.8
男式服装	102.5	文化娱乐用品	96.9
女式服装	102.5	书报杂志	100.1
儿童服装	99.9	文娱费	105.2
衣着材料	109.8	旅游	103.0
鞋袜帽	100.2	**居住**	**103.7**
鞋	100.1	建房及装修材料	100.2
袜子	99.9	住房租金	101.4
帽子	101.6	自有住房	106.7
衣着加工服务费	103.6	水、电、燃料	100.5

8-4　商品零售价格分类指数（2013 年）

上年=100

项　　目	指　数	项　　目	指　数
商品零售价格总指数	**101.8**	其他	99.5
食品	**105.8**	**纺织品**	**102.5**
粮食	106.2	衣着材料	111.5
淀粉及制品	93.2	床上用品	99.9
干豆类及豆制品	107.2	**家用电器及音像器材**	**96.6**
油脂	103.1	家庭设备	97.2
肉禽及其制品	108.0	文娱用耐用消费品	95.3
食用畜肉及副产品	110.2	音像器材	100.0
禽	98.4	**文化办公用品**	**97.8**
肉禽加工制品	103.3	**日用品**	**101.3**
蛋	101.9	日用百货	100.5
水产品	106.8	日用杂品	100.1
鱼	102.1	洗涤用品	102.7
其他水产品	112.1	其他日用品	100.2
菜	109.6	**体育娱乐用品**	**100.0**
鲜菜	109.9	体育用品	99.4
调味品	106.8	娱乐用品	100.5
糖	98.9	**交通、通信用品**	**97.6**
干鲜瓜果	108.1	交通运输机械	97.6
糕点饼干面包	100.9	通信器材	97.5
液体乳及乳制品	110.7	**家具**	**103.1**
在外用膳食品	103.0	**化妆品**	**100.5**
其他食品	102.8	**金银珠宝**	**90.3**
饮料、烟酒	**102.4**	**中西药品及医疗保健用品**	**103.7**
茶及饮料	103.0	医疗器具及用品	103.3
茶叶	100.0	中药材及中成药	104.0
饮料	104.6	西药	105.1
烟草	101.8	保健品及器具	100.8
酒	103.0	**书报杂志及电子出版物**	**100.1**
服装、鞋帽	**101.6**	教材及参考书	100.0
服装	102.1	书报杂志	100.1
男式服装	102.5	电子音像制品	100.1
女式服装	102.5	**燃料**	**100.5**
儿童服装	99.9	煤炭及制品	87.0
鞋袜帽	100.2	石油及制品	103.9
鞋	100.1	**建筑材料及五金电料**	**100.0**
袜子	99.9	建筑装璜材料	99.9
帽子	101.6	五金电料	100.3

8-5　2011-2013年工业生产者出厂价格指数

上年=100

指标名称	2011年	2012年	2013年
总指数	**107.8**	**100.2**	**97.0**
按轻、重工业分			
轻工业	107.5	102.9	102.4
以农产品为原料	107.9	103.1	102.5
以非农产品为原料	100.5	100.5	100.3
重工业	107.9	99.6	95.6
采　掘	113.0	99.5	92.4
原　料	107.1	100.8	97.2
加　工	104.3	97.9	96.5
按生产资料、生活资料分			
生产资料	108.1	99.6	95.8
采　掘	113.0	99.5	92.4
原　料	107.3	100.9	97.1
加　工	105.0	98.1	97.1
生活资料	106.4	103.3	102.5
食　品	108.1	103.4	102.8
衣　着	98.6	105.1	101.7
一般日用品	100.9	100.0	101.6
耐用消费品	101.5	102.5	98.4
按工业行业大类分			
煤炭开采和洗选业	112.4	99.9	90.3
黑色金属矿采选业	113.6	96.5	96.6
有色金属矿采选业	112.8	96.8	95.8
非金属矿采选业	107.5	102.8	100.7
农副食品加工业	110.0	102.3	101.6
食品制造业	107.3	103.6	104.1
饮料制造业	103.5	106.7	102.5
纺织业	107.4	102.7	103.5
纺织服装、鞋、帽制造业	103.9	102.8	98.8
皮革、毛皮、羽毛(绒)及其制品业	103.6	99.1	98.3
家具制造业	101.7	102.9	98.2
造纸及纸制品业	105.9	99.1	97.6
印刷业和记录媒介的复制	100.2	97.9	101.4
石油加工、炼焦及核燃料加工业	113.6	96.0	89.1
化学原料及化学制品制造业	107.1	99.1	94.2
医药制造业	101.0	100.5	102.0
橡胶制品业	100.3	100.1	100.0
塑料制品业	101.4	99.3	97.7
非金属矿物制品业	105.3	97.9	96.2
黑色金属冶炼及压延加工业	105.3	95.4	95.9
有色金属冶炼及压延加工业	112.3	97.2	94.1
金属制品业	104.4	102.4	99.0
通用设备制造业	101.6	101.5	100.1
专用设备制造业	99.8	100.4	100.9
交通运输设备制造业	104.0	105.1	98.8
电器机械及器材制造业	100.4	97.3	97.2
通信设备、计算机及其他电子设备制造业	103.7	100.0	100.0
仪器仪表及文化、办公用机械制造业	100.8	101.6	100.0
工艺品及其他制造业	102.0	104.8	97.4
电力、热力的生产和供应业	99.8	104.8	99.9
燃气生产和供应业	121.0		108.0
水的生产和供应业	102.9	103.6	102.0

8-6 工业生产者出厂价格指数(2013年,按新行业分)

上年=100

项目	指数	项目	指数
总指数	**97.0**	造纸工业	97.6
核心指数	96.7	文教艺术用品工业	101.4
高技术	101.1	其它工业	96.6
能源	95.0	**按工业行业大类分**	
按轻重工业分		煤炭开采和洗选业	90.3
轻工业	102.4	石油和天然气开采业	90.0
以农产品为原料	102.5	黑色金属矿采选业	96.6
以非农产品为原料	100.3	有色金属矿采选业	95.8
重工业	95.6	非金属矿采选业	100.7
采掘	92.4	农副食品加工业	101.6
原料	97.2	食品制造业	104.1
加工	96.5	酒、饮料和精制茶制造业	102.5
按生产生活资料分		烟草制品业	99.4
生产资料	95.8	纺织业	103.5
采掘	92.4	纺织服装、服饰业	98.8
原料	97.1	皮革、毛皮、羽毛及其制品和制鞋业	98.3
加工	97.1	木材加工和木、竹、藤、棕、草制品业	99.0
生活资料	102.5	家具制造业	98.2
食品	102.8	造纸和纸制品业	97.6
衣着	101.7	印刷和记录媒介复制业	101.4
一般日用品	101.6	文教、工美、体育和娱乐用品制造业	97.2
耐用消费品	98.4	石油加工、炼焦和核燃料加工业	89.1
按初级中间最终产品分		化学原料和化学制品制造业	94.2
初级产品	92.4	医药制造业	102.0
矿产品	92.4	橡胶和塑料制品业	97.8
废料	65.6	非金属矿物制品业	96.2
中间产品	98.2	黑色金属冶炼和压延加工业	96.2
最终产品	100.8	有色金属冶炼和压延加工业	94.1
最终投资品	98.4	金属制品业	99.1
最终消费品	101.7	通用设备制造业	100.0
按工业部门分		专用设备制造业	100.9
冶金工	95.5	汽车制造业	98.8
电力工业	99.9	铁路、船舶、航空航天和其他运输设备制造业	99.0
煤炭及炼焦工业	89.8	电气机械和器材制造业	97.2
石油工业	101.9	计算机、通信和其他电子设备制造业	100.0
化学工业	96.0	仪器仪表制造业	100.0
机械工业	99.4	其他制造业	100.0
建筑材料工业	97.3	废弃资源综合利用业	65.6
森林工业	98.9	金属制品、机械和设备修理业	98.1
食品工业	102.7	电力、热力生产和供应业	99.9
纺织工业	104.2	燃气生产和供应业	108.0
缝纫工业	102.0	水的生产和供应业	102.0
皮革工业	98.5		

8-7　2011-2013 年工业生产者购进价格指数

上年=100

指标名称	2011 年	2012 年	2013 年
总指数	**106.1**	**102.0**	**99.3**
按类别分			
燃料、动力类	103.5	103.4	97.5
黑色金属材料类	107.3	101.3	98.4
# 钢材	108.2	101.7	97.2
其它	106.2	100.8	99.9
有色金属材料和电线类	107.2	96.9	95.1
化工原料类	105.3	96.6	99.4
木材及纸浆类	105.3	102.9	99.2
建筑材料及非金属矿类	104.1	99.8	99.5
其它工业原材料及半成品类	107.2	105.0	102.3
农副产品类	108.3	102.4	103.2
纺织原料类	105.9	100.3	98.9
按工业行业大类分			
煤炭开采和洗选业	103.6	102.1	94.3
黑色金属矿采选业	106.3	103.0	102.1
有色金属矿采选业	109.5	98.6	95.9
非金属矿采选业	103.1	101.0	100.9
农副食品加工业	113.2	111.8	99.5
食品制造业	106.3	102.1	108.6
饮料制造业	100.6	101.1	99.4
纺织业	105.9	100.3	98.9
纺织服装、鞋、帽制造业			
皮革、毛皮、羽毛(绒)及其制品业	100.0	100.0	100.0
木材加工及木、竹、藤、棕、草制品业	103.0	103.3	100.4
造纸及纸制品业	102.9	100.7	98.4
印刷业和记录媒介的复制			
石油加工、炼焦及核燃料加工业	107.0	102.6	100.6
化学原料及化学制品制造业	105.3	96.2	99.5
医药制造业	132.3	101.7	93.3
橡胶制品业	100.0	100.0	100.0
塑料制品业	105.0	99.3	98.5
非金属矿物制品业	105.1	98.4	97.9
黑色金属冶炼及压延加工业	107.4	100.9	97.8
有色金属冶炼及压延加工业	106.7	96.5	94.9
金属制品业	104.2	100.8	95.1
通用设备制造业	102.7	100.0	100.0
专用设备制造业			
交通运输设备制造业	100.2	100.5	100.1
电气机械及器材制造业	105.2	99.4	100.0
通信设备、计算机及其他电子设备制造业	99.8	96.8	100.0
仪器仪表及文化、办公用机械制造业			97.9
电力、热力的生产和供应业	101.6	104.9	101.5
燃气生产和供应业	100.7	103.7	99.6
水的生产和供应业	100.6	100.8	100.3

8-8 工业生产者购进价格指数（2013年，按新行业分）

上年=100

项　　目	指　数	项　　目	指　数
总指数	**99.3**	非金属矿采选业	100.9
按初级中间最终产品分		农副食品加工业	99.5
初级产品	99.0	食品制造业	108.6
农产品	103.0	饮料制造业	99.4
矿产品	96.4	烟草制品业	100.6
废料	97.9	纺织业	98.9
中间产品	99.5	皮革、毛皮、羽毛(绒)及其制品业	100.0
九大类原材料购进价格指数		木材加工及木、竹、藤、棕、草制品业	100.4
燃料、动力类	97.5	造纸及纸制品业	98.4
黑色金属材料类	98.4	印刷业和记录媒介的复制	
钢材	97.2	石油加工、炼焦及核燃料加工业	100.6
其它	99.9	化学原料及化学制品制造业	99.5
有色金属材料及电线类	95.1	医药制造业	93.3
化工原料类	99.4	化学纤维制造业	99.4
木材及纸浆类	99.2	橡胶制品业	100.0
建筑材料及非金属类	99.5	塑料制品业	98.5
其它工业原材料及半成品类	102.3	非金属矿物制品业	97.9
农副产品类	103.2	黑色金属冶炼及压延加工业	97.8
纺织原料类	98.9	有色金属冶炼及压延加工业	94.9
按行业大类分		金属制品业	95.1
农业	102.2	通用设备制造业	100.0
林业	98.7	交通运输设备制造业	100.1
畜牧业	104.8	电气机械及器材制造业	100.0
渔业		通信设备、计算机及其他电子设备制造业	100.0
农、林、牧、渔服务业	100.8	废弃资源和废旧材料回收加工业	97.9
煤炭开采和洗选业	94.3	电力、热力的生产和供应业	101.5
石油和天然气开采业	93.3	燃气生产和供应业	99.6
黑色金属矿采选业	102.1	水的生产和供应业	100.3
有色金属矿采选业	95.9		

8-9　房屋销售价格指数(2013 年)

项　目	新建住宅	# 新建商品住宅	二手房住宅
环比价格指数(以上月价格为 100)			
1 月	100.6	100.7	100.0
2 月	101.8	102.1	100.4
3 月	100.9	101.1	100.2
4 月	100.5	100.6	100.3
5 月	101.1	101.3	100.2
6 月	100.1	100.1	100.0
7 月	100.6	100.6	100.1
8 月	99.9	99.9	100.3
9 月	100.4	100.4	100.4
10 月	100.7	100.8	100.4
11 月	100.5	100.6	100.3
12 月	100.6	100.7	100.2
同比价格指数(以上年同月价格为 100)			
1 月	101.4	101.6	99.0
2 月	103.1	103.6	100.0
3 月	104.1	104.9	100.5
4 月	104.9	105.7	100.8
5 月	106.0	107.1	101.3
6 月	105.9	107.0	100.3
7 月	106.3	107.4	99.9
8 月	106.2	107.3	100.4
9 月	106.5	107.6	101.2
10 月	107.1	108.4	102.2
11 月	107.4	108.7	103.2
12 月	108.0	109.4	102.9
定基价格指数(以 2010 年价格为 100)			
1 月	105.3	105.6	100.1
2 月	107.2	107.8	100.5
3 月	108.2	109.0	100.7
4 月	108.7	109.6	101.0
5 月	110.0	111.1	101.2
6 月	110.1	111.3	101.2
7 月	110.7	112.0	101.4
8 月	110.6	111.9	101.7
9 月	111.0	112.3	102.1
10 月	111.8	113.2	102.5
11 月	112.4	113.9	102.8
12 月	113.1	114.7	103.0

8-10　2011-2013 年房屋租赁和物业管理价格指数

上年=100

指标名称	2011	2012	2013
房屋租赁价格指数	**102.9**	**101.5**	**100.6**
住宅	102.9	101.5	100.6
经济适用房	104.0	100.0	100.0
廉租房	99.9	99.8	100.0
商品住宅	103.2	101.9	100.7
普通住宅	103.2	104.4	100.8
高档住宅		100.0	100.0
别墅			
高档公寓			
非住宅			
办公楼			
商业营业用房			
其他			
物业管理价格指数	**110.2**	**101.8**	**100.0**
住宅	110.2	101.8	100.0
经济适用房	100.0	100.0	100.0
商品住宅	110.3	102.1	100.0
普通住宅	111.6	102.1	100.0
高档住宅	100.0	100.0	100.0
别墅			
高档公寓			
非住宅			
办公楼			
商业营业用房			
其他			

8-11 2011-2013 年固定资产投资价格指数

上年=100

指标名称	2011	2012	2013
固定资产投资价格指数	**106.3**	**101.6**	**99.6**
建筑安装、装饰工程	108.1	101.0	99.6
# 人工费	113.8	102.7	102.2
材料费	106.2	100.1	98.1
机械使用费	106.0	102.1	100.5
设备、工器具购置	101.9	103.1	99.0
其它费用	103.7	102.2	100.8

8-12 2011-2013 年土地交易价格指数

上年=100

指标名称	2011	2012	2013
土地交易价格指数	**102.2**	**103.5**	**99.8**
居住用地	100.7	99.7	100.6
经济适用房用地	100.0	100.0	100.0
商品住宅用地	100.7	99.7	100.6
普通住宅用地	100.7	99.7	100.6
高档住宅用地	100.0	100.0	100.0
工业用地	106.0	103.6	96.0
商业营业用地	101.[illegible]	104.0	103.1
其他用地	100.0	100.0	100.0

主要统计指标解释

商品零售价格指数　是反映一定时期内城乡商品零售价格变动趋势和程度的相对数。零售物价的调整变动直接影响到城乡居民的生活支出和国家的财政收入，影响居民购买力和市场供需平衡，影响消费与积累的比例。因此，计算零售价格指数，可以从一个侧面对上述经济活动进行观察和分析。

居民消费价格指数　是反映一定时期内城乡居民所购买的生活消费品价格和服务项目价格变动趋势和程度的相对数，是对城市居民消费价格指数和农村居民消费价格指数进行综合汇总计算的结果。利用居民消费价格指数，可以观察和分析消费品的零售价格和服务价格变动对城乡居民实际生活费支出的影响程度。

工业生产者出厂价格指数　是反映一定时期内全部工业产品出厂价格总水平的变动趋势和程度的相对数，包括工业企业售给本企业以外所有单位的各种产品和直接售给居民用于生活消费的产品。该指数可以观察出厂价格变动对工业总产值及增加值的影响。

工业生产者购进价格指数　是反映工业企业作为生产投入，而从物资交易市场和能源、原材料生产企业购买原材料、燃料和动力产品时，所支付的价格水平变动趋势和程度的统计指标，是扣除工业企业物质消耗成本中的价格变动影响的重要依据。

目前，我国编制的原材料、燃料和动力购进价格指数所调查的产品包括燃料动力、黑色金属、有色金属、化工、建材等九大类的近1800种产品。

固定资产投资价格指数　是反映一定时期内固定资产投资品及项目的价格变动趋势和程度的相对数。固定资产投资额是由建筑安装工程投资完成额、设备工器具购置投资完成额和其他费用投资完成额三部分组成的。编制固定资产投资价格指数应首先分别编制上述三部分投资的价格指数，然后采用加权算术平均法求出固定资产投资价格总指数。

该指数可以准确地反映固定资产投资中涉及的各类投资品和取费项目价格变动趋势和变动幅度，消除按现价计算的固定资产投资指标中的价格变动因素，真实地反映固定资产投资的规模、速度、结构和效益，为国家科学地制定、检查固定资产投资计划并提高宏观调控水平，为完善国民经济核算体系提供科学的、可靠的依据。

房地产价格指数　是反映一定时期内房地产价格变动趋势和程度的相对数，包括房屋销售价格指数、房屋租赁价格指数、土地交易价格指数和物业管理价格指数。

9

PEOPLE'S LIVELIHOOD

人民生活

9-1 2008-2013年人民物质文化生活情况

项目	2008	2009	2010	2011	2012	2013
就业						
每一农村劳动力负担人数(人)	1.30	1.31	1.30	1.32	1.32	1.35
每一城镇就业者负担人数(人)	1.94	1.85	1.85	1.71	1.69	1.86
城镇登记失业率(%)	3.87	3.88	3.88	3.87	3.88	3.87
收入						
城镇居民人均可支配收入(元)	20861	23089	25862	29628	33485	36576
城镇居民人均可支配收入指数(1995=100)	448.1	497.0	541.5	589.7	646.4	686.9
职工年平均工资(元)	31780	36723	41403	47059	51646	53100
农村牧区居民人均纯收入(元)	7076	7826	8766	10059	11421	12801
农民人均纯收入	7047	7790	8761	10058	11419	12964
牧民人均纯收入	7596	8467	8858	10067	11492	12060
农村牧区居民家庭人均纯收入指数(1995=100)	350.0	387.9	422.7	461.1	507.7	553.6
支出						
城镇居民人均消费性支出(元)	16254	18950	20994	23570	26009	26035
农村牧区居民人均消费支出(元)	4966	5522	6132	6943	7869	8903
农村居民人均消费支出	4842	5401	6003	6850	7748	8563
牧区居民人均消费支出	7177	7655	8376	10553	12652	13168
恩格尔系数(%)						
城镇居民	32.8	31.6	31.6	30.4	30.8	31.2
农村牧区居民	37.2	37.1	37.2	37.1	37.2	36.5
农民家庭	36.5	36.5	36.6	36.9	37.0	37.2
牧民家庭	46.4	44.7	44.5	43.0	41.2	41.5
储蓄						
城乡居民年末储蓄余额(亿元)	594.0	686.0	750.7	848.9	1035.0	1190.0
城乡人均储蓄存款余额(元)	23625	26671	28508	31740	37891	42123
住房面积(平方米)						
城市人均住房建筑面积	29.2	31.3	31.7	33.0	33.1	34.0
农村牧区人均居住面积	28.6	28.9	29.6	30.0	30.1	31.0
文化						
广播综合人口覆盖率(%)	100.0	98.5	98.5	100.0	98.9	99.3
电视综合人口覆盖率(%)	98.5	98.5	98.5	100.0	98.9	99.2
教育						
学龄儿童入学率(%)	99.98	99.96	99.96	99.98	99.99	99.99
每千人口中普通高校在校大学生数(人)	16.9	20.8	21.4	25.3	25.1	25.5
卫生						
每千人拥有医疗机构床位数(张)	4.4	4.7	4.9	5.1	5.6	5.5
每千人拥有卫生技术人员(人)	6.3	6.4	6.5	6.4	6.7	7.1

9-2 1980-2013年城镇居民家庭人均收支情况

年份	城镇居民人均可支配收入		城镇居民人均消费性支出(元)	恩格尔系数(%)
	绝对数(元)	指数(1980=100)		
1980	486	100.0	432	56.75
1981	491	99.3	436	55.20
1982	499	99.9	446	56.79
1983	514	102.1	455	58.17
1984	581	113.1	480	54.68
1985	766	136.0	656	49.09
1986	848	143.2	739	51.00
1987	954	148.0	786	52.89
1988	1025	135.1	916	49.67
1989	1169	135.9	980	51.99
1990	1305	147.6	1075	51.03
1991	1516	162.5	1242	37.36
1992	1742	171.6	1340	51.46
1993	2215	187.0	1731	50.47
1994	2922	197.2	2104	53.96
1995	3385	197.4	2615	54.90
1996	3916	211.4	2755	53.49
1997	4426	227.4	3165	48.74
1998	4654	240.1	3190	43.38
1999	5061	256.9	3592	41.01
2000	5436	269.0	4257	38.00
2001	5883	291.1	4537	37.20
2002	6980	347.2	5058	34.49
2003	9216	452.0	6817	31.55
2004	11508	548.0	8722	33.45
2005	13218	618.9	10056	32.64
2006	15122	697.6	11549	31.40
2007	17876	795.2	13613	33.26
2008	20861	884.6	16254	32.82
2009	23089	981.0	18950	31.58
2010	25862	1069.5	20994	31.62
2011	29628	1164.5	23570	30.40
2012	33485	1250.56	26009	30.80
2013	36576	1324.9	26035	31.20

9-3 1980-2013年农村牧区居民家庭人均收支情况

单位：元

年　份	农牧民人均总　收　入	农牧民人均纯　收　入	农牧民人均可支配收入	农牧民人均生活消费支出	农牧民人均生产消费支出
1980	217	195	190	174	17
1981	269	237	232	196	45
1982	344	310	303	232	53
1983	484	361	361	272	127
1984	539	383	366	302	159
1985	604	419	414	330	178
1986	741	417	413	389	304
1987	698	454	444	400	241
1988	947	533	517	451	385
1989	891	523	505	555	344
1990	1074	640	621	597	359
1991	1099	669	637	608	404
1992	1259	803	772	644	404
1993	1388	910	882	781	514
1994	1721	1163	1097	975	629
1995	2102	1424	1393	1327	760
1996	2703	1785	1728	1295	668
1997	3204	2080	2033	1617	969
1998	3518	2301	2250	1558	1057
1999	3592	2426	2380	1632	994
2000	3874	2548	2511	1626	1168
2001	4047	2558	2520	1810	1227
2002	4477	2864	2833	2083	2067
2003	5485	3435	3342	2191	2066
2004	6667	4136	4066	2600	2135
2005	7759	4667	4562	2952	2670
2006	8899	5338	5269	3640	3098
2007	9940	6148	6046	4381	3327
2008	11262	7076	6865	4966	3753
2009	12465	7826	7472	5522	4190
2010	13391	8766	8296	6132	4145
2011	15099	10059		6943	4162
2012	16789	11421		7869	4489
2013	17371	12801		9069	3795

9-4 城乡居民主要收支情况(2013 年)

单位:元

项目	全体居民	城镇常住居民	农村牧区常住居民		
				农村常住居民	牧区常住居民
可支配收入	**28069**	**32694**	**11547**	**11550**	**11341**
工资性收入	14068	16757	4460	4666	96
经营净收入	6423	6646	5628	5657	5120
第一产业净收入	825	37	3643	3579	5120
# 农业净收入	478	51	2005	2063	813
牧业净收入	312	-19	1497	1368	4307
第二产业净收入	734	874	231	241	
第三产业净收入	4864	5735	1754	1837	
财产净收入	2910	3626	353	331	722
转移净收入	4668	5665	1106	895	5403
消费性支出	**19413**	**22967**	**7724**	**7638**	**9209**
食品	6312	7392	2456	2436	2837
衣着	2584	3084	797	793	834
居住	1704	1971	1726	1751	1235
生活用品及服务	1539	1861	388	387	379
交通通讯	2926	3478	959	930	1424
交通	2004	2402	587	565	928
通信	922	1076	372	365	496
教育文化娱乐	2291	2716	781	743	1561
教育	969	1094	521	486	1275
文化娱乐	1322	1622	260	257	286
医疗保健	1445	1721	479	457	878
其它商品及服务	612	745	138	141	61

注:本表数据为城乡住户一体化调查数据。

9-5　城镇常住居民家庭基本情况

项　　目	2000	2005	2010	2013
调查户数(户)	**400**	**500**	**500**	**850**
平均每户家庭人口(人)	**3.03**	**2.69**	**2.64**	**2.69**
平均每户就业人口(人)	**1.59**	**1.46**	**1.43**	**1.42**
平均每户就业面(%)	**52.48**	**54.28**	**54.17**	**52.79**
平均每一就业者负担人数(包括就业者本人)(人)	**1.90**	**1.84**	**1.85**	**1.89**
平均每人全部年收入(元)	**5458**	**13863**	**27774**	**34758**
# 可支配收入	5436	13218	25862	32694
工薪收入	3248	10035	18989	16757
# 工资及补贴	2876	9635	18306	
个体经营劳动者收入	952	718	2160	7411
财产性收入	45	126	700	3662
转移性收入	1213	2984	5925	6928
平均每人消费性支出(元)	**4257**	**10056**	**20994**	**22967**
食品	1619	3283	6639	7392
衣着	559	1550	2876	3084
生活用品及服务	257	717	1613	1861
医疗保健	303	838	1626	1721
交通通讯	389	1029	2688	3478
教育文化娱乐	489	1283	2734	2716
居住	379	879	1871	1971
其他商品及服务	262	477	947	745

注:2013 年数据为城乡住户一体化调查数据。

9-6 按收入等级分的城镇常住居民家庭基本情况(2013年)

项目	全市	按收入等级分				
		低收入	中低收入	中等收入	中高收入	高收入
调查户数(户)	850	170	170	170	170	170
平均每户家庭人口(人)	2.69	3.05	2.75	2.66	2.59	2.42
平均每户就业人口(人)	1.42	1.43	1.40	1.31	1.47	1.51
平均每户就业面(%)	52.79	46.85	50.73	49.16	56.97	62.48
平均每一就业者负担人数(包括就业者本人)(人)	1.89	2.13	1.97	2.03	1.76	1.60
平均每人全部年收入(元)	34758	14291	22321	30851	40816	72386
平均每人可支配收入(元)	32694	12683	21046	29229	38678	68465
平均每人消费性支出(元)	22967	10973	18286	18698	28788	41978

9-7 按收入等级分的城镇常住居民家庭平均每人全年收入(2013年)

项目	全市	按收入等级分				
		低收入	中低收入	中等收入	中高收入	高收入
可支配收入(元)	**32694.49**	**12682.62**	**21046.47**	**29229.32**	**38677.75**	**68465.16**
工资性收入	16757.19	7964.09	11927.60	16111.65	21402.85	29168.05
# 工资	15204.05	7431.22	10508.98	14523.36	18919.49	27164.85
实物福利	9.14	3.17	3.12	1.94	25.65	14.58
经营净收入	6646.18	2028.28	2500.91	2923.20	6401.93	21355.19
财产净收入	3626.07	2228.86	3289.74	4566.51	4295.13	4046.79
# 利息收入	91.34	-66.70	-2.96	-28.01	156.97	458.30
红利收入	126.11	70.73	77.48	23.32	262.12	225.15
转移净收入	5665.05	461.39	3328.22	5627.96	6577.84	13895.13
# 养老金或离退休金	6450.90	1095.59	4151.68	6782.90	7390.28	14398.57
赡养收入	374.77	98.11	89.19	132.47	488.98	1189.19
借贷性所得(元)	**840.11**	**559.03**	**1119.88**	**278.50**	**1481.65**	**845.64**
提取储蓄存款	806.47	507.37	1100.86	266.26	1404.82	838.17
借入款	11.94	24.57	15.82	12.24	3.50	
收回借出款	3.71	8.50	2.25			7.17
住房贷款	13.68		0.95		73.33	
汽车贷款	4.31	18.59				0.30

9-8　按收入等级分的城镇常住居民家庭平均每人全年消费性支出(2013 年)

单位:元

项　　目	全市	按收入等级分				
		低收入	中低收入	中等收入	中高收入	高收入
消费性支出	**22967.19**	**10972.77**	**18285.88**	**18697.81**	**28788.42**	**41978.30**
食品	7391.71	4347.76	5704.10	6717.94	9228.21	11967.64
# 食品	4814.10	3380.78	4296.78	4699.88	5853.79	6260.93
烟酒	1107.11	471.34	689.68	812.32	1502.20	2292.11
衣着	3084.14	1491.69	2098.61	2778.48	3631.05	5957.74
# 衣类	2471.64	1156.73	1580.79	2232.92	2886.58	4952.66
鞋类	611.94	334.95	517.82	542.84	744.41	1005.08
居住	1971.32	1010.57	1204.03	2036.85	2268.98	3658.07
租赁房房租	157.76	190.26	134.43	221.12	155.94	76.09
住房维修及管理	862.11	163.51	168.41	831.88	978.02	2426.62
水电燃料及其他	951.45	656.80	901.19	983.85	1135.02	1155.36
生活用品及服务	1860.78	674.70	1043.50	1415.67	2593.17	4004.94
交通通讯	3477.54	1290.58	3137.39	1900.31	4331.49	7449.20
交通	2401.62	637.29	2138.32	1016.89	2981.38	5825.57
通信	1075.92	653.29	999.07	883.42	1350.11	1623.63
教育文化娱乐	2715.76	1168.42	2385.09	2027.35	3755.76	4722.16
教育	1093.69	744.59	1485.75	912.21	1357.24	1023.43
文化娱乐	1622.07	423.83	899.34	1115.14	2398.52	3698.73
医疗保健	1720.84	731.57	2067.33	1283.83	1739.58	3024.90
其他用品及服务	745.10	257.48	645.83	537.38	1240.18	1193.65

9-9 按收入等级分的城镇常住居民家庭平均每人全年购买商品数量(2013 年)

项目	全市	按收入等级分				
		低收入	中低收入	中等收入	中高收入	高收入
粮食(公斤)	177.49	153.36	180.45	156.61	207.26	197.16
蔬菜及菜制品(公斤)	121.15	98.10	127.15	123.06	134.23	127.96
# 鲜菜	115.37	93.49	121.70	117.73	128.02	120.30
肉禽及其制品(公斤)	44.08	31.82	44.43	45.17	50.09	51.74
# 猪肉	18.32	13.86	19.07	20.90	19.40	19.16
牛肉	3.43	2.17	3.45	2.81	4.34	4.74
羊肉	8.01	5.05	8.25	8.35	9.27	9.81
家禽	4.75	4.77	4.83	4.95	4.47	4.70
蛋类及蛋制品(公斤)	10.63	7.97	10.30	10.46	12.84	12.30
奶和奶制品(公斤)	42.13	34.08	37.16	38.50	48.65	55.16
水产品(公斤)	9.83	5.36	8.38	8.79	12.30	15.72
油脂类(公斤)	11.39	10.30	11.53	9.84	11.21	14.48
# 植物油	11.26	10.26	11.41	9.68	11.04	14.30
食糖(公斤)	10.85	6.18	8.42	10.82	13.31	16.95
水果类(公斤)	34.70	26.62	31.96	31.84	43.00	42.61
瓜类(公斤)	34.70	26.62	31.96	31.84	43.00	42.61
坚果(公斤)	7.70	4.79	6.53	7.23	10.22	10.63
茶叶(公斤)	0.54	0.21	0.29	0.39	0.83	1.09
烟叶(公斤)	32.46	26.53	31.58	25.88	38.51	41.98
酒(公斤)	11.37	6.99	9.67	11.05	15.03	15.42
# 白酒	5.14	2.87	3.94	4.81	6.84	7.99
啤酒	6.05	4.08	5.56	6.05	8.00	7.12

9-10　按收入等级分的城镇常住居民家庭平均每百户耐用消费品年末拥有量(2013年)

项　　目	全市	按收入等级分				
		低收入	中低收入	中等收入	中高收入	高收入
家用汽车(辆)	32	22	20	37	36	42
摩托车(辆)	10	14	10	13	5	10
助力车(台)	40	40	43	41	46	32
洗衣机(台)	91	86	89	96	92	94
电冰箱(柜)(台)	95	88	92	97	96	100
微波炉(台)	54	35	46	50	68	72
彩色电视机(台)	99	97	96	100	102	102
# 接入有线电视	84	70	81	86	94	88
空调(台)	27	15	24	24	28	45
热水器(台)	71	45	69	74	81	83
# 太阳能热水器	17	12	20	15	15	21
消毒碗柜(台)	2	1	1	2		4
排油烟机(台)	68	48	58	70	82	80
固定电话(线)	29	16	27	35	29	39
移动电话(部)	176	186	173	170	168	182
# 接入互联网	57	53	62	55	56	58
计算机(台)	53	45	53	52	49	68
# 接入互联网	44	38	44	42	40	54
摄像机(台)	6		4	9	6	10
照相机(台)	33	20	26	32	40	46
中高档乐器(架)	3	4	2		2	5
健身器材(台)	1			1		5
组合音响(套)	4	3	4	3	1	11

9-11 农村牧区常住居民家庭基本情况

项 目	2000	2005	2010	2013
调查户数(户)	**400**	**305**	**305**	**393**
调查户常住人口(人)	**1590**	**1142**	**1106**	**1083**
平均每户常住人口(人)	3.98	3.74	3.63	2.76
平均每户整半劳力(人)	2.76	2.77	2.80	2.15
平均每个劳动力负担人口(含本人)(人)	1.44	1.35	1.30	1.28
劳动力按文化程度分组比重(%)				
文盲或半文盲	11.60	8.16	6.67	2.59
小学	27.65	21.06	17.92	20.01
初中	48.78	49.59	46.72	46.89
高中	9.52	17.40	22.60	13.59
中专	2.18	1.78	1.87	
大专及以上	0.27	2.01	4.22	4.67
平均每人年收入(元)				
总收入	3873.52	7759.30	13390.52	15833.18
纯收入	2548.43	4667.00	8766.38	
现金收入	2870.83	6831.90	11885.50	15178.24
平均每人年支出(元)				
总支出	3204.66	5982.40	10973.17	12849.57
# 家庭经营费用支出	986.48	2670.20	4145.02	3207.78
生活消费支出	1625.75	2952.50	6132.18	7721.68
现金支出	2619.54	5397.80	10486.63	11842.26
# 生产费用	990.50	2708.80	4127.26	3205.16
缴纳税金和上交集体承包费支出	171.49	10.64	18.74	
生活消费支出	1220.80	2557.80	5832.94	6716.98

注:2013 年数据为城乡一体化数据。

9-12 按收入等级分的农村牧区常住居民家庭基本情况(2013 年)

项目	全市	按收入等级分				
		低收入	中低收入	中等收入	中高收入	高收入
调查户数(户)	295	60	59	58	57	61
平均每户家庭人口(人)	2.82	3.13	3.06	2.79	2.70	2.43
平均每户就业人口(人)	1.95	2.06	1.92	1.92	2.11	1.77
平均每户就业面(%)	69.26	65.87	62.60	68.83	78.23	72.79
平均每一就业者负担人数(包括就业者本人)(人)	1.44	1.52	1.60	1.45	1.28	1.37
平均每人全部年收入(元)	15833	8366	11881	14321	18299	29774
平均每人可支配收入(元)	11547	3934	7740	11162	14948	23135
平均每人消费性支出(元)	7722	5021	7405	6832	8245	12070

9-13 按收入等级分的农村牧区常住居民家庭平均每人全年收入(2013 年)

项目	全市	按收入等级分				
		低收入	中低收入	中等收入	中高收入	高收入
可支配收入(元)	**11546.74**	**3934.31**	**7740.31**	**11162.26**	**14948.10**	**23134.95**
工资性收入	4460.35	2069.64	2799.03	4996.76	6459.11	6940.39
# 工资	1742.99	482.07	1154.68	1294.11	3084.60	3206.20
实物福利	6.31		27.61			
经营净收入	5627.49	1033.32	3807.77	5065.78	6598.54	13546.51
财产净收入	352.78	−38.00	381.21	226.55	451.94	853.54
# 利息收入	−4.48	−110.98	23.25	31.95	14.77	30.65
红利收入	56.43	2.57	49.91	33.46	15.22	206.00
转移净收入	1106.12	869.35	752.30	873.17	1438.51	1794.51
# 养老金或离退休金	315.45	134.36	90.61	242.27	342.75	905.41
赡养收入	65.08	23.66	69.90	123.99	101.11	3.21
借贷收入(元)	**1102.89**	**932.74**	**883.31**	**320.60**	**1425.01**	**2179.76**
提取储蓄存款	492.52	401.22	200.09	166.03	1121.61	697.56
收回借出款	18.00				7.46	97.80
借入款	126.76		2.12		108.26	625.18
汽车贷款	18.40				77.95	23.15
其它贷款	200.86	405.44		154.57	105.51	368.04
其他借贷所得	246.35	126.09	681.10		4.22	368.04

9-14　按收入等级分的农村牧区常住居民家庭平均每人全年消费性支出(2013 年)

单位:元

项　　目	全市	按收入等级分				
		低收入	中低收入	中等收入	中高收入	高收入
消费性支出	**7721.68**	**5021.48**	**7405.16**	**6831.74**	**8244.72**	**12070.15**
食品	2455.61	1846.12	2101.72	2258.96	2530.31	3859.68
# 食品	1630.15	1348.37	1433.39	1616.27	1631.94	2269.48
烟酒	534.76	365.65	434.96	498.63	592.19	864.83
衣着	796.61	438.72	758.80	630.00	922.44	1362.63
衣类	611.26	335.00	601.75	503.64	670.50	1038.54
鞋类	185.35	103.72	157.05	126.36	251.94	324.09
居住	1725.60	1054.33	1843.26	1534.12	1613.05	2772.65
# 租赁房房租	14.23	12.22	23.95	4.22	5.42	25.03
住房维修及管理	313.04	87.02	671.95	197.44	206.06	371.26
水电燃料及其他	422.82	313.91	384.09	348.10	368.30	761.28
生活用品及服务	388.14	250.59	248.73	311.40	409.46	818.18
交通通讯	957.58	649.50	892.62	724.53	1125.10	1528.63
交通	585.68	416.54	531.42	403.29	638.73	1030.51
通信	371.90	232.96	361.20	321.23	486.37	498.13
教育文化娱乐	781.23	416.84	808.89	738.16	1072.35	942.14
教育	521.44	313.63	596.13	562.01	683.06	462.48
文化娱乐	259.79	103.21	212.76	176.15	389.29	479.66
医疗保健	478.99	277.91	606.49	534.66	477.78	500.63
其他用品及服务	137.92	87.47	144.65	99.91	94.23	285.61

9-15　农村牧区常住居民家庭平均每人主要消费品消费量(2013年)

项　　目	2013
粮　食(原粮)(公斤)	121.03
蔬　菜(公斤)	68.43
食　油(公斤)	9.50
猪牛羊肉(公斤)	31.38
家禽及禽肉制品(公斤)	36.44
蛋及制品(公斤)	4.21
水 产 品(公斤)	2.41
食　糖(公斤)	4.01
酒(公斤)	7.70

9-16　农村牧区常住居民家庭平均每百户耐用消费品年末拥有量(2013年)

品　　名	2013
自行车(辆)	41
洗衣机(台)	89
家用电冰箱(台)	92
摩托车(辆)	65
黑白电视机(台)	195
彩色电视机(台)	99
照相机(架)	7

9-17　农村牧区常住居民家庭住房基本情况(2013年)

项　　目	2013
年末使用房屋	
居住面积(平方米/人)	29.22
砖木结构(%)	67.28
钢筋混凝土结构(%)	2.37
自建住房(%)	95.59
购买商品房(%)	1.36
房屋价值(万元/户)	8.76
本年新建房屋面积(平方米/户)	**0.95**
每平方米价值(元)	821.42

9-18　农牧民家庭平均每户年末固定资产原价(2013年)

项　　目	2013
年末生产性固定资产原价(元)	**12075.31**
农业生产性固定资产原价	7224.04
生产用房	2219.37
农业设施	3210.29
农业机械	1752.45
役畜	111.24
产品畜	4041.55
非农产业固定资产原价	5475.12

9-19　农牧民家庭平均每百户年末拥有固定资产数量(2013年)

项　　目	2013
生产性用房及建筑物(平方米)	2453
大中型农用拖拉机(台)	4
小型农用拖拉机(台)	42
收割机(台)	5
脱粒机(台)	2
役畜(头)	5
产品畜(头)	483

主要统计指标解释

全体居民收入　自2012年开始，实施城乡住户一体化调查改革。按照国家统计局制订的统一调查方案、抽样方法、指标名称、分类标准和计算方法，将过去独立开展的城镇住户调查和农村住户调查合二为一，建立了科学统一的城乡一体化住户调查体系。通过实际调查，准确地获得了全体居民人均收入和支出、城镇居民人均收入和支出、农牧民人均收入和支出。

住户成员　指居住在一个住宅内，所有与本住户分享生活开支或收入的人员。还包括：①由本住户供养的在外学生（包括大中专学生和研究生）；②未分家的农村外出从业人员和随迁家属，无论其外出时间长短；③轮流居住的老人；④因探亲访友、旅游、住医院、培训或出差等原因临时外出的人员。常住成员 指住户成员中，经常在家居住、或者调查期内居住时间超过一半的人员，以及本住户供养的学生。常住成员是住户收支的调查对象。

总收入　是调查期内全部收入的总和，其中未扣除为获得收入所发生的支出（生产费用）。包括工资性收入、经营性收入、财产性收入、转移性收入、非收入所得、借贷性所得

可支配收入　指调查户在调查期内获得的、可用于最终消费支出和储蓄的总和，即调查户可以用来自由支配的收入。可支配收入既包括现金，也包括实物收入。按照收入的来源，可支配收入包含：工资性收入、经营净收入、财产净收入、转移净收入

工资性收入　指就业人员通过各种途径得到的全部劳动报酬和各种福利，包括受雇于单位或个人、从事各种自由职业、兼职和零星劳动得到的全部劳动报酬和福利。

经营净收入　指住户或住户成员从事生产经营活动所获得的净收入，是全部经营收入中扣除经营费用、生产性固定资产折旧和生产税净额（生产税减去生产补贴）之后得到的净收入。计算公式具体为：经营净收入 = 经营收入 - 经营费用 - 生产性固定资产折旧 - 生产税净额（生产税 - 生产补贴）

财产净收入　指住户或住户成员将其所拥有的金融资产和自然资源交由其他机构单位、住户或个人支配而获得的回报并扣除相关的费用之后得到的净收入。财产净收入包括利息净收入、红利收入、储蓄性保险净收益和转让承包土地经营权租金净收入等。

转移净收入　指国家、单位、社会团体对住户的各种经常性转移支付和住户之间的经常性收入转移，并扣除相关的支出和费用之后得到的净收入。包括政府、非行政事业单位、社会团体对居民转移的养老金或退休金、社会救济和补助、政策性生活补贴、救灾款、经常性捐赠和赔偿以及报销医疗费等；住户之间的赡养收入、经常性捐赠和赔偿以及农村地区（村委会）在外（含国外）工作的本住户非常住成员寄回带回的收入等。

总支出　指住户用于生产、生活和再分配的全部支出。包括消费支出、生产经营费用支出、财产性支出、转移性支出、购置资产及非经常性转移支出、借贷性支出。

消费支出　指住户用于满足家庭日常生活消费需要的全部支出，包括用于消费品的支出和用于服务性消费的支出。根据用途不同，消费支出可划分为食品烟酒、衣着、居住、生活用品及服务、交通通信、教育文化娱乐、医疗保健、其他用品及服务八大类。根据来源不同，消费支出可划分为现金消费支出、实物消费支出（含自产自用、来自单位、来自政府和其他社会组织）。

生产经营费用支出　指住户以家庭为基本生产经营单位从事生产经营活动而消费的商品和服务、自产自用产品。

生产性固定资产　在家庭或个人从事的生产经营活动中，所拥有的使用期限在两年以上、单位价值在1000元以上的房屋建筑物、机器设备、器具

工具、役畜、产品畜等资产应作为固定资产统计。

固定资产原价　按照当初固定资产的购进价或建购价来记录。自繁自养的幼畜成龄转作役畜、产品畜、种畜，按市场同类牲畜的平均价格计价。

生产性固定资产折旧　指住户在家庭经营生产活动中，因使用固定资产，而转移到新产品中的那部分固定资产价值。在住户调查中，生产性固定资产的使用年限定为15年。

财产性支出　指家庭购买或维护财产所支付的利息等有关费用。

转移性支出　指调查户对国家、单位、住户或个人的经常性或义务性转移支付。包括缴纳的税款、各项社会保障支出、赡养支出、经常性捐赠和赔偿支出以及其他经常转移支出等。

10

CENERAL SURVEY OF CITIES

城市概况

10-1 城市建设用地

指　　标	单 位	2013
城区面积	平方公里	2965
建成区面积	平方公里	218.20
城市建设用地面积	平方公里	217.13
居住用地	平方公里	67.84
公共管理与公共服务用地	平方公里	21.27
工业用地	平方公里	55.95
物流仓储用地	平方公里	8.56
交通设施用地	平方公里	20.57
商务服务业设施用地	平方公里	11.93
公用设施用地	平方公里	4.05
绿地	平方公里	26.96

10-2 城市自来水情况

指　　标	单 位	2013
年末自来水实际生产能力	万立方米/日	53.2
年末供水管道长度(不包括自备水源井)	公里	1745.5
全年供水总量	万立方米	15973.4
# 生产用水	万立方米	7287.0

注:表中年末自来水综合生产能力为城市公共供水系统口径。

10-3 城市煤气、液化石油气、天然气情况

指　　标	单 位	2013
人工煤气		
人工煤气生产能力	万立方米/日	164
人工煤气储气能力	万立方米	15
供气管道长度	公里	507
自制气量	万立方米	3370
全年供气总量	万立方米	3500
# 家庭用气	万立方米	2944
用气户数	万户	13.87
# 家庭用户	万户	13.87
用气人口	万人	40.20
液化石油气		
储气能力	吨	1169
全年供气总量	吨	10188
# 家庭用气	万立方米	9413
用气户数	万户	9.50
# 家庭用户	万户	6.64
用气人口	万人	26.85
天然气		
供气管道长度	公里	1296
供气总量	万立方米	46661
# 家庭用量	万立方米	4798
用气户数	万户	35.92
用气人口	万人	116.37

10-4 城市集中供热情况

指　　标	单 位	2013
供热能力		
热水	兆瓦	7981
全年供热总量		
热水	万吉焦	5218
供热管道长度		
热水	公里	1042
供热面积	万平方米	7488
# 住宅	万平方米	6058

10-5 城市市政工程情况

指　　标	单 位	2013
年末实有铺装道路长度	公里	1616.63
年末实有铺装道路面积	万平方米	2919.32
# 人行道面积	万平方米	976.53
桥梁数	座	59
路灯盏数	盏	83754
排水管道长度	公里	2240.50
建成区排水管道密度	公里/平方公里	10.27
污水年排放量	万立方米	9424
污水处理厂座数	座	10
污水处理能力	万立方米/日	32.50
污水处理总量	万立方米	8026
再生水利用量	万立方米	1795

10-6　城市公共汽车、出租汽车情况

指　标	单 位	2013
年末实有公共汽车运营车数	辆	1194
年末实有标准运营车数	标台	1495
运营线路网长度	公里	1296
客运总量	万人次	15740
出租汽车数	辆	5827

10-7　城市园林绿化面积

指　标	单 位	2013
园林绿化覆盖面积	公顷	8730
# 建成区	公顷	8469
园林绿地面积	公顷	8029
# 建成区园林绿地面积	公顷	7781
# 公园绿地面积	公顷	2363
公园个数	个	26
公园面积	公顷	1866

10-8 城市公共卫生情况

指　　标	单 位	2013
道路清扫保洁面积	万平方米	2762
生活垃圾清运量	万吨	62.06
生活垃圾无害化处理厂(场)数	座	5
生活垃圾无害化处理能力	吨/日	2928
生活垃圾无害化处理量	万吨	58.36
粪便清运量	万吨	15.29
公共厕所数	座	430
# 三级以上	座	339

10-9 城市设施水平

指　　标	单 位	2013
每万人拥有公共汽车量	标台	10.75
人均城市道路面积	平方米	14.60
污水处理率	%	85.17
建成区绿地率	%	35.66
建成区绿化覆盖率	%	38.81
生活垃圾处理率	%	94.04

注:人均拥有指标按公安户籍人口中非农业人口计算。

10-10 城 市

年 份	自来水			煤气	
	年底水管总长度（公里）	水厂综合生产能力（万吨/日）	供水总量（万立方米）	供气总量（万立方米）	用气人口（万人）
1949	17	1.4	29		
1950	24	0.4	30		
1952	42	0.4	36		
1957	220	1.4	321		
1962	261	12.2	2984		
1965	325	11.2	2725		
1970	417	11.7	4105		
1975	567	13.9	4736		
1978	578	18.0	5096		
1980	610	19.5	5148		
1985	872	63.5	5364	956	8.40
1990	931	59.4	21456	3040	21.90
1991	941	68.4	22465	3296	24.00
1992	958	68.5	22724	3609	25.90
1993	973	69.0	23033	3476	28.00
1994	985	70.7	23775	3720	29.50
1995	966	71.5	25453	3984	31.03
1996	981	71.5	25425	4213	33.16
1997	1055	71.5	24826	4592	35.25
1998	1253	71.5	23833	4580	38.56
1999	1303	71.5	24763	4547	39.80
2000	1323	101.5	24830	4161	43.73
2001	1384	97.6	22088	3080	43.96
2002	1547	105.8	22166	3167	48.87
2003	1740	108.0	22712	3418	51.14
2004	1740	108.0	34568	3849	66.41
2005	1740	104.5	34568	4006	70.93
2006	1370	51.0	7025	3084	56.00
2007	1548	102.7	12080	3084	56.70
2008	1406	108.0	13330	3084	51.94
2009	1409	51.0	10915	3084	52.41
2010	1480	51.0	11704	3069	51.94
2011	1722	56.6	13853	2806	49.00
2012	1745	53.2	12928	2786	46.16
2013	1746	53.2	15973	3500	40.20

注:2006 年及 2009 年以后自来水数据为公共供水企业数据,不含自备水。

公　用　事　业

园林绿化		铺装道路长度（公里）	排水管道长度（公里）	路灯盏数（盏）	公共汽车营运车辆（辆）
城市绿化覆盖面积（公顷）	公园（个）				
		4		43	
		4	2	92	
		6	3	279	
29	2	161	41	2035	21
	3	199	81	2522	65
190	3	187	77	2616	67
51	3	256	80	3241	90
832	4	195	96	3447	169
1091	4	200	102	3463	215
1174	4	220	138	3398	251
1338	7	332	201	5993	265
3692	9	421	610	7800	486
3838	39	426	627	8930	448
3858	39	435	635	9267	465
3881	39	442	645	9565	538
3904	39	468	678	9635	585
4394	38	382	686	7797	1019
4272	39	445	713	8260	538
4487	39	468	724	9253	540
4620	9	506	731	9869	538
4736	13	525	733	11007	610
4870	13	544	766	12542	682
5265	11	583	810	13820	813
5361	12	733	960	18761	788
5626	12	784	1026	20892	772
5941	13	828	1038	23659	984
6755	15	873	1097	31540	1125
6971	15	1028	1279	30000	1094
7224	17	1142	1423	38000	1174
7364	17	1142	1423	38000	1174
7596	20	1280	1665	60773	1321
7845	21	1304	1750	66153	1342
7860	24	1479	2105	75296	1395
8527	24	1529	2212	80281	1342
8730	26	1617	2241	83754	1194

主要统计指标解释

年末自来水生产能力 指年底城建部门管理的自来水厂和自备水源的社会单位取水、净化、送水、出厂输水干管等环节的实际生产能力。

年末供水管道长度 指从送水泵到用户水表之间所有管道的长度。

全年供水总量 指公用自来水厂和自备水源的社会单位全年的供水总量,包括有效供水量及损失水量。

生活用水量 包括公共服务用水和居名家庭用水。公共服务用水指为城市社会公共生活的用水。包括行政事业、部队营区、和公共设施服务、社会服务业、批发零售贸易业、旅游饮食业以及其他公共服务业等单位的用水。居名家庭用水指城市范围内所有居民家庭生活的日常用水。包括城市居民、农民家庭、公共供水站用水。

用水普及率 指城市用水人口数与城市人口总数之比。计算公式为:

用水普及率＝城市用水人口数／城市人口总数×100%

人工煤气生产能力 指报告期末人工煤气生产厂制气、净化、输送等环节的综合生产能力,不包括备用设备能力。一般按设计能力计算,如果实际生产能力大于设计能力时,应按实际测定的生产能力计算。测定时应以制气、净化、输送三个环节中最薄弱的环节为主。

输气管道长度 指由压缩机、鼓风机、储气罐的出口到用户煤气表之间的全部管道长度。

全年供气总量 指全年售给各类用户的全部煤气量,包括销售量和损失量。

用气普及率 指报告期末使用煤气(包括人工煤气、液化石油气、天然气)的城市人口数与城市人口总数之比。计算公式为:

城市煤气普及率＝城市用气人口数／城市人口总数×100%

城市供热能力 指供热企业(单位)向城市输送的供热源的设计能力。

城市供热总量 指在报告期末热电厂、热力公司和达到标准的集中采暖锅炉房向城市输送的全部蒸汽、热水量。

城市供热管道长度 指从各类热源到用户接入口之间的全部供气、供热水的管道长度。不包括各类热源厂内部的管道长度。

年底实有铺装道路长度 指年末除土路外,路面经过铺装宽度在3.5米以上的道路,包括高级、次高级道路和普通道路。

城市桥梁 指城市范围内,修建在河道上的桥梁和道路与道路立交、道路跨越铁路的立交桥及人行天桥。包括永久性桥和半永久性桥,不包括临时性桥、铁路桥、涵洞。

城市排水管道长度 指所有排水总管、干管、支管及暗渠、检查井、连接井进出水口等长度之和。

城市污水日处理能力 指污水处理厂每昼夜处理污水量的设计能力。

城镇生活污水排放量 指城镇居民每年排放的生活污水。用人均系数法测算。测算公式为:

城镇生活污水排放量＝城镇生活污水排放系数×市镇非农业人口×365

生活垃圾清运量 指报告期内收集和运送到垃圾处理厂(场)的生活垃圾数量。生活垃圾指城市日常生活或为城市日常生活提供服务的活动中产生的固体废物以及法律行政规定的视为城市生活垃圾的固体废物。包括:居民生活垃圾、商业垃圾、集市贸易市场垃圾、街道清扫垃圾、公共场所垃圾和机关、学校、厂矿等单位的生活垃圾。

生活垃圾无害化处理率 指报告期生活垃圾无害化处理量与生活垃圾产生量比率。在统计上,由于生活垃圾产生量不易取得,可用清运量代替。计算公式为:

生活垃圾无害化处理率＝生活垃圾无害化处

理量／生活垃圾产生量×100%

年末实有公共汽车 指年底可参加营运的全部车辆数，包括营运车辆数和库存查封未参加营运的车辆。不包括非营运车辆，如架线车、油罐车、工程车、货车及其他专用车辆和借入的客运车辆。

城市园林绿地面积 指报告期末用作园林和绿化的各种绿地面积。包括公共绿地、专用绿地、生产绿地、防护绿地、郊区风景林地的面积。

公共绿地 指向公众开放的市级、区级、居住区级各类公园、街旁游园，包括其范围内的水域。其中、居住区级公园应不小于1万平方米，、街旁游园的宽度不小于8米，面积不小于400平方米。

11

农业

AGRICULTURE

11-1　农村牧区基层组织和农牧业基本情况（2013年）

指　标	总计	农村	牧区
农村牧区基层组织情况			
乡镇(苏木)个数(个)	39	30	9
#镇个数	29	24	5
村委会(嘎查)个数(个)	638	596	42
农村牧区社会基础设施			
自来水受益村数(个)	632	596	36
通汽车村数(个)	638	596	42
通电话村数(个)	638	596	42
农牧业生产条件			
年末实有耕地面积(千公顷)	422.11		
农作物总播种面积(千公顷)	314.48		
年末草场面积(千公顷)	2013.04		
有效灌溉面积(千公顷)	127.34		
农牧业机械总动力(万千瓦)	157.33		
化肥施用量(折纯)(万吨)	7.60		
农村牧区用电量(万千瓦小时)	35628.00		
主要农牧业生产情况			
粮食总产量(万吨)	111.75		
年中牲畜总增头数(万头只)	384.59		
肉类总产量(万吨)	15.83		
蔬菜总产量(万吨)	99.58		

11-2　1984-2013 年农林牧渔业总产值

单位：万元

年份	农林牧渔业总产值	农业	#种植业	林业	牧业	渔业	农林牧渔服务业
1984	29438	23027	19415	811	5568	32	
1985	30139	21364	19733	695	7993	87	
1986	28856	18628	16539	834	9223	171	
1987	30268	18434	15983	599	10922	313	
1988	49693	27856	25514	914	20669	254	
1989	48515	29884	27717	646	17614	371	
1990	68643	49518	47029	1503	17070	552	
1991	65085	43235	40166	1438	19690	722	
1992	81801	55461	52031	1402	23609	1329	
1993	108378	71198	65723	2405	33105	1670	
1994	152304	93772	85051	2682	53889	1961	
1995	198825	132292	123861	3430	60380	2723	
1996	244235	164195	150943	4656	72973	2411	
1997	267164	175844	159847	4672	83518	3130	
1998	260602	158517	144068	6895	91182	4008	
1999	273356	172166	157948	6709	91034	3447	
2000	287128	185527	170142	6937	91279	3385	
2001	284176	170545	155898	9345	100987	3299	
2002	345441	200086	185963	12021	129872	3462	
2003	367968	192999	192263	8557	155818	3648	6946
2004	497986	219725	219725	7942	254159	5481	10679
2005	550274	227965	227965	4985	296891	5401	15032
2006	614098	253953	253953	4565	334117	5694	15769
2007	747625	293454	293454	4152	437553	2607	9859
2008	915330	358776	358776	6984	516623	8447	24500
2009	967302	362964	362964	8400	563466	8000	24472
2010	1181436	421199	421199	10080	709967	9600	30590
2011	1430113	413289	413289	7516	984821	7630	16857
2012	1596220	475268	475268	7351	1086537	8606	18458
2013	1768698	584615	584615	8297	1144924	10761	20101

注：本表数据按现行价格计算。

11-3　历年农林牧渔业总产值指数

上年=100

年 份	农林牧渔业总产值	农 业	#种植业	林 业	牧 业	渔 业	农林牧渔服务业
1949	100.00	100.00	100.00	100.00	100.00	100.00	
1950	105.02	102.27	101.99	112.50	112.42	100.00	
1951	112.43	111.18	111.14	111.11	115.59	100.00	
1952	141.39	163.06	146.91	125.00	129.77	320.00	
1953	90.00	80.92	80.62	108.00	114.20	100.00	
1954	143.38	155.49	156.27	126.85	120.57	100.00	
1955	90.26	84.81	84.52	108.03	103.26	102.50	
1956	128.54	142.36	142.29	133.11	100.42	119.23	
1957	71.25	60.60	59.76	145.18	99.68	141.94	
1958	126.96	122.14	120.74	144.41	134.88	100.00	
1959	143.33	162.15	165.02	101.21	115.07	184.09	
1960	93.68	78.15	78.33	151.91	126.53	54.32	
1961	77.02	68.81	68.44	38.43	90.14	36.36	
1962	105.98	120.70	121.32	83.20	90.83	162.50	
1963	92.44	89.10	88.23	119.21	96.68	88.46	
1964	113.24	130.11	130.94	233.47	88.99	108.70	
1965	85.78	78.93	78.14	121.95	97.46	100.00	
1966	91.75	112.92	113.68	156.17	55.25	68.00	
1967	122.95	116.86	116.77	49.91	156.33	64.71	
1968	86.16	78.45	77.80	70.58	104.95	154.55	
1969	113.64	122.63	123.50	69.13	99.91	100.00	
1970	112.60	116.26	116.52	159.92	103.46	105.88	
1971	101.83	100.67	100.22	92.60	105.09	66.67	
1972	99.36	95.09	98.59	83.25	109.76	108.33	
1973	107.77	107.16	106.98	191.95	106.58	30.77	
1974	112.48	126.51	129.25	68.87	86.77	150.00	
1975	95.24	89.30	88.99	145.90	110.31	200.00	
1976	98.08	107.17	107.38	101.28	20.64	191.67	
1977	101.90	96.80	96.78	171.63	113.60	100.00	
1978	85.75	76.28	75.52	118.74	108.75	69.57	
1979	126.19	134.26	135.43	87.87	114.94	137.50	
1980	79.44	72.81	72.91	83.01	94.39	81.82	

注:本表指数按可比价格计算。

11-3 续 表

上年=100

年份	农林牧渔业总产值	农业	#种植业	林业	牧业	渔业	农林牧渔服务业
1981	117.20	127.90	128.04	73.56	101.71	144.44	
1982	102.39	100.76	100.70	119.57	105.03	103.85	
1983	102.15	108.25	108.88	133.82	86.82	133.33	
1984	134.28	148.19	143.08	99.37	100.71	125.00	
1985	105.87	100.55	100.59	94.90	127.42	242.22	
1986	91.78	81.05	78.30	93.76	124.61	133.94	
1987	89.26	82.19	78.30	64.96	104.11	186.30	
1988	119.67	127.98	135.44	137.38	106.48	72.79	
1989	105.96	106.81	109.02	78.76	105.00	161.62	
1990	122.24	130.93	131.83	199.71	102.14	150.00	
1991	95.51	88.79	87.47	68.25	113.34	131.46	
1992	119.53	128.84	130.13	104.71	101.70	126.47	
1993	111.80	108.51	105.60	149.34	117.09	149.37	
1994	103.55	96.61	95.73	120.45	118.63	102.77	
1995	112.56	117.22	117.59	132.48	103.42	94.53	
1996	111.04	107.48	102.78	100.77	118.74	127.40	
1997	100.76	103.32	100.44	82.56	106.84	105.49	
1998	97.30	91.97	88.52	120.76	105.32	119.22	
1999	105.37	108.67	111.97	78.54	101.11	112.88	
2000	108.01	112.89	114.78	133.32	98.49	107.33	
2001	97.00	89.93	86.12	119.46	109.74	100.23	
2002	118.10	114.82	118.74	124.37	123.89	101.09	
2003	121.75	116.36	116.92	82.72	131.44	104.81	142.99
2004	120.84	98.77	99.45	88.77	148.59	124.34	153.27
2005	114.67	101.16	101.16	65.18	124.21	99.69	187.51
2006	113.95	102.90	102.90	85.00	120.03	118.28	139.87
2007	121.16	120.97	120.97	121.08	121.16	121.28	125.47
2008	114.00	106.00	106.00	120.00	118.00	116.00	122.00
2009	105.84	102.37	102.37	119.40	107.73	97.19	101.02
2010	107.42	103.56	103.56	120.00	114.79	119.75	121.05
2011	105.91	91.53	91.53	65.29	118.00	60.67	52.23
2012	105.73	109.67	109.67	104.15	104.09	105.36	106.10
2013	104.53	123.02	123.02	108.58	96.70	113.19	105.42

11-4 主要农牧业机械拥有量

项目	2008	2009	2010	2011	2012	2013
农牧业机械总值(万元)	116829	123993	90833	149140	173355	178574
农牧业机械净值(万元)	85785	89842	67254	116666	132001	134556
农牧业机械总动力(千瓦)	1346787	1467188	1490333	1506511	1553210	1573312
大中型农用拖拉机(混合台)	1370	3585	3964	4461	4884	5650
大中型农用拖拉机(千瓦)	59427	113518	132102	165223	184629	207198
小型拖拉机(台)	30009	30121	29416	29321	30037	29250
小型拖拉机(千瓦)	361344	352279	342189	341171	354432	343892
联合收割机(台)	286	449	569	687	1110	1308
联合收割机(千瓦)	13120	24068	31948	38412	64258	75676
排灌用电动机(台)	11287	10800	11030	11048	11097	11082
排灌用电动机(千瓦)	139163	133609	135653	135763	137035	136298
排灌用柴油机(台)	876	653	536	536	536	536
排灌用柴油机(千瓦)	9404	6544	5330	5330	5330	5330
大中型拖拉机配套农具(台)	1545	1999	2501	3042	3283	3474
小拖拉机配套农具(台)	33446	34833	43410	43149	44596	36572
机动脱粒机(台)	2087	2087	2096	2098	2107	2114
机动割晒机(台)		1897	1897	1927	1927	
机引牧草收割机(台)	47	19	26	26	34	33
饲料粉碎机(台)	7097	3016	2997	3107	2626	3077
农用水泵(台)	11297	11400	9839	10098	10158	10158

11-5　农村牧区灌溉、化肥施用量、用电、水库和水土治理情况

项　　目	2008	2009	2010	2011	2012	2013
有效灌溉面积(千公顷)	**136.99**	**135.72**	**142.26**	**142.33**	**144.27**	**127.34**
#万亩以上灌区	70.94	71.74	73.67	73.98	73.98	81.35
节水灌溉面积(千公顷)	**69.06**	**77.20**	**87.47**	**97.66**	**107.99**	**97.71**
#喷灌和微灌	1.30	4.63	7.47	13.99	22.01	23.15
化肥施用量(吨)	**66924**	**67089**	**66165**	**67021**	**69648**	**75953**
#氮　肥	35947	36552	36690	37160	37478	40959
磷　肥	5474	5193	4725	4981	6044	6501
钾　肥	4065	3418	1955	1775	3147	2974
复合肥	21438	21926	22602	22784	22667	25519
农村用电量(万千瓦小时)	**27482**	**28252**	**29678**	**30107**	**31983**	**35628**
水库个数(座)	**11**	**12**	**12**	**14**	**14**	**16**
大型水库						
中型水库	2	3	3	4	4	5
小型水库	9	9	9	10	10	11
水库容量(万立方米)	**12385**	**14272**	**14368**	**21081**	**21075**	**24324**
大型水库						
中型水库	9331	11370	11370	17834	17834	20735
小型水库	3054	2902	2998	3247	3241	3589

11-6 农业机械化、电气化情况

项　　目	2008	2009	2010	2011	2012	2013
农业机械化程度						
机耕地面积(千公顷)	267.20	279.21	282.63	283.40	286.67	280.00
占耕地面积的比重(%)	63.30	66.15	66.96	67.14	67.91	66.33
机械播种面积(千公顷)	200.60	243.13	246.73	258.27	270.00	273.33
占农作物总播种面积的比重(%)	65.86	79.57	79.57	82.56	86.46	86.85
机械收割面积(千公顷)	113.10	121.20	98.53	167.60	204.67	214.67
占农作物总播种面积的比重(%)	37.13	39.66	31.78	53.58	65.54	68.21
农业电气化情况						
农村用电量(万千瓦小时)	27482	28252	29678	30107	31983	35628
平均每公顷耕地用电量(千瓦小时)	651.07	669.30	703.09	713.25	757.69	844.05

11-7 自 然 灾 害 面 积

单位：千公顷

项　　目	2008	2009	2010	2011	2012	2013
农作物受灾面积	**150.32**	**137.40**	**209.92**	**161.07**	**165.66**	**176.40**
旱　　灾	63.87	93.20	201.06	77.14	71.91	124.03
洪 涝 灾	44.10	1.76	1.51	12.31	56.03	18.27
风 雹 灾	28.41	14.55	0.89	32.82	8.42	31.41
低温冷冻灾	5.51	0.59		30.23	5.23	
雪　　灾					0.01	
生物灾害	8.43	27.30	6.46	8.57	24.06	2.69
农作物绝收面积	**65.43**	**42.40**	**111.66**	**26.33**	**5.59**	**72.48**
旱　　灾	32.43	16.07	110.79	0.42		53.38
洪 涝 灾	17.17	1.39	0.83	10.94	0.96	11.92
风 雹 灾	13.33	4.35	0.04	12.84	2.00	7.18
低温冷冻灾	1.02	0.59		2.13	2.62	
雪　　灾					0.01	
生物灾害	1.48	20.00				

注：数据来源于民政报表，2012 年开始增加雪灾，将原病虫害改名为生物灾害。

11-8　历年耕地面积、造林面积和播种面积

单位：千公顷

年 份	年末实有耕地面积	旱 地	# 水浇地	当年造林面 积	总播种面 积	# 粮食作物播种面积	# 经济作物播种面积
1949	275.00	275.00			197.30	173.50	23.70
1950	304.80	304.80			222.60	196.10	26.40
1951	337.50	337.50			267.20	233.60	33.50
1952	345.90	345.90			268.70	235.60	33.00
1953	357.20	357.20			277.30	242.70	34.50
1954	353.90	353.90			275.90	242.70	32.80
1955	359.50	359.50			282.00	245.30	35.80
1956	364.10	364.10		1.35	295.90	254.10	40.60
1957	372.30	372.30		2.29	300.60	250.70	49.00
1958	372.20	372.20	24.40	7.38	305.80	259.70	40.90
1959	368.00	368.00	25.30	5.27	273.30	212.30	57.80
1960	398.40	398.40	27.20	9.11	353.50	276.30	54.40
1961	383.50	383.50	25.50	1.04	343.80	288.30	47.30
1962	366.70	366.70	18.70	0.77	312.00	269.00	39.00
1963	357.40	357.40	26.20	0.77	302.20	260.60	37.80
1964	364.20	364.20	33.10	4.00	309.60	262.60	43.00
1965	366.00	366.00	49.40	3.08	312.30	267.20	42.30
1966	364.00	364.00	78.80	4.64	306.10	262.60	38.30
1967	357.90	357.90	75.40	2.97	296.30	247.80	44.20
1968	359.90	359.90	68.50	2.06	282.70	243.40	38.00
1969	343.10	343.10	69.00	1.53	280.20	238.50	39.10
1970	352.30	352.30	72.90	2.18	294.60	250.50	40.80
1971	352.10	352.10	73.80	1.82	291.30	252.30	30.90
1972	351.60	351.60	75.70	1.35	290.40	249.10	33.30
1973	350.40	350.40	81.10	2.10	285.10	241.40	35.00
1974	350.40	350.40	82.20	2.08	285.20	242.00	35.80
1975	351.00	351.00	90.70	2.80	281.60	237.90	36.30
1976	346.60	346.60	88.70	2.65	281.40	233.00	38.70
1977	340.00	340.00	91.10	5.13	274.50	230.10	38.90
1978	347.40	347.40	91.10	4.25	269.30	225.10	39.30
1979	342.10	342.10	92.60	4.92	275.20	224.40	43.90
1980	336.00	336.00	74.80	4.59	262.50	210.30	43.60

11-8 续 表

单位：千公顷

年 份	年末实有耕地面积	旱 地	# 水浇地	当年造林面 积	总播种面 积	# 粮食作物播种面积	# 经济作物播种面积
1981	327.80	327.80	81.10	4.16	242.70	196.70	38.90
1982	326.00	326.00	71.00	4.65	244.60	197.20	41.60
1983	316.70	316.70	70.40	6.24	255.70	195.90	53.30
1984	310.50	310.50	71.20	9.43	257.20	187.60	60.50
1985	307.40	307.40	71.20	10.18	248.70	175.30	61.40
1986	297.00	297.00	69.70	6.47	241.60	172.90	46.10
1987	296.00	296.00	73.80	5.75	224.60	148.80	59.50
1988	293.60	293.60	72.40	6.86	254.20	177.60	60.60
1989	291.10	291.10	75.90	4.79	234.80	174.20	50.40
1990	292.40	292.40	81.50	8.40	268.90	199.80	54.00
1991	293.10	293.10	85.10	9.67	271.50	196.60	68.00
1992	293.00	293.00	91.00	10.72	278.00	200.00	72.50
1993	290.50	290.50	90.60	10.74	258.00	191.80	60.60
1994	293.80	293.80	95.10	11.76	274.30	196.50	66.60
1995	293.80	293.80	97.90	16.23	278.80	198.80	73.60
1996	303.20	303.20	99.60	8.37	279.20	206.90	59.40
1997	470.28	301.50	107.60	8.67	279.80	209.80	57.90
1998	468.87	302.20	111.60	8.49	284.70	213.20	61.20
1999	464.30	464.30	149.80	7.57	278.70	213.00	56.80
2000	447.40	447.40	148.80	17.47	276.30	189.70	75.70
2001	405.80	405.80	149.70	26.15	204.80	128.90	65.10
2002	396.03	396.03	128.50	26.37	261.69	160.62	75.20
2003	429.62	429.62	134.67	18.47	267.10	156.80	67.06
2004	428.73	428.73	146.16	17.14	285.09	178.20	63.61
2005	423.96	423.96	145.60	7.21	294.71	190.87	67.28
2006	423.14	423.14	153.95	2.73	317.15	199.20	70.62
2007	421.29	421.29	153.85	5.23	317.89	226.19	47.48
2008	422.11	422.11	136.99	8.67	304.61	216.02	52.99
2009	422.11	422.11	136.99	47.32	305.57	220.29	54.89
2010	422.11	422.11	136.99	26.86	310.07	225.29	55.48
2011	422.11	422.11	136.99	21.33	312.82	226.67	58.41
2012	422.11	422.11	136.99	34.37	312.27	227.80	84.47
2013	422.11	422.11	136.99	40.26	314.48	228.95	85.53

11-9　历年主要粮食作物播种面积

单位：千公顷

年份	农作物总播种面积	粮食作物播种面积	谷物	#小麦	#玉米	#荞麦	#谷子	#莜麦	#糜黍	薯类	豆类	#大豆
1949	197.30	173.50		36.40								
1950	222.60	196.10		38.90		0.60	1.90	6.20	14.60			2.20
1951	267.20	233.60		42.30		2.50	2.10	7.50	21.10			6.00
1952	268.70	235.60		46.40		0.40	5.60	8.80	20.60			4.60
1953	277.30	242.70		49.40		0.10	6.50	10.00	20.00			3.40
1954	275.90	242.70		56.10		0.20	5.70	9.00	16.00			3.20
1955	282.00	245.30		57.70		0.30	4.80	8.50	16.70			2.80
1956	295.90	254.10		53.20	0.70	0.40	7.80	8.70	19.00			1.50
1957	300.60	250.70	225.10	62.50	0.80	0.40	5.40	9.70	13.40	17.80	7.80	1.80
1958	305.80	259.70	221.50	63.70	0.80	1.10	8.20	37.30	16.80	33.00	5.20	1.20
1959	273.30	212.30	186.50	56.30	1.00	1.00	5.10	27.50	13.40	20.80	5.00	0.30
1960	353.50	276.30	237.20	76.80	1.20	28.20	14.50	40.20	43.70	32.90	6.20	0.60
1961	343.80	288.30	248.40	74.30	1.30	21.80	15.50	51.60	42.30	33.80	6.10	0.90
1962	312.00	269.00	239.00	73.30	1.30	2.80	10.40	14.50	4.40	24.30	5.70	1.20
1963	302.20	260.60	181.70	73.80	1.20	5.50	7.60	16.00	14.10	19.30	5.60	1.20
1964	309.60	262.60	237.90	75.60	1.30	5.20	8.10	17.00	14.70	18.70	6.00	1.70
1965	312.30	267.20	245.10	77.30	1.50	6.00	8.60	16.80	15.70	16.20	5.90	1.80
1966	306.10	262.60	242.30	70.70	3.10	7.50	8.50	13.40	19.60	14.80	5.50	1.70
1967	296.30	247.80	227.40	73.50	2.50	5.10	7.70	16.60	13.70	15.90	4.50	1.40
1968	282.70	243.40	225.70	71.60	1.70	6.30	5.80	15.70	14.40	13.30	4.40	1.30
1969	280.20	238.50	221.10	74.40	1.70	5.80	6.20	15.10	13.00	12.70	4.70	1.30
1970	294.60	250.50	241.60	88.10	1.30	5.00	6.80	15.90	13.20	7.50	1.40	1.30
1971	291.30	252.30	234.30	88.80	5.10	18.70	15.30	47.90	39.00	14.30	3.70	3.70
1972	290.40	249.10	231.90	87.80	7.60	17.70	15.60	43.70	38.40	14.20	3.00	3.00
1973	285.10	241.40	224.50	88.20	5.40	19.70	15.20	38.70	40.00	14.50	2.40	2.40
1974	285.20	242.00	224.60	86.30	5.10	19.80	17.50	36.00	39.80	14.70	2.70	2.70
1975	281.60	237.90	219.80	88.80	3.80	27.70	13.60	30.40	34.90	16.10	2.00	2.00
1976	281.40	233.00	212.60	97.80	3.60	19.00	13.00	28.70	31.90	18.40	2.00	2.00
1977	274.50	230.10	209.10	100.80	3.60	17.60	12.10	29.70	31.30	18.80	2.20	2.20
1978	269.30	225.10	199.80	91.70	4.70	17.20	11.30	28.50	32.30	23.00	2.30	2.30
1979	275.20	224.40	197.80	80.00	4.10	17.60	11.30	31.50	40.80	24.10	2.50	2.50
1980	262.50	210.30	187.60	83.30	3.50	15.60	8.30	43.70	35.50	20.90	1.80	1.80

11-9 续 表

单位：千公顷

年 份	农作物总播种面积	粮食作物播种面积	谷 物	#小 麦	#玉 米	#荞 麦	#谷 子	#莜 麦	#糜 黍	薯 类	豆 类	#大豆
1981	242.70	196.70	179.00	84.40	2.10	16.80	7.00	30.20	32.10	16.60	1.10	1.10
1982	244.60	197.20	179.30	86.20	1.90	19.50	6.80	28.60	30.20	16.90	1.00	1.00
1983	255.70	195.90	179.90	89.60	2.20	20.60	6.10	27.80	27.40	15.90	0.10	0.90
1984	257.20	187.60	171.40	87.30	1.90	20.70	5.60	26.30	24.60	15.50	0.70	0.70
1985	248.70	175.30	159.30	81.50	3.00	19.30	4.70	23.60	22.50	15.10	0.90	0.90
1986	241.60	172.90	156.70	80.60	3.80	19.50	3.10	17.00	19.50	15.70	0.50	0.50
1987	224.60	148.80	133.40	83.10	5.90	20.10	1.80	19.20	13.30	15.10	0.30	0.30
1988	254.20	177.60	161.10	86.90	4.80	21.80	3.30	22.40	17.70	16.20	0.30	0.30
1989	234.80	174.20	158.10	86.60	6.40	21.80	2.90	17.40	18.20	15.50	0.60	0.60
1990	268.90	199.80	183.40	93.00	10.00	26.80	3.50	23.00	17.90	15.80	0.60	0.60
1991	271.50	196.60	179.00	89.80	12.40	23.30	3.40	21.70	19.00	16.50	1.10	1.10
1992	278.00	200.00	180.70	99.80	13.10	22.20	3.10	22.00	14.10	16.80	2.50	0.50
1993	258.00	191.80	175.70	93.60	18.00	23.90	2.00	17.30	8.10	15.20	0.90	0.90
1994	274.30	196.50	176.20	92.50	25.10	33.40	1.80	12.50	7.30	17.50	2.80	0.80
1995	278.80	198.80	179.00	88.00	29.60	25.10	1.70	14.90	6.60	17.50	2.30	0.40
1996	279.20	206.90	178.00	90.30	31.90	29.00	1.70	14.20	9.30	21.40	7.50	0.70
1997	279.80	209.80	180.90	93.30	31.30	29.10	2.00	14.70	8.90	20.90	8.00	0.90
1998	284.70	213.20	178.20	87.70	35.80	29.60	2.00	12.80	9.00	25.40	9.60	0.90
1999	278.70	213.00	170.80	74.40	43.30	31.70	1.70	9.60	9.40	36.00	6.30	0.70
2000	276.30	189.70	138.10	56.90	35.70	34.00	1.10	5.00	5.00	48.10	3.50	0.80
2001	204.80	128.90	94.70	42.60	33.20	13.60	0.30	2.20	2.40	29.50	4.70	0.90
2002	261.69	160.62	124.57	38.53	45.12	30.49	0.87	5.57	3.53	30.25	5.80	0.46
2003	267.10	156.80	108.69	15.93	69.42	17.50	0.61	2.70	2.24	44.16	3.95	0.52
2004	285.09	178.20	126.31	34.94	72.76	13.56	0.37	2.99	1.37	48.55	3.34	0.25
2005	294.71	190.87	137.64	38.24	85.50	9.41	0.44	2.16	1.61	49.32	3.91	0.39
2006	317.15	199.20	127.10	26.65	85.60	10.71	0.26	1.95	1.84	68.70	3.40	0.21
2007	317.89	226.19	150.57	18.96	98.05	31.09	0.36	0.69	1.27	74.43	1.19	0.06
2008	304.61	216.02	154.08	23.30	94.22	33.15	0.29	1.33	1.09	60.82	1.12	0.07
2009	305.57	220.29	150.51	29.58	96.06	19.26	0.35	2.87	1.63	67.96	1.83	0.06
2010	310.07	225.29	141.15	30.44	97.46	9.14	0.20	2.48	1.23	82.11	2.03	0.07
2011	312.82	226.67	140.49	32.31	95.31	9.14	0.13	0.48	0.71	85.75	0.43	0.10
2012	312.27	227.80	156.35	51.48	100.03	2.35	0.08	1.63	0.62	71.26	0.20	0.09
2013	314.48	228.95	164.78	40.77	103.93	15.52	0.21	3.55	0.44	63.96	0.21	0.07

11-10 历年主要经济作物播种面积

单位:千公顷

年 份	经济作物播种面积	油 料	#葵花籽	#胡麻籽	#油菜籽	甜 菜	药 材	蔬 菜	瓜 类	其它作物播种面积	#青饲料
1949	23.70	21.20						0.40		0.10	0.10
1950	26.40	23.70		0.80	4.60			0.40		0.10	0.10
1951	33.50	30.60		2.10	6.80			0.40		0.10	0.10
1952	33.00	29.00		2.10	5.20			0.60	0.60	0.10	0.10
1953	34.50	29.50		1.80	6.50			0.50	0.60	0.10	0.10
1954	32.80	27.50		1.80	5.70	0.10		0.50	0.70	0.40	0.30
1955	35.80	28.90		2.50	6.10	0.90		0.80	0.80	0.90	0.90
1956	40.60	31.60		1.70	8.50	1.10		1.60	0.90	1.20	1.20
1957	49.00	36.10		1.90	8.90	1.90		2.10		0.90	0.90
1958	40.90	29.00		8.70	12.40	1.70		2.90	1.40	5.20	5.20
1959	57.80	37.70	0.10	10.10	14.50	2.00		5.40	1.20	3.20	3.20
1960	54.40	32.80	0.10	13.60	15.60	4.70		11.70	1.30	22.80	22.80
1961	47.30	28.40	0.10	11.90	11.90	1.70		11.00	1.40	8.20	7.00
1962	39.00	21.90		0.20	5.40	1.00		7.80		4.00	4.00
1963	37.80	24.10		0.70	5.50	0.90		7.10	0.80	3.80	3.80
1964	43.00	27.40		0.90	6.80	2.40		7.20	0.80	4.00	4.00
1965	42.30	25.80		0.90	5.40	2.90		8.20		2.80	2.80
1966	38.30	18.60		0.60	3.90	2.90		5.90	0.50	5.20	5.20
1967	44.20	23.70		0.90	6.00	4.60		5.60	0.70	4.30	4.30
1968	38.00	20.00			5.00	3.20		5.40		1.30	1.30
1969	39.10	20.60		0.60	5.30	3.90		5.90	0.40	2.60	2.60
1970	40.80	21.40		0.80	5.20	3.50		5.50	0.40	3.40	3.40
1971	30.90	18.40		5.80	7.60	2.70	0.30	8.70	1.10	8.10	8.10
1972	33.30	17.90		4.80	8.60	4.00	0.10	8.70	1.20	8.00	7.90
1973	35.00	18.00		5.00	8.20	4.40	0.10	9.50	1.10	8.70	8.70
1974	35.80	19.20		4.70	9.00	4.90	0.30	9.50	1.80	7.40	7.40
1975	36.30	19.90	1.30	4.80	9.00	4.50	0.30	8.00	1.50	7.40	7.30
1976	38.70	21.90	1.80	4.90	10.30	5.00	0.30	8.80	1.50	9.70	9.60
1977	38.90	22.80	2.60	4.70	10.70	4.80	0.30	9.70	1.30	7.30	7.10
1978	39.30	23.00	3.90	4.30	10.00	4.30	0.50	9.70	1.80	8.00	7.50
1979	43.90	27.60	3.70	4.40	13.90	3.10	0.20	10.40	2.00	6.90	6.50
1980	43.60	30.40	7.20	4.00	14.40	2.10	0.20	8.30	1.60	8.60	8.00

11-10 续 表

单位：千公顷

年 份	经济作物播种面积	油 料	#葵花籽	#胡麻籽	#油菜籽	甜 菜	药 材	蔬 菜	瓜 类	其它作物播种面积	#青饲料
1981	38.90	28.00	7.90	3.20	13.40	1.50	0.40	7.50	1.50	7.10	6.00
1982	41.60	31.10	12.40	3.20	13.00	0.90	0.60	7.40	1.30	5.80	5.30
1983	53.30	42.40	24.00	3.20	12.50	1.30	1.20	6.60	0.80	6.50	6.00
1984	60.50	45.50	27.50	2.90	11.80	2.70	2.90	6.80	1.70	9.10	8.10
1985	61.40	41.90	15.50	6.00	17.70	8.90	1.80	6.00	1.90	12.00	9.80
1986	46.10	29.50	13.70	7.70	6.70	5.60	0.70	7.00	2.20	22.60	21.70
1987	59.50	34.60	16.70	8.30	8.70	4.40	0.40	5.70	1.00	16.30	15.50
1988	60.60	43.20	22.10	8.10	11.60	6.10	1.20	6.80	1.20	16.00	15.10
1989	50.40	35.20	22.70	7.00	4.20	6.20	1.10	6.50	0.50	10.20	9.90
1990	54.00	42.10	23.20	6.80	10.20	6.60	0.40	6.80	0.20	15.10	12.90
1991	68.00	43.80	20.80	8.40	13.80	9.20	0.50	5.30	0.30	6.90	4.90
1992	72.50	47.30	26.60	9.40	10.50	7.90	0.90	7.20	0.60	5.50	4.20
1993	60.60	36.20	24.30	6.70	4.80	7.90	2.10	7.50	0.50	5.60	4.90
1994	66.60	45.90	28.10	7.20	6.80	6.40	1.40	6.90	0.80	11.20	9.50
1995	73.60	47.80	26.10	8.00	12.40	9.10	1.10	7.60	0.50	6.40	6.20
1996	59.40	41.80	20.10	8.80	12.80	8.60	0.20	7.90	0.80	12.90	12.70
1997	57.90	42.60	18.10	9.60	14.70	7.00	0.50	6.90	0.90	12.10	11.30
1998	61.20	43.40	20.60	8.20	14.50	7.40	1.00	8.50	1.00	10.30	9.70
1999	56.80	43.80	21.80	8.00	12.90	2.90	1.20	7.80	1.10	8.90	8.60
2000	75.70	55.30	29.00	7.00	17.10	2.90	4.20	10.10	3.10	10.90	9.70
2001	65.10	43.90	34.20	4.20	5.50	3.10	6.50	8.80	2.70	10.80	9.60
2002	75.20	54.73	35.87	5.79	12.31	2.87	5.69	9.74	2.17	25.87	24.23
2003	67.06	48.93	27.48	4.97	15.54	1.62	6.02	9.19	1.30	43.24	34.45
2004	63.61	45.20	22.62	2.62	16.95	1.82	6.89	8.44	1.26	43.29	38.83
2005	67.28	46.72	15.54	3.41	20.80	3.63	6.36	9.01	1.56	36.57	28.33
2006	70.62	48.07	18.56	2.42	21.92	4.46	6.63	9.82	1.64	47.34	38.07
2007	47.48	27.06	16.28	1.64	6.02	4.87	4.59	9.54	1.42	44.23	33.63
2008	52.99	35.34	19.27	2.38	11.03	2.70	4.64	8.82	1.50	35.60	27.84
2009	54.89	39.48	18.19	3.98	15.30	2.25	1.04	10.63	1.49	30.39	25.48
2010	55.48	39.98	20.19	3.04	15.54	1.76	0.83	11.63	1.28	29.30	24.41
2011	58.41	42.79	28.42	2.74	10.81	0.63	0.59	12.95	1.45	27.74	18.07
2012	56.03	39.15	22.10	1.97	14.70	0.13	0.83	14.56	1.36	28.43	22.46
2013	85.53	40.39	23.69	1.41	15.29	0.02	0.66	13.45	1.43	29.58	24.46

11-11 历年主要粮食作物产量

单位:万吨

年份	粮食	谷物	#小麦	#玉米	#荞麦	#谷子	#莜麦	#糜黍	薯类	豆类	#大豆
1949	9.80	9.80	2.20								
1950	10.50	10.43	1.90		0.79	0.11	0.20	0.79			
1951	11.80	11.72	2.30		0.48	0.10	0.53	0.48			
1952	18.20	17.97	3.30		1.30	0.50	0.34	1.30			
1953	13.90	13.76	2.80		0.80	0.33	0.36	0.80			
1954	22.70	22.50	5.00		1.59	0.56	0.74	1.59			
1955	18.20	18.11	4.30		1.10	0.43	0.30	1.10			
1956	25.30	25.23	4.20		1.44	0.75	0.67	1.44			
1957	14.30	12.60	3.60		0.53	0.24	0.25	0.53	1.50	0.20	0.20
1958	15.90	10.80	1.40		1.22	0.83	1.25	1.22	4.90	0.20	0.20
1959	20.90	17.40	5.80		1.39	0.54	3.26	1.39	3.20	0.30	0.30
1960	14.30	10.90	4.60	0.10	1.63	0.61	1.48	1.63	3.10	0.30	0.30
1961	11.60	8.70	1.80	0.10	2.40	0.84	1.22	2.40	2.70	0.20	0.20
1962	13.60	11.20	4.20	0.10	0.10	0.64	0.58	0.10	2.20	0.20	0.20
1963	13.80	11.80	3.00	0.20	0.93	0.44	0.45	0.93	1.80	0.20	0.20
1964	18.90	16.89	3.80	0.20	1.39	0.77	0.75	1.39	1.90	0.11	0.11
1965	12.00	10.60	3.70	0.20	0.70	0.35	0.28	0.70	1.20	0.20	0.20
1966	14.80	13.00	2.40	0.70	1.35	0.63	0.13	1.35	1.40	0.40	0.40
1967	17.50	15.60	3.70	0.60	1.24	0.80	0.81	1.24	1.60	0.30	0.30
1968	13.80	12.00	3.50	0.40	1.06	0.45	0.28	1.06	1.50	0.30	0.30
1969	16.90	15.80	5.80	0.40	0.96	0.58	0.54	0.96	0.90	0.20	0.20
1970	19.70	17.80	6.80	0.50	1.14	0.77	0.49	1.14	1.50	0.40	0.40
1971	20.80	19.90	6.60	1.20	3.87	1.79	2.33	3.87	0.60	0.30	0.30
1972	18.50	16.96	5.80	1.70	3.66	1.59	1.60	3.66	1.30	0.24	0.24
1973	20.20	18.36	5.20	1.70	4.34	1.85	1.54	4.34	1.60	0.24	0.24
1974	27.10	25.30	9.00	1.70	4.79	2.25	2.48	4.79	1.50	0.30	0.30
1975	23.90	21.50	7.80	1.50	3.87	1.53	1.07	3.87	2.10	0.30	0.30
1976	24.40	21.97	10.80	1.00	2.43	1.59	2.31	2.43	2.30	0.13	0.13
1977	23.80	20.98	9.80	1.30	3.23	1.61	1.80	3.23	2.70	0.20	0.20
1978	17.20	14.00	4.90	1.70	2.45	1.19	0.97	2.45	3.00	0.20	0.20
1979	23.70	19.70	8.90	1.40	3.54	1.31	2.09	3.54	3.80	0.20	0.20
1980	16.20	13.60	5.90	1.00	3.24	0.93	1.08	3.24	2.50	0.10	0.10

11-11 续 表

单位:万吨

年份	粮食	谷物	#小麦	#玉米	#荞麦	#谷子	#莜麦	#糜黍	薯类	豆类	#大豆
1981	21.40	18.40	8.30	0.70	5.09	0.96	1.37	5.09	2.90	0.10	0.10
1982	18.40	16.20	9.30	0.60	3.46	0.60	0.92	3.46	2.10	0.10	0.10
1983	19.70	16.90	9.90	0.70	3.22	0.76	0.75	3.22	2.70	0.10	0.10
1984	26.50	22.10	13.10	0.70	3.60	0.85	1.86	3.60	4.30	0.10	0.10
1985	22.30	18.44	11.00	1.00	2.66	0.50	1.73	2.66	3.80	0.06	0.06
1986	16.30	13.65	8.70	1.00	1.44	0.29	0.59	1.44	2.60	0.05	0.05
1987	12.80	10.48	7.20	1.70	0.87	0.13	0.11	0.87	2.30	0.02	0.02
1988	23.30	18.78	10.50	1.80	2.20	0.65	1.86	2.20	4.50	0.02	0.02
1989	23.20	19.06	11.10	3.00	1.86	0.45	0.61	1.86	4.10	0.04	0.04
1990	35.60	30.20	16.40	5.70	2.77	0.65	2.03	2.77	5.30	0.10	0.10
1991	27.50	24.00	12.00	7.70	1.84	0.42	0.73	1.84	3.40	0.10	0.10
1992	37.10	31.77	16.20	9.40	2.02	0.51	1.14	2.02	5.20	0.13	0.13
1993	39.70	34.90	17.20	13.30	1.40	0.34	0.86	1.40	4.60	0.20	0.20
1994	41.30	36.98	12.60	19.30	1.38	0.40	0.45	1.38	4.00	0.32	0.13
1995	49.50	43.55	18.50	20.40	0.98	0.31	0.79	0.98	5.70	0.25	0.06
1996	58.70	50.45	19.40	25.10	1.61	0.33	1.21	1.61	7.50	0.79	0.09
1997	59.00	50.45	21.20	23.70	1.76	0.44	1.04	1.76	7.69	0.84	0.19
1998	49.70	39.68	13.10	20.90	1.66	0.32	0.94	1.66	9.08	0.95	0.13
1999	59.60	49.57	17.50	28.90	1.55	0.22	0.19	1.55	9.67	0.37	0.12
2000	55.30	55.30	15.40	24.60	0.73	0.16	0.20	0.73	12.16	0.43	0.16
2001	42.87	37.12	10.95	25.34	0.36	0.03	0.01	0.36	5.41	0.35	0.18
2002	54.64	42.84	8.87	30.42	2.47	0.15	0.34	0.48	11.08	0.72	0.09
2003	66.10	50.25	3.41	44.73	1.42	0.10	0.19	0.37	15.36	0.49	0.10
2004	91.17	73.41	11.21	60.15	1.35	0.08	0.30	0.26	17.28	0.48	0.05
2005	84.78	77.12	10.69	66.22	0.01	0.04		0.14	7.44	0.22	0.07
2006	98.29	80.96	9.81	70.31	0.48	0.02	0.07	0.24	17.05	0.28	0.04
2007	100.36	86.42	5.11	79.85	1.22	0.02		0.20	13.81	0.13	0.02
2008	100.15	87.73	6.59	78.91	1.91	0.02	0.08	0.17	12.31	0.11	0.02
2009	100.60	88.16	7.56	79.84	0.42	0.03	0.07	0.21	12.32	0.12	0.01
2010	99.25	86.71	6.23	80.13	0.05	0.02	0.01	0.27	12.44	0.10	0.02
2011	100.25	87.63	6.45	80.45	0.14	0.02	0.01	0.16	12.56	0.06	0.02
2012	101.75	87.03	8.02	78.38	0.24	0.02	0.20	0.13	14.69	0.03	0.02
2013	111.75	96.82	6.58	89.07	0.79	0.04	0.19	0.12	14.90	0.03	0.01

11-12 历年主要经济作物产量

单位:万吨

年份	油料				甜菜	药材	蔬菜	瓜类
		#葵花籽	#胡麻籽	#油菜籽				
1949	0.80						0.50	
1950	0.80		0.03	0.13			0.50	
1951	0.90		0.07	0.13			0.50	
1952	1.00		0.05	0.12	1.60		1.20	
1953	1.00		0.04	0.26	1.60		1.00	
1954	1.30		0.08	0.33	1.70		1.00	
1955	0.90		0.06	0.20	1.70		1.60	
1956	1.40		0.05	0.43	2.20		3.20	
1957	0.90		0.04	0.20	1.60		4.50	
1958	0.40		0.14	0.08	1.10		6.00	
1959	1.80		0.26	1.11	2.70		10.00	
1960	0.50		0.17	0.20	2.40		17.00	
1961	0.40		0.15	0.08	0.40		16.00	
1962	0.40		0.02	0.10	0.40		15.80	
1963	0.50		0.02	0.91	1.20		14.71	
1964	0.90		0.03	0.17	4.20		18.00	
1965	0.60		0.03	0.04	3.80		19.86	
1966	0.30		0.02	0.01	3.40		23.99	
1967	0.60		0.02	0.09	7.40		20.33	
1968	0.50			0.06	3.10		17.53	
1969	0.60		0.02	0.14	5.90		18.70	
1970	0.70		0.02	0.15	4.40		24.32	
1971	0.50		0.17	0.22	3.10	0.02	23.64	
1972	0.50		0.16	0.14	4.40	0.01	25.43	
1973	0.50		0.13	0.20	4.10	0.01	27.28	
1974	0.80		0.16	0.44	2.40	0.01	24.48	
1975	0.50	0.10	0.12	0.20	2.60	0.03	27.63	
1976	0.90	0.08	0.14	0.57	2.30	0.02	28.90	
1977	1.00	0.22	0.19	0.45	4.50	0.02	26.57	
1978	0.60	0.15	0.12	0.16	4.30	0.03	27.30	
1979	1.00	0.25	0.13	0.57	1.60	0.01	29.34	
1980	1.30	0.70	0.15	0.33	1.70	0.02	23.95	

11-12 续 表

单位:万吨

年 份	油 料	#葵花籽	#胡麻籽	#油菜籽	甜 菜	药 材	蔬 菜	瓜 类
1981	2.80	2.21	0.18	0.26	1.50	0.04	20.75	
1982	2.90	2.23	0.12	0.48	1.50	0.09	27.59	
1983	3.50	3.04	0.23	0.18	2.80	0.20	29.07	
1984	2.30	1.27	0.23	0.57	7.40	1.27	30.11	
1985	3.10	1.28	0.66	1.01	27.60	0.89	28.45	
1986	3.10	2.13	0.75	0.18	13.40	0.23	28.96	
1987	3.10	2.35	0.74	0.05	8.50		29.52	
1988	3.20	2.26	0.62	0.30	12.60		27.38	
1989	4.20	3.72	0.38	0.07	17.00		31.81	
1990	4.90	3.71	0.58	0.73	19.80		33.28	
1991	3.80	3.04	0.68	0.08	25.50		31.91	
1992	6.30	5.04	0.86	0.35	25.50		37.50	
1993	6.00	4.98	0.78	0.21	26.90		39.48	
1994	3.90	2.90	0.60	0.18	12.40	0.05	36.36	
1995	5.80	4.32	0.70	0.76	26.90	0.25	39.48	
1996	5.52	3.59	1.00	0.93	29.00	0.11	41.70	2.96
1997	5.72	3.69	1.09	0.92	23.72	0.32	41.48	3.05
1998	4.04	2.19	0.70	0.70	14.87	0.42	43.62	3.13
1999	5.90	4.05	0.88	0.88	8.16	0.62	45.66	4.54
2000	7.41	5.36	0.81	0.81	9.40	2.12	57.89	13.78
2001	6.66	5.98	0.48	0.48	10.05	2.44	55.30	12.89
2002	7.63	5.69	0.60	1.23	10.79	1.69	62.15	9.66
2003	6.34	4.00	0.59	1.61	6.33	1.45	58.08	5.11
2004	6.53	3.70	0.40	1.91	9.47	1.89	44.45	5.73
2005	3.06	1.53	0.39	0.09	17.80	1.65	48.48	7.26
2006	4.46	2.39	0.36	0.75	25.33	2.14	55.29	8.28
2007	3.23	1.94	0.29	0.34	27.03	1.46	56.58	7.91
2008	3.45	1.61	0.37	1.08	13.33	1.48	63.63	7.73
2009	3.66	2.15	0.47	0.72	11.00	3.87	74.32	6.16
2010	3.16	2.53	0.41	0.03	8.71	0.24	82.23	5.28
2011	4.18	3.68	0.42	0.03	3.18	0.25	95.39	5.20
2012	5.06	3.96	0.27	0.78	0.62	0.28	104.88	5.12
2013	5.26	4.51	0.20	0.55	0.13		99.58	5.32

11-13 主要农作物总产量及单位面积产量

项　目	2010		2011		2012		2013	
	总产量（万吨）	单位面积产量（公斤/公顷）	总产量（万吨）	单位面积产量（公斤/公顷）	总产量（万吨）	单位面积产量（公斤/公顷）	总产量（万吨）	单位面积产量（公斤/公顷）
粮　食	99.25	4405	100.25	4223	101.75	4467	111.75	4881
谷　物	86.71	6143	87.63	6237	87.03	5566	96.82	5876
# 小麦	6.23	2047	6.45	1996	8.02	1559	6.58	1614
玉米	80.13	8222	80.45	8441	78.38	7836	89.07	8570
高粱								
谷子	0.02	841	0.02	1633	0.02	2171	0.04	1836
莜麦	0.01	28	0.02	333	0.20	1223	0.19	543
糜黍	0.27	2181	0.16	2216	0.13	2167	0.12	2702
荞麦	0.05	54	0.14	149	0.24	1042	0.79	508
豆　类	0.10	498	0.06	1530	0.03	1750	0.03	1512
# 大豆	0.01	2225	0.02	1911	0.02	1908	0.01	1884
薯　类	12.44	1515	12.56	1464	14.69	2061	14.90	2329
油　料	3.16	790	4.18	977	5.06	1292	5.26	1302
# 葵花籽	2.53	1253	3.68	1296	3.96	1793	4.51	1904
油菜籽	0.03	19	0.03	27	0.78	532	0.55	359
胡麻籽	0.41	1353	0.42	1539	0.27	1390	0.20	1417
甜　菜	8.71	49377	3.18	50292	0.62	47892	0.13	52792
蔬　菜	82.23	70735	95.40	73659	104.88	72025	99.58	74020
瓜类(果用瓜)	5.28	41163	5.20	35928	5.12	37555	5.32	37265
水　果	2.17	8994	2.26	10314	2.57	11784	4.22	8162

11-14 历年牲畜总头数

单位：万头（只）

年份	年中数				年末数			
	合计	大牲畜	羊	猪	合计	大牲畜	羊	猪
1949	54.26	11.36	37.10	5.80	51.30	9.70	27.60	4.00
1950	60.85	12.71	41.74	6.40	50.70	11.40	34.80	4.50
1951	70.71	14.06	50.15	6.50	60.60	13.40	42.70	4.50
1952	85.42	16.21	62.41	6.80	75.10	15.30	54.80	5.00
1953	107.21	18.90	79.21	9.10	88.90	17.30	65.30	6.30
1954	119.08	20.03	90.25	8.80	99.10	18.60	74.20	6.30
1955	121.81	20.78	92.43	8.60	106.90	19.40	80.20	6.30
1956	130.01	20.03	102.48	7.50	110.80	17.90	86.90	6.00
1957	117.94	18.92	91.12	7.90	99.60	17.60	76.40	5.60
1958	131.97	16.16	104.91	10.90	112.00	14.70	88.40	8.90
1959	149.96	16.73	122.83	10.40	132.60	16.10	105.80	10.70
1960	181.22	19.36	145.56	16.30	163.70	19.60	133.40	10.70
1961	189.72	19.41	156.11	14.20	159.70	19.50	131.50	8.70
1962	168.95	18.75	136.80	13.40	143.90	17.90	117.00	9.00
1963	195.54	19.82	161.42	14.30	165.40	19.20	136.20	9.90
1964	209.03	20.62	174.71	13.70	173.40	20.20	142.70	10.50
1965	219.30	21.62	181.88	15.80	156.30	19.60	125.80	10.90
1966	148.55	17.27	120.18	11.10	115.00	16.10	89.50	9.40
1967	157.37	17.33	127.44	12.60	130.90	16.60	101.60	12.70
1968	165.75	18.17	131.98	15.60	132.10	16.40	103.50	12.20
1969	175.45	19.12	142.13	14.20	146.40	18.00	117.60	10.80
1970	190.19	20.59	155.70	13.90	161.80	20.60	129.20	12.00
1971	184.76	21.82	150.64	12.30	166.10	20.90	133.40	11.80
1972	190.64	21.72	155.52	13.40	167.70	20.70	134.10	12.90
1973	211.63	20.97	174.16	16.50	174.60	19.90	141.00	13.70
1974	213.42	21.09	175.73	16.60	174.10	20.00	140.70	13.40
1975	216.16	21.97	175.79	18.40	174.30	20.90	138.60	14.80
1976	197.39	21.78	153.41	22.20	158.60	20.70	121.20	16.70
1977	196.41	21.78	152.83	21.80	157.10	20.70	118.90	17.50
1978	180.93	21.03	136.40	23.50	148.80	20.10	109.90	18.80
1979	194.29	21.28	148.51	24.50	161.60	20.10	123.20	18.30
1980	204.67	21.55	160.62	22.50	165.30	20.10	128.10	17.10

11-14 续 表

单位:万头(只)

年 份	年中数				年末数			
	合计	大牲畜	羊	猪	合计	大牲畜	羊	猪
1981	193.91	20.53	154.48	18.90	158.50	19.50	124.80	14.20
1982	193.70	20.48	157.22	16.00	150.10	19.30	118.20	12.60
1983	169.54	19.78	135.86	13.90	129.50	18.70	100.80	10.00
1984	166.73	19.56	134.37	12.80	138.30	18.20	109.90	10.20
1985	184.29	19.49	148.30	16.50	159.30	18.40	127.60	13.30
1986	205.14	19.71	167.03	18.40	174.10	18.30	141.40	14.40
1987	225.23	18.93	191.00	15.30	168.10	14.30	143.00	10.80
1988	214.69	13.65	189.24	11.80	185.10	12.80	161.60	10.70
1989	250.06	13.41	223.05	13.60	195.30	12.30	171.60	11.40
1990	252.87	13.15	224.52	15.20	196.60	12.50	171.10	13.00
1991	262.64	13.56	229.78	19.30	192.90	12.50	166.00	14.40
1992	262.73	13.83	223.14	25.76	187.90	12.20	156.10	19.60
1993	262.99	13.79	214.30	34.90	187.60	12.30	152.60	22.70
1994	271.31	13.34	216.17	41.80	198.50	12.40	159.80	26.30
1995	298.97	14.19	232.30	52.48	210.80	12.70	170.10	28.00
1996	318.37	15.53	249.14	53.70	225.40	13.80	183.60	28.00
1997	339.42	16.32	263.16	59.94	226.99	13.80	182.72	30.47
1998	343.04	16.24	268.53	58.27	231.58	13.08	184.91	33.59
1999	340.13	16.28	269.58	54.27	218.07	12.00	175.54	30.53
2000	317.09	15.45	255.34	46.30	202.19	11.62	162.62	27.95
2001	290.29	14.98	234.25	41.06	178.94	12.35	140.14	26.44
2002	253.13	17.52	197.62	37.99	161.63	16.86	119.56	25.21
2003	250.47	25.39	190.06	35.02	176.44	29.43	123.85	23.16
2004	281.88	35.48	210.34	36.06	196.65	41.60	131.07	23.98
2005	359.49	46.63	275.04	37.81	202.71	49.85	128.51	24.35
2006	353.76	52.10	263.10	38.56	253.67	46.57	184.31	22.79
2007	375.39	49.25	288.27	37.87	249.04	45.27	180.04	23.73
2008	351.17	43.96	265.26	41.95	234.14	44.61	163.43	26.10
2009	351.19	41.71	266.26	43.22	226.71	40.67	159.20	26.84
2010	354.20	37.27	274.49	42.44	250.28	40.17	183.00	27.11
2011	355.99	37.26	275.71	43.02	256.03	39.70	189.22	27.11
2012	384.26	34.22	307.60	42.44	254.21	37.51	189.23	27.47
2013	402.85	32.52	326.05	44.28	254.42	36.41	191.13	26.88

11-15　历年大牲畜和羊年中存栏数

单位：万头（只）

年 份	合 计	牛	马	驴	骡	骆驼	绵羊	山羊
1949	48.46	6.90	1.94	1.43	0.38	0.71	24.03	13.07
1950	54.45	7.70	2.12	1.71	0.44	0.74	27.27	14.47
1951	64.21	8.80	2.19	1.78	0.53	0.77	32.94	17.21
1952	78.62	10.30	2.50	1.94	0.62	0.85	40.90	21.51
1953	98.11	12.30	2.89	2.42	0.57	0.72	52.77	26.44
1954	110.28	13.20	3.26	2.18	0.63	0.76	61.57	28.68
1955	113.21	13.40	3.63	2.18	0.76	0.81	62.45	29.98
1956	122.51	12.10	3.91	2.04	1.05	0.93	67.40	35.08
1957	110.04	11.30	4.04	1.67	1.02	0.89	62.20	28.92
1958	121.07	8.70	4.01	1.74	0.91	0.80	72.04	32.87
1959	139.56	8.90	4.43	1.59	0.99	0.82	81.14	41.69
1960	164.92	10.70	5.11	1.53	1.11	0.91	95.05	50.51
1961	175.52	10.60	5.42	1.46	1.01	0.92	101.81	54.30
1962	155.55	9.70	5.71	1.43	0.96	0.95	87.35	49.45
1963	181.24	10.30	6.22	1.40	1.01	0.89	104.63	56.79
1964	195.33	10.50	6.71	1.51	1.01	0.89	116.47	58.24
1965	203.50	11.00	7.00	1.63	1.11	0.88	122.04	59.84
1966	137.45	7.90	5.96	1.62	1.17	0.62	81.21	38.97
1967	144.77	7.70	6.24	1.53	1.33	0.53	83.60	43.84
1968	150.15	7.90	6.52	1.64	1.53	0.58	87.22	44.76
1969	161.25	8.20	7.10	1.56	1.69	0.57	91.40	50.73
1970	176.29	8.90	7.55	1.61	1.89	0.64	101.67	54.03
1971	172.46	9.40	8.04	1.55	2.12	0.71	99.64	51.00
1972	177.24	9.40	7.91	1.47	2.23	0.71	106.03	49.49
1973	195.13	8.50	7.95	1.46	2.35	0.71	120.91	53.25
1974	196.82	8.30	8.18	1.43	2.45	0.73	122.84	52.89
1975	197.76	8.90	8.33	1.50	2.54	0.70	125.83	49.96
1976	175.19	8.80	8.24	1.50	2.55	0.69	112.74	40.67
1977	174.61	8.90	8.18	1.45	2.58	0.67	111.88	40.95
1978	157.43	8.90	7.45	1.48	2.57	0.63	98.69	37.71
1979	169.79	9.00	7.63	1.50	2.53	0.62	107.36	41.15
1980	182.17	9.50	7.40	1.56	2.48	0.61	119.24	41.38

11-15 续 表

单位：万头(只)

年 份	合 计	牛	马	驴	骡	骆驼	绵羊	山羊
1981	175.01	8.90	7.01	1.61	2.40	0.61	116.72	37.76
1982	177.70	8.40	7.26	1.71	2.50	0.61	119.31	37.91
1983	155.64	7.70	6.94	1.82	2.64	0.68	103.81	32.05
1984	153.93	7.40	6.78	1.94	2.77	0.67	103.25	31.12
1985	167.79	7.50	6.46	2.09	2.92	0.52	114.35	33.95
1986	186.74	7.70	6.18	2.28	3.07	0.48	127.88	39.15
1987	209.93	7.10	5.56	2.46	3.27	0.54	144.54	46.46
1988	202.89	4.40	3.44	2.16	3.10	0.55	137.24	52.00
1989	236.46	4.50	3.01	2.24	3.08	0.58	156.90	66.15
1990	237.67	4.50	2.70	2.32	3.03	0.60	156.60	67.92
1991	243.34	4.73	2.60	2.56	3.09	0.63	159.39	70.39
1992	236.97	4.54	2.43	2.88	3.26	0.72	152.81	70.33
1993	228.09	4.53	2.18	3.05	3.29	0.74	144.46	69.84
1994	229.51	4.76	1.93	2.86	3.15	0.61	144.27	71.90
1995	246.49	6.56	1.68	2.50	2.93	0.52	150.08	82.22
1996	264.67	7.90	1.62	2.63	2.82	0.56	161.39	87.75
1997	279.48	8.60	1.46	2.83	2.81	0.62	170.09	93.07
1998	284.77	8.11	1.39	3.13	2.93	0.68	169.53	99.00
1999	285.86	8.08	1.33	3.21	2.93	0.73	168.15	101.43
2000	270.78	8.36	0.84	3.08	2.68	0.48	159.79	95.55
2001	249.23	8.27	0.55	3.06	2.53	0.57	143.40	90.85
2002	215.14	11.40	0.36	2.95	2.19	0.62	117.54	80.08
2003	215.45	19.88	0.33	2.69	1.97	0.52	113.43	76.63
2004	245.82	30.29	0.33	2.58	1.74	0.54	127.51	82.83
2005	321.67	41.78	0.36	2.41	1.59	0.49	175.54	99.50
2006	315.20	47.91	0.32	2.14	1.26	0.47	169.88	93.22
2007	337.52	45.21	0.29	2.13	1.22	0.39	193.10	95.18
2008	309.22	40.43	0.27	1.88	1.06	0.33	186.60	78.67
2009	307.97	38.40	0.26	1.76	0.97	0.32	185.14	81.12
2010	311.76	33.78	0.38	1.91	0.89	0.31	190.70	83.79
2011	312.98	33.82	0.52	1.81	0.81	0.29	192.02	83.70
2012	341.82	30.84	0.67	1.67	0.75	0.29	204.52	103.08
2013	358.57	29.00	1.04	1.57	0.65	0.26	219.99	106.06

11-16 牲畜总头数和总增头数

单位:万头(只)

项　　目	2011			2012			2013		
	总头数		年　　中 总增头数	总头数		年　　中 总增头数	总头数		年　　中 总增头数
	年中数	年末数		年中数	年末数		年中数	年末数	
大牲畜和羊合计	**312.98**	**228.92**	**295.15**	**341.82**	**226.74**	**306.92**	**358.57**	**227.54**	**360.14**
大牲畜	37.26	39.70	18.62	34.22	37.51	16.50	32.52	36.41	15.06
牛	33.82	37.61	17.83	30.84	35.22	15.73	29.00	33.42	14.18
#良种及改良种乳牛	29.92	34.24	12.21	27.01	32.10	9.61	24.35	29.66	9.05
马	0.52	0.25	0.09	0.67	0.51	0.16	1.04	1.35	0.27
驴	1.81	1.19	0.55	1.67	1.17	0.47	1.57	1.06	0.50
骡	0.81	0.44		0.75	0.39	0.01	0.65	0.34	0.01
骆驼	0.29	0.21	0.14	0.29	0.22	0.13	0.26	0.24	0.11
羊	275.72	189.22	276.53	307.60	189.23	290.42	326.05	191.13	320.63
绵羊	192.02	125.94	223.06	204.52	125.94	225.18	219.99	127.46	251.36
#细毛羊及改良羊	15.72	8.75		16.53	8.08		15.06	2.41	
半细毛羊及改良羊	124.58	82.23		116.49	81.01		164.65	68.20	
山羊	83.70	63.28	53.47	103.08	63.29	65.24	106.06	63.67	69.27
猪	**44.02**	**27.11**	**24.78**	**42.44**	**27.47**	**24.37**	**44.28**	**26.88**	**24.45**

11-17 牲畜增减变化情况(2013年,年末数)

单位:万头(只)

项　目	繁殖仔畜		成活仔畜		成幼畜死亡	
	头 数	繁殖率(%)	头 数	成活率(%)	头 数	死亡率(%)
大牲畜和羊合计	**186.62**	**115.15**	**182.22**	**97.64**	**2.64**	**1.16**
大牲畜	16.10	68.86	15.77	97.95	0.17	0.45
牛	15.39	68.77	15.08	97.99	0.15	0.43
#良种及改良种乳牛	12.32	61.82	11.67	94.72	0.11	0.34
马	0.25	83.33	0.24	96.00	0.01	1.96
驴	0.35	61.40	0.35	100.00	0.01	0.85
骡						
骆驼	0.11	84.62	0.11	100.00		
羊合计	170.51	96.31	166.46	97.62	2.47	1.31
绵羊	133.56	37.31	130.54	97.74	1.80	1.43
山羊	36.95	93.19	35.92	97.21	0.67	1.06
猪	**23.81**	**841.34**	**23.15**	**97.23**	**0.28**	**1.02**

11-17 续　表

单位:万头(只)

项　目	自宰自食	出卖	#出卖肉畜	出栏率(%)	商品率(%)
大牲畜和羊合计	**35.29**	**39.85**	**37.95**	**32.30**	**11.07**
大牲畜	1.60	29.31	23.59	67.16	194.62
牛	1.56	28.43	22.83	69.25	200.49
#良种及改良种乳牛	0.75	17.81	13.09	43.12	196.80
马		0.19	0.19	37.25	70.37
驴	0.03	0.51	0.46	41.88	102.00
骡	0.01	0.06	0.02	7.69	600.00
骆驼		0.12	0.09	40.91	109.09
羊合计	33.69	369.19	355.91	205.89	115.15
绵羊	23.67	277.95	269.46	232.75	110.58
山羊	10.02	91.23	86.45	152.43	131.70
猪	**11.43**	**44.18**	**41.38**	**192.25**	**169.24**

11-18 牲畜总增情况(2013年,年中数)

单位:万头(只)

项目	总增情况			
	总增头数		总增率(%)	
	2012	2013	2012	2013
大牲畜和羊合计	**306.92**	**360.14**	**98.06**	**105.36**
大牲畜	16.50	15.06	44.28	44.01
牛	15.74	14.18	46.52	45.98
#良种及改良种乳牛	9.61	9.05	32.12	33.51
马	0.16	0.27	31.26	40.30
驴	0.47	0.50	25.93	29.94
骡		0.01	0.17	1.33
骆驼	0.13	0.11	45.36	37.93
羊合计	290.42	320.63	105.33	104.24
绵羊	225.18	251.36	117.27	122.90
山羊	65.24	69.27	77.95	67.20
猪	**24.37**	**24.45**	**56.65**	**57.61**

11-19 牲畜增减变化情况(2013年,年中数)

单位:万头(只)

项目	增减变化情况					
	繁殖仔畜		成活仔畜		成幼畜死亡	
	头数	繁殖率(%)	头数	成活率(%)	头数	死亡率(%)
大牲畜和羊合计	**350.16**	**142.47**	**339.69**	**97.01**	**4.00**	**1.17**
大牲畜	15.60	77.50	15.30	98.08	0.24	0.70
牛	14.68	76.94	14.40	98.09	0.22	0.71
#良种及改良种乳牛	9.73	62.45	9.21	94.66	0.16	0.59
马	0.28	82.35	0.27	96.43	0.01	1.49
驴	0.51	91.07	0.50	98.04		
骡	0.01		0.01	100.00		
骆驼	0.12	21.43	0.11	91.67		
羊合计	334.55	148.26	324.39	96.96	3.77	1.23
绵羊	262.11	170.86	254.19	96.98	2.83	1.38
山羊	72.44	100.28	70.20	96.91	0.93	0.90
猪	**25.54**	**746.78**	**24.94**	**97.65**	**0.49**	**1.15**

11-20 能繁殖母畜、耕役畜及改良畜(2013年,年末数)

单位:万头(只)

项　目	能繁殖母畜	耕役畜	良种牲畜	改良种牲畜
大牲畜和羊合计	**151.45**	**0.95**	**72.86**	**136.93**
大牲畜	21.40	0.95	14.94	13.13
牛	19.83	0.02	14.07	11.92
马	0.88	0.01	0.62	0.44
驴	0.54	0.62	0.22	0.72
骡		0.19		
骆驼	0.14	0.12	0.04	0.06
羊合计	130.05		57.92	123.79
绵羊	93.43		42.23	80.70
山羊	36.62		15.68	43.10
猪	**3.19**		**8.20**	**16.74**

11-21 能繁殖母畜、耕役畜及改良畜(2013年,年中数)

单位:万头(只)

项　目	能繁殖母畜	耕役畜	良种牲畜	改良种牲畜
大牲畜和羊合计	**261.05**	**1.40**	**111.33**	**233.04**
大牲畜	20.40	1.40	12.75	17.12
牛	18.99		11.77	15.70
#良种及改良种乳牛	15.11		0.06	
马	0.70	0.01	0.30	0.38
驴	0.57	0.86	0.59	0.91
骡		0.43		
骆驼	0.26	0.10	0.09	0.14
羊合计	240.65		9.86	21.59
绵羊	16.29		68.90	143.48
#细毛羊及改良羊	11.37			
半细毛羊及改良羊	113.84			
山羊	77.74		29.69	72.43
猪	**3.94**		**13.20**	**30.55**

11-22 主要畜禽产品产量

项　　目	2008	2009	2010	2011	2012	2013
当年出栏肉猪头数(头)	417869	495846	519900	519900	529700	529689
当年出栏和自宰的肉用牛(头)	170400	256117	257370	244312	256418	246625
当年出栏和自宰的肉用羊(只)	3173283	3254500	3515044	3515052	3857411	3895379
当年肉类总产量(吨)	127231	146127	156731	157382	158373	157638
#猪肉产量	38688	46051	46961	46961	46393	46393
牛肉产量	27251	38414	39520	39520	40364	38818
羊肉产量	55886	55836	63693	63693	64127	65538
奶类产量(吨)	1460126	1460134	1550196	1559471	1575073	1417597
#牛奶	1459155	1459155	1550196	1559397	1574991	1417492
山羊毛产量(吨)	111	179	239	218	208	414
绵羊毛产量(吨)	2550	2846	2879	2900	2937	3064
山羊绒产量(吨)	166	187	145	159	166	198
蜂蜜产量(吨)	50	40	42	39	40	35
禽蛋产量(吨)	24631	25721	26109	27636	28647	28163
年末实有家禽(万只)	219.69	167.69	167.71	179.61	190.72	187.86
牛皮产量(张)	162139	205232	234617	238535	252950	248332
绵羊皮产量(张)	2473137	2445537	2100696	2893257	3023273	2985223
山羊皮产量(张)	522918	804071	806180	626701	913038	975287
驼绒产量(吨)	16	16	19	20	23	11
出售肉类总量(吨)	109387	129976	100855	126783	133952	128860
#出售猪肉	25809	34526	28082	35700	35733	34494
出售牛肉	24323	36124	34323	36908	37168	33265
出售羊肉	50852	50754	29595	48677	54912	55484
出售牛羊奶数量(吨)	1357931	1360396	1382163	1469666	1493635	1267290
出售羊毛数量(吨)	2359	2779	2843	2782	2942	3182
出售家禽只数(万只)	158.74	175.4	201.0	203.57	227.17	119.91
水产品(吨)	7086	6953	7103	7412	7705	8112

11-23 林业基本情况

项　　目	2010	2011	2012	2013
荒山荒(沙)地造林面积(公顷)	**26857**	**21329**	**34370**	**40256**
人工造林	5522	7995	10036	7254
无林地和疏林地新封	21335	13334	24334	33002
林业重点工程合计(公顷)	**25788**	**17333**	**31667**	**38003**
天然林资源保护工程	10788	1333	16001	8002
退耕还林工程	1000		1667	1000
荒山荒地造林	1000		1667	1000
京津风沙源治理工程	11333	11333	11333	27001
三北及长江流域等防护工程	2667	4667	2666	2000
当年造林面积(千公顷)	**26.86**	**21.33**	**34.37**	**40.26**
按经济成份分				
国有造林	10.89	3.88	9.75	11.11
集体造林	3.92	5.07	12.37	8.29
非公有制造林	12.05	12.39	12.25	20.86
按主要林种用途分				
用材林				
经济林				
防护林	26.07	20.82	34.37	40.26
# 农田防护林				
薪炭林				
其他林	0.79	0.51		

11-24　草原建设及利用情况

项　　目	2008	2009	2010	2011	2012	2013
草场面积(千公顷)	2120.04	2120.04	2013.04	2013.04	2013.04	2013.04
# 承包到户面积	1364.57	1364.57	1537.07	1593.44	1588.00	1588.00
围栏草场面积(万亩)	764.70	764.70	764.70	764.70	535.87	535.87
人工种草保有面积(千公顷)	37.67	139.33	44.01	13.50	91.96	108.50
# 当年种草面积	41.05	106.67	23.65	26.73	67.83	102.21

11-25　野生动植物和自然保护情况

项　　目	2010	2011	2012	2013
年末实有自然保护区(个)	3	3	4	7
年末实有自然保护区面积(公顷)	73901	73951	104117	118667
禁猎(伐)区(个)	22	22	19	19
禁猎(伐)区面积(公顷)	1885618	1741018	84367	84317

主要统计指标解释

农林牧渔业总产值　指以货币表现的农、林、牧、渔业全部产品和对农林牧渔业生产活动进行的各种支持性服务活动的价值总量，它反映一定时期内农林牧渔业生产总规模和总成果。1957年以前的农林牧渔业总产值中包括了厩肥和农民自给性手工业(如农民自制衣服、鞋、袜，自己从事粮食初步加工等)。1958年及以后，林业中增加了村及村以下竹木采伐产值；牧业中取消了厩肥产值；副业中取消了农民自给性手工业产值，增加了村及村以下办的工业产值；渔业中增加了海洋捕捞水产品产值。1980年及以后，在副业中增加了农民家庭兼营工业商品部分的产值。从1984年起村及村以下工业产值划归工业。从1993年起取消副业，将野生动物的捕猎划入牧业、野生植物采集和农民家庭兼营商品性工业划归农业。从2003年起，执行新的国民经济行业分类标准，农林牧渔业总产值中包括了农林牧渔服务业产值。林业中增加了森林采运业产值。农业中取消了家庭兼营商品性工业产值，将野生林产品的采集划归林业。第一次农业普查以后，由于畜牧业产品年报数据与普查数据之间存在一定的差距，国家统计局农调总队对畜牧业年报数据与普查数据进行衔接，相应的畜牧业产值进行调整。

农林牧渔业总产值的计算方法通常是按农、林、牧、渔业产品及其副产品的产量分别乘以各自单位产品价格求得；少数生产周期较长，当年没有产品或产品产量不易统计的，则采用间接方法匡算其产值；然后将四业产品产值相加即为农林牧渔业总产值。

粮食产量　指全社会的产量。包括国有经济经营的、集体统一经营的和农民家庭经营的粮食产量，还包括工矿企业办的农场和其他生产单位的产量。粮食除包括稻谷、小麦、玉米、高粱、谷子及其他杂粮外，还包括薯类和豆类。其产量计算方法，豆类按去豆荚后的干豆计算；薯类(包括甘薯和马铃薯，不包括芋头和木薯)1963年以前按每4公斤鲜薯折1公斤粮食计算，从1964年开始改为按5公斤鲜薯折1公斤粮食计算。城市郊区作为蔬菜的薯类(如马铃薯等)按鲜品计算，并且不作粮食统计。其他粮食一律按脱粒后的原粮计算。1989年以前全国粮食产量数据主要靠全面报表取得，1989年以后开始使用抽样调查数据。

油料产量　指全部油料作物的生产量。包括花生、油菜籽、芝麻、向日葵籽、胡麻籽(亚麻籽)和其他油料。不包括大豆、木本油料和野生油料。花生以带壳干花生计算。

水产品产量　指人工养殖的水产品和天然生长的水产品的捕捞量。包括海水的鱼类、虾蟹类、贝类和藻类以及内陆水域的鱼类、虾蟹类和贝类，不包括淡水生植物。水产品产量是通过各级水产和统计部门逐级上报取得数据。1995年及以前，贝类中牡蛎按鲜肉计算；蚶、蛤、蛙按5斤鲜品折1斤计算。1996年以后则统一按鲜品计算。

猪、牛、羊肉产量　指当年出栏并已屠宰、除去头蹄下水后带骨肉(即胴体重)的重量。包括全社会范围内的产量。1996年前为各级逐级上报数据。1996年第一次农业普查以后，由于畜牧业产品年报数据与普查数据之间存在一定的差距，国家统计局农调总队对畜牧业年报数据与普查数据进行衔接。1999年以后，国家统计局开展了猪、牛、羊、禽等主要畜禽品种的抽样调查，并用抽样数据作为国家定案数据使用。未开展抽样调查的品种，仍使用各级统计部门逐级上报数据。

牲畜总增头数　是反映牲畜的总体增长情况、牲畜头数增殖情况和死亡损失情况的一项数量指标，以大畜、小畜和猪分畜种计算。计算公式为：

总增头数＝期内繁殖成活仔畜头数—期内成幼畜死亡头数。

期末畜禽存栏头(只)数　指报告期末农村各种合作经济组织和国营农场、农民个人、机关、团体、学校、工矿企业、部队等单位以及城镇居民饲养的大牲畜、猪、羊、家禽等畜禽的存栏数。数据上报方式及数据调整情况同猪、牛、羊肉产量。

常用耕地 是指耕地总资源中专门种植农作物并经常进行耕种、能够正常收获的土地。包括当年实际耕种的熟地；弃耕、休闲不满三年，随时可以复耕的地；开荒利用三年以上的土地。在统计口径上包括南方小于1米、北方小于2米宽的沟、渠、路和田埂。不包括临时种植农作物的坡度在25度以上的陡坡地；在河套、湖畔、库区临时开发的成片或零星土地；也不包括已列为国家和省（区、市）退耕计划但临时耕种的土地。常用耕地是国家需要重点保护的耕地，是反映我国农业综合生产能力的一个重要指标。

农作物播种面积 指实际播种或移植有农作物的面积。凡是实际种植有农作物的面积，不论种植在耕地上还是种植在非耕地上，均包括在农作物播种面积中。在播种季节基本结束后，因遭灾而重新改种和补种的农作物面积，也包括在内。农作物播种面积主要包括粮食、棉花、油料、糖料、麻类、烟叶、蔬菜和瓜类、药材和其他农作物九大类。

有效灌溉面积 指具有一定的水源，地块比较平整，灌溉工程或设备已经配套，在一般年景下当年能够进行正常灌溉的耕地面积。

农用化肥施用量 指本年内实际用于农业生产的化肥数量，包括氮肥、磷肥、钾肥和复合肥。化肥施用量要求按折纯量计算数量。折纯量是把氮肥、磷肥、钾肥分别按含氮、含五氧化二磷、含氧化钾的百分之一百成份进行折算后的数量。复合肥按其所含主要成分折算。

农业机械总动力 指主要用于农、林、牧、渔业的各种动力机械的动力总和。包括耕作机械、排灌机械、收获机械、农用运输机械、植物保护机械、牧业机械、林业机械、渔业机械和其他农业机械[内燃机按引擎马力折成瓦(特)计算、电动机按功率折成瓦(特)计算]。不包括专门用于乡、镇、村、组办工业、基本建设、非农业运输、科学试验和教学等非农业生产方面用的动力机械与作业机械。

农林牧渔业劳动力 指全社会直接参加农林牧渔业生产活动的劳动力。

乡村从业人员 指乡村人口中劳动年龄在16周岁以上实际参加生产经营活动并取得实物或货币收入的人员，包括劳动年龄内经常参加劳动的人员，也包括超过劳动年龄但经常参加劳动的人员，但不包括户口在家的在外学生、现役军人和丧失劳动能力的人，也不包括待业人员和家务劳动者。从业人员按从事主业时间最长（时间相同按收入）分为农业从业人员、工业从业人员、建筑业从业人员、交通运输业、仓储及邮电通信业从业人员、批零贸易及餐饮业从业人员、其他非农行业从业人员。

12

INDUSTRY

工　业

12-1　工业企业单位数和工业总产值

项　　目	2008	2009	2010	2011	2012	2013
企业单位数(个)	**21894**	**25347**	**33071**	**34181**	**34116**	**34441**
#规模以上	573	705	715	625	618	654
在总计中：						
国有及国有控股	146	187	186	171	171	154
在总计中：						
轻工业	11273	13029	17073	17679	17649	17801
重工业	10621	12318	15998	16502	16467	16640
在总计中：						
国有企业	35	34	31	29	28	26
集体企业	272	281	243	252	251	104
个体企业	18098	21286	29468	30842	30789	31042
其他经济类型企业	3489	3746	3329	3058	3049	3269
#股份制经济	2452	2571	2065	2766	2683	2914
外商及港澳台投资企业	90	97	87	82	79	72
工业总产值(现价、万元)	**22954939**	**26520378**	**29568722**	**36944587**	**39526384**	**41630189**
在总计中：						
国有及国有控股	13397900	17494213	14854136	15048837	15731825	14222488
在总计中：						
轻工业	3557152	4195243	5389520	6653523	6979408	5881179
重工业	19397787	22325135	24179202	30291064	32546976	35749010
在总计中：						
国有企业	2103353	1487014	2120095	2759518	2655396	2730543
集体企业	280588	249367	212285	235336	219939	144671
个体企业	1770796	2479994	4075353	5188192	4362541	5516713
其他经济类型企业	18800202	22304003	23160989	28761541	32288509	33238262
#股份制经济	15038858	16340025	18736727	18763891	20785582	21500216
外商及港澳台投资企业	1044291	1367625	1469365	1875510	1252626	1922684

12-2 工 业 总 产 值

单位：万元

年份	工业总产值（当年价格）	按轻重工业分		按经济类型分				在总计中：国有及国有控股
		轻工业	重工业	国有企业	集体企业	个体企业	其他经济类型企业	
1981	182069	46774	135295	157083	24960	26		157083
1982	237932	50613	187319	211114	26718	100		211114
1983	259829	54717	205112	228264	31416	149		228264
1984	274183	56904	217279	237195	36714	274		237195
1985	347137	70532	276605	295737	47572	827	3001	295737
1986	358693	72769	285924	302461	53112	1907	1213	302461
1987	417420	77812	339608	356518	53989	2488	4425	356518
1988	505578	98989	406589	424333	67949	3407	9889	424333
1989	625662	124101	501561	521745	88287	4716	10914	521745
1990	701769	141943	559826	583262	95932	5581	16994	583262
1991	851612	153951	697661	704543	112903	10123	24043	704543
1992	1102850	170039	932811	894488	145719	18460	44183	894488
1993	1728827	220531	1508296	1319324	239294	52127	118082	1319324
1994	2060622	309154	1751468	1390771	314582	109137	246132	1390771
1995	2161436	325147	1836289	1403377	340552	77464	340043	1403377
1996	2775737	524575	2251162	1502877	497646	348894	426320	1502877
1997	3123889	722036	2401853	1533182	509722	511973	569012	1533182
1998	3292152	742427	2549725	308968	357364	763913	1861907	1695487
1999	3813207	915125	2898082	271151	254328	703839	2583889	2134938
2000	3727669	873707	2853962	190499	193463	600236	2743471	2272273
2001	3933916	934951	2998965	211352	192259	597521	2932784	2403372
2002	4259991	957609	3302382	259179	174632	574811	3251369	2662914
2003	5647813	1231499	4416314	421775	211699	691068	4323271	3599030
2004	8123792	1459342	6664450	606679	304506	994031	6218576	5297953
2005	10599499	1904073	8695426	981424	177304	1170260	8270511	6798492
2006	12867476	2141774	10725702	1206236	138754	1363200	10159286	7507191
2007	15420278	2389563	13030715	1412955	188489	1136300	12682534	8874579
2008	22954939	3557152	19397787	2103353	280588	1770796	18800202	13397900
2009	26520378	4195243	22325135	1487014	249367	2479994	22304003	17494213
2010	29568722	5389520	24179202	2120095	212285	4075353	23160989	14854136
2011	36944587	6653523	30291064	2759518	235336	5188192	28761541	15048837
2012	39526384	6979408	32546976	2655396	219939	4362541	32288509	15731825
2013	41630189	5881179	35749010	2730543	144671	5516713	33238262	14222488

12-3 规模以上工业企业单位数和工业总产值

单位:万元

项目	企业单位数(个)		工业总产值(万元)	
	2012 年	2013 年	2012 年	2013 年
总计	**618**	**654**	**32359884**	**33718152**
按经济类型分				
国有企业	20	23	2650551	2727794
集体企业	21	20	86097	91919
其他企业	577	611	29623236	30898439
按隶属关系分				
中央企业	15	16	5283731	4762580
内蒙企业	12	11	6882846	6332824
市属企业	591	627	20193307	22622748
市直属企业	17	24	685057	1029209
旗县属企业	574	603	19508250	21593539
按轻重工业分				
轻工业	76	77	1758249	1730638
重工业	542	577	30601635	31987514
按企业规模分				
大型企业	31	32	16043884	15082992
中型企业	153	135	8331890	8587372
小型企业	434	487	7984110	10047788
按行业分				
煤炭开采和洗选业	34	43	1890535	2229518
黑色金属矿采选业	53	56	1974066	2419970
有色金属矿采选业	4	4	115686	114753
非金属矿采选业	3	3	92268	103878
农副食品加工业	21	21	490160	491630
食品制造业	13	13	407384	338845
酒、饮料和精制茶制造业	8	8	183823	234994
纺织业	5	6	59920	52564
纺织服装、服饰业	1	1	97149	91397
皮革、毛皮、羽毛及其制品和制鞋业	2	2	29231	34639
木材加工和木、竹、藤、棕、草制品业	1	1	39684	25644
造纸和纸制品业	6	6	174418	179660
印刷和记录媒介复制业	3	3	35731	42577
文教、工美、体育和娱乐用品制造业	1	1	31851	25683
石油加工、炼焦和核燃料加工业	2	2	48362	66015
化学原料和化学制品制造业	19	20	1039479	1185160
医药制造业	1	1	7556	6817
橡胶和塑料制品业	12	13	226969	237234
非金属矿物制品业	48	50	849039	914285
黑色金属冶炼和压延加工业	100	102	9281604	9956384
有色金属冶炼和压延加工业	70	70	4448534	4198568
金属制品业	27	29	3050061	2798323
通用设备制造业	42	48	783276	1170918
专用设备制造业	30	32	608123	768565
汽车制造业	16	16	2388232	1641509
铁路、船舶、航空航天和其他运输设备制造业	7	7	368070	427255
电气机械和器材制造业	35	37	837271	1029026
计算机、通信和其他电子设备制造业	6	7	105595	92722
仪器仪表制造业	4	4	42123	61865
其他制造业	3	2	65390	6293
废弃资源综合利用业	3	3	66788	146497
金属制品、机械和设备修理业	2	2	22696	20116
电力、热力生产和供应业	28	30	2252349	2288698
燃气生产和供应业	4	6	197391	266551
水的生产和供应业	4	4	49073	49600

12-4 规模以上工业企业

项目	企业单位数(个)	# 亏损企业	工业总产值(当年价格)	工业销售产值(当年价格)
总计	**654**	**123**	**33718152**	**32565157**
按隶属关系分				
中央企业	16	3	4762580	4098121
内蒙企业	11	3	6332824	6367527
市属企业	627	117	22622748	22099509
市直属企业	24	5	1029209	1047188
旗县区属企业	603	122	21593539	21052321
按企业规模分				
大型企业	32	9	15082992	14398292
中型企业	135	24	8587372	8329207
小型企业	487	90	10047788	9837658
按登记注册类型分				
内资企业	619	111	31799612	30686690
国有企业	23	6	2727794	2209502
中央企业	6	1	1007051	498045
地方企业	17	5	1720743	1711457
集体企业	20	7	91919	91908
股份合作企业	4	1	129201	127896
有限责任公司	227	49	11941640	11679124
国有独资公司	11	3	3134816	3082276
其他有限责任公司	216	46	8806824	8596849
股份有限公司	34	6	6222896	6217375
私营企业	307	42	10336631	10084486
私营独资企业	13		293596	292322
私营合伙企业	3	1	40636	40636
私营有限责任公司	276	39	9489303	9266072
私营股份有限公司	15	2	513095	485456
其他企业	4		349532	276399
港、澳、台商投资企业	13	4	241884	241344
合资经营企业(港或澳、台资)	6	2	61697	61697
港澳台商独资经营企业	7	2	180186	179647
外商投资企业	22	8	1676657	1637122
中外合资经营企业	17	7	1582078	1547809
外资企业	5	1	94579	89314
在总计中:亏损企业	123	123	4389549	4092925
在总计中:国有控股企业	95	28	14036235	13410488

主要经济指标(2013年)

单位:万元

资产总计	流动资产合计	应收账款	产成品	固定资产合计	负债合计
41392880	**17224179**	**3752027**	**1735922**	**14855240**	**27218927**
8417096	3878704	955902	245803	3694978	5384589
15563616	5681622	1188312	779656	3685926	10797638
17412168	7663853	1607813	710463	7474336	11036700
1391693	747891	180064	122359	369027	841450
16020475	6915962	1427749	588104	7105309	10195250
27735510	11838178	2485524	1214741	8565256	18474159
6800582	2861480	602844	275822	3235145	4664311
6856788	2524521	663659	245359	3054839	4080457
39048772	16277653	3497306	1643580	13700390	25554571
4019853	876230	119840	60520	2261297	2444625
2561369	488281	38401	39528	1705391	1341896
1458484	387949	81439	20992	555905	1102729
116240	82111	42733	2524	16587	91389
90639	26039	18627	406	31815	84038
16506027	8054970	2253454	419268	5194120	10510639
5028762	2618154	416153	158448	1967518	3235999
11477265	5436816	1837301	260819	3226602	7274640
12800711	4824473	581147	872593	3884449	8766244
5371313	2359466	470046	283830	2236339	3540308
141056	32274	13787	7394	71224	62435
26142	2738	548	32	6625	8721
5008889	2236402	448945	260753	2077695	3337653
195225	88051	6766	15651	80795	131500
143990	54365	11459	4440	75784	117327
468730	104222	23458	1649	306382	247674
85446	34520	7726	315	35821	45673
383284	69702	15733	1334	270561	202000
1875378	842304	231262	90693	848468	1416682
1681409	770660	196876	90381	730678	1305032
193970	71644	34386	312	117790	111650
5969387	2776562	851547	243682	2758957	4706982
28588849	11623843	2618531	1231630	9364742	18998593

12-4 续

项　　目	企业单位数（个）	# 亏损企业	工业总产值（当年价格）	工业销售产值（当年价格）
按轻重工业分				
轻工业	77	11	1730638	1701229
重工业	577	112	31987514	30863928
按行业分				
煤炭开采和洗选业	43	4	2229518	2233062
黑色金属矿采选业	56	1	2419970	2397280
有色金属矿采选业	4		114753	114753
非金属矿采选业	3		103878	103878
农副食品加工业	21		491630	492173
食品制造业	13	2	338845	333370
酒、饮料和精制茶制造业	8	1	234994	224013
纺织业	6	3	52564	59819
纺织服装、服饰业	1		91397	71747
皮革、毛皮、羽毛及其制品和制鞋业	2		34639	34639
木材加工和木、竹、藤、棕、草制品业	1		25644	25644
造纸和纸制品业	6		179660	179466
印刷和记录媒介复制业	3		42577	42577
文教、工美、体育和娱乐用品制造业	1		25683	25683
石油加工、炼焦和核燃料加工业	3	1	66015	66015
化学原料和化学制品制造业	20	4	1185160	674562
医药制造业	1		6817	5836
橡胶和塑料制品业	13	3	237234	236837
非金属矿物制品业	50	10	914285	769065
黑色金属冶炼和压延加工业	102	17	9956383	9698960
有色金属冶炼和压延加工业	70	25	4198568	4204539
金属制品业	29	2	2798323	2715481
通用设备制造业	48	14	1170918	1165326
专用设备制造业	32	11	768565	758555
汽车制造业	16	9	1641509	1553269
铁路、船舶、航空航天和其他运输设备制造业	7	2	427255	426642
电气机械和器材制造业	37	6	1029026	1020873
计算机、通信和其他电子设备制造业	7		92722	91946
仪器仪表制造业	4		61865	60196
其他制造业	2		6293	6284
废弃资源综合利用业	3		146497	146497
金属制品、机械和设备修理业	2	1	20116	20116
电力、热力生产和供应业	30	3	2288698	2291947
燃气生产和供应业	6	1	266551	264507
水的生产和供应业	4	3	49600	49600

表 1

单位：万元

资产总计	流动资产合计	应收账款	产成品	固定资产合计	负债合计
1768928	758991	124131	87426	550477	866036
39623952	16465188	3627896	1648496	14304763	26352891
1556136	588584	87379	84843	768293	673859
2187122	1017516	177488	89279	954194	1221876
46718	12412	6342	302	34021	25600
43845	11385	7576	199	32460	27289
541250	194934	51008	14440	128089	241850
328722	137108	27091	12928	130021	154926
331194	130188	6626	3030	118745	207503
52227	38119	6034	9910	10523	33165
135048	108776	9699	45073	17727	79549
19439	3772	1136		1394	4503
13241	737	255		1877	4346
104312	26313	4331	793	73356	35657
21280	3170	860	223	2394	8389
255	246	111	128	9	188
54430	30823	2144	296	5220	24527
1934374	476024	111646	69962	1296430	1241216
9541	7167	2521		2212	3886
111386	34217	5707	4428	29896	40148
1151260	391518	73824	43608	471930	770279
16114912	5816117	1039427	624060	4340893	11654633
4619685	2498488	601152	382701	1472541	2312004
3582020	2085151	318436	135063	1100484	2354549
843288	364542	82807	25583	345958	540570
504434	385892	122463	44141	76218	339891
1889772	1365426	625238	96874	388979	1584035
404072	270570	40120	15397	125126	147544
551890	330977	125894	29571	149012	299692
47788	16157	4672	1978	20275	19727
8223	4719	1894	413	2241	3997
2626	1482	658	12	1144	1948
34264	13118	6735		9970	24054
33430	24035	11136		4540	21607
3619265	603112	176110	16	2530704	2756539
271709	153002	5140	671	92670	195913
223722	78382	8367		115694	163468

12-4 续

项目	主营业务收入	主营业务成本	主营业务税金及附加	销售费用	管理费用
总计	**31903629**	**26904994**	**226315**	**596254**	**1508112**
按隶属关系分					
中央企业	4440265	3834631	27515	105579	310439
内蒙企业	5026454	4382299	16962	109092	239386
市属企业	22436910	18688064	181838	381583	958287
市直属企业	1053757	850436	13390	23857	77391
旗县区属企业	21383153	17837628	168448	357726	880896
按企业规模分					
大型企业	13494316	11759877	81750	276223	694323
中型企业	8493230	7016351	78311	187396	500079
小型企业	9916083	8128766	66254	132635	313710
按登记注册类型分					
内资企业	29988597	25226226	206412	530404	1414216
国有企业	1493303	1141977	16131	46722	137441
中央企业	942377	694394	11221	27982	86644
地方企业	550926	447583	4911	18740	50797
集体企业	110599	93419	1517	439	11993
股份合作企业	127703	119476	134	3588	3172
有限责任公司	11718025	10213464	92284	220436	617630
国有独资公司	3039016	2677416	17168	42805	176006
其他有限责任公司	8679009	7536048	75116	177631	441623
股份有限公司	6061475	5356244	22447	132855	200337
私营企业	10128932	8029519	73563	124468	439551
私营独资企业	292001	201703	3044	2553	14817
私营合伙企业	42436	21406	424	750	1011
私营有限责任公司	9319444	7391238	68641	118434	414236
私营股份有限公司	475051	415171	1454	2730	9488
其他企业	348560	272128	337	1896	4092
港、澳、台商投资企业	282331	205078	2095	4480	11623
合资经营企业(港或澳、台资)	99281	77744	694	527	5772
港澳台商独资经营企业	183051	127334	1401	3954	5851
外商投资企业	1632701	1473689	17808	61369	82274
中外合资经营企业	1545359	1411903	16901	54642	76435
外资企业	87342	61787	907	6727	5839
在总计中：亏损企业	4239807	4144950	16763	101863	170150
在总计中：国有控股企业	12479150	10893527	62129	252309	683520

表 2

单位：万元

财务费用	利润总额	亏损企业亏损总额	利税总额	本年应交增值税	全部从业人员年平均人数（人）
577612	**2128095**	**283233**	**3541117**	**1157548**	**253710**
120092	93220	137762	206120	85290	46538
215622	203510	26881	450835	208830	58106
241898	1831365	118590	2884162	863428	149066
13639	93995	3018	166412	58895	14080
228259	1737370	115572	2717750	804533	134986
390596	558807	166634	1135231	473021	127684
109335	654723	57396	1135633	395480	67586
77681	914565	59203	1270253	289047	58440
542845	2036741	267075	3324751	1059183	244253
46385	137827	50219	201427	47351	19711
32015	92512	42613	119957	16130	7353
14370	45315	7606	81470	31222	12358
1472	1837	1554	6500	3147	3486
1348	828	41	1506	543	415
311460	457711	120114	972912	422604	106798
71913	87196	8725	190254	85858	31955
239547	370515	111389	782658	336746	74843
129286	282545	50044	484459	157839	52010
49985	1151265	45103	1650221	425038	60894
150	55061		71447	13342	2488
10	13366	38	14352	562	452
44950	1053310	44603	1522348	400070	55718
4874	29528	462	42075	11064	2236
2909	4728		7727	2662	939
7747	46635	3166	66014	17250	2317
147	10251	1738	16450	5505	1099
7600	36384	1427	49565	11745	1218
27020	44720	12992	150352	81114	7140
23252	33151	12824	133594	76831	6650
3768	11568	168	16758	4283	490
116277	−283233	283233	−203910	62341	48264
413527	398102	203306	880957	398932	136698

12-4 续

项目	主营业务收入	主营业务成本	主营业务税金及附加	销售费用	管理费用
按轻重工业分					
轻工业	1672575	1216879	16696	67865	101193
重工业	30231054	25688115	209619	528389	1406919
按行业分					
煤炭开采和洗选业	2290817	1619169	21730	77137	209757
黑色金属矿采选业	2491628	2098353	24499	23999	55913
有色金属矿采选业	114776	83526	1077	88	4907
非金属矿采选业	103373	79286	974	52	3064
农副食品加工业	513952	349918	2976	8110	30135
食品制造业	287230	209032	1757	24826	14365
酒、饮料和精制茶制造业	231207	149668	8621	10697	19779
纺织业	64350	59720	189	995	3511
纺织服装、服饰业	70228	52188	428	7285	5174
皮革、毛皮、羽毛及其制品和制鞋业	34639	16578	331	619	739
木材加工和木、竹、藤、棕、草制品业	25644	11686	211	385	559
造纸和纸制品业	175592	145660	1064	6309	11091
印刷和记录媒介复制业	38160	18786	323	710	1003
文教、工美、体育和娱乐用品制造业	25683	25657	1	1	3
石油加工、炼焦和核燃料加工业	65977	63539	1283	758	1212
化学原料和化学制品制造业	1125406	767209	13684	12190	93978
医药制造业	5813	4022	60	168	960
橡胶和塑料制品业	245535	150881	1422	2541	9051
非金属矿物制品业	916846	753848	5581	10911	43965
黑色金属冶炼和压延加工业	9726869	8593165	82398	186442	428605
有色金属冶炼和压延加工业	4176091	3622752	17143	56462	144565
金属制品业	2646662	2358056	11326	32477	175218
通用设备制造业	1173405	1015293	4513	9606	41223
专用设备制造业	733158	674459	3766	16141	23686
汽车制造业	1503997	1425556	3918	39192	44257
铁路、船舶、航空航天和其他运输设备制造业	427452	332999	1868	6810	30080
电气机械和器材制造业	959840	815643	3566	20534	40453
计算机、通信和其他电子设备制造业	88854	54048	685	2049	2680
仪器仪表制造业	50177	49697	25	24	306
其他制造业	6392	5743	30	1264	640
废弃资源综合利用业	146497	133592	415	516	606
金属制品、机械和设备修理业	20116	18205	235		1521
电力、热力生产和供应业	1088780	917819	7858	13434	36643
燃气生产和供应业	276404	191670	1991	19469	16783
水的生产和供应业	52079	37571	367	4053	11680

表 3

单位：万元

财务费用	利润总额	亏损企业亏损总额	利税总额	本年应交增值税	全部从业人员年平均人数（人）
14929	221104	11408	284982	47094	21458
562683	1906991	271825	3256135	1110454	232252
5589	310019	42673	471846	140099	16383
29662	253406	1086	432576	154671	14993
	21304		32232	9851	826
52	18528		28388	8886	679
3557	89980		112152	19195	5338
1393	49319	3251	57526	6450	2778
3689	34457	103	50164	6998	3630
349	−271	1026	1086	1169	1218
2561	3544		5037	1064	2431
16	11635		12439	473	479
30	4769		5283	303	304
651	11578		20525	7883	1120
32	15694		16516	500	507
	21		25	4	649
179	−984	1952	993	694	674
31975	204445	307	260564	42433	6716
86	478		539		238
409	46875	103	55086	6788	1923
6861	52323	31898	84319	26415	9505
228173	334696	9238	813812	368170	70469
57952	320489	58691	472571	134901	27428
27509	69855	1980	120823	39512	29708
8807	66095	4046	99310	28672	12259
4539	9904	8781	21481	7806	5381
56536	−51363	75760	−19980	27399	9667
−3027	46413	375	55435	7154	2327
3337	61700	7678	90475	25059	5007
121	16142		18062	1235	1537
33	167		222	30	216
	29		207	147	82
77	7226		7960	319	317
584	−192	853	1051	952	870
99643	74266	26718	148076	65921	13797
1488	49997	65	65553	13565	1945
4749	−4449	6649	−1237	2830	2309

12-5 大中型工业企业

项　　目	企业单位数（个）	# 亏损企业	工业总产值（当年价格）	工业销售产值（当年价格）
总　计	**167**	**33**	**23670365**	**22727499**
按隶属关系分				
中央企业	10	3	4644466	3980253
内蒙企业	11	3	6332825	6367527
市属企业	146	27	12693074	12379719
市直属企业	10	1	722437	738629
旗县区属企业	136	26	11970637	11641090
按企业规模分				
大型企业	32	9	15082993	14398292
中型企业	135	24	8587372	8329207
按登记注册类型分				
内资企业	158	32	22111199	21197253
国有企业	16	5	2522183	2003775
中央企业	3	1	915287	406341
地方企业	13	4	1606896	1597433
集体企业	8	2	55526	55519
有限责任公司	71	19	9016836	8786468
国有独资公司	10	3	3118547	3066007
其他有限责任公司	61	16	5898289	5720461
股份有限公司	13	3	5794176	5784768
私营企业	49	3	4682638	4526884
私营独资企业	2		76206	76206
私营有限责任公司	46	2	4514201	4358911
私营股份有限公司	1	1	92230	91766
其他企业	1		39840	39840
港、澳、台商投资企业	3		84403	83163
合资经营企业(港或澳、台资)	2		57047	57047
港澳台商独资经营企业	1		27357	26117
外商投资企业	6	1	1474763	1447083
中外合资经营企业	6	1	1474763	1447083
在总计中：亏损企业	33	33	3104697	2829226
在总计中：国有控股企业	60	22	13229130	12601654
按轻重工业分				
轻工业	23	2	867749	843299
重工业	144	31	22802616	21884200
按行业分				
煤炭开采和洗选业	18	1	1803270	1806814
黑色金属矿采选业	10	1	1067561	1060735
农副食品加工业	7		240417	240417
食品制造业	4		211948	211948
酒、饮料和精制茶制造业	4		144925	140189
纺织业	2	1	46482	46418
纺织服装、服饰业	1		91397	71747
木材加工和木、竹、藤、棕、草制品业	1		25644	25644
造纸和纸制品业	2		54515	54515
文教、工美、体育和娱乐用品制造业	1		25683	25683
化学原料和化学制品制造业	5		966026	455115
非金属矿物制品业	15		587684	435229
黑色金属冶炼和压延加工业	25	4	8108976	7976871
有色金属冶炼和压延加工业	13	2	2843858	2896488
金属制品业	8	2	2467915	2385785
通用设备制造业	10	1	334301	333577
专用设备制造业	6	5	142924	139858
汽车制造业	8	4	1420410	1332169
铁路、船舶、航空航天和其他运输设备制造业	3	6	380210	378829
电气机械和器材制造业	3	1	374548	374548
计算机、通信和其他电子设备制造业	3		70977	70977
金属制品、机械和设备修理业	1		17981	17981
电力、热力生产和供应业	13	3	2058204	2061453
燃气生产和供应业	2		152768	152768
水的生产和供应业	2	2	31741	31741

主要经济指标(2013年)

单位:万元

资产总计	流动资产合计	应收账款	产成品	固定资产合计	负债合计
34536091	**14699658**	**3088367**	**1490563**	**11800402**	**23138470**
7956179	3811883	937693	243861	3319289	5223463
15563616	5681621	1188312	779655	3685927	10797638
11016296	5206154	962362	467047	4795186	7117369
1186613	627289	158831	117563	307653	734620
9829683	4578865	803531	349484	4487533	6382749
27735510	11838178	2485523	1214741	8565257	18474159
6800581	2861480	602844	275822	3235145	4664311
32963748	13980122	2901834	1412151	11123716	21913152
3576119	784959	96232	41846	1931756	2285481
2227742	441522	27097	38743	1432813	1265375
1348377	343437	69135	3103	498943	1020106
53708	39787	17144	1894	11688	47756
14278309	7128176	2034807	326549	4360783	9240229
4982254	2605947	416151	158448	1938082	3204434
9296055	4522228	1618656	168101	2422701	6035796
12423098	4671907	552292	860348	3733080	8567090
2624976	1351443	200067	181515	1082721	1769163
31659	6053	986	4963	25606	7942
2561170	1327443	199039	176386	1047427	1729464
32147	17947	41	166	9688	31758
7538	3850	1293		3689	3434
70993	22726	9307	311	40219	35222
45912	13709	3660		27044	17155
25081	9017	5647	311	13175	18066
1501350	696810	177227	78100	636467	1190097
1501350	696810	177227	78100	636467	1190097
4909635	2151449	751656	174557	2455990	3998704
27287038	11142533	2469881	1175664	8623684	18353156
922755	388546	44782	62257	257946	375288
33613336	14311112	3043585	1428306	11542456	22763182
1354108	536481	73397	83895	706927	578127
1754673	861829	136709	61108	705088	951579
313562	75214	7101	2419	68267	88213
109060	58305	20523	5693	31621	24170
221921	113810	3511	3030	50509	121758
35072	24216	1785	5914	8811	24207
135048	108776	9699	45073	17726	79549
13241	737	255	128	1877	4346
58230	1350	920	67298	55560	2410
255	246	111	28247	9	188
1853540	432253	98578	575223	1276659	1190475
677189	244651	23367	328089	370896	561999
14924142	5463861	961706	132474	3776441	10798793
3914421	2120258	531497	23261	1273704	1884369
3487415	2041387	302679	31031	1079969	2302046
412295	243507	53480	80614	106938	294293
218897	181815	57281	10456	31512	184578
1841236	1325820	612996	6594	381442	1552093
375470	249364	32344		120513	132041
178921	95767	47721		65267	98521
38413	10107	2445		18899	15696
31395	22203	10234		4337	20412
2322489	341734	93345	16	1548626	2032026
223320	136797	4989		73105	164552
41778	9170	1694		25699	32029

12-5 续

项　　目	主营业务收入	主营业务成本	主营业务税金及附加	销售费用	管理费用
总　计	**21987546**	**18776228**	**160061**	**463618**	**1194402**
按隶属关系分					
中央企业	4323637	3744525	27497	104941	302219
内蒙企业	5026454	4382299	16962	109091	239386
市属企业	12637455	10649404	115603	249586	652797
市直属企业	755152	565611	12568	18921	71156
旗县区属企业	11882303	10083793	103035	230665	581641
按企业规模分					
大型企业	13494316	11759877	81750	276223	694323
中型企业	8493230	7016351	78311	187395	500079
按登记注册类型分					
内资企业	20476959	17416867	144834	410423	1120832
国有企业	1253721	955403	14740	45211	117892
中央企业	850719	618607	11214	27660	80036
地方企业	403001	336795	3525	17551	37856
集体企业	60318	53244	1178	321	6549
有限责任公司	8823148	7673929	75404	171018	517761
国有独资公司	3022723	2667123	17139	42805	176006
其他有限责任公司	5800425	5006806	58265	128213	341755
股份有限公司	5648291	5035697	21263	127701	189242
私营企业	4651641	3663484	32016	65977	286805
私营独资企业	76206	52351	1022	914	9831
私营有限责任公司	4483205	3520153	30988	65063	276157
私营股份有限公司	92230	90979	6		817
其他企业	39840	35110	234	196	2583
港、澳、台商投资企业	84380	57867	687	1088	6650
合资经营企业(港或澳、台资)	57047	36858	626	424	4971
港澳台商独资经营企业	27334	21009	61	664	1679
外商投资企业	1426207	1301494	14540	52107	66921
中外合资经营企业	1426207	1301494	14540	52107	66921
在总计中：亏损企业	2938201	2863547	13155	85751	126494
在总计中：国有控股企业	11630250	10162386	59521	248054	641717
按轻重工业分					
轻工业	857465	612983	12682	48803	71346
重工业	21130081	18163245	147379	414815	1123056
按行业分					
煤炭开采和洗选业	1833331	1345258	17440	70308	186082
黑色金属矿采选业	1158345	992382	8571	19693	26981
农副食品加工业	259157	170378	1799	2450	21890
食品制造业	188251	143103	1095	19272	8820
酒、饮料和精制茶制造业	149283	99583	8269	9176	17882
纺织业	48881	44879	118	721	2722
纺织服装、服饰业	70228	52188	428	7285	5174
木材加工和木、竹、藤、棕、草制品业	25644	11686	211	385	559
造纸和纸制品业	61120	41865	523	5460	6685
文教、工美、体育和娱乐用品制造业	25683	25657	1	1	3
化学原料和化学制品制造业	912041	581170	12768	9677	90763
非金属矿物制品业	560926	464364	4000	6601	32122
黑色金属冶炼和压延加工业	7866423	7119240	62745	158747	348950
有色金属冶炼和压延加工业	2891748	2457500	11910	43556	102284
金属制品业	2312576	2073292	10351	30063	165522
通用设备制造业	338687	302052	1792	3943	26621
专用设备制造业	134361	124518	348	3600	8592
汽车制造业	1305782	1234394	3728	38371	42871
铁路、船舶、航空航天和其他运输设备制造业	379775	291355	1597	5192	27459
电气机械和器材制造业	335181	260552	2517	8715	24929
计算机、通信和其他电子设备制造业	70977	40207	395	1170	1633
金属制品、机械和设备修理业	17981	15560	235		1235
电力、热力生产和供应业	852854	756051	7218	13331	26343
燃气生产和供应业	154089	101432	1759	1848	7873
水的生产和供应业	34220	27562	243	4053	10407

表

单位:万元

财务费用	利润总额	亏损企业亏损总额	利税总额	本年应交增值税	全部从业人员年平均人数(人)
499931	**1213530**	**224030**	**2270865**	**868501**	**195270**
113861	82341	137762	193708	83775	45988
215622	203511	26881	450836	208830	58106
170448	927678	59387	1626321	575896	91176
10958	94495	999	160174	53086	12842
159490	833183	58388	1466147	522810	78334
390596	558807	166634	1135231	473021	127684
109335	654723	57396	1135634	395480	67586
478832	1158165	222105	2113934	788851	188542
41688	111158	49321	159367	33353	18486
29090	86499	42613	113882	16074	7006
12598	24659	6708	45485	17279	11480
176	3	278	3181	2000	2320
290786	315856	102592	764506	373133	88385
71424	81715	8725	184363	85479	31727
219362	234142	93866	580143	287654	56658
124629	232135	47791	428326	153371	49568
21534	497314	22124	754281	224656	29233
1	12008		17555	4525	608
20806	485623	21807	733348	216441	28110
727	−317	317	3378	3689	515
19	1699		4273	2340	550
59	16094		23077	6296	1315
57	11978		17838	5234	785
2	4116		5239	1062	530
21040	39272	1925	133854	73354	5413
21040	39272	1925	133854	73354	5413
106205	−224030	224030	−159551	51219	39186
398679	348357	196111	806303	376637	131023
5711	91215	5465	135402	31481	14149
494220	1122315	218565	2135463	837020	181121
4075	208164	42613	345492	119888	13254
28823	87814	1086	162558	66173	6745
1328	49496		64890	13595	3434
−20	15985		21009	3930	1631
1413	15517		30043	6233	2806
179	590	136	1613	906	802
2561	3544		5036	1064	2431
30	4769		5283	303	304
120	6623		10835	3689	432
	21		25	4	649
31451	191155		244804	40881	5564
5400	14934	29605	36484	17550	6419
214833	155779	2367	552920	305855	59910
50350	299612	29764	428512	116989	20915
26336	45424	1261	93036	37150	28229
1454	5274	2503	20746	13680	8130
3316	−4773	5401	−1787	2638	2746
56732	−56067	75728	−26141	26132	9231
−3039	45908	202	53954	6448	2023
2322	37918		61525	21090	1960
101	15489		16896	1012	1391
585	661		1793	897	680
71186	35414	26718	97453	54790	12568
295	40925		48530	5846	906
100	−6646	6646	−4644	1758	2110

12-6 规模以上国有控股工业

项　目	企业单位数（个）	#亏损企业	工业总产值（当年价格）	工业销售产值（当年价格）
总　计	**95**	**28**	**14036235**	**13410488**
按隶属关系分				
中央企业	16	3	4762580	4098121
内蒙企业	10	3	6315928	6350446
市属企业	69	22	2957727	2961921
市直属企业	7	2	268149	306826
旗县区属企业	62	20	2689579	2655095
按企业规模分				
大型企业	23	9	11438642	10807221
中型企业	37	13	1790488	1794434
小型企业	35	6	807105	808833
按登记注册类型分				
内资企业	91	25	13772050	13125798
国有企业	23	6	2727794	2209502
中央企业	6	1	1007051	498045
地方企业	17	5	1720743	1711457
有限责任公司	54	16	5882749	5720585
国有独资公司	11	3	3134816	3082276
其他有限责任公司	43	13	2747933	2638310
股份有限公司	14	3	5161508	5195710
外商投资企业	4	3	264185	284690
中外合资经营企业	4	3	264185	284690
在总计中：亏损企业	28	28	2477685	2371253
按轻重工业分				
轻工业	8	3	173472	180785
重工业	27	25	13862763	13229703
按行业分				
煤炭开采和洗选业	2	1	282360	285903
黑色金属矿采选业	2	1	481580	481580
农副食品加工业	2		33223	33224
食品制造业	1		69782	69782
酒、饮料和精制茶制造业	2		37186	37140
纺织业	1	1	528	7886
化学原料和化学制品制造业	2		607737	100259
橡胶和塑料制品业	1		14801	13149
非金属矿物制品业	3	1	107546	107033
黑色金属冶炼和压延加工业	8	2	4195221	4193602
有色金属冶炼和压延加工业	11	3	1414441	1469707
金属制品业	6	1	2385838	2303708
通用设备制造业	9	3	335241	330832
专用设备制造业	12	6	194656	191361
汽车制造业	5	4	1133759	1045519
铁路、船舶、航空航天和其他运输设备制造业	2		322335	319369
电气机械和器材制造业	3		235131	232315
金属制品、机械和设备修理业	1		17981	17981
电力、热力生产和供应业	20	3	2135148	2138397
水的生产和供应业	2	2	31741	31741

企业主要经济指标(2013年)

单位:万元

资产总计	流动资产合计	应收账款	产成品	固定资产合计	负债合计
28588849	**11623843**	**2618531**	**1231630**	**9364742**	**18998593**
8417096	3878704	955902	245803	3694978	5384589
15539899	5669573	1186515	779298	3683246	10795225
4631854	2075566	476114	206529	1986518	2818779
587410	276629	50676	23739	86069	250119
4044444	1798937	425438	182790	1900449	2568660
24758873	10192243	2213702	1072417	7390526	16548061
2528165	950289	256179	103247	1233158	1805095
1301811	481311	148650	55966	741058	645437
28160935	11314657	2545178	1201886	9288289	18724023
4019853	876230	119840	60520	2261297	2444625
2561369	488281	38401	39528	1705391	1341896
1458484	387949	81439	20992	555905	1102729
12146692	6048800	1905869	319326	3441730	7966827
5028762	2618154	416153	158448	1967518	3235999
7117930	3430646	1489716	160878	1474212	4730828
11994391	4389627	519469	822040	3585262	8312571
427913	309187	73353	29744	76453	274570
427913	309187	73353	29744	76453	274570
4485094	1986284	740317	167381	2213691	3542251
578754	221731	59076	5691	135909	235198
28010095	11402112	2559455	1225939	9228833	18763395
473100	73043	23702	2080	323608	220208
1307310	662468	98473	49520	544561	739108
317821	107259	40248	2419	59792	120836
23421	12357	10327	426	10832	6255
135499	70183	119	1204	22782	67176
6742	6690	2744	1194	13	2295
1318386	155917	750	14857	1042203	768396
13625	10137	2660	2876	1269	5362
130955	22872	3382	4062	104825	94282
12791567	4560318	828233	528685	2685615	9091168
2497184	1327207	366606	333190	684390	965007
3442834	2012488	295553	124293	1070602	2270573
412959	243557	47400	23006	111323	295113
333762	255313	81516	40133	51499	239496
1798622	1295270	602011	75121	370906	1516980
365932	254298	37618	13777	111633	123312
148228	87738	39661	14771	47772	79416
31395	22203	10234		4337	20412
2997729	435355	125600	16	2091081	2341169
41778	9170	1694		25699	32029

12-6 续

项目	主营业务收入	主营业务成本	主营业务税金及附加	销售费用	管理费用
总计	**12479150**	**10893527**	**62129**	**252309**	**683520**
按隶属关系分					
中央企业	4440265	3834631	27515	105578	310439
内蒙企业	5009372	4372050	16701	107896	237678
市属企业	3029513	2686846	17913	38835	135403
市直属企业	324606	274128	5689	4889	27882
旗县区属企业	2704907	2412718	12224	33946	107521
按企业规模分					
大型企业	9861106	8574918	52116	208685	567576
中型企业	1769144	1587468	7405	39369	74140
小型企业	848900	731141	2608	4255	41804
按登记注册类型分					
内资企业	12188473	10644658	59161	242876	666887
国有企业	1493303	1141977	16131	46722	137441
中央企业	942377	694394	11221	27982	86644
地方企业	550926	447583	4911	18740	50797
有限责任公司	5635437	4986893	35034	93765	379527
国有独资公司	3039016	2677416	17168	42805	176006
其他有限责任公司	2596420	2309477	17866	50960	203521
股份有限公司	5059734	4515789	7996	102389	149918
外商投资企业	290677	248868	2968	9433	16634
中外合资经营企业	290677	248868	2968	9433	16634
在总计中:亏损企业	2366278	2301395	11702	83299	111177
按轻重工业分					
轻工业	197242	152919	5391	18863	25921
重工业	12281908	10740608	56738	233446	657599
按行业分					
煤炭开采和洗选业	317812	274357	6065	26138	32505
黑色金属矿采选业	532010	481066	3184	15005	6469
农副食品加工业	49594	44175	124	540	7855
食品制造业	69782	54818	339	9612	2491
酒、饮料和精制茶制造业	37112	19830	4654	3733	5241
纺织业	6550	6220	35	155	258
化学原料和化学制品制造业	555422	343149	6102	710	52339
橡胶和塑料制品业	13150	11189	1	131	1664
非金属矿物制品业	104166	98006	114	2069	3539
黑色金属冶炼和压延加工业	4045914	3611829	12582	85245	202443
有色金属冶炼和压延加工业	1491196	1233216	5233	12765	73592
金属制品业	2197612	1964014	10257	28563	156423
通用设备制造业	345613	321572	1186	1705	16303
专用设备制造业	170453	156429	472	4397	13449
汽车制造业	1027440	955215	3555	37886	40662
铁路、船舶、航空航天和其他运输设备制造业	319930	260182	858	4606	25880
电气机械和器材制造业	214613	205983	153	1816	4056
金属制品、机械和设备修理业	17981	15560	235		1235
电力、热力生产和供应业	928580	809155	6737	13180	26709
水的生产和供应业	34220	27562	243	4053	10407

表

单位：万元

财务费用	利润总额	亏损企业 亏损总额	利税总额	本年应交 增 值 税	全部从业人员 年平均人数 （人）
413527	**398102**	**203306**	**880957**	**398932**	**136698**
120092	93220	137762	206120	85290	46538
215695	199790	26881	444826	206801	57701
77740	105092	38663	230011	106841	32459
2868	23340	2537	45231	16179	6953
74872	81752	36126	184780	90662	2550
338408	303975	166634	698505	320761	110316
60271	44382	29478	107799	55877	20707
14848	49745	7194	74653	22294	5675
405514	384444	197303	836965	371566	134913
46385	137827	50219	201427	47351	19711
32015	92512	42613	119957	16130	7353
14370	45315	7606	81470	31222	12358
242996	28643	100431	264502	200711	68039
71913	87196	8725	190254	85858	31955
171083	−58553	91706	74248	114853	36084
116133	217973	46654	371037	123504	47163
8014	13658	6002	43992	27366	1785
8014	13658	6002	43992	27366	1785
104054	−203306	203306	−145191	46309	33864
2652	7724	7246	22452	9313	5402
410875	390378	196060	858505	389619	131296
1521	−21865	42613	13257	29056	2516
23653	−1080	1086	27099	24996	3316
2339	5620		6627	883	1500
−2	2863		5872	2670	451
43	6488		15168	4003	1474
42	−339	339	−304		72
25161	126193		132406	111	2039
102	68		96	26	251
3968	−2762	6323	−1696	952	782
161670	47128	1272	228974	147708	45929
24937	181300	33524	237619	51086	15949
26172	42150	1261	88945	36428	27141
1411	−347	2067	10282	9443	6750
3448	−5776	7281	−2278	3021	3367
55652	−54516	74176	−25827	25068	7880
−3174	31053		37409	5497	1521
2243	5242		6126	731	791
585	661		1793	897	680
83656	42667	26718	104033	54598	12179
100	−6646	6646	−4644	1758	2110

12-7 规模以上集体工业

项目	企业单位数（个）	#亏损企业	工业总产值（当年价格）	工业销售产值（当年价格）
总计	**20**	**7**	**91919**	**91908**
按隶属关系分				
市属企业	20	7	91919	91908
市直属企业	1	1		
旗县区属企业	19	6	91919	91908
按企业规模分				
中型企业	1		10059	10058
小型企业	19	7	81860	81850
按轻重工业分				
轻工业	8	2	55526	55519
重工业	12	5	36393	36389
按行业分				
农副食品加工业	1		10059	10059
化学原料和化学制品制造业	1		2004	2001
非金属矿物制品业	5	2	13656	13653
黑色金属冶炼和压延加工业	5	1	28054	28049
金属制品业	3	1	7834	7834
通用设备制造业	3	1	8086	8086
汽车制造业	1	1	7226	7226
铁路、船舶、航空航天和其他运输设备制造业	1	1	15000	15000

企业主要经济指标（2013年）

单位：万元

资产总计	流动资产合计	应收账款	产成品	固定资产合计	负债合计
116240	82111	**42733**	**2524**	**16587**	**91389**
116240	82111	42733	2524	16587	91389
1227	1002	504	211	225	3115
115013	81109	42229	2313	16362	88274
13818	1733	224			6214
102422	80378	42509	2524	16587	85175
53707	39788	17144	1894	11688	47755
62533	42323	25589	630	489	43634
13818	1733	224			6214
3969	3635	69	189	333	4007
27996	20724	11634	739	6553	25390
31345	24825	12496	978	3855	26391
10446	8896	5093	404	1283	5715
16694	13087	8118	214	2547	10202
7449	6469	5099		980	3448
4523	2742			1036	10022

12-7 续

项目	主营业务收入	主营业务成本	主营业务税金及附加	销售费用	管理费用
总计	**110599**	**93419**	**1517**	**439**	**11993**
按隶属关系分					
市属企业	110599	93419	1517	439	11993
市直属企业	45	43			422
旗县区属企业	110554	93376	1517	439	11571
按企业规模分					
中型企业	10059	4829	40	70	73
小型企业	100540	88590	1477	369	11920
按轻重工业分					
轻工业	60318	53244	1178	321	6549
重工业	50281	40175	339	118	5444
按行业分					
农副食品加工业	10059	4829	40	70	73
化学原料和化学制品制造业	2053	1952	41		725
非金属矿物制品业	30023	27538	173	34	2238
黑色金属冶炼和压延加工业	27918	23555	377	321	3397
金属制品业	8655	7524	76	14	1798
通用设备制造业	8719	7298	67		1541
汽车制造业	7226	7453	56		144
铁路、船舶、航空航天和其他运输设备制造业	15946	13270	687		2077

表

单位：万元

财务费用	利润总额	亏损企业亏损总额	利税总额	本年应交增值税	全部从业人员年平均人数（人）
1472	**1837**	**1554**	**6500**	**3147**	**3486**
1472	1837	1554	6500	3147	3486
	-420	420	-420		40
1472	2257	1134	6920	3147	3446
2	2514		2689	135	40
1470	-677	1554	3811	3012	3446
176	3	278	3181	2000	2320
1296	1834	1276	3319	1147	1166
2	2514		2689	135	40
15	50		115	24	157
858	298	58	985	515	669
313	3	79	1099	719	1273
90	-613	719	-227	311	234
71	-137	420	267	336	397
18	-76	76	428	448	336
105	-202	202	1144	659	380

12-8 规模以上三资工业

项　目	企业单位数（个）	#亏损企业	工业总产值（当年价格）	工业销售产值（当年价格）
总　计	**35**	**12**	**1918541**	**1878466**
按隶属关系分				
中央企业	1		216152	234591
市属企业	34	12	1702389	1643875
市直属企业	3	1	117931	101116
旗县区属企业	31	11	1584458	1542759
按企业规模分				
大型企业	2		307549	306338
中型企业	7	1	1251617	1223908
小型企业	26	11	359375	348220
按登记注册类型分				
港、澳、台商投资企业	13	4	241884	241344
合资经营企业(港或澳、台资)	6	2	61697	61697
港澳台商独资经营企业	7	2	180186	179647
外商投资企业	22	8	1676657	1637122
中外合资经营企业	17	7	1582078	1547809
外资企业	5	1	94579	89314
按轻重工业分				
轻工业	8	3	288183	262379
重工业	27	9	1630358	1616087
按行业分				
农副食品加工业	3	1	67749	67140
食品制造业	2	1	97802	98502
酒、饮料和精制茶制造业	1	1	29303	23059
纺织业	1		1931	1931
纺织服装、服饰业	1		91398	71748
化学原料和化学制品制造业	1		19078	19078
非金属矿物制品业	1			
黑色金属冶炼和压延加工业	4		712998	686742
有色金属冶炼和压延加工业	10	7	412274	410560
金属制品业	1		2629	2629
通用设备制造业	1		113398	113398
专用设备制造业	3	2	86814	82072
汽车制造业	2		237739	256179
电气机械和器材制造业	1			
计算机、通信和其他电子设备制造业	1		15231	15231
电力、热力生产和供应业	2		30197	30197

企业主要经济指标(2013年)

单位:万元

资产总计	流动资产合计	应收账款	产成品	固定资产合计	负债合计
2344109	**946526**	**254720**	**92342**	**1154850**	**1664356**
314256	236329	56609	18499	39239	185191
2029853	710197	198111	73843	1115611	1479165
171686	125660	13296	46572	32216	83855
1858167	584537	184815	27271	1083395	1395309
449305	345106	66309	63572	56966	264740
1123039	374430	120225	14839	619720	960578
771765	226990	68186	13931	478164	439038
468730	104222	23458	1649	306382	247674
85446	34520	7726	315	35821	45673
383284	69702	15733	1334	270561	202000
1875378	842304	231262	90693	848468	1416682
1681409	770660	196876	90381	730678	1305032
193970	71644	34386	312	117790	111650
297880	153758	17405	47447	116660	176005
2046229	792768	237315	44895	1038190	1488351
50997	18206	3454	1734	27503	22708
40636	22894	3416	640	13143	9892
69408	2470	744		57908	62169
1791	1412	92		379	1687
135048	108776	9699	45073	17727	79549
10736	1206	153		3503	4157
20703	13000	2700	312		10270
777011	170174	66178	4962	502027	729426
311466	179420	51360	4693	118649	200890
7563	5320	863	3		7370
210158	24723	2251	206	155292	116558
124086	100676	35245	9746	19542	96728
330630	252056	61125	24973	39296	189663
11792	3297	1450		3336	2515
242084	42896	15990		196545	130774

12-8 续

项目	主营业务收入	主营业务成本	主营业务税金及附加	销售费用	管理费用
总计	**1915032**	**1678767**	**19902**	**65849**	**93897**
按隶属关系分					
中央企业	226219	188162	2501	8329	11081
市属企业	1688813	1490605	17401	57520	82816
市直属企业	99336	72509	769	7913	7301
旗县区属企业	1589477	1418096	16632	49608	75515
按企业规模分					
大型企业	296447	240350	2928	15614	16255
中型企业	1214139	1119011	12298	37581	57316
小型企业	404446	319406	4676	12654	20326
按登记注册类型分					
港、澳、台商投资企业	282331	205078	2095	4480	11623
合资经营企业(港或澳、台资)	99281	77744	694	527	5772
港澳台商独资经营企业	183051	127334	1401	3954	5851
外商投资企业	1632701	1473689	17808	61369	82274
中外合资经营企	1545359	1411903	16901	54642	76435
外资企业	87342	61787	907	6727	5839
按轻重工业分					
轻工业	239332	189502	1116	16335	14054
重工业	1675700	1489265	18786	49514	79843
按行业分					
农副食品加工业	68207	51022	506	1584	6315
食品制造业	74937	59920	155	7395	2274
酒、饮料和精制茶制造业	22834	23016			81
纺织业	3126	3356	27	71	211
纺织服装、服饰业	70228	52188	428	7285	5174
化学原料和化学制品制造业	19078	9239	144	336	400
非金属矿物制品业	33974	33834	36	17	51
黑色金属冶炼和压延加工业	716066	679652	10852	27271	43226
有色金属冶炼和压延加工业	416279	391638	2906	4068	15364
金属制品业	2617	2430	3	12	110
通用设备制造业	113949	79604	1003	2720	1908
专用设备制造业	81404	64895	647	6043	6731
汽车制造业	247806	203888	2627	8779	11551
电气机械和器材制造业	451	137	6		
计算机、通信和其他电子设备制造业	15231	7416	124	268	371
电力、热力生产和供应业	28845	16532	438		130

表

单位：万元

财务费用	利润总额	亏损企业亏损总额	利税总额	本年应交增值税	全部从业人员年平均人数（人）
34767	**91355**	**16158**	**216366**	**98364**	**9457**
4650	19661		46268	24106	1114
30117	71694	16158	170098	74258	8343
2642	6875	1538	10540	2895	3042
27475	64819	14620	159559	71363	5301
7211	23204		51303	25171	3545
13888	32162	1925	105628	54478	3183
13668	35989	14233	59435	18715	2729
7747	46635	3166	66014	17250	2317
147	10251	1738	16450	5505	1099
7600	36384	1427	49565	11745	1218
27020	44720	12992	150352	81114	7140
23252	33151	12824	133594	76831	6650
3768	11568	168	16758	4283	490
4655	16618	1199	25404	7670	3763
30112	74737	14959	190962	90694	5694
202	8619		14147	5022	476
115	5109	545	6607	1342	520
1776	−103	103	−103		180
1	−552	552	−283	242	156
2561	3544		5036	1064	2431
12	6514		6928	270	160
27	10		46		36
9719	5588		53042	29916	620
1771	−1876	12865	20153	19089	2039
62	1		4		65
5629	23325		32686	8358	255
2700	1733	2093	5157	2777	638
4534	24347		52139	25164	1149
12			28		157
50	4869		5210	216	484
5596	10227		15569	4904	91

12-9 主 要 工 业

年份	钢（万吨）	铁（万吨）	钢材（万吨）	铝锭（万吨）	发电量（亿千瓦时）	原煤（万吨）
1962	8.24	31.85	0.66	1.04	6.70	164.46
1965	34.22	51.03	1.34	2.43	10.19	161.91
1970	80.05	64.15	14.52	2.12	17.37	190.31
1975	41.40	44.28	32.45	1.09	19.18	229.23
1978	89.23	97.73	55.53	1.93	20.45	303.71
1980	130.83	128.12	84.07	2.67	21.24	290.92
1985	166.97	170.75	82.93	2.73	32.00	444.93
1990	261.90	258.24	146.64	5.91	44.19	476.77
1991	256.17	246.27	147.23	6.45	46.50	498.80
1992	289.80	274.68	167.84	7.18	55.12	532.16
1993	324.07	298.02	214.53	7.07	58.29	588.88
1994	316.00	296.37	234.46	7.18	56.49	631.00
1995	339.25	313.35	233.80	7.27	57.80	722.96
1996	412.71	396.30	269.26	7.59	55.89	701.03
1997	431.34	412.75	317.85	9.11	54.35	648.76
1998	385.91	373.15	319.44	11.43	55.85	447.76
1999	393.49	380.71	342.05	11.79	49.73	399.49
2000	399.67	392.87	355.42	11.84	49.60	375.45
2001	428.34	421.44	360.35	11.95	54.08	177.81
2002	489.31	498.41	457.34	14.23	61.59	248.99
2003	539.95	546.51	517.66	20.10	65.21	233.91
2004	576.42	565.46	567.56	34.40	75.75	285.99
2005	740.69	749.62	700.01	40.69	100.74	326.07
2006	799.22	871.84	742.82	49.52	165.99	181.66
2007	919.44	1032.82	862.25	66.69	242.52	180.08
2008	1052.73	1081.03	1010.21	81.19	262.78	241.45
2009	1108.42	1127.83	1051.51	83.60	274.86	1490.13
2010	1112.67	1135.35	1119.40	87.13	262.06	2235.00
2011	1176.53	1187.98	1187.29	101.71	353.26	1963.22
2012	1397.53	1126.13	1311.99	116.85	373.80	2174.39
2013	1565.52	1143.82	1388.14	120.08	395.87	1997.26

产　品　产　量

布（万米）	糖（万吨）	白酒（千升）	啤酒（万千升）	硫酸（吨）	电石（吨）	农用化肥（吨）	水泥（万吨）
37	0.12	973		43	2968	4945	0.86
232	2.52	927			3614	5595	
5352	2.73	1283		622	4963	14516	0.11
2936	1.27	1600		6186	5701	10437	2.02
5720	1.42	1797		8336	9270	22838	2.49
5889	2.59	2730		21611	10910	30011	6.20
4987	5.22	6077	1.39	27091	21833	30928	10.74
7775	2.89	9477	2.42	38445	33997	14446	14.98
7466	4.56	9962	2.71	41120	31487	14448	19.85
6507	6.14	10762	3.00	46352	37284	14289	23.76
526	5.28	15000	3.64	55500	31400	14800	31.53
5440	3.80	14939	3.65	65068	36239	16520	23.00
4839	2.18	10896	4.00	71443	60593	16366	25.74
5432	4.60	11652	4.30	59038	59039	17852	30.83
5292	4.19	15608	5.01	71475	57867	16664	38.17
4065	3.66	15206	4.77	85111	59719	16524	50.31
3146	3.79	19581	5.12	81801	69014	19983	54.01
392	3.21	18818	4.85	90772	72455	18948	46.93
2522	4.47	13351	5.61	103509	68077	22230	64.61
2941	4.50	10662	6.20	179076	138474	23734	60.03
2669	4.02	8315	6.91	118282	123423	22781	60.32
2053	2.74	8020	8.01	185864	149144	23473	138.17
2230	3.36	9192	12.80	215898	224071	32265	157.43
2564	3.71	9387	16.88	233524	223918	27468	200.80
1848	3.38	8878	20.01	157203	265695	25525	242.90
1268	1.90	6828	21.18	202288	316250	19540	272.94
203	1.00	8819	22.96	227059	254742	12389	309.80
	0.09	8050	17.21	162768	152833		476.18
	0.44	10196	15.86	82945	119518		442.47
		9121	13.92		18348		578.78
		8744	13.60		8782		730.21

12-10 规模以上工业企业主要产品产量(2013年)

产品名称	计量单位	生产量合计	产品名称	计量单位	生产量合计
原煤	万吨	1997.26	羊绒衫	万件	15.00
烟煤	万吨	1997.26	纸制品	万吨	20.56
一般烟煤	万吨	1997.26	瓦楞纸箱	万吨	20.56
洗煤	万吨	1115.70	石油沥青	万吨	2.10
# 洗精煤	万吨	502.96	焦炭	万吨	507.49
铁矿石原矿	万吨	2203.67	# 机焦	万吨	435.82
铜金属含量	万吨	8.08	烧碱(折100%)	万吨	14.50
石灰石	万吨	131.59	离子膜法烧碱(折100%)	万吨	14.50
小麦粉	万吨	30.61	碳化钙(电石,折300升/千克)	万吨	0.88
饲料	万吨	22.54	精甲醇	万吨	174.38
# 配合饲料	万吨	15.61	初级形态的塑料	万吨	67.30
精制食用植物油	万吨	1.12	高密度聚乙烯树酯(HDPE)	万吨	26.97
乳制品	万吨	20.57	聚丙烯树脂	万吨	27.53
液体乳	万吨	20.36	聚氯乙烯树脂	万吨	12.80
乳粉	万吨	0.21	化学试剂	万吨	2.04
饮料酒	千升	144859	单晶硅	千克	29658
白酒(折65度,商品量)	千升	8744	中成药	万吨	0.10
啤酒	千升	136115	塑料制品	万吨	2.80
软饮料	万吨	97.58	硅酸盐水泥熟料	万吨	60.72
包装饮用水类	万吨	97.58	水泥	万吨	730.21
绒线(俗称毛线)	吨	137.00	# 强度等级42.5水泥(含R型)	万吨	79.92
无毛绒	吨	2.30	商品混凝土	万立方米	16.32
亚麻布(含亚麻≥55%)	万米	1266.00	水泥混凝土排水管	千米	118.70
服装	万件	66.30	水泥混凝土压力管	千米	104.00
梭织服装	万件	0.40	石膏板	万平方米	2459
针织服装	万件	65.90	砖	万块	157130

12-10 续 表

产品名称	计量单位	生产量合计	产品名称	计量单位	生产量合计
玻璃包装容器	吨	92339	其它钢材	万吨	161.21
耐火材料制品	万吨	1.50	铁合金	万吨	55.42
石墨及炭素制品	万吨	21.66	# 硅铁(折合含硅 75%)	万吨	0.94
生铁	万吨	1143.82	# 锰硅合金	吨	0.75
粗钢	万吨	1565.52	十种有色金属	万吨	120.30
铸铁件	万吨	2.75	原铝(电解铝)	万吨	120.08
铸钢件	万吨	1.78	镁	万吨	0.22
钢材	万吨	1388.14	黄金	千克	2009.20
铁道用钢材	万吨	129.12	单一稀土金属	吨	908.10
# 重轨	万吨	124.58	铝合金	万吨	0.07
大型型钢	万吨	22.50	铝材	万吨	8.20
中小型型钢	万吨	1.16	锻件	吨	18.45
棒材	万吨	68.12	泵	台	4.47
钢筋	万吨	154.76	液压元件	万件	20.06
线材(盘条)	万吨	193.18	矿山专用设备	万吨	1.23
特厚板	万吨	14.69	模具	套	229
厚钢板	万吨	65.82	汽车	辆	11706
中板	万吨	51.54	载货汽车	辆	11706
热轧薄板	万吨	0.10	改装汽车	辆	1271
冷轧薄板	万吨	1.74	铁路货车	辆	3563
中厚宽钢带	万吨	118.33	变压器	千伏安	602906
热轧薄宽钢带	万吨	3.98	发电量	亿千瓦小时	395.87
冷轧薄宽钢带	万吨	142.80	# 火力发电量	亿千瓦小时	373.32
热轧窄钢带	万吨	32.53	风力发电量	亿千瓦小时	22.54
镀层板(带)	万吨	41.87	煤气生产量	亿立方米	187.35
无缝钢管	万吨	154.03	自来水生产量	万立方米	20993.6
焊接钢管	万吨	30.67			

12-11　规模以上工业企业分行业职工平均人数

单位：人

项　　目	2012	2013
总　计	**258006**	**253710**
按登记注册类型分		
国有企业	20030	19711
集体企业	4857	3486
其他经济类型企业	233119	230513
按行业分		
煤炭开采和洗选业	17575	16383
石油和天然气开采业		
黑色金属矿采选业	14237	14993
有色金属矿采选业	848	826
非金属矿采选业	718	679
开采辅助活动		
其他采矿业		
农副食品加工业	5224	5338
食品制造业	3325	2778
酒、饮料和精制茶制造业	4161	3630
烟草制品业		
纺织业	1372	1218
纺织服装、服饰业	2477	2431
皮革、毛皮、羽毛及其制品和制鞋业	474	479
木材加工和木、竹、藤、棕、草制品业	304	304
家具制造业		
造纸和纸制品业	1776	1120
印刷和记录媒介复制业	496	507
文教、工美、体育和娱乐用品制造业	654	649
石油加工、炼焦和核燃料加工业	185	674
化学原料和化学制品制造业	6616	6716
医药制造业	251	238
化学纤维制造业		
橡胶和塑料制品业	1963	1923
非金属矿物制品业	10003	9505
黑色金属冶炼和压延加工业	71388	70469
有色金属冶炼和压延加工业	28566	27428
金属制品业	29961	29708
通用设备制造业	12467	12259
专用设备制造业	5356	5381
汽车制造业	10250	9667
铁路、船舶、航空航天和其他运输设备制造业	2502	2327
电气机械和器材制造业	5297	5007
计算机、通信和其他电子设备制造业	1519	1537
仪器仪表制造业	215	216
其他制造业	123	82
废弃资源综合利用业	467	317
金属制品、机械和设备修理业	120	870
电力、热力生产和供应业	13376	13797
燃气生产和供应业	1434	1945
水的生产和供应业	2306	2309

注：本表中行业按最新国民经济行业分类(GB/T4754-2011)进行划分。

主要统计指标解释

工业 指从事自然资源的开采，对采掘品和农产品进行加工和再加工的物质生产部门。具体包括：(1)对自然资源的开采，如采矿、晒盐、森林采伐等(但不包括禽兽捕猎和水产捕捞)；(2)对农副产品的加工、再加工，如粮油加工、食品加工、轧花、缫丝、纺织、制革等；(3)对采掘品的加工、再加工，如炼铁、炼钢、化工生产、石油加工、机器制造、木材加工等，以及电力、自来水、煤气的生产和供应等；(4)对工业品的修理、翻新，如机器设备的修理，交通运输工具(包括小卧车)的修理等。

工业统计调查单位 为独立核算法人工业企业。

独立核算法人工业企业指从事工业生产经营活动的单位。独立核算法人工业企业应同时具备以下条件：①依法成立，有自己的名称、组织机构和场所，能够承担民事责任；②独立拥有和使用资产，承担负债，有权与其他单位签订合同；③独立核算盈亏，并能够编制资产负债表。

本年鉴中涉及的企业登记注册类型：

国有及国有控股企业 指国有企业加上国有控股企业。国有企业 (即原全民所有制工业或国营工业)指企业全部资产归国家所有，并按《中华人民共和国企业法人登记管理条例》规定登记注册的非公司制的经济组织。包括国有企业、国有独资公司和国有联营企业。1957 年以前的公私合营和私营工业，后均改造为国营工业，1992 年改为国有工业，这部分工业的资料不单独分列时，均包括在国有企业内。国有控股企业是对混合所有制经济的企业进行的"国有控股"分类。它是指这些企业的全部资产中国有资产(股份)相对其他所有者中的任何一个所有者占资(股)最多的企业。该分组反映了国有经济控股情况。

集体企业 指企业资产归集体所有，并按《中华人民共和国企业法人登记管理条例》规定登记注册的经济组织。是社会主义公有制经济的组成部分。包括城乡所有使用集体投资举办的企业，以及部分个人通过集资自愿放弃所有权并依法经工商行政管理机关认定为集体所有制的企业。

股份合作企业 指以合作制为基础，由企业职工共同出资入股，吸收一定比例的社会资产投资组建，实行自主经营，自负盈亏，共同劳动，民主管理，按劳分配与按股分红相结合的一种集体经济组织。

联营企业 指两个及两个以上相同或不同所有制性质的企业法人或事业单位法人，按自愿、平等、互利的原则，共同投资组成的经济组织。联营企业包括：

国有联营企业指国有企业与国有企业间的联营；

集体联营企业指集体企业与集体企业间的联营；

国有与集体联营企业指国有企业与集体企业间的联营。

有限责任公司 指根据《中华人民共和国公司登记管理条例》规定登记注册，由两个以上，五十个以下的股东共同出资，每个股东以其所认缴的出资额对公司承担有限责任，公司以其全部资产对其债务承担责任的经济组织。

有限责任公司包括国有独资公司以及其他有限责任公司。

股份有限公司 指根据《中华人民共和国企业法人登记管理条例》规定登记注册，其全部注册资本由等额股份构成并通过发行股票筹集资本，股东以其认购的股份对公司承担有限责任，公司以其全部资产对其债务承担责任的经济组织。

私营企业 指由自然人投资设立或由自然人控股，以雇佣劳动为基础的营利性经济组织。包括按照《公司法》、《合伙企业法》、《私营企业暂行条例》规定登记注册的私营有限责任公司、私营股份有限公司、私营合伙企业和私营独资企业。

港、澳、台商投资企业　指企业注册登记类型中的港、澳、台资合资、合作、独资经营企业和股份有限公司之和。

外商投资企业　指企业注册登记类型中的中外合资、合作经营企业、外资企业和外商投资股份有限公司之和。

"三资"企业系指港、澳、台商投资企业和外资企业的简称。

轻工业　指主要提供生活消费品和制作手工工具的工业。按其所使用的原料不同，可分为两大类：(1)以农产品为原料的轻工业，是指直接或间接以农产品为基本原料的轻工业。主要包括食品制造、饮料制造、烟草加工、纺织、缝纫、皮革和毛皮制作、造纸以及印刷等工业；(2)以非农产品为原料的轻工业，是指以工业品为原料的轻工业。主要包括文教体育用品、化学药品制造、合成纤维制造、日用化学制品、日用玻璃制品、日用金属制品、手工工具制造、医疗器械制造、文化和办公用机械制造等工业。

重工业　是指为国民经济各部门提供物质技术基础的主要生产资料的工业。按其生产性质和产品用途，可以分为下列三类：(1)采掘(伐)工业，是指对自然资源的开采，包括石油开采、煤炭开采、金属矿开采、非金属矿开采和木材采伐等工业；(2)原材料工业，指向国民经济各部门提供基本材料、动力和燃料的工业。包括金属冶炼及加工、炼焦及焦炭、化学、化工原料、水泥、人造板以及电力、石油和煤炭加工等工业；(3)加工工业，是指对工业原材料进行再加工制造的工业。包括装备国民经济各部门的机械设备制造工业、金属结构、水泥制品等工业，以及为农业提供的生产资料如化肥、农药等工业。

根据上述划分原则，修理业中以重工业产品为修理作业对象的划为重工业，反之划为轻工业。

工业总产值　是以货币表现的工业企业在一定时期内生产的已出售或可供出售工业产品总量，它反映一定时间内工业生产的总规模和总水平。它包括：在本企业内不再进行加工，经检验、包装入库(规定不需包装的产品除外)的成品价值，对外加工费收入，自制半成品、在产品期末期初差额价值。工业总产值采用"工厂法"计算，即以工业企业作为一个整体，按企业工业生产活动的最终成果来计算，企业内部不允许重复计算，不能把企业内部各个车间(分厂)生产的成果相加。但在企业之间、行业之间、地区之间存在着重复计算。

工业增加值　是指工业行业在报告期内以货币表现的工业生产活动的最终成果。

工业增加值有两种计算方法：一是生产法，即工业总产出减去工业中间投入加上应交增值税；二是收入法，即从收入的角度出发，根据生产要素在生产过程中应得到的收入份额计算，具体构成项目有固定资产折旧、劳动者报酬、生产税净额、营业盈余，这种方法也称要素分配法。本年鉴中的工业增加值是以生产法计算的。

生产法工业增加值的计算方法为：

工业增加值＝工业总产出－工业中间投入＋应交增值税

(1)工业总产出：指工业企业在一定时期内工业生产活动的总成果。工业总产出包括：成品生产价值，对外加工费收入，自制半成品、在产品期末期初差额价值。1995年后用新规定计算的工业总产值代替。

(2)工业中间投入：指工业企业在工业生产活动中消耗的外购物质产品和对外支付的服务费用。服务费用包括支付给物质生产部门(工业、农业、批发零售贸易业、建筑业、运输邮电业)的服务费用和支付给非物质生产部门(如保险、金融、文化教育、科学研究、医疗卫生、行政管理等)的服务费用。工业中间投入的确定须遵循以下原则：必须从外部购入的，并已计入工业总产出的产品和服务价值；必须是本期投入生产，并一次性消耗掉(包括本期摊销的低值易耗品等)的产品和服务价值。

工业中间投入包括直接材料费用、制造费用中的工业中间投入、管理费用中的工业中间投入、销售费用中的工业中间投入和利息支出五部分。

实收资本 指企业实际收到的投资人投入的资本。按投资主体可分为国家资本、集体资本、法人资本、个人资本、港澳台资本和外商资本等。

资产总计 指企业拥有或控制的能以货币计量的经济资源,包括各种财产、债权和其他权利。资产按流动性分为流动资产、长期投资、固定资产、无形资产、递延资产和其他资产。该指标根据企业会计"资产负债表"中"资产总计"项目的期末数增列。

负债合计 指企业承担的能以货币计量,将以资产或劳务偿付的债务。负债一般按偿还期长短分为流动负债和长期负债、递延税项等。

(1)流动负债 指企业在一年内或者超过一年的一个营业周期内需要偿还的债务合计,其中

包括短期借款、应付及预收款项、应付工资、应交税金和应交利润等。

(2)长期负债 指企业在一年以上或者超过一年的一个营业周期以上需要偿还的债务合计,其中包括长期借款、应付债务、长期应付款项等。

所有者权益 指企业投资人对企业净资产的所有权。企业净资产等于企业全部资产减去全部负债后的余额,其中包括投资者对企业的最初投入,以及资本公积金、盈余公积金和未分配利润,对股份制企业即为股东权益。

固定资产原价 指企业在建造、购置、安装、改建、扩建、技术改造某项固定资产时所支出的全部货币总额。它一般包括买价、包装费、运杂费和安装费等。

固定资产净值 是指固定资产原价减去历年已提折旧额后的净额。

主营业务收入 指企业销售产品和提供劳务等主要经营业务取得的业务总额。

主营业务成本 指企业销售产品和提供劳务等主要经营业务的实际成本。

主营业务费用 指工业企业销售产品和提供劳务等过程中所发生的费用。

主营业务税金及附加 指企业销售产品和提供工业性劳务等主要经营业务应负担的城市维护建设税、消费税、资源税和教育费附加。

产品销售利润 指企业销售产品和提供工业性劳务等主要经营业务收入扣除其成本、费用、税金后的利润。

利润总额 指企业实现的利润。

应交增值税 指企业在报告期内应交纳的增值税额。它等于本年销项税额加上出口退税加上进项税额转出数减去本年进项税额。小规模纳税企业直接按全年计税销售额乘以征收率计算取得。

总资产贡献率 反映企业全部资产的获利能力,是企业经营业绩和管理水平的集中体现,是评价和考核企业盈利能力的核心指标。计算公式为:

总资产贡献率(%)=(利润总额 + 税金总额 + 利息支出)/ 平均资产总额 × 100%

资产负债率 该指标既反映企业经营风险的大小,也反映企业利用债权人提供的资金从事经营活动的能力。计算公式为:

资产负债率(%)= 负债总额 / 资产总额 × 100%

工业成本费用利润率 指在一定时期内实现的利润与成本费用之比,是反映工业生产成本及费用投入的经济效益指标,同时也是反映降低成本的经济效益的指标。计算公式为:

工业成本费用利润率(%)= 利润总额 / 成本费用总额 × 100%

工业增加值率 指在一定时期内工业增加值占同期工业总产值的比重,反映降低中间消耗的经济效益。计算公式为:

工业增加值率(%)= 工业增加值(现价)/ 工业总产值(现价) × 100%

流动资产周转次数 指一定时期内流动资产完成的周转次数,反映投入工业企业流动资金的周转速度。计算公式为:

流动资产周转资转 = 产品销售收入 / 全部流动资产平均余额

公式中:全部流动资产平均余额为期初和期末的流动资产之和的算术平均值。

产品销售率　指报告期工业销售产值与同期全部工业总产值之比，是反映工业产品已实现销售的程度，分析工业产销衔接情况，研究工业产品满足社会需求程度的指标。计算公式为：

产品销售率(%)＝工业销售产值／工业总产值(现价)×100%

13

建筑业

CONSTRUCTION

13-1 2000-2013年建筑业企业概况

年　份	总　计	#国有及国有控股
企业单位数(个)		
2000	168	25
2001	140	21
2002	104	10
2003	99	20
2004	91	19
2005	94	20
2006	91	20
2007	95	16
2008	102	16
2009	102	15
2010	98	14
2011	99	15
2012	101	14
2013	97	13
从业人员(万人)		
2000	8.02	3.20
2001	8.59	2.95
2002	8.48	1.25
2003	6.84	3.78
2004	5.95	3.05
2005	6.84	2.82
2006	6.78	2.53
2007	8.98	2.41
2008	9.18	2.52
2009	10.16	2.59
2010	12.06	2.58
2011	12.16	2.54
2012	7.89	1.66
2013	8.29	1.70
建筑业总产值(万元)		
2000	284845	133509
2001	332437	159741
2002	377791	47121
2003	453070	325719
2004	674001	527589
2005	739986	512441
2006	837981	512130
2007	1086886	500053
2008	1346522	708853
2009	1624474	696748
2010	1922125	704562
2011	2380333	912483
2012	2355490	898510
2013	2387822	942884

注:2010年及以前年度从业人员为年平均从业人员,2011年为计算劳动生产率的平均人数,2012年起为从事主营业务活动的平均人数。

13-2　建筑业企业

项　　目	企业个数(个)	有工作量企业数(个)	建筑业总产值(万元)	建筑工程产值	安装工程产值	其他产值
总计	**97**	**92**	**2387822**	**2119721**	**227874**	**40227**
#国有及国有控股企业	13	13	942884	786872	156012	
按登记注册类型分组						
内资企业	97	92	2387822	2119721	227874	40227
有限责任公司	72	69	1756749	1520117	214541	22091
国有独资公司	2	2	454725	416182	38543	
其他有限责任公司	70	67	1302024	1103935	175998	22091
股份有限公司	6	6	332942	323565	9377	
私营企业	19	17	298131	276039	3956	8136
私营有限责任公司	18	16	98192	76100	3956	18136
私营股份有限公司	1	1	199939	199939		
按国民经济行业分组						
房屋建筑业	56	53	1887163	1810960	62327	13876
土木工程建筑业	25	24	310595	262364	26314	21917
建筑安装业	7	7	171231	30112	139233	1886
建筑装饰和其他建筑业	9	8	18833	16285		2548
按企业资质等级分组						
施工总承包	74	71	2285041	2058831	206518	19692
特级	1	1	445825	408803	37022	
一级	13	13	1111894	974731	135277	1886
二级	23	23	505688	478502	15301	11885
三级及以下	37	34	221634	196795	18918	5921
专业承包	23	21	102781	60890	21356	20535
一级	1	1	600			600
二级	16	14	77095	60183	16912	
三级及以下	6	6	25086	707	4444	19935
按控股情况分组						
国有控股	13	13	942884	786872	156012	
集体控股	23	21	582815	547343	26817	8655
私人控股	49	46	739079	671600	37855	29624
其他	12	12	123044	113906	7190	1948

主要经济指标(2013年)

竣工产值(万元)	房屋建筑施工面积(平方米)	房屋建筑竣工面积(平方米)	年末自有机械设备			从事主营业务活动的从业人员平均人数(人)	年末从业人数(人)
			净值(万元)	总台数(台)	总功率(千瓦)		
1239202	**20597652**	**6157891**	**67109**	**13337**	**288494**	**82905**	**62152**
449556	8070761	1844095	43409	6279	121176	17014	14669
1239202	20597652	6157891	67109	13337	288494	82905	62152
991212	14829560	4980492	54720	1140	230334	49298	43297
226564	4704276	880529	27869	3556	55303	4461	5104
764648	10125284	4099963	26851	7851	175031	44837	38193
135082	2422428	418700	8991	903	41602	15197	14465
112908	3345664	758699	3398	1027	16558	18410	4390
65803	469077	433037	255	871	12202	5145	4065
47105	2876587	325662	847	156	4356	13265	325
964720	20330371	6062031	47928	10355	201461	67146	45278
204408	2500	2500	15414	1231	54925	10717	11228
56346	264781	93360	3102	1329	29013	4337	4805
13728			665	422	3095	705	841
1188620	20148303	6103096	65359	12450	279481	79873	59364
217664	4701776	878029	27869	3556	55303	4222	4711
484574	10800814	2135702	27616	4493	125934	45200	28592
304568	2746296	1600471	6505	2185	60986	18134	14233
181814	1899417	1488894	3369	2216	37258	12317	11828
50582	449349	54795	1750	887	9013	3032	2788
600			102	366	370	35	38
39785	449349	54795	1086	401	5830	2261	1984
10197			562	120	2813	736	766
449556	8070761	1844095	43409	6279	121176	17014	14669
300550	3660680	889121	12226	3051	101055	17895	16058
373536	7407321	2576058	10714	2919	55318	42440	25819
115560	1458890	848617	760	1088	10945	5556	5606

13-2 续

项目	增加值（万元）	劳动生产率（元/人）		房屋建筑面积竣工率（%）	利润总额（万元）	产值利润率（%）
		按总产值计算	按增加值计算			
总计	**430507**	**288019**	**51928**	**29.9**	**24861**	**1.0**
#国有及国有控股企业	131498	554181	77288	22.8	4661	0.5
按登记注册类型分组						
内资企业	430507	288019	51928	29.9	24861	1.0
有限责任公司	288004	356353	58421	33.6	12585	0.7
国有独资公司	53486	1019334	119896	18.7	294	0.1
其他有限责任公司	234518	290390	52305	40.5	12291	0.9
股份有限公司	68335	219084	44966	17.3	3257	1.0
私营企业	74168	161940	40287	22.7	9019	3.0
私营有限责任公司	22107	190850	42968	92.3	3628	3.7
私营股份有限公司	52061	150727	39247	11.3	5391	2.7
按国民经济行业分组						
房屋建筑业	331915	281054	49432	29.8	17616	0.9
土木工程建筑业	61594	289815	57473	100.0	4819	1.6
建筑安装业	32812	394814	75655	35.3	657	0.4
建筑装饰和其他建筑业	4186	267136	59382		1769	9.4
按企业资质等级分组						
施工总承包	414566	286084	51903	30.3	20933	0.9
特级	51437	1055957	121831	18.7	209	
一级	206919	245994	45779	19.8	10319	0.9
二级	85567	278862	47186	58.3	4765	0.9
三级及以下	70643	179941	57354	78.4	5640	2.5
专业承包	15941	338986	52576	12.2	3928	3.8
一级	70	171429	20029		-167	-27.8
二级	11985	340975	53006	12.2	3867	5.0
三级及以下	3886	340844	52803		228	0.9
按控股情况分组						
国有控股	131498	554181	77288	22.8	4661	0.5
集体控股	87646	325686	48978	24.3	4754	0.8
私人控股	188830	174147	44493	34.8	14608	2.0
其他	22533	221461	4055	58.2	838	0.7

表

人均竣工产值（元/人）	人均施工面积（平方米/人）	人均竣工面积（平方米/人）	人均利润（元/人）	资产负债率（%）	技术装备率（元/人）	动力装备率（千瓦/人）
149473	**248**	**74**	**2999**	**82.9**	**10798**	**4.6**
264227	474	108	2740	85.1	29592	8.3
149473	248	74	2999	82.9	10798	4.6
201065	301	101	2553	82.4	12638	5.3
507877	1055	197	660	85.7	54603	10.8
170540	226	91	2741	80.5	7030	4.6
88887	159	28	2143	86.7	6215	2.9
61330	182	41	4899	78.5	7741	3.8
127897	91	84	7052	68.3	6276	3.0
35511	217	25	4064	85.3	26074	13.4
143675	303	90	2624	84.1	10585	4.4
190733			4496	77.4	13728	4.9
129918	61	22	1516	85.6	6457	6.0
194728			25094	50.9	7901	3.7
148814	252	76	2621	82.8	11010	4.7
515547	1114	208	495	86.2	59158	11.7
107207	239	47	2283	85.2	9659	4.4
167954	151	88	2628	77.4	4570	4.3
147612	154	121	4579	71.4	2848	3.1
166828	148	18	12957	83.0	6276	3.2
171429			−47600	75.5	26947	9.7
175963	199	24	17103	83.0	5475	2.9
138548			3098	83.8	7325	3.7
264227	474	108	2740	85.1	29592	8.3
167952	205	50	2657	79.8	7614	6.3
88015	175	61	3442	83.9	4150	2.1
207991	263	153	1508	61.8	1356	2.0

13-3 建筑业企业

项 目	资产合计	流动资产合计	#存货	固定资产合计
总计	**2422647**	**2072145**	**341055**	**214297**
#国有及国有控股企业	998155	817868	181029	123657
按登记注册类型分组				
内资企业	2422647	2072145	341055	214297
有限责任公司	1710171	1419704	300609	183313
国有独资公司	636561	503310	143564	83329
其他有限责任公司	1073610	916394	157045	99984
股份有限公司	470899	427564	21315	21678
私营企业	241577	224877	19131	9306
私营有限责任公司	96464	84759	8251	7924
私营股份有限公司	145113	140118	10880	1382
按国民经济行业分组				
房屋建筑业	1808658	1544900	266819	157793
土木工程建筑业	393575	334461	53627	41397
建筑安装业	197124	172576	16252	12545
建筑装饰和其他建筑业	23290	20208	4357	2562
按企业资质等级分组				
施工总承包	2269945	1933960	304478	203907
特级	629402	500119	143564	80116
一级	1000511	892709	73508	63351
二级	471290	402197	64212	43385
三级及以下	168742	138935	23194	17055
专业承包	152702	138185	36577	10390
一级	3775	3380	75	319
二级	109676	98888	35136	7817
三级及以下	39251	35917	1366	2254
按控股情况分组				
国有控股	998154	817868	181029	123656
集体控股	495748	420858	87999	49132
私人控股	851115	765108	54987	36556
其他	77630	68311	17040	4953

主要财务指标（2013年）

单位：万元

在建工程	固定资产原价	累计折旧	# 本年折旧	负债合计	流动负债合计	非流动负债合计
4901	**335881**	**134291**	**16891**	**2007214**	**1966471**	**17481**
2968	189941	74427	1117	849102	829315	16210
4901	335881	134291	16891	2007214	1966471	17481
4290	286781	113797	13236	1409339	1373377	16228
1707	115668	34045	5574	545603	528220	14597
2583	171113	79752	7662	863736	845157	1631
522	33771	12721	2512	408280	408025	244
89	15329	7773	1143	189595	185069	1009
89	12678	6504	856	65866	61396	953
	2651	1269	287	123729	123673	56
4335	225595	72393	8936	1521886	1489266	15332
393	78262	40529	4001	304649	301601	20
173	27673	19576	3799	168817	166694	2123
	4351	1793	155	11862	8910	6
4873	318371	126803	16198	1880426	1843590	16521
1707	105732	27322	4950	542816	528220	14597
695	111261	52881	8109	852240	842119	1489
2471	73441	33752	2596	364942	358520	435
	27937	12848	543	120428	114731	
28	17510	7488	693	126788	122881	960
	1071	752	89	2850	2849	
	11571	4089	295	91048	88101	
28	4868	2647	309	32890	31931	960
2968	189940	74427	11180	849102	829315	16210
1149	77675	30264	1212	395708	394814	12
784	59742	26026	4400	714423	707157	1253
	8524	3574	99	47981	35185	6

13-3 续

项目	所有者权益合计	#实收资本	国家资本	集体资本	法人资本
总计	**415432**	**286046**	**37074**	**49808**	**103702**
#国有及国有控股企业	149053	119317	**35515**	10958	72834
按登记注册类型分组					
内资企业	415432	286046	37074	49808	103702
有限责任公司	300832	230222	3707	45065	94572
国有独资公司	90958	70829	2500		68329
其他有限责任公司	209874	159393	34574	45065	26243
股份有限公司	62618	28153		1136	4259
私营企业	51982	27671		3607	4871
私营有限责任公司	30598	22173		3607	4871
私营股份有限公司	21384	5498			
按国民经济行业分组					
房屋建筑业	286771	202554	11013	43857	88395
土木工程建筑业	88925	56016	19379	2531	10532
建筑安装业	28308	19911	5880	3420	3171
建筑装饰和其他建筑业	11428	7565	802		1604
按企业资质等级分组					
施工总承包	389518	264744	36273	43496	96920
特级	86586	68329			68329
一级	148271	86763	24867	16600	4258
二级	106348	67656	9121	21531	13315
三级及以下	48313	41996	2285	5365	11018
专业承包	25914	21302	801	6312	6782
一级	925	2000			
二级	18629	14613	801	5712	4703
三级及以下	6360	4689		600	2079
按控股情况分组					
国有控股	149053	119317	35515	10958	72834
集体控股	100040	47802	59	33981	6397
私人控股	136692	105151	1500	3607	19889
其他	29647	13776		1262	4582

表 1

单位:万元

个人资本	营业收入	# 主营业务收入	营业成本	# 主营业务成本	营业税金及附加	# 主营业务税金及附加
95462	**2488873**	**2469816**	**2277576**	**2261223**	**81399**	**81027**
10	1040287	1038250	940844	938499	32631	32587
95462	2488873	2469816	2277576	2261223	81399	81027
53511	1911739	1897349	1745348	1732156	62072	61831
	55665	555131	498941	496911	15818	15793
53511	1355087	1342218	1246407	1235245	46254	46038
22758	294171	290283	277550	274443	7786	7657
19193	282963	282184	254678	254624	11541	11539
13695	97651	96872	83551	83503	5229	5228
5498	185312	185312	171127	171121	6312	6311
59289	1984881	1971553	1822217	1810823	64314	64065
23574	312538	307582	283082	278168	10664	10542
7440	172887	172161	157681	157681	5861	5861
5159	18567	18520	14596	14551	560	559
88055	2395417	2377867	2198360	2183072	78137	77770
	547752	546231	490634	488604	15516	15491
41038	1014874	1010957	947022	943934	32932	32806
23689	607604	596438	556580	547281	20306	20093
23328	225187	224241	204124	203253	9383	9380
7407	93456	91949	79216	78151	3262	3257
2000	600	600	432	432	22	22
3397	68038	67263	58324	57261	2310	2305
2010	24818	24086	20460	20458	930	930
10	1040287	1038250	940844	938499	32631	32587
7365	683810	67195	637935	627886	21126	21096
80155	682633	677471	623071	619113	24771	24655
7932	82143	82144	75726	75725	2871	2689

13-3 续

项　　目	财务费用	# 利息支出	管理费用	# 税金
总计	**22727**	**18351**	**73414**	**4229**
# 国有及国有控股企业	16947	16324	37665	2751
按登记注册类型分组				
内资企业	22727	18351	73414	4229
有限责任公司	21543	17558	61632	3672
国有独资公司	15658	15068	18079	1527
其他有限责任公司	5885	2490	43553	2145
股份有限公司	538	439	5247	388
私营企业	646	354	6535	169
私营有限责任公司	557	265	4140	152
私营股份有限公司	89	89	2395	17
按国民经济行业分组				
房屋建筑业	20086	16362	52092	2573
土木工程建筑业	2184	1749	12136	624
建筑安装业	267	72	7912	988
建筑装饰和其他建筑业	190	168	1274	44
按企业资质等级分组				
施工总承包	22226	17854	67033	4035
特级	15607	15068	17925	1527
一级	1855	1658	22528	1830
二级	403	695	21006	418
三级及以下	728	433	5574	260
专业承包	501	497	6381	194
一级	162	162	145	13
二级	64	95	3820	103
三级及以下	275	240	2416	78
按控股情况分组				
国有控股	16947	16324	37665	2751
集体控股	3559	441	16954	202
私人控股	2223	1585	16116	1214
其他	−2	1	2679	62

表 2

单位：万元

销售费用	其他业务利 润	营业利润	利润总额	应交所得税	应付职工薪酬
1957	**2139**	**23100**	**24861**	**8768**	**305261**
349	109	3435	4661	4444	81546
1957	2139	23100	24861	8768	305261
1908	1554	11025	12585	6071	198240
18	−44	−498	294	268	31090
1719	1598	11523	12291	5803	167150
	356	3049	3257	809	54730
49	229	9026	9019	1888	52291
49	229	3636	3628	529	12235
		5390	5391	1359	40056
1583	2153	16161	17616	4179	240180
193	−239	4508	4819	1371	41919
	225	665	657	3092	21499
181		1766	1769	126	1663
1748	2194	19714	20933	8141	296849
188	−44	−583	209	267	30053
155	415	10398	10319	5635	153777
1205	1806	4507	4765	1280	57951
200	17	5392	5640	959	55068
209	−55	3386	3928	627	8412
6		−167	−167		113
203	−284	3317	3867	553	5965
	229	236	228	74	2334
349	109	3435	4661	4444	81546
75	1801	4154	4754	907	60981
1508	229	14667	14608	3302	143895
25		844	838	115	18839

13-4 建筑业企业房屋

项目	合计	住宅房屋	商业及服务用房屋	批发和零售用房屋	住宿、餐饮用房屋	商务会展用房屋
总计	**6157891**	**4272509**	**330258**	**91657**	**80970**	
#国有及国有控股企业	1844095	1000459	43942		43942	
按登记注册类型分组						
内资企业	6157891	4272509	330258	91657	80970	
有限责任公司	4980492	3430651	294529	55928	80970	
国有独资公司	880529	186470	39840		39840	
其他有限责任公司	4099963	3244181	254689	55928	41130	
股份有限公司	418700	153920				
私营企业	758699	687938	35729	35729		
私营有限责任公司	433037	395996	35729	35729		
私营股份有限公司	325662	291942				
按国民经济行业分组						
房屋建筑业	6062031	4200509	330258	91657	80970	
土木工程建筑业	2500					
建筑安装业	93360	72000				
按企业资质等级分组						
施工总承包	6103096	4217714	330258	91657	80970	
特级	878029	186470	39840		39840	
一级	2135702	1546880	83228	55928	27300	
二级	1600471	1306698				
三级及以下	1488894	1177666	207190	35729	13830	
专业承包	54795	54795				
二级	54795	54795				
按控股情况分组						
国有控股	1844095	1000459	43942		43942	
集体控股	889121	557367	1800	1800		
私人控股	2576058	2111480	152312	35729	13830	
其他	848617	603203	132204	54128	23198	

建筑竣工面积(2013年)

单位:平方米

居民服务业用房屋	办公用房屋	科学研究用房屋	教育用房屋	卫生医疗用房屋	文化、体育、娱乐用房屋	厂房及仓库	其他用房
157631	**305776**		**163611**	**28665**	**15394**	**825743**	**215935**
	178840		118673	8590	1749	488008	3834
157631	305776		163611	28665	15394	825743	215935
157631	299885		162299	8590	1749	741208	41581
	122848		105907			425464	
157631	177037		56392	8590	1749	315744	41581
	5891					84535	174354
			1312	20075	13645		
			1312				
				20075	13645		
157631	303276		163611	28665	15394	820083	200235
	2500						
						5660	15700
157631	305776		163611	28665	15394	825743	215935
	120348		105907			425464	
	99524		22106	20075	15394	167895	180600
	63421		21803	8590		196677	3282
157631	22483		13795			35707	32053
	178840		118673	8590	1749	488008	3834
	39402		31143			253715	5694
102753	3167		1312	20075	13645	83360	190707
54878	84367		12483			660	15700

13-5 建筑业企业房屋

项目	合计	住宅房屋	商业及服务用房屋	批发和零售用房屋	住宿、餐饮用房屋	商务会展用房屋
总计	**8109775**	**4889081**	**458083**	**106862**	**189175**	
# 国有及国有控股企业	2671301	1116260	142400		142400	
按登记注册类型分组						
内资企业	8109775	4889081	458083	106862	189175	
有限责任公司	6492419	3837787	447276	96055	189175	
国有独资公司	1600720	306650	115620		115620	
其他有限责任公司	4891699	3531137	331656	96055	73555	
股份有限公司	733828	268265				
私营企业	883528	783029	10807	10807		
私营有限责任公司	412480	399173	10807	10807		
私营股份有限公司	471048	383856				
按国民经济行业分组						
房屋建筑业	7882928	4732081	458083	106862	189175	
土木工程建筑业	6250					
建筑安装业	220597	157000				
按企业资质等级分组						
施工总承包	8049540	4828846	458083	106862	189175	
特级	1594470	306650	115620		115620	
一级	3105329	2106801	156472	96055	60417	
二级	1879906	1323644				
三级及以下	1469835	1091751	185991	10807	13138	
专业承包	60235	60235				
二级	60235	60235				
按控股情况分组						
国有控股	2671301	1116260	142400		142400	
集体控股	1371849	803930	17570	17570		
私人控股	3012622	2279687	128227	10807	13138	
其他	1054003	689204	169886	78485	33637	

建筑竣工价值（2013年）

单位：万元

居民服务业用房屋	办公用房屋	科学研究用房屋	教育用房屋	卫生医疗用房屋	文化、体育、娱乐用房屋	厂房及仓库	其他用房
162046	**520653**		**361076**	**81026**	**33667**	**1196276**	**569913**
	321435		289978	23626	3875	715494	58233
162046	520653		361076	81026	33667	1196276	569913
162046	509406		358576	23626	3875	1146900	164973
	287760		275170			615520	
162046	221646		83406	23626	3875	531380	164973
	11247					49376	404940
			2500	57400	29792		
			2500				
				57400	29792		
162046	514403		361076	81026	33667	1185379	517213
	6250						
						10897	52700
162046	520653		361076	81026	33667	1196276	569913
	281510		275170			615520	
	99042		31128	57400	33667	132636	488183
	107061		33678	23626		383483	8414
162046	33040		21100			64637	73316
	321435		289978	23626	3875	715494	58233
	70302		49998			396625	33424
104282	6200		2500	57400	29792	83260	425556
57764	122716		18600			897	52700

主要统计指标解释

建筑业统计单位 指从事房屋、构筑物建造和设备安装活动的法人企业。建筑业法人企业应具有建筑业资质并能够独立核算；同时应具备以下条件：①依法成立，有自己的名称、组织机构和场所，能够承担民事责任；②独立拥有和使用资产，承担负债，有权与其他单位签订合同；③独立核算盈亏，能够编制资产负债表。

建筑业总产值 是以货币形式表现的建筑业企业在一定时期内生产的建筑业产品和提供的服务的总和。建筑业总产值包括：

(1)建筑工程产值：指列入建筑工程预算内的各种工程价值。

(2)安装工程产值：指设备安装工程价值，不包括被安装设备本身的价值。

(3)其他产值：建筑业总产值中除建筑工程、安装工程以外的产值。包括房屋构筑物修理产值、非标准设备制造产值、总包企业向分包企业收取的管理费以及不能明确划分的施工活动所完成的产值。

a.房屋构筑物修理产值：指房屋和构筑物修理所完成的产值，但不包括被修理房屋、构筑物本身价值和生产设备的修理产值。

b.非标准设备制造产值：指加工制造没有定型的非标准生产设备的加工费和原材料价值（如化工厂、炼油厂用的各种罐、槽，矿井生产统一使用的各种漏斗、三角槽、阀门等）以及附属加工厂为本企业承建工程制作的非标准设备的价值。

建筑业增加值 指建筑业企业在报告期内以货币表现的建筑业生产经营活动的最终成果。目前建筑业增加值采用分配法(收入法)计算，即从收入的角度出发，根据生产要素在生产过程中应得的收入份额计算。

房屋建筑施工面积 指在报告期内施过工的全部房屋建筑面积，包括本期新开工的房屋面积、上期施工跨入本期继续施工的房屋面积、上期停缓建在本期恢复施工的房屋面积、本期竣工的房屋面积及本期施工后又停缓建的房屋面积。

房屋建筑竣工面积 指在报告期内房屋建筑按照设计要求全部完工，达到了住人和使用条件，经验收鉴定合格，正式移交使用单位的房屋建筑面积。

自有机械设备年末总台数 指归本企业所有，属于本企业固定资产的生产性机械设备年末总台数。包括施工机械、生产设备、运输设备以及其他设备。

自有机械设备年末总功率 指本企业自有施工机械、生产设备、运输设备以及其他设备等列为在册固定资产的生产性机械设备年末总功率，按设定能力或查定能力计算。包括机械本身的动力和为该机械服务的单独动力设备，如电动机等。计算单位用千瓦，动力换算可按1马力=0.735千瓦折合成千瓦数。电焊机、变压器、锅炉不计算动力。

营业收入 指企业经营主要业务和其他业务所确认的收入总额。营业收入合计包括“主营业务收入”和“其他业务收入”。根据会计“利润表”中“营业收入”项目的本期金额数填报。

营业成本 指企业经营主要业务和其他业务所发生的成本总额。包括企业(单位)在报告期内从事销售商品、提供劳务等日常活动发生的各种耗费。包括“主营业务成本”。根据会计“利润表”中“营业成本”项目的本期金额数填表。

营业利润 指企业从事生产经营活动所取得的利润。执行2006年《企业会计准则》的企业，营业利润为营业收入减去营业成本、营业税金及附加、销售费用、管理费用、财务费用、资产减值损失，再加上公允价值变动收益和投资收益。未执行2006年《企业会计准则》的企业，营业利润为主营业务收入减去主营业务成本、主营业务税金及附加，加上其他利润后，再减去销售费用、管理费用、财务费用后的金额。根据会计“利润表”中“营业利润”项目的本期金额数填报。

14

运输和邮电

TRANSPORTATION, POSTAL AND TELECOMMUNICATIONS SERVICES

14-1 交通运输业基本情况

指　　标	2008	2009	2010	2011	2012	2013
客运量总计(万人)	**20776.47**	**1941.30**	**2115.25**	**2120.47**	**2085.43**	**2045.77**
铁路	586	621	643	600	587	778
公路	20153	1267	1406	1453	1417	1182
民用航空	37.47	53.30	66.25	67.47	81.43	85.77
货运量总计(万吨)	**38841.15**	**22493.11**	**28374.16**	**32390.15**	**36275.24**	**32434.28**
铁路	8481	8787	11446	10915	9324	9485
公路	30360	13706	16928	21475	26951	22949
民用航空	0.15	0.11	0.16	0.15	0.24	0.28
公路旅客周转量总计(亿人公里)	**105.16**	**15.45**	**16.93**	**17.22**	**16.30**	**16.60**
公路货物周转量总计(亿吨公里)	**315.67**	**366.57**	**454.37**	**569.02**	**712.00**	**842.30**
公路里程(公里)	**6735**	**6712**	**6739**	**6852**	**6852**	**6872**
# 可绿化里程	2087	5747	5400	6842	4759	4726
在总计中:等级公路	5084	5221	5576	5761	5771	5813
# 高速公路	152	138	138	141	141	141
等外公路	1651	1491	1163	1091	1081	1059
在总计中:有铺装路面里程(高级)	1577	1540	2222	2554	2732	3042
简易铺路面里程(次高级)	371	430	355	316	316	316
未铺装路面里程(中级、低级、无路面)	4787	4742	4162	3982	3804	3514
在总计中:国道	280	269	269	271	271	271
省道	517	517	517	523	523	523
县道	1452	1446	1446	1756	1757	1757
乡道	2842	2840	2851	2655	2655	2679
专用公路	81	81	81	81	81	81
村道	1563	1559	1575	1566	1565	1561
民用汽车拥有量(辆)	**187315**	**231296**	**297403**	**368103**	**416335**	**459115**
客车拥有量	125481	164278	216825	280113	336718	383012
货车拥有量	45618	57290	70657	79741	72726	70363
其他类型汽车	16216	9728	9921	8249	6891	4852
在总计中:私人汽车拥有量	137440	176716	230353	292150	344142	390816
摩托车(辆)	**66894**	**59365**	**49236**	**37534**	**31997**	**32231**
汽车挂车拥有量(辆)	**14024**	**15893**	**22590**	**23883**	**25856**	**26686**
其他类型(辆)	**41**	**41**	**41**	**40**	**38**	**38**

注:从2009年开始交通部门公路运输数据统计口径调整。

14-2　1991-2013 年公路交通运输工具

单位:辆

年　份	货　车	客　车	汽车挂车
1991	13164	2865	5141
1992	13970	3472	5505
1993	14954	4488	5700
1994	13090	4954	5657
1995	16100	9706	6375
1996	18224	15111	7074
1997	21120	16477	5255
1998	20826	19289	5319
1999	22096	22038	5343
2000	24230	25216	5528
2001	21941	25709	4168
2002	25210	30966	5345
2003	27668	38656	2727
2004	38562	51195	11257
2005	34016	59382	8410
2006	36949	76687	9183
2007	40003	94119	10458
2008	45618	125481	14024
2009	57290	164278	15893
2010	70657	216825	22590
2011	79741	280113	23883
2012	72726	336718	25856
2013	70363	383012	26686

14-3　民用车辆年末拥有量

单位:辆

项　目	2011		2012		2013	
	合计	#私有	合计	#私有	合计	#私有
民用汽车	**368103**	**292150**	**416335**	**344142**	**459115**	**390816**
客车	280113	250857	336718	305656	383012	351012
货车	79741	36014	72726	34716	70363	36732
其它汽车	8249	5279	6891	3770	4852	2197
摩托车	**37534**	**37214**	**31997**	**31762**	**32231**	**32020**
普通	33352	33054	27964	27739	28107	27908
轻便	4182	4160	4033	4023	4124	4112
汽车挂车	**23883**	**2576**	**25856**	**2472**	**26686**	**2401**
其他类型	**40**	**7**	**38**	**7**	**38**	**7**
农用运输车	**38901**	**38901**	**39477**	**39477**	**38514**	**38514**
# 三轮汽车	33406	33406	33806	33806	32978	32978
低速载货汽车	5495	5495	5671	5671	5536	5536
拖拉机	**33782**	**33782**	**34921**	**34921**	**34900**	**34900**
# 80 马力以上拖拉机	671	671	820	820	1243	1243
轮式拖拉机	1819	1819	1898	1898	2919	2919
小型拖拉机	29321	29321	30037	30037	29250	29250

14-4 主要年份交通运输情况

年 份	铁路运输		民航运输		公路运输			
	货物发送量（万吨）	旅客发送人数（万人）	货物发运量（吨）	旅客出港数（人）	货运量（万吨）	货物周转量（万吨公里）	客运量（万人）	客运周转量（万人公里）
1950	17	25			4	409	2	320
1952	15	18			13	937	5	677
1957	267	56			713	6015	56	6307
1962	348	260	13		246	2821	10	619
1965	457	110	6		429	6244	38	1609
1970	821		115	2299	403	4555	72	3072
1975	660	184	17	1003	547	7906	94	4486
1978	975	215	31	1209	634	9215	123	5935
1980	922	221	70	2815	515	8606	130	6449
1985	1213	300	37	589	1391	34929	150	8578
1990	1653	196	26	4425	2271	70051	306	22036
1991	1700	200	20	6193	2654	70224	304	23179
1992	1874	219	34	8906	2640	78181	300	22062
1993	1945	249	61	13155	3026	97078	324	22976
1994	2135	240	83	15608	3245	101474	354	26589
1995	2536	220	121	22900	3767	111287	415	32400
1996	2673	204	128	36500	3862	138262	465	45576
1997	2760	231	179	51900	4320	158461	774	54462
1998	2549	279	192	47400	4852	229909	876	59918
1999	2605	295	302	53300	5710	261910	920	66650
2000	2657	313	362	63737	6800	251014	950	71005
2001	2710	335	403	67370	7938	250374	1005	71589
2002	3685	337	567	70875	9497	684265	8429	334748
2003	3218	256	610	88711	12420	884700	9033	365028
2004	4163	327	954	142651	13729	1207696	10812	430019
2005	5374	434	570	168557	15118	1389986	11866	486769
2006	6088	486	628	172526	17539	1671097	13422	608808
2007	7235	508	1160	260500	21088	2177066	15503	751151
2008	8481	586	1482	374653	30360	3156745	20153	1051611
2009	8787	621	1362	533011	13706	3665702	1267	154530
2010	11446	643	1607	662538	16928	4543735	1406	169346
2011	10915	600	1497	674668	21475	5690200	1453	172200
2012	9324	587	2422	814267	26951	7120000	1417	163000
2013	9485	778	2830	857700	22949	8423000	1182	166000

注:从 2009 年开始交通部门公路运输数据统计口径调整。

14-5　邮电业务基本情况

项　目	2008	2009	2010	2011	2012	2013
邮电业务总量(万元)	**545364**	**703430**	**734389**	**330275**	**370647**	**411782**
邮政业务总量	15243	12627	14436	11606	12568	11953
电信业务总量	6312	16357	21204	24338	358079	399829
邮政业务分项						
国内函件(万件)	941	639	397	251	361	236
国际及港澳台函件(万件)	0.29	0.32	0.22	0.15	0.12	0.12
国内包裹(万件)	10.43	10.55	10.78	10.43	9.88	9.40
国际及港澳台包裹(件)	1037	1134	1034	1046	958	782
国内特快专递信件(万件)	19.29	40.44	23.56	34.29	30.38	23.49
国际特快专递信件(件)	753	1524	645	784	770	551
订阅报纸累计份数(万份)	4626	4429	4463	3317	3275	3911
订阅杂志累计份数(万份)	120	122	121	131	151	177
报纸期发份数(万份)	17	17	18	23	15	18
杂志期发份数(万份)	8	8	8	8	8	11
邮政储蓄平均余额(亿元)	34.85	31.16	30.91	32.17	33.71	34.91
长途电信业务						
国内长途电话通话次数(万次)	3495	3045	1390	7553	29774	16354
港澳台电话(万次)	1.03	0.51	0.31	3.75	2.13	2.44
本地电话业务分项						
本地固定电话年末用户(万户)	40.77	36.44	38.86	39.99	45.27	46.60
# 住宅电话	27.03	23.96	25.66	19.20	28.60	28.51
互联网用户(万户)	17.46	18.49	22.42	22.93	23.32	40.13
本地网内区间电话通话量(万次)	1433	185	732	62	55	50
本地网内区内电话通话量(万次)	97679	73037	64289	8027	7088	6257
移动电话用户(万户)	**176.11**	**245.58**	**249.90**	**293.76**	**357.66**	**391.96**

注:邮电业务总量2010年以前年度数据按2000年不变价格计算,2010年以后年度数据按2010年价格计算。

14-6 主要年份邮电业务基本情况

年份	邮电局所数（个）	邮电业务总量（万元）	报刊期发数（万份）	长途电话（万次）	本市固定电话年末用户（户）
1950	28	31		2	372
1957	39	132		7	1427
1962	89	278	12	19	7413
1965	60	225	16	14	8352
1970	63	217	8	14	9812
1975	74	260	25	25	15574
1978	83	307	32	32	15175
1980	83	322	49	36	17807
1985	80	638	78	50	24578
1990	81	2413	39	100	41996
1991	80	3063	47	194	45763
1992	80	4439	48	392	49143
1993	79	7784	200	1011	59572
1994	93	11357	55	1227	88264
1995	99	16742	63	1422	139309
1996	121	22500	175	1872	187489
1997	124	29250	225	2340	214497
1998	166	45114	28	2730	236688
1999	178	61279	34	2813	277462
2000	251	98425	29	2325	354302
2001	190	82950	45	2946	410200
2002	198	108165	35	3350	439322
2003	230	170381	37	2780	491900
2004	375	233714	23	5499	512600
2005	435	283985	21	3544	499500
2006	528	345684	22	3970	495600
2007	806	458604	24	6334	496200
2008	912	545364	25	3495	407743
2009	899	703430	25	3045	364387
2010	1003	734389	26	1390	388645
2011	856	330275	31	7553	399911
2012	750	286879	23	29774	452690
2013	643	280825	29	16354	466012

14-7 邮电通信水平

项目	2008	2009	2010	2011	2012	2013
全市邮电通信水平						
平均每人每年发函件数(件)	3.7	2.5	1.5	0.9	1.3	1.2
平均每百人每年订报刊数(份)	9.9	9.8	10.0	11.6	8.5	10.5
平均每百人拥有电话机部数(部)	86.3	110.5	110.6	124.9	147.5	159.6
邮政储蓄市场占有率(%)	6.3	4.6	4.1	3.9	3.7	10.1
农村邮电通信水平						
设有邮电局、所的乡(镇)的比重(%)	90.9	90.9	90.9	90.9	90.9	90.9
通电话的乡(镇)比重(%)	100.0	100.0	100.0	100.0	100.0	100.0
开通移动电话的县的比重(%)	100.0	100.0	100.0	100.0	100.0	100.0

14-8　邮电部门机构、邮路、电路

项　　目	2008	2009	2010	2011	2012	2013
邮政机构						
邮政局(所)总数(处)	152	118	108	106	107	96
邮政支局	56	57	53	56	57	53
自办邮政所	22	21	21	21	21	19
代办邮政所	36	34	34	29	29	24
邮政储蓄点(处)	73	65	63	63	63	64
邮政信筒信箱(个)	172	169	173	171	162	172
邮路						
邮路总条数(条)	40	39	36	43	49	49
# 快速邮路	2	2	2	2	2	2
邮路总长度(公里)	3166	2221	1934	2132	2700	2700
自办汽车邮路	1619	1254	967	1175	1175	1175
委办汽车邮路	936	936	936	957	1525	1526
农村单程投递线路总长度(公里)	5594	5689	5685	5414	2233	2511
电信机构						
电信局所总数(处)	792	781	895	1127	1127	643
# 自办局所	143	131	91	50	50	50
电信委代办所	649	650	804	700	700	593
电信电路						
长途电话电路(兆)						
长途电话电路	3923	3924	3909	300	300	300
长途电话业务电路	4713	3774	3819	309	309	312
省际电路	3550	3570	3759	2	2	2
省内电路	1183	264	60	307	307	310
本地电话电路(兆)						
本地电话中继电路	10512	10529	10459	3402	3400	3095
长途交换机至本地电话交换机中继电路	2174	750	25	25	25	25
本地电话网至数字数据网中继电路	496	240	240	238	212	217
本地电话网至中国移动中继电路	2376	1410	1800	1800	1800	1710
本地电话网至中国联通中继电路	879	690	2329	2447	2168	2179
本地电话电缆长度(皮长公里)	3941	2472	2369	4152	4211	3428
本地中继光缆长度(皮长公里)	3471	3141	3130	4987	5131	5238
接入网光缆长度(皮长公里)	193	251	297	282	356	356

注:2009年及以前年度邮政局(所)总数含邮政代办点。

14-9 邮电通信设备年末拥有量

项 目	2008	2009	2010	2011	2012	2013
邮政设备						
邮政汽车(辆)	220	202	201	106	128	137
# 邮运汽车	19	12	12	12	17	31
邮政储蓄专用汽车	18	16	16	15	19	16
速递业务专用汽车	60	95	95	73	73	75
邮政摩托车(辆)	41	48	49	36	34	29
POS 机(台)	84	84	441	78	78	78
长途电信设备						
长途自动交换机容量(路端)	19459	18600	18600	18600	19020	10920
# 实占容量	11224	10860	10440	10440	10440	10440
本地电信设备						
局用交换机容量(万门)	49.80	49.50	51.29	52.29	53.39	58.80
# 实占容量	37.66	35.40	36.41	34.48	34.83	34.44
出局用户线对数(万对)	20.51	21.13	20.24	15.88	15.95	13.54
# 实占线对	8.16	7.70	8.10	7.59	7.35	4.58
接入网设备容量(万门)	8.10	5.80	7.41	7.41	8.00	12.43
# 实占线对	4.36	2.60	4.57	4.77	5.02	6.61
移动通信设备						
GSM900 交换机容量(万门)	295	230	256	400	420	500
GSM 机站数(个)	1548	1189	1329	1705	2728	3447
GSM 话音信道数(个)	107064	35354	104280	152080	137706	140929

主要统计指标解释

公路里程　指在一定时期内实际达到《公路工程技术标准 JTJ01-88》规定的等级公路,并经公路主管部门正式验收交付使用的公路里程数。包括大中城市的郊区公路以及通过小城镇街道部分的公路里程和桥梁、渡口的长度,不包括大中城市的街道、厂矿、林区生产用道和农业生产用道的里程。两条或多条公路共同经由同一路段,只计算一次,不得重复计算里程长度。它是反映公路建设发展规模的重要指标,也是计算运输网密度等指标的基础资料。

货(客)运量　指在一定时期内,各种运输工具实际运送的货物(旅客)数量。它是反映运输业为国民经济和人民生活服务的数量指标,也是制定和检查运输生产计划、研究运输发展规模和速度的重要指标。货运按吨计算,客运按人计算。货物不论运输距离长短、货物类别,均按实际重量统计。旅客不论行程远近或票价多少,均按一人一次客运量统计;半价票、小孩票也按一人统计。

货物(旅客)周转量　指在一定时期内,由各种运输工具运送的货物(旅客)数量与其相应运输距离的乘积之总和。它是反映运输业生产总成果的重要指标,也是编制和检查运输生产计划,计算运输效率、劳动生产率以及核算运输单位成本的主要基础资料。计算货物周转量通常按发出站与到达站之间的最短距离,也就是计费距离计算。计算公式为:

货物(旅客)周转量＝∑货物(旅客)运输量×运输距离

民用汽车拥有量　指报告期末,在公安交通管理部门按照《机动车注册登记工作规范》,已注册登记领有民用车辆牌照的全部汽车数量。汽车拥有量统计的主要分类:根据汽车结构分为载客汽车、载货汽车及其他汽车;根据汽车所有者不同分为个人(私人)汽车、单位汽车;根据汽车的使用性质分为营运汽车、非营运汽车和特种汽车;根据汽车大小规格不同载客汽车分为大型、中型、小型和微型,载货汽车分为重型、中型、轻型和微型。

邮电业务总量　指以价值量形式表现的邮电通信企业为社会提供各类邮电通信服务的总数量。邮电业务量按专业分类包括函件、包件、汇票、报刊发行、邮政快件、特快专递、邮政储蓄、集邮、公众电报、用户电报、传真、长途电话、出租电路、无线寻呼、移动电话、分组交换数据通信、出租代维等。计算方法为各类产品乘以相应的平均单价(不变价)之和,再加上出租电路和设备、代用户维护电话交换机和线路等的服务收入。它综合反映了一定时期邮电业务发展的总成果,是研究邮电业务量构成和发展趋势的重要指标。计算公式为:

邮电业务总量＝∑(各类邮电业务量×不变单价)+出租代维及其他业务收入。

移动电话用户　指通过移动电话交换机进入移动电话网、占用移动电话号码的各类电话用户。包括签约用户和智能网预付费用户。一个移动电话号码统计为一户。

本地电话用户　指接入本地电信运营商固定电话网上的电话用户。包括:住宅用户、单位用户、公用电话用户等。按电话用户位置又分为市内电话用户和农村电话用户。1997 年以前,“市内电话用户”是指接入县城及县以上城市的电话网上的电话用户;“农村电话用户”是指接入县邮电局农话台及县以下农村电话交换点,以县城为中心(除市话用户外)联通县、乡(镇)、行政村、村民小组的用户。从 1997 年起,电话用户数分组调整为以用户所在区域划分为“城市电话用户”和“乡村电话用户”,与过去的按市内电话和农村电话划分方法不同。而电话用户总数、电话机总部数统计范围不变。

住宅电话用户　指话机装在居民住宅或农民家里并按照住宅电话用户登记注册和收费的电话用户。包括私人付费、单位付费和按规定免费安装的住宅电话用户。

局用交换机容量 指安装在电信运营企业内用于接续本地固定电话的电话交换机容量，包括现用和备用的人工或自动交换机的全部容量。不包括用户交换机容量。

15

国内贸易

DOMESTIC TRADE

15-1　1980-2013年社会消费品零售总额（按销售单位所在地和行业分）

单位：万元

年份	社会消费品零售总额	按地区分		按行业分		
		市	县及县以下	批发零售贸易业	住宿餐饮业	其它行业
1980	48410	41422	6988	45475	2178	757
1981	54311	46362	7949	50975	2479	857
1982	60043	50929	9114	56234	2903	906
1983	64796	55280	9516	60533	3186	1077
1984	80689	70929	9760	75423	3989	1277
1985	96515	86341	10174	92041	4474	1412
1986	111638	98804	12834	104476	5628	1534
1987	124258	109827	14431	115701	6799	1758
1988	163260	146545	16715	151748	9580	1932
1989	169664	153253	16411	159653	7799	2212
1990	178487	162436	16051	167582	8470	2435
1991	198918	181303	17615	186707	9392	2819
1992	229568	209490	20078	214844	11329	3395
1993	336733	306191	30542	312281	19085	5367
1994	440594	387482	53112	405480	28267	6847
1995	547902	438427	109475	494107	45495	8300
1996	652012	456585	195427	575999	66189	9824
1997	769116	649826	119290	672831	85671	10614
1998	879461	736490	142971	760144	104884	14433
1999	1003622	855532	148090	864024	123547	16051
2000	1162620	997600	165020	993340	149841	19439
2001	1346443	1170558	175885	1135808	186092	24543
2002	1593981	1409099	184882	1328976	234633	30372
2003	1916565	1718786	197779	1565393	314679	36493
2004	2513673	2312560	201113	2019675	449156	44842
2005	2925781	2699253	226527	2324762	558349	42671
2006	3554643	3290745	263898	2795366	712991	46286
2007	4276826	3974316	302509	3340598	885294	50933
2008	5336050	4979802	356247	4105969	1169446	60635
2009	6177157	5768086	409071	4734370	1339787	103000
2010	7308066	6743759	564307	6262069	943997	102000
2011	8575448	7838099	737349	7244558	1230890	100000
2012	9750628	8976315	774313	8139240	1527388	84000
2013	10857622	9809101	1048521	9016578	1757044	84000

注：2009-2013年数据根据自治区反馈数据进行了调整。

15-2 限额以上批发零售贸易业商品分类销售额

单位:万元

指标名称	合计		批发		零售	
	2012	2013	2012	2013	2012	2013
类值合计	**10400338.4**	**11277201.8**	**6963182.9**	**7728643.8**	**3437155.5**	**3548558.0**
粮油、食品、饮料、烟酒类	982639.7	1188828.0	621599.2	771211.7	361040.5	417616.3
粮油、食品类	567244.1	744764.3	263752.6	393387.2	303491.5	351377.1
饮料类	14714.5	32428.0	966.8	17213.9	13747.7	15214.1
烟酒类	400681.1	411635.7	356879.8	360610.6	43801.3	51025.1
服装、鞋帽、针纺织品类	397761.6	437111.0	5577.5	4908.7	392184.1	432202.3
服装类	286510.4	305593.6	2442.7	1707.4	284067.7	303886.2
鞋帽类	83874.1	103061.1	1878.6	1198.8	81995.5	101862.3
针、纺织品类	27377.1	28456.3	1256.2	2002.5	26120.9	26453.8
化妆品类	46080.1	48320.7	321.5	103.1	45758.6	48217.6
金银珠宝类	58980.0	78090.6	32.3		58947.7	78090.6
日用品类	130456.7	115906.8	14115.1	13091.9	116341.6	102814.9
# 洗涤用品类	64937.8	53156.2	13593.8	11975.2	51344.0	41181.0
儿童玩具类	2864.5	4163.0	510.8	1093.1	2353.7	3069.9
五金、电料类	47475.4	48951.2	4088.2	4304.2	43387.2	44647.0
体育、娱乐用品类	8779.0	7835.3	14.7	12.5	8764.3	7822.8
书报杂志类	5676.5	6016.8			5676.5	6016.8
电子出版物及音像制品类	1437.2	787.5	1.2		1436.0	787.5
家用电器和音像器材类	148999.3	212373.9	3217.1	5131.9	145782.2	207242.0
中西药品类	65122.2	65056.4	50740.9	51646.0	14381.3	13410.4
文化办公用品类	12744.2	12805.7	394.7	65.0	12349.5	12740.7
家具类	101523.6	115179.0	434.7		101088.9	115179.0
通讯器材类	49610.5	39083.6	2189.5		47421.0	39083.6
煤炭及制品类	3576592.2	4096301.4	3423655.8	3991225.2	152936.4	105076.2
石油及制品类	1236238.8	1110263.6	285231.9	242425.3	951006.9	867838.3
化工材料及制品类	20874.7	31022.0	20874.7	31022.0		
# 化肥类	20677.9	27597.1	20677.9	27597.1		
金属材料类	2349437.7	2462240.1	2349437.7	2462240.1		
建筑及装潢材料类	42790.8	35294.6	7337.4		35453.4	35294.6
机电产品及设备类	102090.4	104233.8	13128.6	14486.1	88961.8	89747.7
汽车类	1009447.9	1034600.6	159400.2	135377.1	850047.7	899223.5
种子饲料类						
其他类	5579.9	26899.2	1390.0	1393.0	4189.9	25506.2

注:以上数据为年快合一数据。

15-3 限额以上批发零售贸易业商品购进、销售、库存总额（2013年，按登记注册类型分）

指标名称	法人企业（个）	从业人员期末人数（人）	销售总额（万元）	批发额	零售额
总计	**296**	**21598**	**11015964**	**6871553**	**4144411**
批发业	**113**	**5231**	**7883646**	**6661249**	**1222397**
内资企业	112	5224	7877007	6654610	1222397
国有企业	9	1104	1236692	1236692	
集体企业	3	107	98002	76312	21691
有限责任公司	54	2185	5002253	3894806	1107446
国有独资公司	4	232	1165246	650853	514393
其他有限责任公司	50	1953	3837007	3243954	593053
股份有限公司	4	344	456517	455784	733
私营企业	42	1484	1083543	991016	92527
私营有限责任公司	41	1414	1056725	967308	89417
私营股份有限公司	1	70	26818	23708	3110
港、澳、台商投资企业	1	7	6638	6638	
港、澳、台商独资经营企业	1	7	6638	6638	
零售业	**183**	**16367**	**3132319**	**210304**	**2922015**
内资企业	183	16367	3132319	210304	2922015
国有企业	6	627	270298	96473	173825
集体企业	2	62	82746		82746
有限责任公司	86	6670	1418342	45417	1372925
国有独资公司	1	510	253532	34685	218848
其他有限责任公司	85	6160	1164810	10732	1154077
股份有限公司	9	2791	618495	62508	555987
私营企业	78	6166	718495	5905	712590
私营独资企业	1	25	6574		6574
私营有限责任公司	70	5657	623411	5905	617506
私营股份有限公司	7	484	88510		88510
其他企业	2	51	23942		23942

15-4 限额以上批发零售贸易业商品购进、销售、库存总额（2013年，按行业分）

指标名称	法人企业（个）	从业人员期末人数（人）	商品销售额（万元）	批发额	零售额
总计	**296**	**21598**	**11015964**	**6871553**	**4144411**
批发业	**113**	**5231**	**7883646**	**6661249**	**1222397**
农、林、牧产品批发	4	401	89928	75181	14747
食品、饮料及烟草制品批发	6	766	753829	621858	131971
# 烟草制品批发	1	301	307503	307503	
纺织、服装及家庭用品批发	1	187	10611	10611	
医药及医疗器材批发	5	273	67997	58361	9636
西药批发	3	154	44654	38852	5802
中药批发	2	119	23343	19508	3834
矿产品、建材及化工产品批发	82	3114	6797868	5756693	1041175
煤炭及制品批发	58	2308	4215072	3182096	1032976
石油及制品批发	5	120	49898	41699	8199
金属及金属矿批发	10	352	1506226	1506226	
建材批发	6	265	525773	525773	
化肥批发	1	20	9579	9579	
农用薄膜批发	1	27	698	698	
其他化工产品批发	1	22	490622	490622	
机械设备、五金交电及电子产品批发	15	490	163413	138545	24867
汽车批发	6	127	83198	79937	3261
其他机械设备及电子产品批发	9	363	80215	58608	21606
零售业	**183**	**16367**	**3132319**	**210304**	**2922015**
综合零售	31	4056	662713	3835	658879
百货零售	22	3282	562558	3835	558724
超级市场零售	8	758	93548		93548
其他综合零售	1	16	6607		6607
食品、饮料及烟草制品专门零售	5	219	25636	26	25610
文化、体育用品及器材专门零售	6	206	8144		8144
图书、报刊零售	4	147	4873		4873
珠宝首饰零售	2	59	3272		3272
医药及医疗器材专门零售	5	188	7848	817	7031
药品零售	5	188	7848	817	7031
汽车、摩托车、燃料及零配件专门零售	95	7088	1955102	197944	1757159
汽车零售	76	4440	843780		843780
汽车零配件零售	3	295	98958		98958
摩托车及零配件零售	2	20	917		917
机动车燃料零售	14	2333	1011447	197944	813504
家用电器及电子产品专门零售	15	1445	231417	1411	230006
家用视听设备零售	1	216	59772		59772
日用家电设备零售	7	705	66082	1411	64672
计算机、软件及辅助设备零售	3	176	75287		75287
通信设备零售	4	348	30276		30276
五金、家具及室内装修材料专门零售	12	2588	174155	2936	171219
货摊、无店铺及其他零售业	2	45	19029		19029

15-5　限额以上批发零售贸易企业资产及负债情况（2013年，按登记注册类型分）

单位：万元

指标名称	资产合计	#流动资产小计	#固定资产小计	负债合计
总计	**6496762.0**	**4066264.3**	**497750.4**	**4294783.5**
批发业	**4948197.4**	**2945112.6**	**299722.4**	**3065442.4**
内资企业	4934389.1	2940173.5	299653.2	3053244.8
国有企业	580352.6	509971.3	39585.2	412143.9
集体企业	8783.3	7216.4	1128.0	3447.1
有限责任公司	3279502.5	1681855.9	157381.3	1919388.8
国有独资公司	146409.0	140202.3	4506.2	129656.6
其他有限责任公司	3133093.5	1541653.6	152875.1	1789732.2
股份有限公司	303760.5	144539.3	17994.5	92015.7
私营企业	761990.2	596590.6	83564.2	626249.3
私营有限责任公司	757161.2	591962.4	83363.4	622604.1
私营股份有限公司	4829.0	4628.2	200.8	3645.2
港、澳、台商投资企业	13808.3	4939.1	69.2	12197.6
港、澳、台商独资经营企业	13808.3	4939.1	69.2	12197.6
零售业	**1548564.6**	**1121151.7**	**198028**	**1229341.1**
内资企业	1548564.6	1121151.7	198028	1229341.1
国有企业	47614.5	25067.2	9770.5	47027.2
集体企业	5002.5	4117.7	842.3	2337.8
有限责任公司	784990.6	606421.8	99295.6	653153.7
国有独资公司	35502.5	15067.7	10937.9	20383.5
其他有限责任公司	749488.1	591354.1	88357.7	632770.2
股份有限公司	255676.4	140752.9	34586.6	221074.7
私营企业	449420.6	343970.5	51277.4	300744.3
私营独资企业	610.0	300.0	310.0	20.0
私营有限责任公司	435002.7	336114.1	47122.5	289224.8
私营股份有限公司	13807.9	7556.4	3844.9	11499.5
其他企业	5860.0	821.6	2255.6	5003.4

15-6 限额以上批发零售贸易企业资产及负债情况
(2013 年,按行业分)

单位:万元

指标名称	资产合计	# 流动资产小计	# 固定资产小计	负债合计
总计	**6496762.0**	**4066264.3**	**497750.4**	**4294783.5**
批发业	**4948197.4**	**2945112.6**	**299722.4**	**3065442.4**
农、林、牧产品批发	116072.0	99135.3	13867.2	94948.7
食品、饮料及烟草制品批发	169151.6	141745.9	18927.4	22118.3
# 烟草制品批发	142688.5	128364.9	7608.8	12213.1
纺织、服装及家庭用品批发	1317.8	1056.3	261.3	1120.9
医药及医疗器材批发	22974.1	21424.6	1064.6	20976.9
西药批发	16361.5	15212.2	809.6	14911.3
中药批发	6612.6	6212.4	255.0	6065.6
矿产品、建材及化工产品批发	4525542.9	2591097.7	261901.6	2823663.0
煤炭及制品批发	1536437.7	1003258.2	234730.4	1002062.3
石油及制品批发	46565.0	17284.8	16058.1	32032.6
金属及金属矿批发	2865893.9	1505946.8	3381.0	1739153.9
建材批发	58187.1	47241.0	7284.3	43219.8
化肥批发	1106.2	844.5	107.7	1097.7
农用薄膜批发	504.7	423.2	32.7	148.1
其他化工产品批发	16848.3	16099.2	307.4	5948.6
机械设备、五金交电及电子产品批发	113139.0	90652.8	3700.3	102614.6
汽车批发	34082.7	31949.3	1961.0	23303.2
其他机械设备及电子产品批发	79056.3	58703.5	1739.3	79311.4
零售业	**1548564.6**	**1121151.7**	**198028.0**	**1229341.1**
综合零售	327840.7	223434.9	70569.6	311832.5
百货零售	250967.6	167732.4	60285.2	224124.6
超级市场零售	76842.7	55672.1	10284.4	87707.9
其他综合零售	30.4	30.4		
食品、饮料及烟草制品专门零售	9710.6	7443.3	1486.1	5744.1
纺织、服装及日用品专门零售	21957.6	10894.4	8141.0	16375.5
服装零售	19873.6	9638.9	7312.5	15635.6
文化、体育用品及器材专门零售	21654.8	11888.9	6487.1	20177.9
图书、报刊零售	18853.7	9377.0	6197.9	18336.4
珠宝首饰零售	2801.1	2511.9	289.2	1841.5
医药及医疗器材专门零售	10411.2	4510.3	396.9	6020.7
药品零售	10411.2	4510.3	396.9	6020.7
汽车、摩托车、燃料及零配件专门零售	913421.6	657891.8	88372.3	764300.7
汽车零售	621915.9	442466.4	50155.3	525961.3
汽车零配件零售	107099.4	100807.2	315.5	88777.8
摩托车及零配件零售	992.7	833.4	159.2	1004.0
机动车燃料零售	183413.6	113784.8	37742.3	148557.6
家用电器及电子产品专门零售	106729.4	86760.7	7460.7	90436.4
家用视听设备零售	30673.8	23660.2	6017.1	24696.3
日用家电设备零售	58213.5	49136.4	1186.9	51117.6
计算机、软件及辅助设备零售	3218.7	3179.4	39.2	2372.1
通信设备零售	14623.4	10784.7	217.5	12250.4
五金、家具及室内装修材料专门零售	132776.7	114918.8	14470.0	10998.1
货摊、无店铺及其他零售业	4062.0	3408.6	644.3	3455.2

15-7 限额以上批发零售贸易企业主要财务指标情况（2013 年，按登记注册类型分）

单位：万元

指标名称	主营业务收入	主营业务成本	营业费用	主营业务税金及附加	主营业务利润
总计	**9746306.8**	**9105522.8**	**312657.9**	**50428.5**	**12893.0**
批发业	**6826264.5**	**6375156.3**	**178254.5**	**35960.8**	**7063.6**
内资企业	6819626.2	6368675.5	178254.5	35956.4	6992.8
国有企业	586618.5	486304.5	12653.7	21307.1	46290.6
集体企业	98002.3	91114.4	2548.9	708.4	827.0
有限责任公司	4618366.1	4381460.2	76415.4	9836.8	-35512.2
国有独资公司	1165245.1	1138119.7	7788.0	1570.0	2214.5
其他有限责任公司	3453121.0	3243340.5	68627.4	8266.8	-37726.7
股份有限公司	465071.4	444962.9	6401.1	1609.8	-367.1
私营企业	1051567.9	964833.5	80235.4	2494.3	-4245.5
私营有限责任公司	1024750.4	938753.7	80235.4	2487.4	-4293.6
私营股份有限公司	26817.5	26079.8		6.9	48.1
港、澳、台商投资企业	6638.3	6480.8		4.4	70.8
港、澳、台商独资经营企业	6638.3	6480.8		4.4	70.8
零售业	**2920042.3**	**2730366.5**	**134403.4**	**14467.7**	**5829.4**
内资企业	2920042.3	2730366.5	134403.4	14467.7	5829.4
国有企业	204732.1	237778.3	3343.3	396.1	-8985.4
集体企业	78914.0	77990.1	46.8	24.6	461.5
有限责任公司	1388092.6	1274863.0	63479.1	5425.9	18264.4
国有独资公司	216694.4	202829.6	11167.6	433.4	4381.6
其他有限责任公司	1171398.2	1072033.4	52311.5	4992.5	13882.8
股份有限公司	517772.2	480109.9	36640.6	2340.8	-3810.2
私营企业	706589.5	636936.4	30747.7	6026.5	-614.5
私营独资企业	7190.0	5863.2	6.0	210.0	950.8
私营有限责任公司	612118.6	557412.8	26004.3	1911.4	-704.4
私营股份有限公司	87280.9	73660.4	4737.4	3905.1	-860.9
其他企业	23941.9	22688.8	145.9	253.8	513.6

15-8 限额以上批发零售贸易企业主要财务指标情况 (2013年,按行业分)

单位:万元

指标名称	主营业务收入	主营业务成本	营业费用	主营业务税金及附加	主营业务利润
总计	**9746306.8**	**9105522.8**	**312657.9**	**50428.5**	**12893.0**
批发业	**6826264.5**	**6375156.3**	**178254.5**	**35960.8**	**7063.6**
农、林、牧产品批发	89839.9	83571.9	3660.8	670.4	-4916.7
食品、饮料及烟草制品批发	751529.1	663358.4	5535.9	19086.6	52811.1
#烟草制品批发	307502.6	230561.6	3614.7	18758.9	46479.7
纺织、服装及家庭用品批发	9069.1	8675.3	697.8	33.0	21.3
医药及医疗器材批发	64014.4	59255.9	1116.7	537.5	671.7
西药批发	42105.6	39520.2	658.5	32.7	52.1
中药批发	21908.8	19735.7	458.2	504.8	619.6
矿产品、建材及化工产品批发	5756273.9	5418412.9	157368.3	15288.0	-36596.4
煤炭及制品批发	3814453.5	3560151.5	150375.0	14309.9	20260.2
石油及制品批发	45742.3	43280.6	412.1	32.9	392.8
金属及金属矿批发	1133796.2	1062106.5	5568.9	240.1	-61047.9
建材批发	258384.0	254691.2	831.3	234.8	346.1
化肥批发	9835.3	9578.7	142.0	0.2	1.0
农用薄膜批发	698.3	626.0	32.7		-43.1
其他化工产品批发	493364.3	487978.4	6.3	470.1	3494.5
机械设备、五金交电及电子产品批发	155538.1	141881.9	9875.0	345.3	-4927.4
汽车批发	82721.9	79315.4	1711.1	20.2	306.4
其他机械设备及电子产品批发	72816.2	62566.5	8163.9	325.1	-5233.8
零售业	**2920042.3**	**2730366.5**	**134403.4**	**14467.7**	**5829.4**
综合零售	635704.6	556670.1	44879.1	9149.2	10938.1
百货零售	546749.2	474177.5	36038.6	8863.7	17592.3
超级市场零售	83471.4	77029.0	8840.5	284.3	-6654.2
其他综合零售	5484.0	5463.6		1.2	
食品、饮料及烟草制品专门零售	26122.4	21978.1	949.0	442.4	1529.0
纺织、服装及日用品专门零售	45112.6	38766.1	2499.4	724.9	2380.8
服装零售	34912.7	29927.9	2417.1	635.2	1286.9
文化、体育用品及器材专门零售	12992.2	8427.8	1008.9	301.7	1936.1
图书、报刊零售	9980.5	5902.9	849.4	227.1	1764.0
珠宝首饰零售	3011.7	2524.9	159.5	74.6	172.1
医药及医疗器材专门零售	7348.6	5535.8	895.6	72.2	242.2
药品零售	7348.6	5535.8	895.6	72.2	242.2
汽车、摩托车、燃料及零配件专门零售	1759913.7	1718294.7	57360.3	2594.1	-16285.2
汽车零售	818714.8	769388.9	26784.8	1574.0	-2446.8
汽车零配件零售	84310.9	82333.9	572.1	110.0	-832.1
摩托车及零配件零售	917.0	705.5	33.6	21.3	9.0
机动车燃料零售	855971.0	865866.4	29969.8	888.8	-13015.3
家用电器及电子产品专门零售	246632.1	226158.8	16277.8	551.0	-962.2
家用视听设备零售	47240.9	41927.4	5033.5	118.0	457.7
日用家电设备零售	95102.0	82528.2	9052.9	268.8	-1416.2
计算机、软件及辅助设备零售	76246.1	75101.9	763.5	55.6	301.1
通信设备零售	28043.1	26601.3	1427.9	108.6	-304.8
五金、家具及室内装修材料专门零售	167408.5	137403.1	8961.6	611.2	6314.2
货摊、无店铺及其他零售业	18807.6	17132.0	1571.7	21.0	-263.6

15-9 限额以上住宿餐饮企业资产及负债情况 (2013年,按登记注册类型和行业分)

单位:万元

指标名称	资产合计	#流动资产小计	#固定资产小计	负债合计
总计	**537193.6**	**146100.9**	**242767.6**	**250854.2**
住宿业	**271240.4**	**26892.8**	**177864.6**	**138855.8**
按登记注册类型分				
内资企业	226913.1	22684.5	140572.8	102707.1
国有企业	57033.5	1071.7	12352.3	6680.6
集体企业	1626.4	413.5	496.1	1223.3
联营企业	633.3	105.9	527.4	465.1
集体联营企业	633.3	105.9	527.4	465.1
有限责任公司	116775.6	10250.8	97847.7	47225.7
其他有限责任公司	116775.6	10250.8	97847.7	47225.7
股份有限公司	1018.3	231.0	218.0	965.3
私营企业	49826.0	10611.6	29131.3	46147.1
私营独资企业	652.7	281.9	265.0	246.2
私营有限责任公司	49173.3	10329.7	28866.3	45900.9
外商投资企业	44327.3	4208.3	37291.8	36148.7
中外合资经营企业	3710.3	993.6	2625.6	5219.9
外资企业	40617.0	3214.7	34666.2	30928.8
按住宿行业中类分组				
旅游饭店	266248.5	24474.4	176566.0	134942.6
一般旅馆	4912.0	2393.0	1244.1	3896.2
其他住宿服务	79.9	25.4	54.5	17.0
餐饮业	**265953.2**	**119208.1**	**64903.0**	**111998.4**
按登记注册类型分				
内资企业	146280.8	68215.7	42332.0	88064.7
国有企业	525.8	88.1	97.7	127.3
有限责任公司	32812.4	14416.3	9519.4	24860.6
其他有限责任公司	32812.4	14416.3	9519.4	24860.6
股份有限公司	83941.3	36461.1	27930.2	44022.1
私营企业	28858.4	17115.0	4777.0	18998.3
私营独资企业	691.2	247.5	373.7	423.6
私营有限责任公司	22446.5	13780.9	2641.8	15300.5
私营股份有限公司	5720.7	3086.6	1761.5	3274.2
其他企业	142.9	135.2	7.7	56.4
港澳台商投资企业	125.3	14.5	66.1	-890.1
港澳台商独资企业	125.3	14.5	66.1	-890.1
外商投资企业	119547.1	50977.9	22504.9	24823.8
外资企业	119547.1	50977.9	22504.9	24823.8
按餐饮行业中类分组				
正餐服务	265905.4	119160.3	64903.0	111978.4
快餐服务	47.8	47.8		20.0

15-10 限额以上住宿餐饮企业主要财务指标情况（2013年，按登记注册类型和行业分）

单位：万元

指标名称	主营业务收入	主营业务成本	营业费用	主营业务税金及附加	主营业务利润
总计	**344929.4**	**213448.3**	**96034.4**	**14489.5**	**-31484.0**
住宿业	**62127.4**	**25632.8**	**21024.9**	**3538.1**	**-8601.9**
按登记注册类型分					
内资企业	50053.9	20874.9	20348.6	2890.5	-8355.8
国有企业	2566.1	688.9	1402.5	143.8	-4000.3
集体企业	236.8	85.0	81.3	16.5	2.5
联营企业	919.1	459.9	298.0	51.4	3.8
集体联营企业	919.1	459.9	298.0	51.4	3.8
有限责任公司	27929.7	11351.5	12773.4	1731.5	-4055.7
其他有限责任公司	27929.7	11351.5	12773.4	1731.5	-4055.7
股份有限公司	463.1	356.8		26.1	36.4
私营企业	17939.1	7932.8	5793.4	921.2	-342.5
私营独资企业	2592.1	1969.0	190.1	31.6	298.3
私营有限责任公司	15347.0	5963.8	5603.3	889.6	-640.8
外商投资企业	12073.5	4757.9	676.3	647.6	-246.1
中外合资经营企业	1359.5	400.5		78.6	-92.1
外资企业	10714.0	4357.4	676.3	569.0	-154
按住宿行业中类分组					
旅游饭店	58186.2	24110	19695.8	3131.7	-8166
一般旅馆	3853.4	1478.8	1308.5	401.8	-434.5
其他住宿服务	87.8	44	20.6	4.6	-1.4
餐饮业	**282802.0**	**187815.5**	**75009.5**	**10951.4**	**-22882.1**
按登记注册类型分					
内资企业	136976.8	85596.3	24992.1	4362.5	8619.0
国有企业	1250.1	687.6	49.2	5.2	318.1
有限责任公司	25519.6	13303.6	9335.0	1405.2	-2041.8
其他有限责任公司	25519.6	13303.6	9335.0	1405.2	-2041.8
股份有限公司	83304.4	56551.2	8254.2	2016.7	10415.5
私营企业	26074.2	14639.4	7104.7	895.1	-121.4
私营独资企业	1545.7	863.1	370.3	48.8	231.6
私营有限责任公司	15972.3	8664.6	4689.4	693.6	-267.7
私营股份有限公司	8556.2	5111.7	2045.0	152.7	-85.3
其他企业	828.5	414.5	249.0	40.3	48.6
港澳台商投资企业	1126.2	569.2		67.1	
港澳台商独资企业	1126.2	569.2		67.1	
外商投资企业	144699.0	101650.0	50017.4	6521.8	-31501.1
外资企业	144699.0	101650.0	50017.4	6521.8	-31501.1
按餐饮行业中类分组					
正餐服务	282585.8	187696.6	74951.0	10939.6	-22886.9
快餐服务	216.2	118.9	58.5	11.8	4.8

主要统计指标解释

社会消费品零售总额　指批发和零售业、餐饮业、新闻出版业、邮政业和其他服务业等，售予城乡居民用于生活消费的商品和社会集团用于公共消费的商品之总量。社会消费品零售总额包括：

一、批发和零售业企业(单位)：

1.售予城乡居民的各种生活消费品；

2.售予入境旅游的外国人、华侨、港澳台同胞的各类商品；

3.售予行政事业单位、社会团体、军队和武警等机构的商品，以及以零售方式售予各类企业的商品。具体包括：用于非生产和社会交往的办公用品，如通讯设备、计算器具和设备、电讯网络设备、文印设备、音像视听器材和设备、纸张、本册、文具及装订文印材料、家具、日用电器、针纺织品、清洁卫生用品、文体用品、奖品、纪念品、礼品等；供内部人员乘坐的交通工具和燃料；用于办公设施修缮的各类配件、材料、工具等；用于取暖和防暑降温的设备、燃料、材料及食品等；专用于教学的用品和设备；非营利医疗机构的中、西药品、中药材和医疗设备器材；非专用的劳动保护用品；不对外营业的内部食堂用的餐具、炊具、设备、清洁卫生工具和食品、燃料等；军队、武警用于其人员生活的衣着品和个人用品；其他各类非生产性设备和用品。

二、餐饮业出售的主食、菜肴、烟酒饮料和其他商品。

三、新闻出版业、邮政业售予城乡居民、企事业单位、军队和武警等机构的书报杂志、音像制品、邮品等。

四、其他服务业出售的食品、烟酒饮料、服装鞋帽、日常生活用品、医药保健用品、艺术品、工艺美术品、玩具、殡葬用品以及其他消费品。

批发零售贸易业商品购、销、存总额　指各种登记注册类型的批发、零售业企业(单位)以本企业(单位)为总体的，从国内、国外市场购进的商品总量，销售和出口的商品总量、库存商品总量等情况。该指标可以反映商品流转过程中商品的购进、销售、库存之间的比例关系和存在的问题。

商品购进总额　指从本企业(单位)以外的单位和个人购进(包括从境外直接进口)作为转卖或加工后转卖的商品总额。它反映批发零售贸易业从国内、国外市场上购进商品的总量。商品购进总额包括：(1)从工农业生产者购进的商品；(2)从出版社、报社的出版发行部门购进的图书、杂志和报纸；(3)从各种登记注册类型的批发零售贸易企业(单位)购进的商品；(4) 从其他单位购进的商品，如从机关、团体、企业等单位购进的剩余物资，从餐饮业、服务业购进的商品，从海关、市场管理部门购进的缉私和没收的商品，从居民手中收购的废旧商品等；(5)从国(境)外直接进口的商品。不包括企业(单位)为自身经营用和未通过买卖行为而收入的商品以及销售退回、商品升溢等。

商品销售总额　指对本企业(单位)以外的单位和个人出售(包括对境外直接出口)的商品总额。它反映批发零售贸易业在国内市场上销售商品以及出口商品的总量。商品销售总额包括：(1)售给城乡居民和社会集团消费用的商品；(2)售给工业、农业、建筑业、运输邮电业、批发零售贸易业、餐饮业、服务业等作为生产、经营使用的商品；(3)售给批发零售贸易业作为转卖或加工后转卖的商品；(4) 对国(境)外直接出口的商品。不包括出售本企业(单位)自用的废旧包装用品；未通过买卖行为付出的商品；经本单位介绍，由买卖双方直接结算，本单位只收取手续费的业务；购货退出的商品以及商品损耗和损失等。

批发零售贸易业库存　指报告期末各种登记注册类型的批发零售贸易企业(单位)已取得所有权的商品。它反映批发零售贸易企业(单位)的商品库存情况和对市场商品供应的保证程度。期末库存包括：(1)存放在批发零售贸易业经营单位(如门市部、批发站、经营处)仓库、货场、货柜和货架中的商品；

(2)挑选、整理、包装中的商品;(3)已记入购进而尚未运到本单位的商品,即发货单或银行承兑凭证已到而货未到的部分,(4)寄放他处的商品,如因购货方拒绝承付而暂时存放在购货方的商品和已办完加工成品收回手续而未提回的商品;(5)委托其他单位代销(未作销售或调出)尚未售出的商品;(6)代其他单位购进尚未交付的商品。不包括所有权不属于本单位的商品、拨付除批发零售贸易业以外的其他行业所属独立核算加工厂等加工生产尚未收回成品的商品、代国家物资储备部门保管的商品等。

库存总额采用的计算价格是:农副产品采购单位按购进价计算;批发单位按进货价计算;零售单位按核算价格计算,即按什么价格核算就按什么价格计算。

餐饮业商品零售额　指餐饮企业、产业活动单位或个体户直接对居民和社会集团零售的各种商品。包括:(1)经烹饪、调制加工后出售的各种食品,如主食、炒菜、凉拌菜等;(2)不经加工直接转卖的各种外购商品,如卷烟、酒、饮料、熟食、水果等;(3)附设非独立核算的专门销售商品的小卖部出售的各种食品及其他商品。

16

FOREIGN TRADE,ECONOMIC COOPERATION AND TOURISM

对外经济贸易和旅游

16-1　2008-2013 年对外经济贸易

指　　标	2008	2009	2010	2011	2012	2013
进出口总额(人民币、万元)	**1597715**	**876800**	**1322104**	**1744814**	**1319842**	**1274268**
出口总额	1033386	456666	815068	1145333	731368	673569
进口总额	564329	420134	507036	599481	588474	600699
进出口总额(万美元)	**233926**	**128356**	**195303**	**276915**	**209982**	**210508**
出口总额	151301	66852	120403	181773	116358	111273
进口总额	82625	61504	74900	95142	93624	99235
外商投资企业基本情况						
年底登记户数(户)	126	352	332	344	292	291
投资总额(万美元)	325931	320492	231029	262059	262092	244890
注册资本(万美元)	184582	181665	111652	135147	134647	118444
# 外方	139567	135921	69377	91213	90633	79427

16-2　1991-2013年利用外资和外贸进出口贸易总额

单位:万美元

年　份	实际利用外资到位金额	进出口总额		
			出口总额	进口总额
1991		1632	1617	15
1992		4484	3630	854
1993		7713	4474	3239
1994		13088	8008	5080
1995		31540	17341	14199
1996	1983	35800	19420	16380
1997	2714	40700	23275	17425
1998	3224	28604	18190	10414
1999	3948	18171	14619	3552
2000	4277	31527	17189	14338
2001	5810	29960	19387	10573
2002	7144	34369	23928	10441
2003	12143	50037	32125	17912
2004	25000	80207	43388	36819
2005	40800	93321	52242	41079
2006	54000	121274	86746	34528
2007	61557	184120	119982	64138
2008	81500	233926	151301	82625
2009	94900	128356	66852	61504
2010	110000	195303	120403	74900
2011	124000	276915	181773	95142
2012	136500	209982	116358	93624
2013	141000	210508	111273	99235

16-3　年末登记外商投资企业行业分布

年　份	企业数（户）		投资总额（万美元）		注册资本（万美元）		#外　方	
	2012	2013	2012	2013	2012	2013	2012	2013
总　计	**292**	**291**	**262092**	**244890**	**134647**	**118444**	**90633**	**79427**
农、林、牧、渔业	3	4	2464	2464	1024	1024	1024	1024
采掘业	1	1	470	470	235	235	235	235
制造业	86	78	175726	158526	92610	76409	57729	46525
电力、燃气及水的生产和供应业	2	2	40611	40611	20053	20053	16113	16113
建筑业	3	3	4904	4904	1640	1640	492	492
批发和零售贸易餐饮业	70	40	26544	3667	12544	1246	11012	392
房地产业	5	5	1883	1883	1768	1768	959	958
其他	122	158	9490	32364	4773	16069	3069	13687

16-4　2008-2013年旅游事业发展情况

指　　标	2008	2009	2010	2011	2012	2013
旅行社总数(个)	**82**	**82**	**82**	**82**	**87**	**89**
出境资格旅行社	4	2	2	2	4	4
其他旅行社	78	80	80	80	83	85
旅行社总收入(万元)	**6443**	**9205**	**13758**	**23900**	**23400**	**23800**
星级饭店总数(个)	**35**	**34**	**38**	**37**	**36**	**30**
星级饭店总收入(亿元)	**2.82**	**2.92**	**3.45**	**5.30**	**5.20**	**4.90**
入境旅游人数(人)	**17641**	**18077**	**18742**	**20297**	**26473**	**33965**
外国人	16821	16949	17096	17450	23184	30256
港澳同胞	580	836	1387	2565	2908	3259
台湾同胞	240	292	259	282	381	450
国内旅游人数(万人)	**438**	**525**	**601**	**701**	**769**	**842**
旅游收入(亿元)	**62.27**	**95.46**	**109.84**	**123.98**	**154.51**	**207.31**
国际旅游外汇收入(万美元)	941	778	1058	1017	1475	2341
国内旅游收入(万元)	616300	949300	1091400	1233400	1535900	2058600

主要统计指标解释

进出口总额　指实际进出我国国境的货物总金额。包括对外贸易实际进出口货物，来料加工装配进出口货物，国家间、联合国及国际组织无偿援助物资和赠送品，华侨、港澳台同胞和外籍华人捐赠品，租赁期满归承租人所有的租赁货物，进料加工进出口货物，边境地方贸易及边境地区小额贸易进出口货物(边民互市贸易除外)，中外合资经营企业、中外合作经营企业、外商独资企业进出口货物和公用物品，到、离岸价格在规定限额以上的进出口货样和广告品(无商业价值、无使用价值和免费提供出口的除外)，从保税仓库提取在中国境内销售的进口货物，以及其他进出口货物。进出口总额用以观察一个国家在对外贸易方面的总规模。我国规定出口货物按离岸价格统计，进口货物按到岸价格统计。

利用外资　指我国各级政府、部门、企业和其他经济组织通过对外 借款、吸收外商直接投资以及用其他方式筹措的境外现汇、设备、技术等。

外商直接投资　指外国企业和经济组织或个人(包括华侨、港澳台胞以及我国在境外注册的企业)按我国有关政策、法规，用现汇、实物、技术等在我国境内开办外商独资企业、与我国境内的企业或经济组织共同举办中外合资经营企业，合作经营企业或合作开发资源的投资(包括外商投资收益的再投资)，以及经政府有关部门批准的项目投资总额内企业从境外借入的资金。

旅游者人数　(1)入境国际旅游者人数：指来中国参观、访问、旅行、探亲、访友、休养、考察、参加会议和从事经济、科技、文化、教育、宗教等活动的外国人、华侨、港澳同胞和台湾同胞的人数。不包括外国在我国的常驻机构，如使领馆、通讯社、企业办事处的工作人员；来我国常住的外国专家、留学生以及在岸逗留不过夜人员。

(2)出境居民人数：指大陆居民因公务活动或私人事务短期出境的人数。公务活动出境居民人数包括在国际交通工具上的中国服务员工，因私出境居民人数不包括在国际交通工具上的中国服务员工。

(3)国内旅游者人数：指我国大陆居民和在我国常住1年以上的外国人、华侨、港澳台同胞离开常住地在境内其他地方的旅游设施内至少停留一夜，最长不超过6个月的人数。

国际旅游(外汇)收入　指入境旅游的外国人、华侨、港澳同胞和台湾同胞在中国大陆旅游过程中发生的一切旅游支出，对于国家来说就是国际旅游(外汇)收入。

国际旅行社　指经营对外招徕并接待外国人、华侨、港澳同胞和台湾同胞来中国、归国或回内地旅游业务的旅行社。

国内旅行社　指负责经营招徕、组团、接待国内旅客的旅游业务，以及不对外招徕，负责经营接待国际旅行社或其它涉外部门组织的外国人、华侨、港澳同胞和台湾同胞来中国、归国或回内地的旅游业务的旅行社。

星级饭店　指已评定星级的饭店。

17

BANKING AND INSURANCE

金融和保险

17-1　金融系统机构、人员数(2013年)

项　目	机构数(个)	年末人数(人)
总　计	**586**	**13188**
中国人民银行	5	396
中国工商银行	76	1960
中国农业银行	62	1209
中国银行	49	1079
中国建设银行	54	1240
中国农业发展银行	5	117
交通银行	9	290
包头商业银行	54	3218
农村信用社	161	2043
新时代信托	1	242
邮储银行	80	436
浦发银行	4	90
中信银行	5	113
招商银行	1	68
华夏银行	1	47
兴业银行	2	88
内蒙古银行	3	148
村镇银行	12	330
包钢财务公司	1	42
鄂尔多斯银行	1	32

17-2　金融机构人民币信贷资金平衡表(2013年)

单位:万元

负债项目	2013	资产项目	2013
资金来源合计	**21614556**	**资金运用合计**	**21614556**
各项存款	23265862	各项贷款	16290042
单位存款	10109942	短期贷款	7705055
个人存款	11900022	# 个人贷款及透支	1543611
财政性存款	912450	单位普通贷款及透支	5331376
临时性存款	54614	银团贷款	800
委托存款	38366	贸易融资	829269
其他类存款	250468	中长期贷款	7888587
金融债券		各项垫款	31785
中长期借款		票据融资	664593
应付及暂收款	433385	有价证券	2223772
同业往来	32393	股权及其他投资	503481
系统内资金往来	3332418	库存现金	132342
外汇买卖	32594	应收及预付款	626065
各项准备	368247	固定资产	606272
所有者权益	2896194	同业往来	1178843
其它	−8746538	外汇买卖	52004
		库存现金	132342
		投资性房地产	1734

17-3 金融机构人民币存、贷款年末余额

单位:万元

年 份	各项存款余额合计	#企业存款	#城乡居民储蓄余额	各项贷款余额合计	#工业贷款	#商业贷款	#农业贷款	#建筑业贷 款	#技改贷款
1986	121884	44409	56074	166289	80707	38469	3142	9092	13691
1987	147825	49509	72446	180454	85219	44763	3100	10528	13697
1988	185159	62039	93054	219547	102346	54428	2986	12618	20175
1989	222898	58901	130079	261327	126429	66220	2924	13114	24164
1990	290081	64400	184953	337695	168818	80705	2970	14909	30627
1991	356097	71502	242651	423010	202775	91062	3625	15320	46083
1992	566706	205698	308702	521669	217043	109785	5239	17360	84527
1993	655026	174086	407237	644636	269882	139231	7819	19310	98145
1994	811130	199172	547001	812097	353130	133175	6309	21360	124450
1995	962643	222049	714101	975374	431048	163079	8009	23500	140038
1996	1175301	273764	869283	1249633	572491	199892	12361	22605	167008
1997	1403965	358222	997345	1460069	687448	220476	13478	27772	210145
1998	1862415	459485	1313633	1786748	829716	241573	38334	25737	181415
1999	2021079	452972	1454255	1873146	754085	270675	40170	30756	168743
2000	2328763	621958	1526830	1767827	597389	216481	43355	36927	141081
2001	2797076	806105	1748623	1905282	707426	254389	41873	28458	165657
2002	3367217	1056292	1999792	2083831	745055	276611	55570	24385	9465
2003	4308288	1463170	2434595	2491122	870562	266395	70400	16092	32869
2004	5283194	1569773	2997616	2736468	952668	229943	90137	9439	45281
2005	6789213	2146159	3894793	3367626	949637	410134	110196	22532	47350
2006	8556975	2596971	4379926	4824822	1430782	404062	124938	48759	72277
2007	10210139	3274556	4740067	5445744	1399474	505175	151809	72932	48127
2008	12019765	3727678	5939716	6312534	1412355	614033	336067	70869	187997
2009	14962084	5160819	6860044	8140452	1344250	698658	423846	104806	202736
2010	17056150	5285371	7507459	10372879					
2011	19929680	9359410	8488837	12796174					
2012	20797880	8956370	10350249	14198606					
2013	23265862	10109942	11579225	16290042					

注:2011年起企业存款数为单位存款。

17-4　保险公司业务技术指标(2013年)

项　　目	保费收入(万元)	赔款与给付(万元)
总　计	**366013.39**	**116933.88**
财产保险小计	167613.17	88822.11
企业财产险	10521.45	
家庭财产险	302.32	
机动车辆保险	138628.19	
货运险	1025.45	
工程险	649.76	
责任险	3464.11	
保证险	687.26	
意外险	4034.31	
健康险	1830.75	
农业险	6469.57	
其他险		
人寿保险小计	198400.22	28111.77
个险业务	131056.80	
团险业务	7170.79	
银行邮政代理业务	60172.63	

17-5　保险业务主要指标

项　　目	2012	2013	2013年比2012年增长(%)
财产保险公司			
保费收入(万元)	180745	167613.16	-5.83
赔款与给付(万元)	87504	88822.11	1.59
市场份额(%)	51	46	
人寿保险公司			
保费收入(万元)	170746	198400.22	15.25
赔款与给付(万元)	35718	28111.77	-7.16
市场份额(%)	49	54	

主要统计指标解释

信贷资金 指金融机构以信用方式积聚和分配的货币资金。金融机构信贷资金的来源有各项存款、对国际金融机构负债、流通中货币、银行自有资金及当年结益等；信贷资金的运用有各项贷款、黄金占款、外汇占款、财政借款及在国际金融机构中的资产等。

存款 指企业、机关、团体或居民根据资金必须收回的原则，把货币资金存入银行或其他信用机构保管并取得一定利息的一种信用活动形式。根据存款对象的不同可划分为企业存款、财政存款、机关团体存款、基本建设存款、城镇储蓄存款、农村存款等科目。它是银行信贷资金的主要来源。

贷款 指银行或其他信用机构根据资金必须归还的原则，按一定利率，为企业、个人等提供资金的一种信用活动形式。我国银行贷款分为短期贷款、信托贷款、融资租赁、委托贷款、票据融资、各项垫款等。

城乡居民储蓄存款余额 包括城镇居民储蓄存款和农民个人储蓄存款两部分。不包括居民的手存现金和工矿企业、部队、机关团体等集团存款。储蓄存款余额，是指城乡居民存入银行及农村信用社储蓄的时点数(存入数扣除取出数的余额)或年末数额。

保险公司 在中国境内的、经过保险监督管理部门批准设立，并依法登记注册的各类商业保险公司。

保险金额 指保险人承担赔偿或者给付保险金责任的最高限额。

保费 指投保人为取得保险人在约定范围内所承担赔偿责任而支付给保险人的费用。

赔款 指保险人根据保险合同的规定，向被保险人支付的赔偿保险责任损失的金额。

给付 包括死伤医疗给付和满期给付。死伤医疗给付是指保险人根据人寿保险及长期健康保险合同的规定，因被保险人在保险期内发生保险责任范围内的保险事故支付给被保险人(或受益人)的金额。满期给付是指被保险人生存期满，保险人按人寿保险合同规定支付给被保险人的满期保险金额。

18

EDUCATION,SCIENCE AND CULTURE

教育、科技和文化

18-1　2008-2013年教育事业基本情况

项　　目	2008	2009	2010	2011	2012	2013
学校数(所)						
普通高等学校	3	3	3	5	5	5
普通中等学校	126	116	111	115	115	112
中等专业学校	13	13	13	15	15	14
普通中学	104	101	96	98	98	96
高　中	35	35	34	34	35	35
初　中	69	66	62	64	63	61
职业中学	9	2	2	2	2	2
小　学	219	198	185	183	162	153
幼儿园	104	168	151	166	197	222
特殊教育	3	3	3	3	3	3
专任教师(人)						
普通高等学校	2197	2326	2655	4481	4543	4520
普通中等学校	10377	10472	10422	10590	10950	10809
中等专业学校	868	1317	1209	1223	1188	1116
普通中学	8733	8979	9038	9201	9592	9526
高　中	2785	2986	3024	3088	3382	3469
初　中	5948	5993	6014	6113	6210	6057
职业中学	776	176	175	166	170	167
小　学	8950	9006	8810	8868	8720	8454
幼儿园	1514	2058	2141	2339	2897	3189
特殊教育	67	84	85	91	89	91
招生数(人)						
普通高等学校	14118	17259	18287	20352	20063	20579
普通中等学校	60914	55071	55563	56047	53578	52737

注:2011年起普通高等学校中包含高职(专科)院校。

18-1 续 表

项 目	2008	2009	2010	2011	2012	2013
中等专业学校	7372	8485	9260	9667	9151	8282
普通中学	49739	46153	45053	45450	43855	43064
高 中	17561	16877	17582	19048	18027	18186
初 中	32178	29276	27471	26402	25828	24878
职业中学	3803	433	1250	930	572	1391
小 学	24611	21996	19711	24828	21840	24339
幼儿园	7136	10093	13111	13869	16615	17250
特殊教育	31	57	30	56	48	29
在校学生(人)						
普通高等学校	42456	52733	56361	67514	68641	70100
普通中等学校	176393	169477	163286	161109	158260	157117
中等专业学校	24920	28055	26030	25764	25840	25775
普通中学	142222	140002	134852	132858	130521	128945
高 中	52445	50207	50149	52717	53990	55022
初 中	89777	89795	84703	80141	76531	73923
职业中学	9251	1420	2404	2487	1899	2397
小 学	157318	151557	142909	141902	135400	133111
幼儿园	18052	25091	30702	32673	38437	41203
特殊教育	299	314	270	235	263	206
毕业生数(人)						
普通高等学校	9083	13194	14504	17218	18131	18349
普通中等学校	56418	56111	56079	54581	52330	50674
中等专业学校	8399	11231	8951	8703	8145	7773
普通中学	46081	44447	46210	45315	43657	42278
高 中	17367	17396	16590	16311	16232	17144
初 中	28714	27051	29620	29004	27425	25134
职业中学	1938	433	918	563	528	623
小 学	32178	28861	27400	25749	25828	24801
幼儿园	3485	3481	9049	10754	11225	12701
特殊教育	35	50	19	30	9	19

注:2007 年义务教育体制改革:小学由 5 年制改为 6 年制,初中由 4 年制改为 3 年制。

18-2 1979-2013年教育事业情况

单位:所、人

年份	普通高校		中等专业学校		职业中学	
	学校数	在校学生	学校数	在校学生	学校数	在校学生
1979	3	2367	9	3695		
1980	3	2573	8	4193		
1981	3	2686	9	3291		
1982	3	2872	11	2766		
1983	3	2868	11	3556		
1984	3	3192	12	4031	3	195
1985	3	3972	12	4920	3	334
1986	3	4392	13	5391	5	366
1987	3	4283	17	3721	15	9990
1988	3	4728	13	5966	16	9676
1989	3	6430	13	6371	16	10588
1990	3	4653	13	6284	18	9677
1991	3	4144	13	6600	18	10494
1992	3	4495	13	6761	19	13097
1993	3	5152	13	7769	28	12717
1994	3	5069	13	8388	31	13654
1995	3	4923	13	8361	26	13511
1996	3	5372	13	8557	17	9938
1997	3	5766	13	8587	17	8362
1998	3	6486	13	11475	19	10813
1999	4	9621	13	13971	17	10291
2000	4	12158	10	14735	17	9120
2001	4	16848	8	13992	13	9694
2002	4	21921	8	13590	11	7375
2003	3	28236	8	12986	10	7850
2004	3	34109	8	14550	9	6095
2005	3	31819	9	19049	9	7374
2006	3	40368	10	21341	9	8055
2007	3	38299	13	27460	9	9528
2008	3	42456	13	24920	9	9251
2009	3	52733	13	28055	2	1420
2010	3	56361	13	26030	2	2404
2011	5	67514	15	25764	2	2487
2012	5	68641	15	25840	2	1899
2013	5	70100	14	25775	2	2397

18-2 续 表

单位:所、人

年 份	普通中学		小 学		成人高校	
	学校数	在校学生	学校数	在校学生	学校数	在校学生
1979	146	167785	1475	235904		
1980	167	154996	1186	230417	14	7648
1981	134	136351	988	220508		
1982	147	126089	1117	210082	4	1083
1983	143	123518	916	196907	5	1176
1984	140	122258	772	195433	7	2593
1985	146	119912	764	188612	7	3593
1986	145	122080	718	179421	7	3624
1987	146	120570	731	171487	7	3394
1988	146	114889	719	164109	7	4147
1989	148	108005	890	160301	7	4832
1990	148	104819	885	156743	7	4696
1991	149	99798	880	157350	7	3479
1992	149	93380	857	162322	7	4225
1993	149	85785	836	166038	6	5002
1994	152	89196	814	170018	8	5990
1995	149	95548	774	170945	8	5990
1996	148	104572	638	174607	8	6240
1997	152	112392	633	176900	5	3666
1998	154	118064	621	174370	4	1907
1999	152	122680	629	169116	3	1795
2000	147	132326	595	164719	2	2299
2001	159	144541	554	159541	2	3610
2002	162	162519	531	155005	2	5516
2003	161	170562	474	149796	3	7765
2004	157	175087	437	146140	3	5722
2005	145	176780	369	140540	2	4830
2006	133	176610	317	136261	2	4101
2007	119	143937	249	164542	2	3985
2008	104	142222	219	157318	2	5545
2009	101	140002	198	151557	2	4527
2010	96	134852	185	142909	1	2634
2011	98	132858	183	141902		19268
2012	98	130521	162	135400		19632
2013	96	128945	153	133111		20367

18-3　规模以上工业企业研究与试验发展(R&D)人员情况(2013年)

项　　目	R&D人员合计(人)	参加项目人员	管理和服务人员	全时人员	非全时人员	#研究人员
总　计	**18387**	**15780**	**2607**	**10757**	**7630**	**11546**
#国有控股企业	15770	13362	2408	9203	6567	10595
按企业规模分						
大型企业	14806	12524	2282	8140	6666	10090
中型企业	2103	1882	221	1712	391	921
小型企业	1473	1369	104	905	568	533
微型企业	5	5			5	2
按登记注册类型分						
内资企业	17914	15334	2580	10335	7579	11287
国有企业	1384	1029	355	1028	356	914
集体企业	13	12	1	12	1	7
有限责任公司	14074	12296	1778	8552	5522	9142
国有独资公司	4945	4636	309	4553	392	2910
其他有限责任公司	9129	7660	1469	3999	5130	6232
股份有限公司	1568	1193	375	288	1280	973
私营企业	875	804	71	455	420	251
外商投资企业	473	446	27	422	51	259
按国民经济行业大类分						
黑色金属矿采选业	79	75	4	4	75	16
农副食品加工业	38	37	1	29	9	10
食品制造业	6	4	2	2	4	2
酒、饮料和精制茶制造业	149	142	7	76	73	40
纺织服装、服饰业	280	265	15	280		220
造纸和纸制品业	115	110	5	17	98	31
化学原料和化学制品制造业	423	355	68	129	294	66
医药制造业	7	6	1	7		1
非金属矿物制品业	15	15		8	7	4
黑色金属冶炼和压延加工业	6915	5591	1324	2572	4343	5331
有色金属冶炼和压延加工业	1977	1597	380	819	1158	1026
金属制品业	5897	5240	657	5244	653	3729
通用设备制造业	359	322	37	128	231	179
专用设备制造业	506	475	31	377	129	199
汽车制造业	831	805	26	759	72	375
铁路、船舶、航空航天和其他运输设备制造业	327	321	6		327	151
电气机械和器材制造业	331	303	28	221	110	139
计算机、通信和其他电子设备制造业	13	12	1	10	3	9
仪器仪表制造业	29	25	4	20	9	14
其他制造业	7	5	2	4	3	1
金属制品、机械和设备修理业	83	75	8	51	32	3

18-4 规模以上工业企业研究与试验

项目	R&D经费内部支出合计(万元)	按资金来源分组		
		政府资金	企业资金	其他资金
总计	**388791**	**21096**	**366781**	**914**
#国有控股企业	335102	19533	315434	135
按企业规模分				
大型企业	313195	15470	297590	135
中型企业	37454	4319	33135	
小型企业	37356	1287	35290	779
微型企业	786	20	766	
按登记注册类型分				
内资企业	373898	19609	353375	914
国有企业	25348	9315	16033	
集体企业	103		103	
有限责任公司	281769	8597	273037	135
国有独资公司	81482	7863	73484	135
其他有限责任公司	200287	734	199553	
股份有限公司	48694	908	47656	130
私营企业	17984	789	16546	649
外商投资企业	14893	1487	13406	
按国民经济行业大类分				
黑色金属矿采选业	2894	21	2873	
农副食品加工业	1973	79	1894	
食品制造业	277	17	130	130
酒、饮料和精制茶制造业	2045	85	1960	
纺织服装、服饰业	3859	485	3374	
造纸和纸制品业	4985		4985	
化学原料和化学制品制造业	7518	15	7503	
医药制造业	55		55	
非金属矿物制品业	118	40	78	
黑色金属冶炼和压延加工业	145040	211	144829	
有色金属冶炼和压延加工业	67321	1201	65985	135
金属制品业	97068	17263	79805	
通用设备制造业	9134	15	9119	
专用设备制造业	10609	375	10070	164
汽车制造业	20886	920	19966	
铁路、船舶、航空航天和其他运输设备制造业	6952		6952	
电气机械和器材制造业	6248	285	5478	485
计算机、通信和其他电子设备制造业	106		106	
仪器仪表制造业	527	64	463	
其他制造业	190		190	
金属制品、机械和设备修理业	986	20	966	

发展(R&D)经费情况(2013 年)

按活动类型分组			按支出用途分组					R&D 经费外部支出合计(万元)
基础研究支出	应用研究支出	试验发展支出	经常费支出	# 人员劳务费	资产性支出	土建工程	仪器设备	
278	**2837**	**385676**	**360071**	**107681**	**28720**	**2210**	**26510**	**2940**
278	2625	332199	314761	100096	20341	1976	18365	2206
278	2588	310329	292870	91224	20325	2009	18316	2188
	95	37359	34184	11174	3270	157	3113	160
	154	37202	32258	5163	5098	25	5073	592
		786	759	120	27	19	8	
278	2801	370819	346233	105285	27665	2210	25455	2862
	1	25347	25314	9688	34		34	75
		103	103	52				
	2297	279472	258469	87959	23300	1652	21648	940
	2202	79280	72411	23604	9071	139	8932	235
	95	200192	186058	64355	14229	1513	12716	705
278	385	48031	46212	4945	2482	535	1947	1505
	118	17866	16135	2641	1849	23	1826	342
	36	14857	13838	2396	1055		1055	78
	760	2134	2585	615	309		309	85
		1973	1936	216	37	4	33	90
		277	219	85	58		58	
		2045	1896	627	149	9	140	
		3859	3645	1290	214		214	35
		4985	2570	20	2415	15	2400	
		7518	6914	802	604		604	149
		55	50	24	5		5	23
	118		118	57				
		145040	139504	51719	5536	1313	4223	222
278	1864	65179	63959	7983	3362	552	2810	1558
	95	96973	87685	31127	9383	144	9239	76
		9134	7458	465	1676	151	1525	
		10609	9820	2648	789	21	768	85
		20886	17817	7029	3069		3069	290
		6952	6853	687	99		99	
		6248	5449	1537	799	1	798	222
		106	75	44	31		31	
		527	402	56	125		125	5
		190	130	45	60		60	100
986		986	986	605				

18-5　规模以上工业企业研究与试验发展(R&D)项目情况(2013 年)

项　目	项目数(项)	参加项目人员(人)	项目人员折合全时当量(人年)	全部项目经费内部支出(万元)
总　计	**1156**	**15780**	**14237**	**329242**
# 国有控股企业	848	13362	12565	284323
按企业规模分				
大型企业	734	12524	11699	266695
中型企业	206	1882	1634	30941
小型企业	215	1369	902	30856
微型企业	1	5	2	750
按登记注册类型分				
内资企业	1106	15334	13875	315613
国有企业	63	1029	1009	16542
集体企业	6	12	11	103
有限责任公司	818	12296	11430	236566
国有独资公司	344	4636	4624	76537
其他有限责任公司	474	7660	6806	160029
股份有限公司	103	1193	870	47200
私营企业	116	804	555	15202
外商投资企业	50	446	362	13629
按国民经济行业大类分				
黑色金属矿采选业	6	75	64	586
农副食品加工业	7	37	22	1856
食品制造业	1	4	4	202
酒、饮料和精制茶制造业	14	142	106	1880
纺织服装、服饰业	27	265	245	3852
造纸和纸制品业	1	110	31	3267
化学原料和化学制品制造业	39	355	225	6925
医药制造业	2	6	6	55
非金属矿物制品业	2	15	6	83
黑色金属冶炼和压延加工业	260	5591	5465	111270
有色金属冶炼和压延加工业	142	1597	1167	64863
金属制品业	384	5240	5181	85314
通用设备制造业	35	322	240	7295
专用设备制造业	35	475	393	8063
汽车制造业	41	805	620	19679
铁路、船舶、航空航天和其他运输设备制造业	33	321	193	6889
电气机械和器材制造业	90	303	210	5548
计算机、通信和其他电子设备制造业	1	12	8	106
仪器仪表制造业	4	25	9	363
其他制造业	2	5	1	180
金属制品、机械和设备修理业	30	75	41	966

18-6 规模以上工业企业办科技机构情况(2013年)

项 目	机构数(个)	机构人员合计(人)			机构经费支出(万元)	仪器和设备原价(万元)
			#博士毕业	#硕士毕业		
总 计	**95**	**9471**	**114**	**1053**	**154832**	**145303**
#国有控股企业	43	8206	81	964	137854	123677
按企业规模分						
大型企业	31	8238	67	892	143316	131165
中型企业	24	488	28	90	4906	2657
小型企业	39	741	19	70	6511	10981
微型企业	1	4		1	99	500
按登记注册类型分						
内资企业	90	9046	109	1017	143739	133370
国有企业	10	626	18	85	760	2216
有限责任公司	42	6931	48	784	124149	109065
国有独资公司	4	3831	4	197	70633	59195
其他有限责任公司	38	3100	44	587	53516	49870
股份有限公司	14	1117	25	117	14128	14762
私营企业	24	372	18	31	4702	7327
外商投资企业	5	425	5	36	11093	11933
按国民经济行业大类分						
农副食品加工业	3	24	3	3	142	268
食品制造业	1	20		3	312	142
酒、饮料和精制茶制造业	2	56	5	12	1697	939
纺织服装、服饰业	1	295	5	5	3852	6006
造纸和纸制品业	3	120			10	2400
化学原料和化学制品制造业	7	118	1	4	1351	1734
橡胶和塑料制品业	1	5	1	1	30	10
非金属矿物制品业	1	7		1	12	7
黑色金属冶炼和压延加工业	9	2330	39	507	45301	38810
有色金属冶炼和压延加工业	18	1239	27	139	19601	21876
金属制品业	15	4107	24	274	63461	55319
通用设备制造业	4	61		7	1837	3946
专用设备制造业	4	56		4	768	648
汽车制造业	3	335	1	59	7126	10508
铁路、船舶、航空航天和其他运输设备制造业	7	453		15	7666	148
电气机械和器材制造业	6	159	7	12	1458	2090
计算机、通信和其他电子设备制造业	2	19	1	2	112	74
仪器仪表制造业	1	5		1	1	50
其他制造业	1	8		1	45	60
金属制品、机械和设备修理业	1	11		1	40	258
电力、热力、燃气及水生产和供应业	5	43		2	10	10

18-7　科学研究与技术开发机构情况(2013年)

项　　目	合　计	自然科技技术机构	科技信息机　构	转制科研机　构	其　他
机构数(个)	**15**	**2**	**1**	**7**	**5**
从业人员总数(人)	**3637**	**182**	**19**	**899**	**2537**
科技活动人员(人)	**1531**	**132**	**19**	**510**	**870**
博士	19			14	5
硕士	295	13		89	193
大学	951	59	7	293	592
其他	266	60	12	114	80
科技经费筹集额(万元)	**24767**	**1656**	**155**	**12497**	**10459**
#政府资金	12305	1656	155	7980	2514
科技经费内部支出(万元)	**37169**	**1402**	**161**	**16636**	**18970**
人员费用	20526	837	132	3228	16329
设备购置费	4566	163		3544	859
其他费用	12077	402	29	9864	1782
R&D人员合计(人)	**1084**	**60**		**440**	**584**
博士	16			11	5
硕士	263	13		65	185
大学	695	33		284	378
其他	110	14		80	16
R&D经费内部支出(万元)	**23546**	**415**		**12941**	**10190**
人员费用	11810	283		2454	9073
设备购置费	3248	77		2898	273
其他	8488	55		7589	844
课题情况					
课题数(个)	138	7	15	84	32
课题经费内部支出(万元)	15013	425	38	9587	4963
#R&D课题经费内部支出	14618	310		9345	4963
专利申请受理数(件)	**100**				**100**
专利授权数(件)	**88**				**88**
科技论文(篇)	**180**	**12**		**1**	**167**

18-8　文化事业基本情况(2013 年)

项　目		2013	项　目		2013
文化部门艺术表演团体			组织文艺活动次数	(次)	409
单位数	(个)	7	举办训练班次	(次)	133
年末职工人数	(人)	593	训练班培训人数	(人次)	10040
本团原创首演剧目	(个)	9	总收入	(千元)	12364
演出场次	(次)	937	固定资产原值	(千元)	7130
# 农村演出		546	**文化站**		
观众人次	(千人次)	1146	机构数	(个)	77
总收入	(千元)	55122	从业人员	(人)	124
# 财政补助		51112	举办展览个数	(个)	91
事业收入		1010	组织文艺活动次数	(次)	672
# 演出收入		992	举办训练班次	(次)	241
总支出	(千元)	52811	**公共图书馆**		
固定资产原值	(千元)	24561	单位数	(个)	10
实际使用房屋建筑面积	(平方米)	21126	职工人数	(人)	190
艺术研究机构			有效借书证数	(个)	38501
单位数	(个)	1	总流通人次	(千人次)	1033
职工人数	(人)	27	# 书刊外借人次		477
文化部门艺术表演场所			总收入	(千元)	31850
单位数	(个)	3	**文物保护管理机构**		
职工人数	(人)	55	机构数	(个)	9
座席数	(个)	1578	从业人员	(人)	64
群艺馆、文化馆			**博物馆**		
单位数	(个)	11	机构数	(个)	3
职工人数	(人)	128	从业人员	(人)	102
举办展览个数	(个)	44			

注:本表数据由市文化局提供。

18-9　广播电视事业发展情况(2013年)

项　　目	单　位	2013
广播		
广播电台	座	1
调频转播发射台	座	8
广播人口覆盖率	%	99.25
节目套数	套	9
广播节目制作	小时	29805
新闻	小时	3365
专题	小时	11365
综艺	小时	12628
广告	小时	2195
其他	小时	252
电视		
电视台	座	1
电视转播发射台	座	8
有线广播电视用户	户	425782
电视人口覆盖率	%	99.23
节目套数	套	6
电视节目制作	小时	5691
新闻	小时	1700
专题	小时	2810
综艺	小时	405
影视剧	小时	5
广告	小时	550
其他	小时	221

主要统计指标解释

普通高等学校　指按照国家规定的设置标准和审批程序批准举办的,通过全国普通高等学校统一招生考试,招收高中毕业生为主要培养对象,实施高等教育的全日制大学、独立设置的学院和高等专科学校、高等职业学校和其他机构。

大学、独立设置的学院主要实施本科层次以上教育,高等专科学校、高等职业学校实施专科层次教育,其他机构是承担国家普通招生计划任务不计校数的机构。包括普通高等学校分校和批准筹建的普通高等学校等。

科技活动　指在自然科学、农业科学、医药科学、工程与技术科学、人文与社会科学领域(简称科学技术领域)中,与科技知识的产生、发展、传播和应用密切相关的有组织的活动。可分为研究与试验发展(R&D)、研究与试验发展成果应用及相关的科技服务三类活动。该定义是联合国教科文组织考虑成员国特别是发展中国家开展科技统计工作的需要,而对科技活动所作的统计界定。

科技活动人员　指直接从事科技活动、以及专门从事科技活动管理和为科技活动提供直接服务,累计的实际工作时间占全年制度工作时间10%及以上的人员。(1)直接从事科技活动的人员包括:在独立核算的科学研究与技术开发机构、高等学校、各类企业及其他事业单位内设的研究室、实验室、技术开发中心及中试车间(基地)等机构中从事科技活动的研究人员、工程技术人员、技术工人及其它人员;虽不在上述机构工作,但编入科技活动项目(课题)组的人员;科技信息与文献机构中的专业技术人员;从事论文设计的研究生等。(2)专门从事科技活动管理和为科技活动提供直接服务的人员,包括:独立核算的科学研究与技术开发机构、科技信息与文献机构、高等学校、各类企业及其他事业单位主管科技工作的负责人,专门从事科技活动的计划、行政、人事、财务、物资供应、设备维护、图书资料管理等工作的各类人员,但不包括保卫、医疗保健人员、司机、食堂人员、茶炉工、水暖工、清洁工等为科技活动提供间接服务的人员。该指标用来反映投入科技活动人力的规模。

研究与试验发展(R&D)　指在科学技术领域,为增加知识总量,以及运用这些知识去创造新的应用进行的系统的创造性的活动,包括基础研究、应用研究、试验发展三类活动。国际上通常采用R&D活动的规模和强度指标反映一国的科技实力和核心竞争力。

科学研究与技术开发机构　指有明确的任务和研究方向,有一定学术水平的业务骨干和一定数量的研究人员,具有研究、开发、开展学术工作的基本条件,主要进行科学研究与技术开发活动,并且在行政上有独立的组织形式,财务上独立核算盈亏,有权与其他单位签订合同,在银行有单独户头的单位。包括国务院各部门、中国科学院、中国社会科学院和各省、自治区、直辖市以及地(市)以上[含地(市)]各部门所属的国有科学研究与技术开发机构。

科学家和工程师　指具有大学本科及以上学历和不具备上述学历但有高、中级职称的人员。

其他科技人员　指大专、中专毕业和具有初级职称的从事科技活动人员。

专业技术人员　指已取得科学技术职称,或大学、中专的理、工、农、医科系毕业,以及国民经济各部门从工作实践中提拔,从事理、工、农、医等自然科学技术的研究、教学、生产的专业人员和在机关、企业、事业中从事科学技术业务管理工作的专业人员。

工程技术人员　指在国民经济各行业中从事工程技术工作的自然科学技术专业人员,包括高级工程师、工程师、助理工程师、技术员和未评定职称的技术人员。

科学研究人员　指在国民经济各行业中从事科学技术活动的自然科学技术专业人员,包括正副研究员、助理研究员、研究实习员、技术员和未评定职称的技术人员。

文化事业机构 指从事专业文化工作和为专业文化工作服务的独立建制的单位。不包括这些单位另外举办独立核算的其他机构和各部门的业余文化组织。

艺术表演团体 指从事戏曲、音乐、舞蹈、杂技等专业艺术表演,有独立帐户的单位,不包括半工半艺、半农半艺和民间职业剧团。

艺术表演观众人数(人次) 指售票、包场演出或民族地区免费演出的艺术表演观众人次数,不包括彩排审查和内部观摩演出的观看人次数。

19

SPORTS, PUBLIC HEALTH, SOCIAL WELFARE, ENVIRONMENTAL PROTECTION

体育、卫生、社会福利环境保护

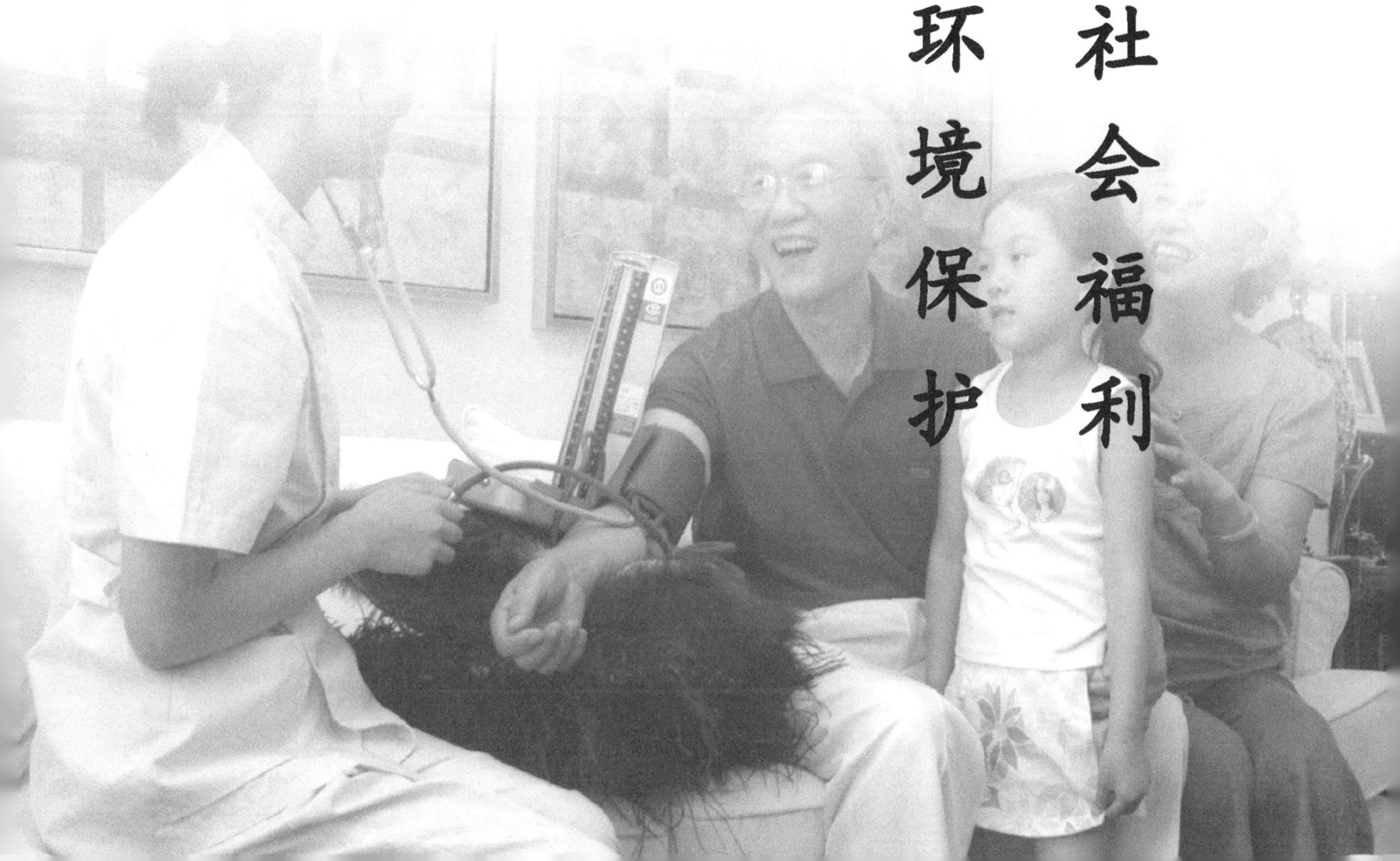

19-1　等级运动员分项发展情况(2013 年)

单位:人

项　目	健将级	一 级	二 级
总　计			
田　径		3	44
游　泳		3	6
柔　道			2
足　球		20	60
网　球			17
篮　球		10	45
排　球			43
乒乓球			9
武　术			13
拳　击			4
散　打			2
跆拳道		2	13
射　击			

19-2　等级裁判员分项发展情况(2013 年)

单位:人

项　目	健将级	一 级	二 级
总　计			
田　径		3	220
游　泳		2	
足　球		1	30
网　球		3	36
篮　球		3	3
排　球		1	15
羽毛球		1	21
乒乓球		1	11
武　术		1	15
柔　道			8

19-3 医疗卫生机构

项　目	机构（个）	床位数（张）	人员数（人）	#卫生技术人员
总　计	**1645**	**15195**	**24401**	**19450**
医院	**49**	**13327**	**16798**	**13378**
综合医院	24	9834	13044	10419
中医医院	8	986	898	733
中西医结合医院	2	101	198	162
民族医院	1	100	111	96
专科医院	14	2306	2547	1968
基层医疗卫生机构	**1537**	**1623**	**6197**	**5018**
社区卫生服务中心(站)	183	784	2423	2085
卫生院	69	782	899	781
村卫生	446		760	132
门诊部	22	57	351	264
诊所.卫生所.医务室	817		1764	1756
专业公共卫生机构	**50**	**45**	**1176**	**951**
疾病预防控制中心	11		444	380
健康教育所(站、中心)	2		16	8
妇幼保健院(所、站)	12	45	256	208
急救中心(站)	1		21	13
采供血机构	1		106	77
卫生监督所(中心)	9		227	205
计划生育技术服务机构	14		106	60
其他卫生机构	**9**	**200**	**230**	**103**
疗养院	2	200	124	48
医学科学研究机构	2		59	34
其他	5		47	21

基本情况 (2013年)

执业(助理)医师	#执业医师	注册护士	药师(士)	技师(士)	其它
8104	**7578**	**8014**	**1301**	**823**	**1208**
5148	**4951**	**6220**	**735**	**586**	**689**
4004	3916	4907	542	418	548
357	306	257	53	51	15
74	70	56	18	14	
30	25	26	7	5	28
683	634	974	115	98	98
2422	**2118**	**1664**	**544**	**167**	**221**
883	796	806	228	100	68
446	301	154	30	33	118
76	37	56			
109	97	98	14	31	12
908	887	550	272	3	23
473	**454**	**104**	**16**	**64**	**294**
260	252	22	2	16	80
7	7				1
142	139	39	7	18	2
8	6	5			
19	19	29	6	23	
					205
37	31	9	1	7	6
61	**55**	**26**	**6**	**6**	**4**
17	15	21	5	3	2
34	33				
10	7	5	1	3	2

19-4　1979-2013年医疗卫生事业情况

年　份	机构（个）	床位数（张）	医疗卫生工作人员合计(人)	#卫生技术人员
1979	484	6595	12591	9719
1980	442	6748	13207	10094
1981	479	6861	14099	10967
1982	458	6992	14733	11377
1983	452	7321	15134	11832
1984	433	7438	15388	12065
1985	465	7444	15666	12341
1986	477	7489	15728	12366
1987	501	7919	16206	12634
1988	525	8255	16685	13182
1989	517	8296	16797	13453
1990	498	8319	17044	13505
1991	500	8569	17379	13637
1992	501	8607	17609	13771
1993	459	8676	18076	13910
1994	462	8695	18422	14608
1995	462	9339	18393	14080
1996	749	8885	17788	14246
1997	761	9132	18540	14469
1998	744	9359	17923	13932
1999	806	9745	18405	14397
2000	854	9462	18596	14639
2001	888	9509	18481	14694
2002	805	9491	17324	13015
2003	1031	9768	16831	13841
2004	1116	9846	16762	13913
2005	1123	9731	16767	13916
2006	1159	9607	17048	14176
2007	1142	9727	17843	15002
2008	1233	11024	18976	15852
2009	2120	11995	20589	16309
2010	2017	12791	21610	17023
2011	2030	13590	21498	17020
2012	1621	15124	22176	18063
2013	1645	15195	24401	19450

注:2009年起卫生数据汇总包含村卫生室数据,以往年度不包括。

19-5　2008-2013年计划生育情况

项　目	单位	2008	2009	2010	2011	2012	2013
出生人数合计	**人**	**20187**	**20769**	**20567**	**19139**	**21255**	**20044**
出生率	‰	7.97	8.06	7.89	7.30	8.01	7.40
一孩	人	16353	16182	15797	14712	16264	14944
比重	%	81.00	77.91	76.81	76.87	76.52	74.56
二孩	人	3740	4451	4609	4298	4810	4933
比重	%	18.53	21.43	22.41	22.46	22.63	24.61
多孩	人	94	136	161	129	181	167
比重	%	0.47	0.66	0.78	0.67	0.85	0.83
死亡人数	**人**	**8345**	**8111**	**8128**	**7245**	**8083**	**7942**
死亡率	‰	3.29	3.15	3.12	2.76	3.04	2.93
自然增长人数合计	**人**	**11842**	**12658**	**12439**	**11894**	**13172**	**12102**
自然增长率	‰	4.68	4.91	4.77	4.54	4.96	4.47
本年实施计划生育手术例数	**例**	**22957**	**23712**	**20634**	**17443**	**12391**	**15412**
男性绝育	例	9	5	2	2	1	2
女性绝育	例	473	550	477	423	277	437
放置宫内节育器	例	19989	20201	17870	15553	10643	13366
取出宫内节育器	例	1793	2229	1618	1061	906	1042
皮下埋植	例	74	30	21	7	1	5
人工流产	例	619	697	646	397	563	560
已婚育龄妇女人数	**人**	**555520**	**567206**	**568332**	**561881**	**564390**	**55665**
领取独生子女证人数	**人**	**138023**	**127549**	**119816**	**103005**	**93559**	**88534**
年末人口(包括流动人口)	**人**	**2556226**	**2597141**	**2614236**	**2628225**	**2681313**	**2734351**

19-6　交通事故情况（2013年）

项　目	发生数（起）	死亡人数（人）	受伤人数（人）	损失折款（万元）
总　计	**1209**	**110**	**1371**	**157.45**
# 一般事故	84	89	40	21.95
较大事故	4	21	3	21.10
在总计中：机动车	1121	110	1072	150.60
# 汽车	968	97	1078	116.44
摩托车	147	5	188	15.21
拖拉机	3	1	3	0.25
非机动车	83		94	6.25
# 自行车	8		10	0.50
电动自行车	62		71	4.62

19-7　火灾事故情况（2013年）

项　目	按事故发生程度分				
	合计	特大	重大	较大	一般
发　生（起）	2395				2395
死　亡（人）	4				4
受　伤（人）	4				4
损失折款（万元）	614.6				614.6
平均每起事故损失（元）	2566				2566

19-8 社会福利事业、企业单位基本情况(2013年)

项　目	单位数（个）	年末职工人数（人）	年末床位数（张）	年末在院人数（人）
收养性福利事业单位	**63**	**1107**	**11178**	**5343**
#光荣院	2	40	180	29
社会福利院	3	56	739	578
农村养老服务机构	24	158	1895	1044
救助管理站	**2**	**31**	**310**	**21**
殡仪服务类	**22**	**326**		
社区服务中心	**56**	**1082**	**361**	**75**
社会福利企业	**31**	**2213**		

19-9 低保、救济情况

项　目	单位	2012	2013
城市居民最低生活保障人数	**人**	**60338**	**61144**
#女性	人	29441	30021
#残疾人	人	8100	8936
#在校生	人	9887	9348
城市“三无”救助人数	**人**	**486**	**498**
农村居民最低生活保障人数	**人**	**35457**	**32401**
#女性	人	14892	12754
#老年人	人	12322	16206
未成年人	人	965	724
#残疾人	人	3840	3113
农村集中五保供养人数	**人**	**995**	**977**

19-10 社会保险情况（2013年）

项　目	2013	项　目	2013
养老保险情况		实缴生育保险费(万元)	14328
城镇职工基本养老保险		生育保险费支出(万元)	12518
参保人数(万人)	57.40	**失业保险情况**	
养老保险费(万元)	445677	参保人数(万人)	43.30
享受城镇基本养老保险		失业保险费收入(万元)	49622
离退休人员(万人)	27.67	失业保险金支出合计(万元)	10911
养老金支出(万元)	798634	# 失业保险金	4083
城乡居民养老保险参保人数(万人)	46.22	医疗补助金支出	758
工伤保险情况		职业培训和职业介绍补贴支出	137
参保职工(万人)	45.94	**基本医疗保险情况**	
实缴工伤保险费(万元)	11353	参保人数(万人)	78.76
工伤保险费支出(万元)	6852	在职职工	53.51
生育保险情况		退休人员	25.25
参保职工(万人)	46.66	实缴基本医疗保险费(万元)	207546

19-11 2008-2013 年工业企业“三废”排放及治理情况

指标名称	2008	2009	2010	2011	2012	2013
废水						
工业废水排放量(万吨)	4692.65	4416.77	4832.79	4874.92	4290.80	4015.54
废气						
工业废气排放量(亿立方米)	5073.08	5436.59	5886.82	6402.84	6825.37	6978.48
工业二氧化硫排放量(万吨)	15.88	15.83	17.47	21.00	20.99	19.77
烟(粉)尘排放量(万吨)	9.83	8.01	10.37	9.73	9.05	9.85
固体废物						
工业固体废物产生量(万吨)	2797.41	1829.77	2254.48	2851.40	2945.41	2958.31
工业固体废物综合利用量(万吨)	1080.93	1016.13	1068.08	969.00	1405.21	1423.16
工业固体废物综合利用率(%)	76.79	55.33	47.38	33.98	47.71	48.11
工业固体废物贮存量(万吨)	648.06	350.36	427.01	480.23	340.05	314.90
工业固体废物处置量(万吨)	1067.07	463.00	759.39	1402.16	1200.41	1220.70
工业固体废物排放量(万吨)	1.35	0.28		0.01	0.03	
污染治理						
本年竣工项目数(个)	14	20	12	19	15	16
施工项目本年完成投资额(万元)	33733.7	40022.5	50040.4	27572.6	36724.6	121992.8
工业废水治理项目	4300.0	5298.0	9436.0	3786.0	6963.9	5086.9
工业固体废物治理项目	10.0	8000.0	108.0	2380.0	12.0	3015.0
工业废气治理项目	29338.7	14514.5	38572.4	18483.6	29348.7	109939.9
其他治理项目	85.0	12210.0	1924.0	2923.0	400.0	3951.0

19-12 全市重点调查工业污染排放及处理利用情况(2013年)

指标名称	工业废气排放量(亿立方米)	废气治理设施数(套)	二氧化硫产生量(吨)	二氧化硫排放量(吨)	氮氧化物产生量(吨)
煤炭开采和洗选业	0.85	2	33.59	33.59	9.68
黑色金属矿采选业	66.17	218	738.80	738.80	298.76
有色金属矿采选业	0.50	6	17.68	17.68	6.61
农副食品加工业	0.15	1	14.72	14.72	4.86
食品制造业	0.10	6	13.05	3.92	3.00
酒、饮料和精制茶制造业	1.15	8	97.67	97.67	37.00
纺织业	0.97	5	128.35	26.13	27.83
石油加工、炼焦和核燃料加工业	168.00	37	755.14	498.80	1625.68
化学原料和化学制品制造业	133.72	6	13610.00	2577.53	5720.00
医药制造业	0.23	1	30.95	30.95	7.00
非金属矿物制品业	31.41	90	215.84	215.84	647.93
黑色金属冶炼和压延加工业	2788.74	149	121769.48	100505.70	14394.83
有色金属冶炼和压延加工业	2006.48	204	144648.67	29309.75	23655.73
汽车制造业	39.98	60	16.49	16.49	127.06
电力、热力生产和供应业	1740.01	65	267686.08	61271.47	82740.91

19-12 续 表

指标名称	氮氧化物排放量（吨）	烟(粉)尘产生量（吨）	烟(粉)尘排放量（吨）	一般工业固体废物产生量（万吨）	一般工业固体废物综合利用量（万吨）
煤炭开采和洗选业	9.68	949.14	142.37	54.88	54.83
黑色金属矿采选业	298.76	8117.72	3509.11	1160.36	27.60
有色金属矿采选业	6.61	1578.74	57.54	87.74	9.52
农副食品加工业	4.86	36.08	30.86	0.02	0.02
食品制造业	3.00	21.68	2.77	0.02	0.02
酒、饮料和精制茶制造业	37.00	573.90	88.29	0.22	0.22
纺织业	27.83	200.85	25.71	0.09	0.09
石油加工、炼焦和核燃料加工业	1625.68	38009.43	1885.83	1.37	1.37
化学原料和化学制品制造业	5720.00	238858.00	2179.00	131.62	131.30
医药制造业	7.00	51.40	6.58	0.02	0.02
非金属矿物制品业	647.93	31890.60	2858.46	2.52	2.80
黑色金属冶炼和压延加工业	14394.83	1333751.84	41718.81	659.34	458.21
有色金属冶炼和压延加工业	19412.90	1748341.84	11218.04	272.83	255.49
汽车制造业	127.06	1811.38	162.63	1.36	1.32
电力、热力生产和供应业	81467.00	3011932.94	27603.47	427.91	383.14

主要统计指标解释

等级运动员人数　指经考核正式批准授予等级运动员称号的人数。运动员等级分为国际级运动健将,运动健将、一级运动员、二级运动员、三级运动员、少年级运动员。该指标主要反映运动员队伍的技术水平。

等级裁判员人数　指经考核正式批准授予等级裁判员称号的人数。裁判员等级分为国际裁判、国家级裁判、一级裁判、二级裁判、三级裁判。该指标主要反映裁判员队伍的技术水平。

卫生机构　包括医疗机构、疾病预防控制中心(防疫站)、采供血机构、卫生监督及监测(检验)机构、医学科研和在职培训机构、健康教育所等。

医疗机构　包括医院、社区卫生服务中心(站)、疗养院、卫生院、门诊部、诊所(卫生所、医务室)、妇幼保健院(所、站)、专科疾病防治院(所、站)、急救中心(站)和临床检验中心。医疗机构分为非赢利性医疗机构和赢利性医疗机构。

医　院　包括综合医院、中医医院、中西医结合医院、民族医院、各类专科医院和护理院。

卫生技术人员　指卫生机构中医生、护理人员、药剂人员、检验人员等卫生技术人员。

医生　指在医疗、预防保健机构工作且取得《执业医师证书》的执业医师和执业助理医师。

社会福利事业单位　指集中收养社会孤老、残、幼的机构,包括由民政部门管理的社会福利院、儿童福利院、精神病人福利院和城镇集体举办的福利院及农村集体举办的敬老院以及优抚医院和具有收养能力的社区服务中心等。该指标主要反映我国在社会福利性单位投入的水平。

社会福利事业单位收养人数　包括民政部门管理和城镇、农村集体举办的社会福利事业单位中收养的老人、少年儿童、缺乏生活自理能力的残疾人员和精神病人。

社会福利企业单位　指以安置城镇有一定劳动能力的盲、聋、哑和肢体残疾人员就业为目的,享受国家减免税待遇的国有或集体企业。包括福利工厂、福利商业和服务业、假肢厂和安置农场等单位。

基本养老保险

1.(参保)职工人数:指报告期末按照国家法律、法规和有关政策规定参加基本养老保险并在社保经办机构已建立缴费记录档案的职工人数,包括中断缴费但未终止养老保险关系的职工人数,不包括只登记未建立缴费记录档案的人数。

2.(参保)离退休人员人数:指报告期末参加基本养老保险的离休、退休和退职人员的人数。基本医疗保险

参保人数:指报告期末按国家有关规定参加基本医疗保险的人数。包括参加保险的职工人数和退休人员人数。

失业保险

1.参保人数:指报告期末按照国家法律、法规和有关政策规定参加了失业保险的城镇企业事业单位的职工及地方政府规定参加失业保险的其他人员的人数。

2.失业保险基金收入:指按照规定从企业、事业及其他单位筹集的失业保险费及其他并入失业保险基金收入的总额。包括单位和个人缴纳的失业保险费、失业保险基金利息收入、上级补助收入、下级上解收入、转移收入、财政补贴和其他收入。

3.失业保险基金支出:指报告期内为保障失业人员和下岗职工基本生活、促进其再就业等支出的基金总额。包括失业救济金、医疗费、死亡丧葬补助费、抚恤救济费、转业训练费支出、失业保险经办机构管理费、补助下级支出、上解上级支出、转移支出和其他支出。

工伤保险

参加保险人数:指报告期末依据国家有关规定参加工伤保险的职工人数。

生育保险

参保人数:　指报告期末依据有关规定参加生

育保险的职工人数。

工业废水排放量 指经过企业厂区所有排放口排到企业外部的工业废水量。包括生产废水、外排的直接冷却水、废气治理设施废水、超标排放的矿井地下水和与工业废水混排的厂区生活污水，不包括外排的间接冷却水（清污不分流的间接冷却水应计算在内）。

工业废气排放量 指企业厂区内燃料燃烧和生产工艺过程中产生的各种排入空气中含有污染物的气体的总量，以标准状态[273K，101325pa]计。

工业二氧化硫排放量 指企业在燃料燃烧和生产工艺过程中排入大气的二氧化硫总质量。

烟（粉）尘排放量 烟尘是指通过燃烧煤、石油、柴油、木柴、天然气等产生的烟气中的尘粒。工业粉尘指在生产工艺过程中排放的能在空气中悬浮一定时间的固体颗粒。如钢铁企业耐火材料粉尘、焦化企业的筛焦系统粉尘、烧结机的粉尘、石灰窑的粉尘、建材企业的水泥粉尘等。烟（粉）尘排放量指企业在燃料燃烧和生产工艺过程中排入大气的烟尘及工业粉尘的总质量之和。烟尘或工业粉尘排放量可以通过除尘系统的排风量和除尘设备出口烟尘浓度相乘求得。

工业固体废物产生量 指报告期内企业在生产过程中产生的固体状、半固体状和高浓度废液体状废弃物的总量，包括危险废物和一般工业固体废物。

工业固体废物综合利用量 指通过回收、加工、循环、交换等方式，从固体废物中提取或者使其转化为可以利用的资源、能源和其他原材料的固体废物量（包括当年利用往年的工业固体废物累计贮存量），如用作农业肥料、生产建筑材料、筑路等。综合利用量由原产生固体废物的单位统计。

工业固体废物综合利用率 指工业固体废物综合利用量占工业固体废物产生量（包括综合利用往年贮存量）的百分率。计算公式为：

工业固体废物综合利用率＝工业固体废物综合利用量／(工业固 体废物产生量＋综合利用往年贮存量)×100%

工业固体废物贮存量 指以综合利用或处置为目的，将固体废物暂时贮存或堆存在专设的贮存设施或专设的集中堆存场所内的数量。专设的固体废物贮存场所或贮存设施必须有防扩散、防流失、防渗漏、防止污染大气、水体的措施。

工业固体废物处置量 指将固体废物焚烧或者最终置于符合环境保护规定要求的场所，并不再回取的工业固体废物量（包括当年处置往年的工业固体废物累计贮存量）。处置方法有填埋(其中危险废物应安全填埋)、焚烧、专业贮存场(库)封场处理、深层灌注、回填矿井等。

工业固体废物排放量 指报告期内企业将所产生的固体废物排到固体废物污染防治设施、场所以外的数量，不包括矿山开采的剥离废石和掘进废石(煤矸石和呈酸性或碱性的废石除外)。

20

要素市场、信息产业 高新技术开发区

ESSENTIAL MARKET, INFORMATION INDUSTRY AND EXPLOITATION AREAS OF ADVANCED TECHNOLOGY

20-1 国有土地使用权出让情况（2013 年）

指　标	单　位	2013
国有土地使用权出让情况		
出让土地	宗	236
# 协议出让	宗	59
出让土地面积	公顷	1137.13
成交价款	亿元	89.04

20-2 房产市场交易情况（2013 年）

指　标	全市	# 产权处	# 东河区	# 九原区	# 高新区	# 白云区	# 土右旗	# 固阳县	# 达茂旗
房产买卖									
成交面积(万平方米)	425.28	358.58	15.11	3.89	1.29	1.26	18.77	23.13	3.25
# 住宅	383.73	338.93	13.31		1.17	1.10	12.55	13.71	2.96
商服用房	37.66	19.65	1.80		0.12	0.16	6.22	9.42	0.29
成交金额(万元)	1392359	1286452	45041			1085	43860	9187	6734
# 住宅	1115674	1041709	35617			907	26854	4317	6269
商服用房	276686	244743	9424			178	17006	4870	465
房产租赁									
出租面积(万平方米)	3.68						3.68		
# 商服用房	3.68						3.68		
租金收入(万元)	13.89						13.89		
# 商服用房	13.89						13.89		

21

旗县区资料

STATISTICE OF BANNERS, COUNTIES AND DISTRICTS

21-1 稀土高新区主要经济指标

指　　标	单　位	2012	2013	2013年比2012年增长(±%)
行政区域土地面积	**平方公里**	**116**	**116**	
人口和就业				
年末总人口	人	131900	138600	5.1
# 男性	人	69000	72500	5.1
# 乡村人口	人	8842	10700	21.0
年末总户数	户	49320	51720	4.9
# 乡村户数	户	3293	3963	20.3
出生人口	人	1247	1283	2.9
死亡人口	人	121	115	-5.0
全社会就业人员	人	116528	117810	1.1
第一产业	人	9961	10041	0.8
第二产业	人	47553	48124	1.2
第三产业	人	59014	59645	1.1
在岗职工人数	人	48434	56445	16.5
乡村劳动力	人	5920	7544	27.4
# 农林牧渔业	人	3140	4001	27.4
国民经济综合指标				
生产总值	万元	3059265	3459582	10.0
第一产业	万元	33359	36760	4.2
第二产业	万元	2189291	2338255	10.1
# 工业	万元	1814291	1959055	11.9
第三产业	万元	836615	1084567	8.1
人均生产总值	元	237705	255792	6.5
全社会固定资产投资	万元	4133108	4893332	18.4
按登记注册类型分				
# 国有	万元	1063555	1280428	20.4
集体	万元	82550	4900	-94.1
有限责任公司	万元	2583089	3018122	16.8
股份有限公司	万元	74751	145931	95.2
私营企业	万元	75579	230514	205.0
外商及港澳台投资企业	万元	104944	116133	10.7
按城乡渠道分	万元			
城镇	万元	4133108	4893332	18.4
农村	万元			
公共财政预算收入	万元	280592	404041	44.0
公共财政预算支出	万元	275156	376493	36.8
城乡居民储蓄存款余额	万元			
在岗职工工资总额	万元	223763	270941	21.1
在岗职工平均工资	元	46200	48387	4.7
全体居民人均可支配收入	元	31363	34343	9.5
城镇常住居民人均可支配收入	元	31363	34343	9.5
农村牧区常住居民人均可支配收入	元			
农村牧区经济				
农作物总播种面积	公顷	1804	1756	-2.7
# 粮食作物播种面积	公顷	922	890	-3.5
农牧业机械总动力	万千瓦	2	2	0.9
化肥施用折纯量	吨	648	720	11.1
农村用电量	万千瓦时	2144	1800	-16.0
农林牧渔业总产值	万元	52557	57690	4.2
粮食产量	吨	5465	5500	0.6
油料产量	吨	200	57	-71.5
甜菜产量	吨			
猪牛羊肉产量	吨	780	742	-4.9
# 猪肉产量	吨	156	144	-7.7
牛肉产量	吨	598	556	-7.0
羊肉产量	吨	26	42	61.5
羊毛产量	吨	8	11	37.5

21-1 续 表

指　　标	单　位	2012	2013	2013年比2012年增长(±%)
年末牲畜存栏头数	万头只	1.84	1.57	-14.7
#大牲畜	万头只	0.97	0.78	-19.6
羊	万只	0.78	0.74	-5.1
猪	万头	0.09	0.05	-44.4
规模以上工业				
工业企业单位数	个	143	145	1.4
#内资企业	个	129	130	0.8
工业总产值	万元	5148518	5099518	-1.0
内资企业	万元	4709237	4353794	-7.5
国有企业	万元	27448	26739	-2.6
集体企业	万元			
股份合作企业	万元			
联营企业	万元			
有限责任公司	万元	2342109	2349451	0.3
股份有限公司	万元	1388301	929404	-33.1
私营企业	万元	918439	1048200	14.1
其他企业	万元	32940		
港澳台商投资企业	万元	23401	2629	-88.8
外商投资企业	万元	415880	743095	78.7
工业企业资产总计	万元	5555299	5733202	3.2
工业企业负债合计	万元	3144273	2895587	-7.9
工业企业产品销售收入	万元	4906713	5045592	2.8
工业企业利润总额	万元	595185	388671	-34.7
建筑业				
建筑企业单位数	个	12	11	-8.3
建筑企业从业人员	人	15452	16324	5.6
建筑业总产值	万元	684547	630329	-7.9
交通运输邮电通信业				
公路里程	公里		16	
邮电业务总量	万元	12150	18225	50.0
本地电话用户	户	80840	117969	45.9
国内贸易				
社会消费品零售总额	万元	634114	708012	11.7
城镇	万元	634114	708012	11.7
乡村	万元			
科技教育卫生				
各类专业技术人员	人	13586	13925	2.5
幼儿园数	所	20	23	15.0
学龄儿童入学率	%	100.0	100.0	
小学学校数	所	7	7	
小学专任教师数	人	287	294	2.4
小学在校学生数	人	5887	6200	5.3
普通中学学校数	所	6	5	-16.7
普通中学专任教师数	人	342	398	16.4
初中在校学生数	人	3277	3409	4.0
高中在校学生数	人	258	377	46.1
卫生机构数	所	9	9	
#医院	所			
卫生院	所	1	1	
床位数	张	20	20	
#医院	张			
卫生院	张	20	20	
卫生技术人员	人	61	62	1.6
#医院	人			
卫生院	人	34	31	-8.8

21-2 昆都仑区主要经济指标

指　　标	单　位	2012	2013	2013 年比 2012 年增长(±%)
行政区域土地面积	**平方公里**	**301**	**301**	
人口和就业				
年末总人口	人	750800	759800	1.2
# 男性	人	388600	393300	1.2
# 乡村人口	人	26200	26441	0.9
年末总户数	户	284390	287800	1.2
# 乡村户数	户	9924	10169	2.5
出生人口	人	5582	5356	-4.0
死亡人口	人	2030	1768	-12.9
全社会就业人员	人	459001	462502	0.8
第一产业	人	12356	13009	5.3
第二产业	人	128400	120821	-5.9
第三产业	人	318245	328672	3.3
在岗职工人数	人	115430	125271	8.5
乡村劳动力	人	19465	24607	26.4
# 农林牧渔业	人	3553	3584	0.9
国民经济综合指标				
生产总值	万元	9048465	10001428	8.3
第一产业	万元	28767	31792	4.5
第二产业	万元	4123412	4325592	8.5
# 工业	万元	3885812	4066591	8.4
第三产业	万元	4896286	5644044	8.1
人均生产总值	元	121480	132417	6.8
全社会固定资产投资	万元	4586411	5420386	18.2
按登记注册类型分				
# 国有	万元	375238	587374	56.5
集体	万元	1309501	311361	-76.2
有限责任公司	万元	2801912	4433457	58.2
股份有限公司	万元		5780	
私营企业	万元	80160	80914	0.9
外商及港澳台投资企业	万元		1500	
按城乡渠道分	万元			
城镇	万元	4586411	5420386	18.2
农村	万元			
公共财政预算收入	万元	311336	382942	23.0
公共财政预算支出	万元	331238	392118	18.4
城乡居民储蓄存款余额	万元			
在岗职工工资总额	万元	608386	689228	13.3
在岗职工平均工资	元	52219	54550	4.5
全体居民人均可支配收入	元	32318	35227	9.0
城镇常住居民人均可支配收入	元	32318	35227	9.0
农村牧区常住居民人均可支配收入	元			
农村牧区经济				
农作物总播种面积	公顷	1907	1794	-5.9
# 粮食作物播种面积	公顷	1658	1619	-2.4
农牧业机械总动力	万千瓦	1	1	0.7
化肥施用折纯量	吨	1125	1134	0.8
农村用电量	万千瓦时	2235	2335	4.5
农林牧渔业总产值	万元	45811	50430	4.5
粮食产量	吨	9513	9542	0.3
油料产量	吨	95	76	-20.0
甜菜产量	吨	55		
猪牛羊肉产量	吨	1264	1848	46.2
# 猪肉产量	吨	543	517	-4.8
牛肉产量	吨	488	590	20.9
羊肉产量	吨	233	741	218.0
羊毛产量	吨	12	5	-58.3

21-2 续 表

指 标	单 位	2012	2013	2013年比2012年增长(±%)
年末牲畜存栏头数	万头只	3.78	4.42	
# 大牲畜	万头只	0.61	0.23	16.9
羊	万只	2.16	3.18	-62.3
猪	万头	1.01	1.01	47.2
规模以上工业				
工业企业单位数	个	74	79	6.8
# 内资企业	个	69	74	7.2
工业总产值	万元	7462216	7641132	2.4
内资企业	万元	7017440	6914612	-1.5
国有企业	万元	67863	70430	3.8
集体企业	万元	63279	74635	17.9
股份合作企业	万元	22556	43157	91.3
联营企业	万元			
有限责任公司	万元	1716749	1539298	-10.3
股份有限公司	万元	4555619	4539406	-0.4
私营企业	万元	428839	426681	-0.5
其他企业	万元	162535	221006	36.0
港澳台商投资企业	万元			
外商投资企业	万元	444776	726520	63.3
工业企业资产总计	万元	13128776	16135474	22.9
工业企业负债合计	万元	9753849	11769520	20.7
工业企业产品销售收入	万元	7373287	7482301	1.5
工业企业利润总额	万元	98377	127819	29.9
建筑业				
建筑企业单位数	个	27	24	-11.1
建筑企业从业人员	人	14931	13367	-10.5
建筑业总产值	万元	399988	461467	15.4
交通运输邮电通信业				
公路里程	公里	391	418	6.9
邮电业务总量	万元	193710	173800	-10.3
本地电话用户	户	169638	174740	3.0
国内贸易				
社会消费品零售总额	万元	3227221	3595051	11.4
城镇	万元	3227221	3595051	11.4
乡村	万元			
科技教育卫生				
各类专业技术人员	人	30278	30611	1.1
幼儿园数	所	40	45	12.5
学龄儿童入学率	%	100.0	100.0	
小学学校数	所	37	34	-8.1
小学专任教师数	人	2239	2277	1.7
小学在校学生数	人	44111	43893	-0.5
普通中学学校数	所	29	28	-3.4
普通中学专任教师数	人	2726	2770	1.6
初中在校学生数	人	25462	24849	-2.4
高中在校学生数	人	17621	17704	0.5
卫生机构数	所	400	403	0.8
# 医院	所	9	9	
卫生院	所	3	3	
床位数	张	4650	4653	0.1
# 医院	张	4427	4412	-0.3
卫生院	张	37	37	
卫生技术人员	人	5630	6730	19.5
# 医院	人	3972	5017	26.3
卫生院	人	39	39	

21-3 东河区主要经济指标

指标	单位	2012	2013	2012年比2011年增长(±%)
行政区域土地面积	**平方公里**	**470**	**470**	
人口和就业				
年末总人口	人	531000	538300	1.4
#男性	人	269300	273000	1.4
#乡村人口	人	54100	57759	6.8
年末总户数	户	201140	203900	1.4
#乡村户数	户	20500	21367	4.2
出生人口	人	3899	3264	-16.3
死亡人口	人	1524	1630	7.0
全社会就业人员	人	280899	269111	-4.2
第一产业	人	8819	9000	2.1
第二产业	人	63051	60021	-4.8
第三产业	人	209029	200090	-4.3
在岗职工人数	人	58311	56761	-2.7
乡村劳动力	人	40363	41044	1.7
#农林牧渔业	人	12187	11950	-1.9
国民经济综合指标				
生产总值	万元	4372362	4789959	8.9
第一产业	万元	63785	70673	4.8
第二产业	万元	1706592	1774776	10.7
#工业	万元	1368592	1416776	11.8
第三产业	万元	2601985	2944510	7.8
人均生产总值	元	82991	89591	7.4
全社会固定资产投资	万元	3419268	4034943	18.0
按登记注册类型分				
#国有	万元	281255	240579	-14.5
集体	万元	56630	92010	62.5
有限责任公司	万元	2113226	2745001	29.9
股份有限公司	万元	251702	63007	-75.0
私营企业	万元	603846	755992	25.2
外商及港澳台投资企业	万元	8900	4950	-44.4
按城乡渠道分	万元			
城镇	万元	3418968	4034943	18.0
农村	万元	300		
公共财政预算收入	万元	110580	126795	14.7
公共财政预算支出	万元	170390	245089	43.8
城乡居民储蓄存款余额	万元			
在岗职工工资总额	万元	253641	253966	0.1
在岗职工平均工资	元	42579	44928	5.5
全体居民人均可支配收入	元	26067	28451	9.1
城镇常住居民人均可支配收入	元	27472	29945	9.0
农村牧区常住居民人均可支配收入	元	13437	15023	11.8
农村牧区经济				
农作物总播种面积	公顷	8801	8431	-4.2
#粮食作物播种面积	公顷	4887	4822	-1.3
农牧业机械总动力	万千瓦	21	21	-0.5
化肥施用折纯量	吨	5131	4238	-17.4
农村用电量	万千瓦时	3387	3976	17.4
农林牧渔业总产值	万元	110174	120749	4.8
粮食产量	吨	40483	41130	1.6
油料产量	吨	371	564	52.0
甜菜产量	吨	300	700	133.3
猪牛羊肉产量	吨	4222	3753	-11.1
#猪肉产量	吨	1402	1294	-7.7
牛肉产量	吨	2471	2097	-15.1
羊肉产量	吨	349	362	3.7
羊毛产量	吨	36	43	19.4

21-3 续 表

指　　标	单　位	2012	2013	2013 年比 2012 年增长(±%)
年末牲畜存栏头数	万头只	10.14	6.32	-37.7
# 大牲畜	万头只	3.01	1.82	-39.5
羊	万只	6.12	3.36	-45.1
猪	万头	1.00	1.14	14.0
规模以上工业				
工业企业单位数	个	103	104	1.0
# 内资企业	个	96	97	1.0
工业总产值	万元	3016369	3225754	6.9
内资企业	万元	2859840	3066705	7.2
国有企业	万元	94705	95521	0.9
集体企业	万元	8974	10059	12.1
股份合作企业	万元	2007	2157	7.5
联营企业	万元			
有限责任公司	万元	502718	516932	2.8
股份有限公司	万元	681550	628824	-7.7
私营企业	万元	1569886	1813212	15.5
其他企业	万元			
港澳台商投资企业	万元	57144	63855	11.7
外商投资企业	万元	99385	95194	-4.2
工业企业资产总计	万元	2586052	2696036	4.3
工业企业负债合计	万元	1299962	1435063	10.4
工业企业产品销售收入	万元	3123930	3194704	2.3
工业企业利润总额	万元	627199	647864	3.3
建筑业				
建筑企业单位数	个	16	16	
建筑企业从业人员	人	9563	8666	-9.4
建筑业总产值	万元	321363	354013	10.2
交通运输邮电通信业				
公路里程	公里	151	151	
邮电业务总量	万元	34003	30660	-9.8
本地电话用户	户	73420	75650	3.0
国内贸易				
社会消费品零售总额	万元	1994324	2218800	11.3
城镇	万元	1994324	2218800	11.3
乡村	万元			
科技教育卫生				
各类专业技术人员	人	12017	12045	0.2
幼儿园数	所	27	35	29.6
学龄儿童入学率	%	100.0	100.0	
小学学校数	所	42	40	-4.8
小学专任教师数	人	1553	1541	-0.8
小学在校学生数	人	23986	22757	-5.1
普通中学学校数	所	23	21	-8.7
普通中学专任教师数	人	2032	1945	-4.3
初中在校学生数	人	14516	13550	-6.7
高中在校学生数	人	10334	10992	6.4
卫生机构数	所	321	326	1.6
# 医院	所	13	13	
卫生院	所	3	3	
床位数	张	3747	3797	1.3
# 医院	张	3222	3284	1.9
卫生院	张	40	70	75.0
卫生技术人员	人	3793	3892	2.6
# 医院	人	2500	2545	1.8
卫生院	人	95	102	7.4

21-4　青山区主要经济指标

指　　标	单　位	2012	2013	2013年比2012年增长(±%)
行政区域土地面积	**平方公里**	**280**	**280**	
人口和就业				
年末总人口	人	497900	504200	1.3
#男性	人	254100	257300	1.3
#乡村人口	人	9500	10200	7.4
年末总户数	户	194490	196950	1.3
#乡村户数	户	3711	3923	5.7
出生人口	人	3598	3398	-5.6
死亡人口	人	1384	1655	19.6
全社会就业人员	人	267205	270679	1.3
第一产业	人	6933	6954	0.3
第二产业	人	108610	109913	1.2
第三产业	人	151662	153812	1.4
在岗职工人数	人	102909	107005	4.0
乡村劳动力	人	9765	12803	31.1
#农林牧渔业	人	2360	4910	108.1
国民经济综合指标				
生产总值	万元	7088097	8005734	10.6
第一产业	万元	29814	32696	3.7
第二产业	万元	3308175	3619146	13.0
#工业	万元	2925175	3229146	14.4
第三产业	万元	3750108	4353892	8.1
人均生产总值	元	141465	162092	12.2
全社会固定资产投资	万元	4191957	4963057	18.4
按登记注册类型分				
#国有	万元	957413	1303928	36.2
集体	万元	122223	216012	76.7
有限责任公司	万元	2625805	1768100	-32.7
股份有限公司	万元	98689	181469	83.9
私营企业	万元	69556	1243777	1688.2
外商及港澳台投资企业	万元	66600	19300	-71.0
按城乡渠道分	万元			
城镇	万元	4186682	4958977	18.4
农村	万元	5275	4080	-22.7
公共财政预算收入	万元	291377	363051	24.6
公共财政预算支出	万元	313397	363229	15.9
城乡居民储蓄存款余额	万元			
在岗职工工资总额	万元	542889	599457	10.4
在岗职工平均工资	元	52311	55918	6.9
全体居民人均可支配收入	元	32318	35227	9.0
城镇常住居民人均可支配收入	元	32318	35227	9.0
农村牧区常住居民人均可支配收入	元			
农村牧区经济				
农作物总播种面积	公顷	804	766	-4.7
#粮食作物播种面积	公顷	758	713	-5.9
农牧业机械总动力	万千瓦			
化肥施用折纯量	吨	181	244	34.8
农村用电量	万千瓦时	1481	1618	9.3
农林牧渔业总产值	万元	46558	50860	3.7
粮食产量	吨	3621	3988	10.1
油料产量	吨	1		
甜菜产量	吨			
猪牛羊肉产量	吨	672	367	-45.4
#猪肉产量	吨	203	81	-60.1
牛肉产量	吨	136	36	-73.5
羊肉产量	吨	333	250	-24.9
羊毛产量	吨	17	12	-29.4

21-4 续 表

指　标	单　位	2012	2013	2013年比2012年增长(±%)
年末牲畜存栏头数	万头只	4.11	1.65	-59.9
# 大牲畜	万头只	0.07	0.08	14.3
羊	万只	4.00	1.56	-61.0
猪	万头	0.03	0.01	-66.7
规模以上工业				
工业企业单位数	个	72	85	18.1
# 内资企业	个	70	83	18.6
工业总产值	万元	6936058	7064911	1.9
内资企业	万元	6831848	6972226	2.1
国有企业	万元	1423669	1409498	-1.0
集体企业	万元	13844	7226	-47.8
股份合作企业	万元	49690	83886	68.8
联营企业	万元			
有限责任公司	万元	4918147	4576406	-6.9
股份有限公司	万元	56637	94066	66.1
私营企业	万元	174956	801144	357.9
其他企业	万元	194905		
港澳台商投资企业	万元	15098	1931	-87.2
外商投资企业	万元	89112	90754	1.8
工业企业资产总计	万元	6476075	6869860	6.1
工业企业负债合计	万元	4858265	5148392	6.0
工业企业产品销售收入	万元	5209533	5421214	4.1
工业企业利润总额	万元	-48110	-48560	0.9
建筑业				
建筑企业单位数	个	31	31	
建筑企业从业人员	人	11803	12830	8.7
建筑业总产值	万元	770040	750135	-2.6
交通运输邮电通信业				
公路里程	公里	270	270	
邮电业务总量	万元	27190	24500	-9.9
本地电话用户	户	66993	69100	3.1
国内贸易				
社会消费品零售总额	万元	2662982	2966304	11.4
城镇	万元	2662982	2966304	11.4
乡村	万元			
科技教育卫生				
各类专业技术人员	人	41077	41816	1.8
幼儿园数	所	40	46	15.0
学龄儿童入学率	%	100.0	100.0	
小学学校数	所	24	20	-16.7
小学专任教师数	人	1477	1458	-1.3
小学在校学生数	人	25144	25085	-0.2
普通中学学校数	所	16	18	12.5
普通中学专任教师数	人	1983	1982	-0.1
初中在校学生数	人	14361	14300	-0.4
高中在校学生数	人	16404	16723	1.9
卫生机构数	所	308	312	1.3
# 医院	所	13	13	
卫生院	所	1	2	100.0
床位数	张	3969	4025	1.4
# 医院	张	3698	3812	3.1
卫生院	张		31	
卫生技术人员	人	5260	5419	3.0
# 医院	人	3843	4035	5.0
卫生院	人		4	

21-5 石拐区主要经济指标

指　　标	单　位	2012	2013	2013年比2012年增长(±%)
行政区域土地面积	**平方公里**	**761**	**761**	
人口和就业				
年末总人口	人	32500	33600	3.4
#男性	人	17000	17600	3.5
#乡村人口	人	7000	6700	-4.3
年末总户数	户	14130	14610	3.4
#乡村户数	户	3043	2792	-8.2
出生人口	人	118	111	-5.9
死亡人口	人	185	149	-19.5
全社会就业人员	人	21898	22495	2.7
第一产业	人	3398	3695	8.7
第二产业	人	11900	12100	1.7
第三产业	人	6600	6700	1.5
在岗职工人数	人	6494	7380	13.6
乡村劳动力	人	8528	11681	37.0
#农林牧渔业	人	3398	5695	67.6
国民经济综合指标				
生产总值	万元	904047	994854	13.1
第一产业	万元	7735	8549	4.5
第二产业	万元	807200	888463	13.9
#工业	万元	777200	856463	14.2
第三产业	万元	89112	97842	6.7
人均生产总值	元	267075	301015	15.8
全社会固定资产投资	万元	620390	735300	18.5
按登记注册类型分				
#国有	万元	64390	86002	33.6
集体	万元			
有限责任公司	万元	103200	278030	169.4
股份有限公司	万元	187700	68053	-63.7
私营企业	万元	235700	218873	-7.1
外商及港澳台投资企业	万元			
按城乡渠道分	万元			
城镇	万元	620390	735300	18.5
农村	万元			
公共财政预算收入	万元	31533	38145	21.0
公共财政预算支出	万元	75776	84524	11.5
城乡居民储蓄存款余额	万元			
在岗职工工资总额	万元	36431	41481	13.9
在岗职工平均工资	元	57937	56124	-3.1
全体居民人均可支配收入	元	20272	22203	9.5
城镇常住居民人均可支配收入	元	23220	25379	9.3
农村牧区常住居民人均可支配收入	元	8434	9454	12.1
农村牧区经济				
农作物总播种面积	公顷	2181	2772	27.1
#粮食作物播种面积	公顷	1945	2439	25.4
农牧业机械总动力	万千瓦	2	2	
化肥施用折纯量	吨	869	1344	54.7
农村用电量	万千瓦时	426	503	18.1
农林牧渔业总产值	万元	12727	14012	4.5
粮食产量	吨	5308	6529	23.0
油料产量	吨	50	79	58.0
甜菜产量	吨			
猪牛羊肉产量	吨	496	478	-3.6
#猪肉产量	吨	168	177	5.4
牛肉产量	吨	46	49	6.5
羊肉产量	吨	282	252	-10.6
羊毛产量	吨	31	36	16.1

21-5 续 表

指　　标	单 位	2012	2013	2013年比2012年增长(±%)
年末牲畜存栏头数	万头只	3.76	3.50	-6.9
#大牲畜	万头只	0.16	0.17	6.3
羊	万只	3.40	3.11	-8.5
猪	万头	0.20	0.22	10.0
规模以上工业				
工业企业单位数	个	48	54	12.5
#内资企业	个	47	53	12.8
工业总产值	万元	1724167	1961457	13.8
内资企业	万元	1722087	1959354	13.8
国有企业	万元	278014	215387	-22.5
集体企业	万元			
股份合作企业	万元			
联营企业	万元			
有限责任公司	万元	91584	80370	-12.2
股份有限公司	万元			
私营企业	万元	1145488	1584593	38.3
其他企业	万元	207001	79004	-61.8
港澳台商投资企业	万元			
外商投资企业	万元	2080	2103	1.1
工业企业资产总计	万元	945660	1100369	16.4
工业企业负债合计	万元	590024	713236	20.9
工业企业产品销售收入	万元	1648092	1950858	18.4
工业企业利润总额	万元	-28030	-25761	
建筑业				
建筑企业单位数	个	1	1	
建筑企业从业人员	人	387	393	1.6
建筑业总产值	万元	7500	8900	18.7
交通运输邮电通信业				
公路里程	公里	315	315	
邮电业务总量	万元	1156	854	-26.1
本地电话用户	户	2300	2180	-5.2
国内贸易				
社会消费品零售总额	万元	45662	50446	10.5
城镇	万元	45662	50446	10.5
乡村	万元			
科技教育卫生				
各类专业技术人员	人	1638	1625	-0.8
幼儿园数	所	1	1	
学龄儿童入学率	%	100.0	100.0	
小学学校数	所	2	2	
小学专任教师数	人	91	89	-2.2
小学在校学生数	人	464	416	-10.3
普通中学学校数	所	2	2	
普通中学专任教师数	人	101	112	10.9
初中在校学生数	人	376	347	-7.7
高中在校学生数	人	190	334	75.8
卫生机构数	所	29	24	-17.2
#医院	所	1	1	
卫生院	所	2	2	
床位数	张	390	385	-1.3
#医院	张	334	334	
卫生院	张	45	18	-60.0
卫生技术人员	人	342	319	-6.7
#医院	人	250	221	-11.6
卫生院	人	10	9	-10.0

21-6　白云矿区主要经济指标

指　标	单　位	2012	2013	2013 年比 2012 年增长(±%)
行政区域土地面积	**平方公里**	**303**	**303**	
人口和就业				
年末总人口	人	26800	27000	0.7
# 男性	人	14200	14300	0.7
# 乡村人口	人			
年末总户数	户	10824	10800	-0.2
# 乡村户数	户			
出生人口	人	153	184	20.3
死亡人口	人	87	97	11.5
全社会就业人员	人	13400	13441	0.3
第一产业	人	73	77	5.5
第二产业	人	7761	7768	0.1
第三产业	人	5566	5596	0.5
在岗职工人数	人	7375	8286	12.4
乡村劳动力	人			
# 农林牧渔业	人			
国民经济综合指标				
生产总值	万元	318141	348048	11.5
第一产业	万元	477	524	3.9
第二产业	万元	243939	266298	12.9
# 工业	万元	232739	254798	13.4
第三产业	万元	73725	81226	7.1
人均生产总值	元	119154	129386	10.6
全社会固定资产投资	万元	330052	389757	18.1
按登记注册类型分				
# 国有	万元	328936	352958	7.3
集体	万元			
有限责任公司	万元	338	16940	4911.8
股份有限公司	万元			
私营企业	万元	705	19359	2646.0
外商及港澳台投资企业	万元			
按城乡渠道分	万元			
城镇	万元	330052	389757	18.1
农村	万元			
公共财政预算收入	万元	27010	34502	27.7
公共财政预算支出	万元	43600	50885	16.7
城乡居民储蓄存款余额	万元			
在岗职工工资总额	万元	48887	50337	3.0
在岗职工平均工资	元	76124	61267	-19.5
全体居民人均可支配收入	元	32273	35178	9.0
城镇常住居民人均可支配收入	元	32273	35178	9.0
农村牧区常住居民人均可支配收入	元			
农村牧区经济				
农作物总播种面积	公顷			
# 粮食作物播种面积	公顷			
农牧业机械总动力	万千瓦			
化肥施用折纯量	吨			
农村用电量	万千瓦时			
农林牧渔业总产值	万元	855	936	3.9
粮食产量	吨			
油料产量	吨			
甜菜产量	吨			
猪牛羊肉产量	吨	116	124	6.9
# 猪肉产量	吨	105	112	6.7
牛肉产量	吨	6	7	16.7
羊肉产量	吨	5	5	
羊毛产量	吨	1	1	

21-6 续 表

指 标	单 位	2012	2013	2012 年比 2011 年增长(±%)
年末牲畜存栏头数	万头只	0.14	0.14	
# 大牲畜	万头只	0.01	0.01	
羊	万只	0.02	0.02	
猪	万头	0.11	0.11	
规模以上工业				
工业企业单位数	个	9	10	11.1
# 内资企业	个	9	10	11.1
工业总产值	万元	135556	155218	14.5
内资企业	万元	135556	155218	14.5
国有企业	万元			
集体企业	万元			
股份合作企业	万元			
联营企业	万元			
有限责任公司	万元	97244	109675	12.8
股份有限公司	万元	8082	20203	150.0
私营企业	万元	30230	25340	−16.2
其他企业	万元			
港澳台商投资企业	万元			
外商投资企业	万元			
工业企业资产总计	万元	257634	272527	5.8
工业企业负债合计	万元	152819	159360	4.3
工业企业产品销售收入	万元	134230	149134	11.1
工业企业利润总额	万元	−211	8638	
建筑业				
建筑企业单位数	个			
建筑企业从业人员	人			
建筑业总产值	万元			
交通运输邮电通信业				
公路里程	公里	77	79	1.9
邮电业务总量	万元	2109	1454	−31.1
本地电话用户	户	26850	27099	0.9
国内贸易				
社会消费品零售总额	万元	55605	61691	10.9
城镇	万元	55605	61691	10.9
乡村	万元			
科技教育卫生				
各类专业技术人员	人	1436	1412	−1.7
幼儿园数	所	2	2	
学龄儿童入学率	%	100.0	100.0	
小学学校数	所	3	3	
小学专任教师数	人	133	129	−3.0
小学在校学生数	人	1542	1437	−6.8
普通中学学校数	所	2	2	
普通中学专任教师数	人	118	117	−0.8
初中在校学生数	人	752	678	−9.8
高中在校学生数	人	484	488	0.8
卫生机构数	所	15	14	−6.7
# 医院	所	2	2	
卫生院	所			
床位数	张	124	110	−11.3
# 医院	张	112	110	−1.8
卫生院	张			
卫生技术人员	人	191	164	−14.1
# 医院	人	127	111	−12.6
卫生院	人			

21-7 九原区主要经济指标

指　　标	单　位	2012	2013	2013年比2012年增长(±%)
行政区域土地面积	**平方公里**	**734**	**734**	
人口和就业				
年末总人口	人	208200	212800	2.2
# 男性	人	107200	109600	2.2
# 乡村人口	人	64900	63200	-2.6
年末总户数	户	78570	80300	2.2
# 乡村户数	户	24491	23582	-3.7
出生人口	人	2237	2182	-2.5
死亡人口	人	786	523	-33.5
全社会就业人员	人	129000	131800	2.2
第一产业	人	42200	41800	-0.9
第二产业	人	32600	34000	4.3
第三产业	人	54200	56000	3.3
在岗职工人数	人	14104	16513	17.1
乡村劳动力	人	43731	43375	-0.8
# 农林牧渔业	人	26424	26160	-1.0
国民经济综合指标				
生产总值	万元	2893269	3161689	8.3
第一产业	万元	114726	128244	5.7
第二产业	万元	1666419	1758694	8.8
# 工业	万元	1496419	1576694	9.2
第三产业	万元	1112124	1274751	7.8
人均生产总值	元	141135	150199	6.3
全社会固定资产投资	万元	1937594	2293194	18.4
按登记注册类型分				
# 国有	万元	637889	757696	18.8
集体	万元	60529	24891	-58.9
有限责任公司	万元	869253	919658	5.8
股份有限公司	万元	9811	58345	494.7
私营企业	万元	326407	398874	22.2
外商及港澳台投资企业	万元	3856	5800	50.4
按城乡渠道分	万元			
城镇	万元	1933574	2293084	18.6
农村	万元	4020	110	-97.3
公共财政预算收入	万元	138450	157797	14.0
公共财政预算支出	万元	193739	191686	-1.1
城乡居民储蓄存款余额	万元			
在岗职工工资总额	万元	101057	110159	9.0
在岗职工平均工资	元	62768	58156	-7.3
全体居民人均可支配收入	元	25475	27945	9.7
城镇常住居民人均可支配收入	元	30956	33804	9.2
农村牧区常住居民人均可支配收入	元	12500	14075	12.6
农村牧区经济				
农作物总播种面积	公顷	15810	17107	8.2
# 粮食作物播种面积	公顷	8818	10141	15.0
农牧业机械总动力	万千瓦	18	18	1.0
化肥施用折纯量	吨	4989	4813	-3.5
农村用电量	万千瓦时	6026	6567	9.0
农林牧渔业总产值	万元	210222	234077	5.7
粮食产量	吨	56357	65802	16.8
油料产量	吨	1570	1654	5.4
甜菜产量	吨	360	363	0.8
猪牛羊肉产量	吨	23551	25217	7.1
# 猪肉产量	吨	7560	7632	1.0
牛肉产量	吨	12513	12606	0.7
羊肉产量	吨	3478	4979	43.2
羊毛产量	吨	144	295	104.9

21-7 续 表

指　　标	单　位	2012	2013	2013年比2012年增长(±%)
年末牲畜存栏头数	万头只	24.23	22.25	-8.2
#大牲畜	万头只	7.35	7.18	-2.3
羊	万只	11.57	9.77	-15.6
猪	万头	5.31	5.30	-0.2
规模以上工业				
工业企业单位数	个	41	44	7.3
#内资企业	个	41	43	4.9
工业总产值	万元	2317577	1924747	-17.0
内资企业	万元	2317577	1811349	-21.8
国有企业	万元	663227	692795	4.5
集体企业	万元			
股份合作企业	万元			
联营企业	万元			
有限责任公司	万元	716114	500607	-30.1
股份有限公司	万元	6793	5537	-18.5
私营企业	万元	889661	612410	-31.2
其他企业	万元	41782		
港澳台商投资企业	万元		113398	
外商投资企业	万元			
工业企业资产总计	万元	2743453	2861910	4.3
工业企业负债合计	万元	2638069	1906396	-27.7
工业企业产品销售收入	万元	2339051	1909545	-18.4
工业企业利润总额	万元	188164	213006	13.2
建筑业				
建筑企业单位数	个	6	6	
建筑企业从业人员	人	587	546	-7.0
建筑业总产值	万元	48131	48924	1.6
交通运输邮电通信业				
公路里程	公里	1173	1185	1.0
邮电业务总量	万元	13550	15000	10.7
本地电话用户	户	12130	25027	106.3
国内贸易				
社会消费品零售总额	万元	485838	539873	11.1
城镇	万元	476093	529288	11.2
乡村	万元	9745	10585	8.6
科技教育卫生				
各类专业技术人员	人	2291	2315	1.0
幼儿园数	所	28	32	14.3
学龄儿童入学率	%	100.0	100.0	
小学学校数	所	16	16	
小学专任教师数	人	843	829	-1.7
小学在校学生数	人	11670	11644	-0.2
普通中学学校数	所	6	6	
普通中学专任教师数	人	720	715	-0.7
初中在校学生数	人	5622	5326	-5.3
高中在校学生数	人	2793	2795	0.1
卫生机构数	所	100	100	
#医院	所	5	5	
卫生院	所	5	5	
床位数	张	919	915	-0.4
#医院	张	729	735	0.8
卫生院	张	76	76	
卫生技术人员	人	1115	1128	1.2
#医院	人	690	678	-1.7
卫生院	人	73	91	24.7

21-8 土默特右旗主要经济指标

指标	单位	2012	2013	2013年比2012年增长(±%)
行政区域土地面积	**平方公里**	**2368**	**2368**	
人口和就业				
年末总人口	人	278500	280100	0.6
# 男性	人	146300	147100	0.5
# 乡村人口	人	164300	163600	-0.4
年末总户数	户	106700	107320	0.6
# 乡村户数	户	62950	61736	-1.9
出生人口	人	2842	2818	-0.8
死亡人口	人	1337	1436	7.4
全社会就业人员	人	233577	238605	2.2
第一产业	人	109810	107615	-2.0
第二产业	人	52825	54160	2.5
第三产业	人	70942	76830	8.3
在岗职工人数	人	20160	16804	-16.6
乡村劳动力	人	124548	123184	-1.1
# 农林牧渔业	人	80514	78147	-2.9
国民经济综合指标				
生产总值	万元	2851270	3160937	10.7
第一产业	万元	359570	400035	5.2
第二产业	万元	1627792	1812627	14.6
# 工业	万元	1452792	1627627	16.1
第三产业	万元	863908	948275	7.3
人均生产总值	元	102693	113174	10.0
全社会固定资产投资	万元	2514538	2976038	18.4
按登记注册类型分				
# 国有	万元	721240	885240	22.7
集体	万元	2600	80180	2983.8
有限责任公司	万元	37681	210630	459.0
股份有限公司	万元	9300	10000	7.5
私营企业	万元	1742167	1784438	2.4
外商及港澳台投资企业	万元			
按城乡渠道分	万元			
城镇	万元	2469638	2960538	19.9
农村	万元	44900	15500	-65.5
公共财政预算收入	万元	151929	178607	17.6
公共财政预算支出	万元	232927	270115	16.0
城乡居民储蓄存款余额	万元	530843	589526	11.1
在岗职工工资总额	万元	101648	95387	-6.2
在岗职工平均工资	元	50961	53912	5.8
全体居民人均可支配收入	元	15649	17307	10.6
城镇常住居民人均可支配收入	元	23076	25245	9.4
农村牧区常住居民人均可支配收入	元	10360	11655	12.5
农村牧区经济				
农作物总播种面积	公顷	111617	109088	-2.3
# 粮食作物播种面积	公顷	83310	83727	0.5
农牧业机械总动力	万千瓦	49	52	5.7
化肥施用折纯量	吨	32663	38295	17.2
农村用电量	万千瓦时	6934	9038	30.3
农林牧渔业总产值	万元	650743	721156	5.2
粮食产量	吨	700659	758322	8.2
油料产量	吨	19418	20937	7.8
甜菜产量	吨	5511	204	-96.3
猪牛羊肉产量	吨	67580	65285	-3.4
# 猪肉产量	吨	22022	21308	-3.2
牛肉产量	吨	15624	12981	-16.9
羊肉产量	吨	29934	30996	3.5
羊毛产量	吨	796	935	17.5

21-8 续 表

指　　标	单　位	2012	2013	2013 年比 2013 年增长(±%)
年末牲畜存栏头数	万头只	94.67	102.20	8.0
# 大牲畜	万头只	17.65	16.66	-5.6
羊	万只	64.05	73.49	14.7
猪	万头	12.97	12.05	-7.1
规模以上工业				
工业企业单位数	个	45	48	6.7
# 内资企业	个	43	46	7.0
工业总产值	万元	2524175	3011025	19.3
内资企业	万元	2464346	2962162	20.2
国有企业	万元	63348	171671	171.0
集体企业	万元			
股份合作企业	万元			
联营企业	万元			
有限责任公司	万元	636681	306540	-51.9
股份有限公司	万元	119721		
私营企业	万元	1279772	2444111	91.0
其他企业	万元	364824	39840	-89.1
港澳台商投资企业	万元	59829	48864	-18.3
外商投资企业	万元			
工业企业资产总计	万元	1685814	2187451	29.8
工业企业负债合计	万元	975834	1071244	9.8
工业企业产品销售收入	万元	2502847	3063078	22.4
工业企业利润总额	万元	370544	447389	20.7
建筑业				
建筑企业单位数	个	6	6	
建筑企业从业人员	人	8548	8097	-5.3
建筑业总产值	万元	89020	92871	4.3
交通运输邮电通信业				
公路里程	公里	2142	2142	
邮电业务总量	万元	9213	11820	28.3
本地电话用户	户	10920	18103	65.8
国内贸易				
社会消费品零售总额	万元	333687	371230	11.3
城镇	万元	237396	264510	11.4
乡村	万元	96291	106720	10.8
科技教育卫生				
各类专业技术人员	人	4336	4440	2.4
幼儿园数	所	16	18	12.5
学龄儿童入学率	%	100.0	100.0	
小学学校数	所	21	21	
小学专任教师数	人	977	767	-21.5
小学在校学生数	人	13140	12781	-2.7
普通中学学校数	所	7	7	
普通中学专任教师数	人	731	653	-10.7
初中在校学生数	人	6878	6790	-1.3
高中在校学生数	人	2974	2787	-6.3
卫生机构数	所	253	262	3.6
# 医院	所	2	2	
卫生院	所	20	20	
床位数	张	548	561	2.4
# 医院	张	222	260	17.1
卫生院	张	229	230	0.4
卫生技术人员	人	782	828	5.9
# 医院	人	397	389	-2.0
卫生院	人	190	200	5.3

21-9 固阳县主要经济指标

指　标	单　位	2012	2013	2012年比2011年增长(±%)
行政区域土地面积	**平方公里**	**5025**	**5025**	
人口和就业				
年末总人口	人	173900	172900	−0.6
# 男性	人	90900	90400	−0.6
# 乡村人口	人	119900	113200	−5.6
年末总户数	户	59970	59620	−0.6
# 乡村户数	户	40922	38373	−6.2
出生人口	人	885	712	−19.5
死亡人口	人	364	299	−17.9
全社会就业人员	人	113726	113854	0.1
第一产业	人	65534	65316	−0.3
第二产业	人	29771	29897	0.4
第三产业	人	18421	18641	1.2
在岗职工人数	人	10323	8925	−13.5
乡村劳动力	人	79423	67345	−15.2
# 农林牧渔业	人	55496	47030	−15.3
国民经济综合指标				
生产总值	万元	1035919	1122105	9.5
第一产业	万元	124514	138918	5.5
第二产业	万元	731678	785520	10.8
# 工业	万元	651678	699520	11.2
第三产业	万元	179727	197667	7.1
人均生产总值	元	59501	64712	9.5
全社会固定资产投资	万元	1196384	1414202	18.2
按登记注册类型分				
# 国有	万元	83430	79855	−4.3
集体	万元	19506	25338	29.9
有限责任公司	万元	92984	129580	39.4
股份有限公司	万元			
私营企业	万元	1000464	1179429	17.9
外商及港澳台投资企业	万元			
按城乡渠道分	万元			
城镇	万元	1196384	1414202	18.2
农村	万元			
公共财政预算收入	万元	69559	35471	−49.0
公共财政预算支出	万元	144898	140671	−2.9
城乡居民储蓄存款余额	万元	196372	225725	14.9
在岗职工工资总额	万元	50978	50462	−1.0
在岗职工平均工资	元	47119	54377	15.4
全体居民人均可支配收入	元	12191	13487	10.6
城镇常住居民人均可支配收入	元	19963	21800	9.2
农村牧区常住居民人均可支配收入	元	8092	9103	12.5
农村牧区经济				
农作物总播种面积	公顷	110287	115318	4.6
# 粮食作物播种面积	公顷	77071	81767	6.1
农牧业机械总动力	万千瓦	34	33	−4.1
化肥施用折纯量	吨	15182	16144	6.3
农村用电量	万千瓦时	7121	7548	6.0
农林牧渔业总产值	万元	225179	250256	5.5
粮食产量	吨	106895	121360	13.5
油料产量	吨	23063	15475	−32.9
甜菜产量	吨			
猪牛羊肉产量	吨	32745	31201	−4.7
# 猪肉产量	吨	12570	13027	3.6
牛肉产量	吨	2046	2210	8.0
羊肉产量	吨	18129	15964	−11.9
羊毛产量	吨	970	1020	5.2

21-9 续 表

指标	单位	2012	2013	2013年比2012年增长(±%)
年末牲畜存栏头数	万头只	56.66	54.57	-3.7
# 大牲畜	万头只	1.59	1.70	6.9
羊	万只	50.57	48.27	-4.5
猪	万头	4.50	4.60	2.2
规模以上工业				
工业企业单位数	个	39	40	2.6
# 内资企业	个	39	40	2.6
工业总产值	万元	1099186	1310438	19.2
内资企业	万元	1099186	1310438	19.2
国有企业	万元	5485	5384	-1.8
集体企业	万元			
股份合作企业	万元			
联营企业	万元			
有限责任公司	万元	957724	1173506	22.5
股份有限公司	万元	5513	5457	-1.0
私营企业	万元	126191	116408	-7.8
其他企业	万元	4273	9682	126.6
港澳台商投资企业	万元			
外商投资企业	万元			
工业企业资产总计	万元	700935	837664	19.5
工业企业负债合计	万元	540725	633640	17.2
工业企业产品销售收入	万元	1095813	1275026	16.4
工业企业利润总额	万元	81827	14678	-82.1
建筑业				
建筑企业单位数	个	1	1	
建筑企业从业人员	人	985	1654	67.9
建筑业总产值	万元	26412	31166	18.0
交通运输邮电通信业				
公路里程	公里	1260	1260	
邮电业务总量	万元	3456	3471	0.4
本地电话用户	户	4349	5270	21.2
国内贸易				
社会消费品零售总额	万元	150295	166868	11.0
城镇	万元	115999	129218	11.4
乡村	万元	34292	37650	9.8
科技教育卫生				
各类专业技术人员	人	3216	3219	0.1
幼儿园数	所	13	9	-30.8
学龄儿童入学率	%	100.0	100.0	
小学学校数	所	5	5	
小学专任教师数	人	649	631	-2.8
小学在校学生数	人	5405	5395	-0.2
普通中学学校数	所	3	3	
普通中学专任教师数	人	500	521	4.2
初中在校学生数	人	3116	2943	-5.6
高中在校学生数	人	2449	2372	-3.1
卫生机构数	所	104	106	1.9
# 医院	所	2	2	
卫生院	所	12	12	
床位数	张	369	347	-6.0
# 医院	张	179	180	0.6
卫生院	张	171	153	-10.5
卫生技术人员	人	481	479	-0.4
# 医院	人	185	179	-3.2
卫生院	人	194	195	0.5

21-10 达尔罕茂明安联合旗主要经济指标

指 标	单 位	2012	2013	2013 年比 2012 年增长(±%)
行政区域土地面积	**平方公里**	**17410**	**17410**	
人口和就业				
年末总人口	人	100100	98900	-1.2
# 男性	人	52200	51600	-1.1
# 乡村人口	人	54500	45800	-16.0
年末总户数	户	36867	36630	-0.6
# 乡村户数	户	19963	16655	-16.6
出生人口	人	694	736	6.1
死亡人口	人	265	270	1.9
全社会就业人员	人	60278	60455	0.3
第一产业	人	31688	31758	0.2
第二产业	人	8494	8542	0.6
第三产业	人	20096	20155	0.3
在岗职工人数	人	5581	7574	35.7
乡村劳动力	人	38697	40219	3.9
# 农林牧渔业	人	21034	22628	7.6
国民经济综合指标				
生产总值	万元	1686607	1895071	13.0
第一产业	万元	134746	150479	5.6
第二产业	万元	1210677	1354308	15.4
# 工业	万元	1072677	1204308	16.3
第三产业	万元	341184	390284	7.2
人均生产总值	元	167571	190459	14.3
全社会固定资产投资	万元	1898692	2243300	18.1
按登记注册类型分				
# 国有	万元	267203	894297	234.7
集体	万元	10980	12500	13.8
有限责任公司	万元	30036	366544	1120.3
股份有限公司	万元	461728	633752	37.3
私营企业	万元	1121345	301947	-73.1
外商及港澳台投资企业	万元	5800		
按城乡渠道分	万元			
城镇	万元	1840508	2142701	16.4
农村	万元	58184	100599	72.9
公共财政预算收入	万元	118119	133622	13.1
公共财政预算支出	万元	206645	224590	8.7
城乡居民储蓄存款余额	万元	168170	202624	20.5
在岗职工工资总额	万元	28867	42570	47.5
在岗职工平均工资	元	53866	56980	5.8
全体居民人均可支配收入	元	17525	19261	9.9
城镇常住居民人均可支配收入	元	24987	27311	9.3
农村牧区常住居民人均可支配收入	元	8873	9929	11.9
农村牧区经济				
农作物总播种面积	公顷	59057	57445	-2.7
# 粮食作物播种面积	公顷	48434	42830	-11.6
农牧业机械总动力	万千瓦	28	28	1.9
化肥施用折纯量	吨	8860	9021	1.8
农村用电量	万千瓦时	2229	2243	0.6
农林牧渔业总产值	万元	241394	268532	5.6
粮食产量	吨	89199	105317	18.1
油料产量	吨	5817	13732	136.1
甜菜产量	吨			
猪牛羊肉产量	吨	19458	21734	11.7
# 猪肉产量	吨	1664	2101	26.3
牛肉产量	吨	6436	7686	19.4
羊肉产量	吨	11358	11947	5.2
羊毛产量	吨	1130	1120	-0.9

21-10 续 表

指 标	单 位	2012	2013	2013 年比 2012 年增长(±%)
年末牲畜存栏头数	万头只	54.88	57.79	5.3
# 大牲畜	万头只	6.07	7.78	28.2
羊	万只	46.56	47.63	2.3
猪	万头	2.25	2.38	5.8
规模以上工业				
工业企业单位数	个	44	45	2.3
# 内资企业	个	42	43	2.4
工业总产值	万元	1996060	2323953	16.4
内资企业	万元	1973789	2293756	16.2
国有企业	万元	26792	40369	50.7
集体企业	万元			
股份合作企业	万元			
联营企业	万元			
有限责任公司	万元	698810	788856	12.9
股份有限公司	万元			
私营企业	万元	1248187	1464531	17.3
其他企业	万元			
港澳台商投资企业	万元	8128	11206	37.9
外商投资企业	万元	14143	18991	34.3
工业企业资产总计	万元	2217159	2698387	21.7
工业企业负债合计	万元	1237761	1486489	20.1
工业企业产品销售收入	万元	2002411	2412178	20.5
工业企业利润总额	万元	321077	354351	10.4
建筑业				
建筑企业单位数	个	1	1	
建筑企业从业人员	人	275	275	
建筑业总产值	万元	8489	10017	18.0
交通运输邮电通信业				
公路里程	公里	2308	2308	
邮电业务总量	万元	2745	1210	-55.9
本地电话用户	户	6800	6285	-7.6
国内贸易				
社会消费品零售总额	万元	160899	179346	11.5
城镇	万元	103645	127754	12.4
乡村	万元	47254	51592	9.2
科技教育卫生				
各类专业技术人员	人	1743	1956	12.2
幼儿园数	所	9	11	22.2
学龄儿童入学率	%	100.0	100.0	
小学学校数	所	5	5	
小学专任教师数	人	471	439	-6.8
小学在校学生数	人	4051	3503	-13.5
普通中学学校数	所	4	4	
普通中学专任教师数	人	339	313	-7.7
初中在校学生数	人	2171	1731	-20.3
高中在校学生数	人	483	450	-6.8
卫生机构数	所	82	89	8.5
# 医院	所	2	2	
卫生院	所	21	21	
床位数	张	388	382	-1.5
# 医院	张	238	200	-16.0
卫生院	张	126	147	16.7
卫生技术人员	人	408	429	5.1
# 医院	人	140	203	45.0
卫生院	人	114	110	-3.5

21-11 全区各旗县(区)按年末总人口排序(2013 年)

单位:人

位次	旗县(区)名称	年末总人口	位次	旗县(区)名称	年末总人口
1	通辽市科尔沁区	856726	52	乌兰察布市四子王旗	215092
2	包头市昆都仑区	759800	53	乌兰察布市察哈尔右翼后旗	214698
3	赤峰市宁城县	612140	54	乌兰察布市卓资县	214158
4	赤峰市敖汉旗	607422	55	包头市九原区	212800
5	赤峰市松山区	561090	56	锡林郭勒盟太仆寺旗	212064
6	巴彦淖尔市临河区	555995	57	呼和浩特市托克托县	207912
7	包头市东河区	538300	58	呼和浩特市和林格尔县	202067
8	通辽市科尔沁左翼中旗	533834	59	呼和浩特市玉泉区	200284
9	包头市青山区	504200	60	赤峰市巴林右旗	185683
10	赤峰市翁牛特旗	486983	61	通辽市库伦旗	180366
11	通辽市奈曼旗	447759	62	锡林郭勒盟锡林浩特市	179353
12	呼和浩特市赛罕区	430773	63	呼和浩特市武川县	174837
13	呼伦贝尔市扎兰屯市	421793	64	乌兰察布市化德县	173362
14	通辽市科尔沁左翼后旗	405657	65	包头市固阳县	172900
15	通辽市开鲁县	398078	66	呼伦贝尔市满洲里市	171573
16	兴安盟扎赉特旗	397489	67	鄂尔多斯市伊金霍洛旗	170210
17	呼和浩特市新城区	376866	68	呼伦贝尔市根河市	153257
18	呼和浩特市土默特左旗	364859	69	巴彦淖尔市乌拉特中旗	144541
19	鄂尔多斯市达拉特旗	362444	70	呼和浩特市清水河县	144285
20	赤峰市红山区	359003	71	呼伦贝尔市鄂温克族自治旗	143415
21	赤峰市巴林左旗	357185	72	鄂尔多斯市杭锦旗	143264
22	赤峰市喀喇沁旗	352642	73	阿拉善盟阿拉善左旗	142898
23	呼伦贝尔市牙克石市	350775	74	乌海市乌达区	136000
24	巴彦淖尔市乌拉特前旗	344182	75	巴彦淖尔市磴口县	122482
25	乌兰察布市商都县	342850	76	锡林郭勒盟多伦县	110308
26	兴安盟科尔沁右翼前旗	339099	77	鄂尔多斯市乌审旗	109706
27	乌兰察布市丰镇市	338260	78	乌海市海南区	106500
28	呼伦贝尔市阿荣旗	331146	79	包头市达尔罕茂明安联合旗	98900
29	乌兰察布市兴和县	330798	80	鄂尔多斯市鄂托克旗	97023
30	呼伦贝尔市莫力达瓦达斡尔族自治旗	330527	81	呼伦贝尔市满洲里扎赉诺尔区	90614
31	赤峰市元宝山区	326595	82	呼伦贝尔市额尔古纳市	83406
32	兴安盟乌兰浩特市	323677	83	锡林郭勒盟正蓝旗	83192
33	兴安盟突泉县	314678	84	通辽市霍林郭勒市	82154
34	鄂尔多斯市准格尔旗	314673	85	锡林郭勒盟东乌珠穆沁旗	80380
35	乌兰察布市集宁区	314297	86	锡林郭勒盟西乌珠穆沁旗	79720
36	乌海市海勃湾区	310600	87	鄂尔多斯市鄂托克前旗	77147
37	巴彦淖尔市杭锦后旗	309764	88	锡林郭勒盟正镶白旗	74659
38	通辽市扎鲁特旗	307149	89	锡林郭勒盟苏尼特右旗	69435
39	赤峰市阿鲁科尔沁旗	300161	90	巴彦淖尔市乌拉特后旗	63908
40	巴彦淖尔市五原县	291549	91	呼伦贝尔市陈巴尔虎旗	58732
41	包头市土默特右旗	280100	92	兴安盟阿尔山市	48516
42	呼伦贝尔市海拉尔区	278288	93	锡林郭勒盟阿巴嘎旗	45323
43	鄂尔多斯市东胜区	268908	94	呼伦贝尔市新巴尔虎左旗	42592
44	呼伦贝尔市鄂伦春自治旗	263904	95	呼伦贝尔市新巴尔虎右旗	35201
45	兴安盟科尔沁右翼中旗	260276	96	锡林郭勒盟苏尼特左旗	34503
46	赤峰市克什克腾旗	253143	97	包头市石拐区	33600
47	乌兰察布市凉城县	244364	98	锡林郭勒盟镶黄旗	31378
48	赤峰市林西县	240906	99	锡林郭勒盟二连浩特市	27052
49	呼和浩特市回民区	237714	100	包头市白云矿区	27000
50	乌兰察布市察哈尔右翼中旗	223643	101	阿拉善盟阿拉善右旗	25492
51	乌兰察布市察哈尔右翼前旗	221177	102	阿拉善盟额济纳旗	18013

21-12　全区各旗县(区)按生产总值排序(2013 年)

单位:万元

位次	旗县(区)名称	生产总值	位次	旗县(区)名称	生产总值
1	鄂尔多斯市准格尔旗	10505364	52	包头市固阳县	1122105
2	包头市昆都仑区	10001428	53	锡林郭勒盟西乌珠穆沁旗	1120048
3	鄂尔多斯市东胜区	8802777	54	赤峰市巴林左旗	1106930
4	包头市青山区	8005734	55	巴彦淖尔市五原县	1020767
5	通辽市科尔沁区	7137473	56	呼伦贝尔市鄂温克族自治旗	1019368
6	鄂尔多斯市伊金霍洛旗	6455676	57	赤峰市阿鲁科尔沁旗	1000903
7	呼和浩特市新城区	5673173	58	包头市石拐区	994854
8	呼和浩特市赛罕区	5384480	59	呼伦贝尔市莫力达瓦达斡尔族自治旗	970038
9	鄂尔多斯市达拉特旗	4802980	60	巴彦淖尔市乌拉特中旗	912263
10	包头市东河区	4789959	61	乌兰察布市察哈尔右翼前旗	900872
11	鄂尔多斯市鄂托克旗	4301329	62	呼伦贝尔市陈巴尔虎旗	836650
12	鄂尔多斯市乌审旗	3780018	63	兴安盟科尔沁右翼前旗	813697
13	阿拉善盟阿拉善左旗	3613470	64	呼和浩特市武川县	809403
14	通辽市霍林郭勒市	3205715	65	锡林郭勒盟二连浩特市	790402
15	包头市九原区	3161689	66	鄂尔多斯市杭锦旗	770320
16	包头市土默特右旗	3160937	67	兴安盟扎赉特旗	762618
17	呼和浩特市回民区	3133010	68	乌兰察布市凉城县	761612
18	赤峰市红山区	2701062	69	锡林郭勒盟多伦县	731067
19	巴彦淖尔市临河区	2644317	70	呼伦贝尔市新巴尔虎右旗	729440
20	呼伦贝尔市海拉尔区	2537417	71	乌兰察布市察哈尔右翼后旗	706333
21	呼和浩特市玉泉区	2508937	72	赤峰市巴林右旗	672000
22	呼和浩特市托克托县	2366221	73	赤峰市林西县	661062
23	赤峰市元宝山区	2303593	74	通辽市库伦旗	642969
24	乌海市海勃湾区	2267215	75	赤峰市喀喇沁旗	640461
25	赤峰市松山区	2266945	76	呼和浩特市清水河县	616361
26	呼伦贝尔市牙克石市	2120248	77	巴彦淖尔市乌拉特后旗	614825
27	通辽市开鲁县	2082900	78	兴安盟突泉县	605850
28	呼和浩特市土默特左旗	2068913	79	锡林郭勒盟正蓝旗	600638
29	锡林郭勒盟锡林浩特市	2064748	80	乌兰察布市兴和县	591131
30	呼伦贝尔市满洲里市	1949719	81	呼伦贝尔市鄂伦春自治旗	591075
31	包头市达尔罕茂明安联合旗	1895071	82	乌兰察布市商都县	580235
32	通辽市扎鲁特旗	1858940	83	乌兰察布市卓资县	568841
33	乌海市乌达区	1736636	84	巴彦淖尔市磴口县	563071
34	乌海市海南区	1697449	85	呼伦贝尔市满洲里扎赉诺尔区	552673
35	呼伦贝尔市扎兰屯市	1656746	86	锡林郭勒盟阿巴嘎旗	538121
36	乌兰察布市集宁区	1543449	87	兴安盟科尔沁右翼中旗	519289
37	通辽市科尔沁左翼后旗	1524033	88	乌兰察布市四子王旗	497437
38	通辽市科尔沁左翼中旗	1506200	89	锡林郭勒盟苏尼特右旗	492945
39	赤峰市敖汉旗	1500881	90	阿拉善盟额济纳旗	471314
40	赤峰市宁城县	1493069	91	锡林郭勒盟镶黄旗	444589
41	锡林郭勒盟东乌珠穆沁旗	1476836	92	乌兰察布市察哈尔右翼中旗	436741
42	呼伦贝尔市阿荣旗	1456822	93	乌兰察布市化德县	425601
43	通辽市奈曼旗	1442900	94	锡林郭勒盟太仆寺旗	413372
44	呼和浩特市和林格尔县	1406910	95	呼伦贝尔市额尔古纳市	409188
45	兴安盟乌兰浩特市	1361940	96	锡林郭勒盟苏尼特左旗	403077
46	赤峰市克什克腾旗	1337727	97	呼伦贝尔市根河市	376482
47	乌兰察布市丰镇市	1325693	98	阿拉善盟阿拉善右旗	359615
48	巴彦淖尔市乌拉特前旗	1323431	99	包头市白云矿区	348048
49	赤峰市翁牛特旗	1302586	100	呼伦贝尔市新巴尔虎左旗	327562
50	巴彦淖尔市杭锦后旗	1270190	101	锡林郭勒盟正镶白旗	251801
51	鄂尔多斯市鄂托克前旗	1182505	102	兴安盟阿尔山市	138167

21-13 全区各旗县(区)按公共财政预算收入排序(2013年)

单位:万元

位次	旗县(区)名称	公共财政预算收入	位次	旗县(区)名称	公共财政预算收入
1	鄂尔多斯市东胜区	966700	52	赤峰市喀喇沁旗	46915
2	鄂尔多斯市伊金霍洛旗	751100	53	呼伦贝尔市新巴尔虎右旗	46438
3	鄂尔多斯市准格尔旗	738600	54	赤峰市敖汉旗	45801
4	通辽市科尔沁区	451978	55	呼伦贝尔市扎兰屯市	45410
5	包头市昆都仑区	382942	56	乌兰察布市丰镇市	45380
6	包头市青山区	363051	57	通辽市奈曼旗	43132
7	呼和浩特市赛罕区	356872	58	赤峰市巴林左旗	42743
8	呼和浩特市新城区	326583	59	锡林郭勒盟正蓝旗	41804
9	鄂尔多斯市鄂托克旗	271700	60	锡林郭勒盟二连浩特市	40241
10	乌海市海勃湾区	246195	61	包头市石拐区	38145
11	阿拉善盟阿拉善左旗	238994	62	赤峰市翁牛特旗	36808
12	通辽市霍林郭勒市	228638	63	赤峰市巴林右旗	36011
13	锡林郭勒盟锡林浩特市	224869	64	呼和浩特市武川县	36010
14	鄂尔多斯市达拉特旗	190800	65	包头市固阳县	35471
15	鄂尔多斯市乌审旗	185400	66	乌兰察布市凉城县	35188
16	赤峰市红山区	181646	67	通辽市开鲁县	34613
17	包头市土默特右旗	178607	68	包头市白云矿区	34502
18	巴彦淖尔市临河区	171258	69	通辽市科尔沁左翼后旗	32661
19	锡林郭勒盟西乌珠穆沁旗	161972	70	赤峰市林西县	31283
20	包头市九原区	157797	71	呼和浩特市清水河县	30850
21	乌兰察布市集宁区	148483	72	呼伦贝尔市满洲里扎赉诺尔区	30606
22	呼和浩特市回民区	141477	73	赤峰市阿鲁科尔沁旗	30276
23	包头市达尔罕茂明安联合旗	133622	74	锡林郭勒盟多伦县	30051
24	呼和浩特市玉泉区	129517	75	乌兰察布市察哈尔右翼前旗	29937
25	赤峰市元宝山区	129138	76	兴安盟科尔沁右翼前旗	28541
26	呼伦贝尔市满洲里市	128086	77	乌兰察布市兴和县	28503
27	包头市东河区	126795	78	乌兰察布市卓资县	27162
28	乌海市海南区	120081	79	通辽市科尔沁左翼中旗	26140
29	锡林郭勒盟东乌珠穆沁旗	116871	80	锡林郭勒盟苏尼特右旗	25362
30	鄂尔多斯市鄂托克前旗	116600	81	呼伦贝尔市莫力达瓦达斡尔族自治旗	24380
31	呼伦贝尔市海拉尔区	111117	82	通辽市库伦旗	24364
32	通辽市扎鲁特旗	108037	83	乌兰察布市察哈尔右翼后旗	24117
33	呼和浩特市托克托县	103292	84	呼伦贝尔市额尔古纳市	21566
34	鄂尔多斯市杭锦旗	96400	85	兴安盟科尔沁右翼中旗	20537
35	呼和浩特市土默特左旗	93904	86	锡林郭勒盟镶黄旗	20140
36	呼和浩特市和林格尔县	93510	87	巴彦淖尔市磴口县	18951
37	赤峰市松山区	84131	88	锡林郭勒盟苏尼特左旗	18464
38	巴彦淖尔市乌拉特前旗	83528	89	乌兰察布市四子王旗	18132
39	乌海市乌达区	82138	90	乌兰察布市化德县	17019
40	巴彦淖尔市乌拉特中旗	82114	91	锡林郭勒盟阿巴嘎旗	16786
41	呼伦贝尔市鄂温克族自治旗	73533	92	乌兰察布市商都县	15543
42	兴安盟乌兰浩特市	72644	93	兴安盟扎赉特旗	15333
43	赤峰市克什克腾旗	70972	94	呼伦贝尔市鄂伦春自治旗	15130
44	巴彦淖尔市乌拉特后旗	63545	95	呼伦贝尔市根河市	13491
45	阿拉善盟额济纳旗	58302	96	呼伦贝尔市新巴尔虎左旗	13065
46	巴彦淖尔市杭锦后旗	57503	97	乌兰察布市察哈尔右翼中旗	12888
47	赤峰市宁城县	54788	98	阿拉善盟阿拉善右旗	10366
48	呼伦贝尔市牙克石市	52268	99	兴安盟阿尔山市	10137
49	巴彦淖尔市五原县	50009	100	锡林郭勒盟正镶白旗	9841
50	呼伦贝尔市陈巴尔虎旗	48888	101	兴安盟突泉县	9697
51	呼伦贝尔市阿荣旗	47544	102	锡林郭勒盟太仆寺旗	9316

21-14 全区各旗县(区)按粮食产量排序(2013 年)

单位:吨

位次	旗县(区)名称	粮食产量	位次	旗县(区)名称	粮食产量
1	通辽市科尔沁左翼中旗	2765000	52	乌兰察布市兴和县	109775
2	呼伦贝尔市莫力达瓦达斡尔族自治旗	1612500	53	包头市达尔罕茂明安联合旗	105317
3	呼伦贝尔市阿荣旗	1544400	54	乌兰察布市察哈尔右翼前旗	105240
4	通辽市科尔沁左翼后旗	1131212	55	乌兰察布市察哈尔右翼中旗	104551
5	兴安盟扎赉特旗	1109980	56	鄂尔多斯市鄂托克前旗	104464
6	通辽市科尔沁区	1108088	57	乌兰察布市察哈尔右翼后旗	100233
7	呼伦贝尔市扎兰屯市	1067653	58	鄂尔多斯市伊金霍洛旗	94574
8	兴安盟科尔沁右翼前旗	1029990	59	乌兰察布市丰镇市	88003
9	通辽市开鲁县	1020135	60	鄂尔多斯市准格尔旗	87669
10	兴安盟突泉县	1005020	61	呼和浩特市赛罕区	84504
11	赤峰市松山区	810500	62	呼和浩特市清水河县	80303
12	赤峰市敖汉旗	806500	63	乌兰察布市卓资县	75870
13	赤峰市宁城县	770000	64	锡林郭勒盟东乌珠穆沁旗	75634
14	巴彦淖尔市乌拉特前旗	769823	65	呼伦贝尔市海拉尔区	70552
15	包头市土默特右旗	758322	66	包头市九原区	65802
16	通辽市奈曼旗	750513	67	乌兰察布市化德县	65453
17	赤峰市翁牛特旗	750000	68	巴彦淖尔市乌拉特后旗	60960
18	巴彦淖尔市临河区	658255	69	兴安盟阿尔山市	60000
19	鄂尔多斯市达拉特旗	609500	70	呼伦贝尔市新巴尔虎左旗	56500
20	兴安盟科尔沁右翼中旗	565010	71	赤峰市红山区	53464
21	呼伦贝尔市牙克石市	555500	72	锡林郭勒盟多伦县	47553
22	呼伦贝尔市鄂伦春自治旗	543500	73	包头市东河区	41130
23	巴彦淖尔市杭锦后旗	531420	74	锡林郭勒盟正蓝旗	39700
24	呼和浩特市土默特左旗	526708	75	呼和浩特市玉泉区	37350
24	通辽市扎鲁特旗	525000	76	锡林郭勒盟锡林浩特市	34744
26	通辽市库伦旗	515013	77	乌海市海南区	28215
27	赤峰市阿鲁科尔沁旗	510258	78	呼伦贝尔市鄂温克族自治旗	20119
28	赤峰市巴林左旗	465000	79	阿拉善盟阿拉善右旗	15500
29	巴彦淖尔市五原县	458033	80	乌兰察布市集宁区	12061
30	呼伦贝尔市额尔古纳市	401000	81	通辽市霍林郭勒市	12000
31	鄂尔多斯市杭锦旗	398800	82	鄂尔多斯市东胜区	11687
32	巴彦淖尔市乌拉特中旗	325865	83	乌海市海勃湾区	10682
33	锡林郭勒盟太仆寺旗	320490	84	包头市昆都仑区	9542
34	赤峰市喀喇沁旗	315000	85	锡林郭勒盟正镶白旗	7765
35	赤峰市林西县	255035	86	包头市石拐区	6529
36	乌兰察布市凉城县	255000	87	呼伦贝尔市新巴尔虎右旗	5750
37	呼和浩特市托克托县	250344	88	呼和浩特市新城区	4514
38	兴安盟乌兰浩特市	230000	89	包头市青山区	3988
39	巴彦淖尔市磴口县	210345	90	呼和浩特市回民区	3465
40	呼和浩特市武川县	200260	91	呼伦贝尔市根河市	2197
41	呼和浩特市和林格尔县	181552	92	锡林郭勒盟镶黄旗	2197
42	赤峰市克什克腾旗	180500	93	乌海市乌达区	2103
43	赤峰市巴林右旗	175000	94	阿拉善盟额济纳旗	1994
44	阿拉善盟阿拉善左旗	168506	95	呼伦贝尔市满洲里市	1228
45	赤峰市元宝山区	159743	96	锡林郭勒盟苏尼特右旗	443
46	乌兰察布市四子王旗	150957	97	锡林郭勒盟二连浩特市	360
47	鄂尔多斯市乌审旗	133341	98	锡林郭勒盟西乌珠穆沁旗	85
48	呼伦贝尔市陈巴尔虎旗	124001	99	包头市白云矿区	
49	包头市固阳县	121360	99	呼伦贝尔市满洲里扎赉诺尔区	
50	乌兰察布市商都县	117857	99	锡林郭勒盟阿巴嘎旗	
51	鄂尔多斯市鄂托克旗	110465	99	锡林郭勒盟苏尼特左旗	

21-15 全区各旗县(区)按年末牲畜存栏头数排序(2013年)

单位:万头(只)

位次	旗县(区)名称	年末牲畜存栏头数	位次	旗县(区)名称	年末牲畜存栏头数
1	通辽市扎鲁特旗	247.34	52	鄂尔多斯市准格尔旗	54.15
2	兴安盟科尔沁右翼前旗	225.49	53	乌兰察布市丰镇市	51.28
3	鄂尔多斯市达拉特旗	201.07	54	乌兰察布市察哈尔右翼前旗	48.27
4	锡林郭勒盟东乌珠穆沁旗	190.26	55	乌兰察布市商都县	45.52
5	通辽市开鲁县	189.92	56	赤峰市宁城县	44.52
6	呼伦贝尔市阿荣旗	171.61	57	巴彦淖尔市磴口县	42.20
7	巴彦淖尔市临河区	167.89	58	乌兰察布市察哈尔右翼中旗	40.94
8	通辽市科尔沁左翼中旗	167.30	59	鄂尔多斯市伊金霍洛旗	40.00
9	通辽市科尔沁区	164.21	60	呼伦贝尔市鄂伦春自治旗	39.70
10	兴安盟科尔沁右翼中旗	163.47	61	乌兰察布市凉城县	38.18
11	赤峰市敖汉旗	149.62	62	赤峰市喀喇沁旗	37.14
12	鄂尔多斯市杭锦旗	147.14	63	乌兰察布市卓资县	35.99
13	通辽市奈曼旗	138.84	64	呼和浩特市武川县	35.66
14	呼伦贝尔市莫力达瓦达斡尔族自治旗	131.24	65	巴彦淖尔市乌拉特后旗	33.54
15	巴彦淖尔市五原县	130.14	66	呼和浩特市托克托县	32.00
16	赤峰市翁牛特旗	129.90	67	呼伦贝尔市牙克石市	30.58
17	赤峰市阿鲁科尔沁旗	129.11	68	呼和浩特市清水河县	30.06
18	巴彦淖尔市乌拉特中旗	128.63	69	锡林郭勒盟正蓝旗	29.78
19	呼伦贝尔市新巴尔虎右旗	128.42	70	呼伦贝尔市额尔古纳市	29.42
20	兴安盟扎赉特旗	125.77	71	兴安盟乌兰浩特市	28.09
21	呼伦贝尔市扎兰屯市	124.38	72	乌兰察布市化德县	24.43
22	巴彦淖尔市乌拉特前旗	117.33	73	锡林郭勒盟正镶白旗	23.94
23	巴彦淖尔市杭锦后旗	116.09	74	锡林郭勒盟镶黄旗	23.46
24	通辽市科尔沁左翼后旗	114.20	75	阿拉善盟阿拉善右旗	22.51
25	鄂尔多斯市鄂托克旗	109.92	76	包头市九原区	22.25
26	赤峰市巴林左旗	108.17	77	锡林郭勒盟多伦县	21.99
27	鄂尔多斯市乌审旗	108.01	78	锡林郭勒盟太仆寺旗	20.90
28	阿拉善盟阿拉善左旗	104.56	79	呼和浩特市赛罕区	20.61
29	赤峰市克什克腾旗	102.30	80	通辽市霍林郭勒市	18.38
30	包头市土默特右旗	102.20	81	赤峰市元宝山区	15.45
31	锡林郭勒盟西乌珠穆沁旗	100.17	82	兴安盟阿尔山市	14.62
32	乌兰察布市四子王旗	96.36	83	呼伦贝尔市满洲里市	10.36
33	鄂尔多斯市鄂托克前旗	90.06	84	呼伦贝尔市海拉尔区	10.28
34	赤峰市巴林右旗	88.67	85	阿拉善盟额济纳旗	8.15
35	呼伦贝尔市新巴尔虎左旗	87.15	86	鄂尔多斯市东胜区	8.00
36	锡林郭勒盟苏尼特右旗	85.47	87	乌海市海南区	7.51
37	通辽市库伦旗	80.85	88	包头市东河区	6.32
38	锡林郭勒盟阿巴嘎旗	75.77	89	呼和浩特市新城区	5.90
39	赤峰市松山区	71.36	90	赤峰市红山区	5.58
40	锡林郭勒盟苏尼特左旗	68.97	91	呼伦贝尔市满洲里扎赉诺尔区	5.20
41	呼伦贝尔市陈巴尔虎旗	66.51	92	呼和浩特市玉泉区	5.09
42	兴安盟突泉县	65.91	93	锡林郭勒盟二连浩特市	4.75
43	呼和浩特市土默特左旗	64.37	94	乌兰察布市集宁区	4.44
44	锡林郭勒盟锡林浩特市	62.87	95	包头市昆都仑区	4.42
45	乌兰察布市察哈尔右翼后旗	61.78	96	包头市石拐区	3.50
46	赤峰市林西县	61.19	97	乌海市海勃湾区	3.13
47	呼伦贝尔市鄂温克族自治旗	61.14	98	包头市青山区	1.65
48	呼和浩特市和林格尔县	59.45	99	呼伦贝尔市根河市	1.61
49	包头市达尔罕茂明安联合旗	57.79	100	乌海市乌达区	1.03
50	乌兰察布市兴和县	56.78	101	呼和浩特市回民区	0.91
51	包头市固阳县	54.57	102	包头市白云矿区	0.14

21-16 全区各旗县(区)按全体居民人均可支配收入排序(2013年)

单位:元

位次	旗县(区)名称	全体居民人均可支配收入	位次	旗县(区)名称	全体居民人均可支配收入
1	锡林郭勒盟二连浩特市	35600	52	包头市土默特右旗	17307
2	包头市昆都仑区	35227	53	呼伦贝尔市扎兰屯市	16459
2	包头市青山区	35227	54	呼伦贝尔市根河市	16373
4	包头市白云矿区	35178	55	锡林郭勒盟多伦县	16098
5	通辽市霍林郭勒市	30005	56	呼伦贝尔市新巴尔虎左旗	16037
6	呼和浩特市新城区	29946	57	兴安盟阿尔山市	15894
7	锡林郭勒盟锡林浩特市	29111	58	乌兰察布市丰镇市	15848
8	呼和浩特市回民区	28900	59	巴彦淖尔市磴口县	15834
9	乌海市海勃湾区	28797	60	呼和浩特市托克托县	15696
10	鄂尔多斯市东胜区	28601	61	赤峰市松山区	15601
11	包头市东河区	28451	62	呼伦贝尔市阿荣旗	15114
12	乌海市乌达区	27963	63	巴彦淖尔市乌拉特中旗	14818
13	包头市九原区	27945	64	巴彦淖尔市乌拉特后旗	14789
14	呼和浩特市赛罕区	27659	65	巴彦淖尔市乌拉特前旗	14619
15	呼和浩特市玉泉区	26883	66	呼和浩特市土默特左旗	14532
16	呼伦贝尔市满洲里市	26383	67	呼伦贝尔市鄂伦春自治旗	14060
16	呼伦贝尔市满洲里扎赉诺尔区	26383	68	呼和浩特市和林格尔县	13930
18	鄂尔多斯市伊金霍洛旗	26164	69	乌兰察布市化德县	13558
19	鄂尔多斯市准格尔旗	25768	70	包头市固阳县	13487
20	阿拉善盟额济纳旗	25393	71	锡林郭勒盟正镶白旗	13055
21	乌海市海南区	24998	72	乌兰察布市卓资县	12993
22	呼伦贝尔市海拉尔区	24894	73	锡林郭勒盟太仆寺旗	12917
23	鄂尔多斯市鄂托克旗	23465	74	赤峰市克什克腾旗	12774
24	赤峰市红山区	23078	75	呼和浩特市清水河县	12714
25	锡林郭勒盟东乌珠穆沁旗	22928	76	通辽市开鲁县	12697
26	阿拉善盟阿拉善右旗	22787	77	赤峰市林西县	12435
27	包头市石拐区	22203	78	赤峰市巴林右旗	12398
28	呼伦贝尔市牙克石市	21980	79	乌兰察布市察哈尔右翼后旗	12153
29	阿拉善盟阿拉善左旗	21948	80	通辽市扎鲁特旗	12093
30	鄂尔多斯市鄂托克前旗	21813	81	呼和浩特市武川县	11926
31	鄂尔多斯市乌审旗	21726	82	乌兰察布市凉城县	11875
32	乌兰察布市集宁区	21549	83	赤峰市喀喇沁旗	11573
33	锡林郭勒盟西乌珠穆沁旗	21125	84	乌兰察布市四子王旗	11160
34	呼伦贝尔市鄂温克族自治旗	21092	85	通辽市科尔沁左翼后旗	10985
35	锡林郭勒盟阿巴嘎旗	20905	86	乌兰察布市商都县	10586
36	鄂尔多斯市达拉特旗	20642	87	通辽市科尔沁左翼中旗	10584
37	鄂尔多斯市杭锦旗	20301	88	赤峰市翁牛特旗	10574
38	赤峰市元宝山区	20058	89	通辽市库伦旗	10361
39	锡林郭勒盟镶黄旗	19713	90	赤峰市巴林左旗	10340
40	锡林郭勒盟苏尼特右旗	19324	91	赤峰市宁城县	10118
41	包头市达尔罕茂明安联合旗	19261	92	通辽市奈曼旗	10049
42	通辽市科尔沁区	19226	93	乌兰察布市察哈尔右翼前旗	9963
43	兴安盟乌兰浩特市	19049	94	赤峰市敖汉旗	9942
44	呼伦贝尔市陈巴尔虎旗	18943	95	赤峰市阿鲁科尔沁旗	9940
45	呼伦贝尔市额尔古纳市	18440	96	兴安盟科尔沁右翼前旗	9767
46	巴彦淖尔市临河区	18079	97	呼伦贝尔市莫力达瓦达斡尔族自治旗	9661
47	呼伦贝尔市新巴尔虎右旗	18027	98	兴安盟扎赉特旗	9621
48	锡林郭勒盟正蓝旗	17808	99	兴安盟突泉县	9452
49	巴彦淖尔市五原县	17679	100	兴安盟科尔沁右翼中旗	9442
50	巴彦淖尔市杭锦后旗	17535	101	乌兰察布市兴和县	9381
51	锡林郭勒盟苏尼特左旗	17375	102	乌兰察布市察哈尔右翼中旗	9011

21-17　全区各旗县(区)按城镇常住居民人均可支配收入排序(2013 年)

单位:元

位次	旗县(区)名称	城镇常住居民人均可支配收入	位次	旗县(区)名称	城镇常住居民人均可支配收入
1	锡林郭勒盟二连浩特市	36574	52	锡林郭勒盟正镶白旗	22474
2	呼和浩特市新城区	36429	53	呼伦贝尔市陈巴尔虎旗	22467
3	呼和浩特市赛罕区	35366	54	赤峰市松山区	22126
4	包头市昆都仑区	35227	55	呼伦贝尔市牙克石市	21982
4	包头市青山区	35227	56	呼伦贝尔市新巴尔虎右旗	21834
6	包头市白云矿区	35178	57	包头市固阳县	21800
7	包头市九原区	33804	58	乌兰察布市卓资县	21527
8	鄂尔多斯市东胜区	33707	59	巴彦淖尔市乌拉特中旗	21190
9	鄂尔多斯市准格尔旗	33612	60	乌兰察布市丰镇市	21125
10	鄂尔多斯市伊金霍洛旗	33605	61	巴彦淖尔市乌拉特后旗	21051
11	呼和浩特市回民区	31892	62	巴彦淖尔市临河区	21035
12	鄂尔多斯市鄂托克旗	31205	63	乌兰察布市化德县	20802
13	呼和浩特市玉泉区	30917	64	巴彦淖尔市杭锦后旗	20747
14	锡林郭勒盟锡林浩特市	30670	65	巴彦淖尔市五原县	20635
15	鄂尔多斯市乌审旗	30316	66	兴安盟乌兰浩特市	20588
16	鄂尔多斯市鄂托克前旗	30225	67	赤峰市宁城县	20374
17	通辽市霍林郭勒市	30005	68	乌兰察布市察哈尔右翼前旗	20307
18	包头市东河区	29945	69	巴彦淖尔市磴口县	20301
19	乌海市海勃湾区	29401	70	呼伦贝尔市额尔古纳市	20177
20	鄂尔多斯市达拉特旗	28928	71	巴彦淖尔市乌拉特前旗	20163
21	鄂尔多斯市杭锦旗	28829	72	乌兰察布市凉城县	20151
22	乌海市海南区	28068	73	呼和浩特市清水河县	20037
23	阿拉善盟阿拉善右旗	27997	74	乌兰察布市四子王旗	19401
24	阿拉善盟额济纳旗	27992	75	通辽市开鲁县	19387
25	乌海市乌达区	27963	76	赤峰市克什克腾旗	19311
26	包头市达尔罕茂明安联合旗	27311	77	乌兰察布市察哈尔右翼后旗	19275
27	阿拉善盟阿拉善左旗	27217	78	呼和浩特市武川县	19136
28	呼伦贝尔市满洲里市	26383	79	乌兰察布市察哈尔右翼中旗	19095
28	呼伦贝尔市满洲里扎赉诺尔区	26383	80	通辽市扎鲁特旗	18996
30	呼和浩特市托克托县	26021	81	赤峰市喀喇沁旗	18851
31	锡林郭勒盟西乌珠穆沁旗	25945	82	赤峰市巴林左旗	18829
32	锡林郭勒盟镶黄旗	25817	83	赤峰市敖汉旗	18814
33	锡林郭勒盟多伦县	25797	84	乌兰察布市商都县	18811
34	锡林郭勒盟东乌珠穆沁旗	25697	85	赤峰市翁牛特旗	18536
35	呼伦贝尔市海拉尔区	25656	86	赤峰市林西县	18512
36	包头市石拐区	25379	87	兴安盟阿尔山市	18508
37	锡林郭勒盟正蓝旗	25311	88	乌兰察布市兴和县	18143
38	锡林郭勒盟阿巴嘎旗	25253	89	呼伦贝尔市根河市	18122
39	包头市土默特右旗	25245	90	呼伦贝尔市新巴尔虎左旗	18045
40	锡林郭勒盟苏尼特左旗	25214	91	通辽市科尔沁左翼后旗	17793
41	呼和浩特市和林格尔县	25102	92	通辽市奈曼旗	17658
42	呼伦贝尔市阿荣旗	25073	93	通辽市科尔沁左翼中旗	17641
43	锡林郭勒盟苏尼特右旗	24713	94	兴安盟科尔沁右翼前旗	17558
44	呼和浩特市土默特左旗	24639	95	兴安盟扎赉特旗	17545
45	锡林郭勒盟太仆寺旗	23619	96	呼伦贝尔市鄂伦春自治旗	17411
46	赤峰市红山区	23525	97	赤峰市阿鲁科尔沁旗	17301
47	通辽市科尔沁区	23376	98	赤峰市巴林右旗	17288
48	赤峰市元宝山区	23254	99	兴安盟突泉县	17108
49	呼伦贝尔市鄂温克族自治旗	23038	100	通辽市库伦旗	16928
50	呼伦贝尔市扎兰屯市	22759	101	兴安盟科尔沁右翼中旗	16849
51	乌兰察布市集宁区	22569	102	呼伦贝尔市莫力达瓦达斡尔族自治旗	15914

21-18 全区各旗县(区)按农村牧区常住居民人均可支配收入排序(2013年)

单位:元

位次	旗县(区)名称	农村牧区常住居民人均可支配收入
1	锡林郭勒盟东乌珠穆沁旗	19241
2	锡林郭勒盟锡林浩特市	16787
3	锡林郭勒盟西乌珠穆沁旗	16475
4	锡林郭勒盟阿巴嘎旗	16406
5	包头市东河区	15023
5	阿拉善盟额济纳旗	15011
7	呼和浩特市回民区	14325
8	阿拉善盟阿拉善右旗	14131
9	包头市九原区	14075
10	呼伦贝尔市新巴尔虎左旗	13952
11	呼和浩特市新城区	13769
12	呼和浩特市玉泉区	13728
12	呼和浩特市赛罕区	13014
14	乌海市海勃湾区	12887
15	赤峰市红山区	12372
16	赤峰市元宝山区	12240
17	阿拉善盟阿拉善左旗	12179
18	鄂尔多斯市鄂托克前旗	12163
19	鄂尔多斯市准格尔旗	12128
19	鄂尔多斯市伊金霍洛旗	12128
21	鄂尔多斯市乌审旗	12122
22	鄂尔多斯市鄂托克旗	12084
23	通辽市科尔沁区	12059
24	鄂尔多斯市达拉特旗	12020
25	鄂尔多斯市杭锦旗	11951
26	呼伦贝尔市陈巴尔虎旗	11943
27	巴彦淖尔市临河区	11705
28	呼伦贝尔市额尔古纳市	11696
29	包头市土默特右旗	11655
30	巴彦淖尔市五原县	11632
31	巴彦淖尔市杭锦后旗	11598
31	呼伦贝尔市阿荣旗	11505
33	乌海市海南区	11289
34	巴彦淖尔市磴口县	11268
35	锡林郭勒盟正蓝旗	11197
36	呼和浩特市土默特左旗	11113
37	巴彦淖尔市乌拉特前旗	11026
38	呼伦贝尔市扎兰屯市	10770
39	呼和浩特市托克托县	10718
40	巴彦淖尔市乌拉特中旗	10686
41	乌兰察布市集宁区	10664
42	呼伦贝尔市海拉尔区	10583
43	呼伦贝尔市鄂温克族自治旗	10008
44	通辽市开鲁县	9985
45	包头市达尔罕茂明安联合旗	9929
46	呼伦贝尔市新巴尔虎右旗	9780
47	通辽市扎鲁特旗	9778
48	锡林郭勒盟苏尼特左旗	9680
49	巴彦淖尔市乌拉特后旗	9617
50	赤峰市松山区	9457
51	包头市石拐区	9454
52	兴安盟乌兰浩特市	9346
53	呼伦贝尔市根河市	9323
54	锡林郭勒盟镶黄旗	9228
55	包头市固阳县	9103
56	锡林郭勒盟多伦县	9046
57	呼和浩特市和林格尔县	8641
58	乌兰察布市丰镇市	8298
59	通辽市科尔沁左翼后旗	7894
60	乌兰察布市凉城县	7824
61	锡林郭勒盟太仆寺旗	7494
62	通辽市科尔沁左翼中旗	7435
63	乌兰察布市察哈尔右翼后旗	7282
64	赤峰市克什克腾旗	7236
65	通辽市奈曼旗	7209
66	赤峰市喀喇沁旗	7206
67	赤峰市敖汉旗	7186
68	乌兰察布市察哈尔右翼前旗	7160
69	乌兰察布市卓资县	7021
70	通辽市库伦旗	6972
71	赤峰市宁城县	6947
72	乌兰察布市四子王旗	6924
73	锡林郭勒盟苏尼特右旗	6910
74	锡林郭勒盟正镶白旗	6760
75	呼伦贝尔市莫力达瓦达斡尔族自治旗	6714
76	赤峰市巴林右旗	6671
77	赤峰市翁牛特旗	6608
78	乌兰察布市商都县	6544
79	赤峰市巴林左旗	6515
80	兴安盟阿尔山市	6397
81	呼伦贝尔市鄂伦春自治旗	6364
82	兴安盟科尔沁右翼前旗	6360
83	兴安盟扎赉特旗	6280
84	乌兰察布市兴和县	6267
85	赤峰市阿鲁科尔沁旗	6160
86	赤峰市林西县	6148
87	兴安盟突泉县	6119
88	兴安盟科尔沁右翼中旗	5917
89	乌兰察布市化德县	5786
90	乌兰察布市察哈尔右翼中旗	5676
91	呼和浩特市清水河县	5597
92	呼和浩特市武川县	5385
93	包头市昆都仑区	
93	包头市青山区	
93	包头市白云矿区	
93	呼伦贝尔市满洲里市	
93	呼伦贝尔市满洲里扎赉诺尔区	
93	呼伦贝尔市牙克石市	
93	通辽市霍林郭勒市	
93	锡林郭勒盟二连浩特市	
93	鄂尔多斯市东胜区	
93	乌海市乌达区	

21-19　全区各旗县(区)按在岗职工平均工资排序(2013年)

单位:元

位次	旗县(区)名称	在岗职工平均工资	位次	旗县(区)名称	在岗职工平均工资
1	鄂尔多斯市伊金霍洛旗	78278	52	乌兰察布市卓资县	49484
2	通辽市科尔沁区	78252	53	呼伦贝尔市额尔古纳市	49162
3	鄂尔多斯市准格尔旗	74589	54	赤峰市喀喇沁旗	48923
4	鄂尔多斯市东胜区	71123	55	赤峰市翁牛特旗	48578
5	锡林郭勒盟多伦县	70405	56	兴安盟乌兰浩特市	48475
6	锡林郭勒盟太仆寺旗	63595	57	赤峰市红山区	48413
7	呼伦贝尔市陈巴尔虎旗	63472	58	呼和浩特市托克托县	48118
8	呼伦贝尔市鄂温克族自治旗	63345	59	呼伦贝尔市新巴尔虎左旗	47828
9	锡林郭勒盟二连浩特市	63166	60	呼伦贝尔市牙克石市	47818
10	包头市白云矿区	61267	61	乌兰察布市化德县	47498
11	锡林郭勒盟西乌珠穆沁旗	61106	62	巴彦淖尔市乌拉特中旗	47394
12	阿拉善盟额济纳旗	59831	63	赤峰市松山区	47102
13	鄂尔多斯市鄂托克旗	59790	64	巴彦淖尔市乌拉特后旗	46768
14	锡林郭勒盟苏尼特左旗	59032	65	呼和浩特市土默特左旗	46515
15	通辽市霍林郭勒市	58834	66	呼伦贝尔市根河市	46471
16	乌兰察布市四子王旗	58795	67	呼和浩特市回民区	46343
17	锡林郭勒盟正蓝旗	58320	68	巴彦淖尔市乌拉特前旗	46301
18	包头市九原区	58156	69	乌兰察布市商都县	46141
18	包头市达尔罕茂明安联合旗	56980	70	赤峰市敖汉旗	46106
20	鄂尔多斯市乌审旗	56731	71	呼和浩特市玉泉区	46041
21	呼伦贝尔市满洲里市	56193	72	呼和浩特市清水河县	45380
22	包头市石拐区	56124	73	包头市东河区	44928
23	包头市青山区	55918	74	巴彦淖尔市临河区	44750
24	鄂尔多斯市杭锦旗	55893	75	呼伦贝尔市阿荣旗	44682
25	阿拉善盟阿拉善右旗	55692	76	赤峰市林西县	44606
26	鄂尔多斯市达拉特旗	55628	77	乌兰察布市察哈尔右翼前旗	44526
27	阿拉善盟阿拉善左旗	55618	78	乌兰察布市察哈尔右翼后旗	44403
28	呼伦贝尔市新巴尔虎右旗	55406	79	乌海市乌达区	44129
29	锡林郭勒盟阿巴嘎旗	55096	80	赤峰市宁城县	44069
30	锡林郭勒盟镶黄旗	54889	81	巴彦淖尔市杭锦后旗	44013
31	呼伦贝尔市海拉尔区	54848	82	通辽市奈曼旗	43256
32	赤峰市元宝山区	54732	83	兴安盟阿尔山市	42956
33	乌海市海南区	54695	84	赤峰市巴林左旗	42077
34	锡林郭勒盟东乌珠穆沁旗	54598	85	巴彦淖尔市五原县	41869
35	包头市昆都仑区	54550	86	乌兰察布市集宁区	41655
36	锡林郭勒盟锡林浩特市	54460	87	赤峰市巴林右旗	41484
37	乌兰察布市凉城县	54378	88	兴安盟扎赉特旗	41313
38	包头市固阳县	54377	89	呼伦贝尔市莫力达瓦达斡尔族自治旗	40874
39	呼伦贝尔市满洲里扎赉诺尔区	54223	90	呼伦贝尔市鄂伦春自治旗	40821
40	乌海市海勃湾区	54161	91	通辽市扎鲁特旗	40691
41	包头市土默特右旗	53912	92	通辽市科尔沁左翼后旗	40600
42	鄂尔多斯市鄂托克前旗	53551	93	兴安盟科尔沁右翼前旗	40434
43	锡林郭勒盟正镶白旗	53409	94	通辽市库伦旗	39970
44	赤峰市阿鲁科尔沁旗	51703	95	呼和浩特市武川县	39955
45	呼和浩特市和林格尔县	51260	96	乌兰察布市兴和县	39086
46	乌兰察布市察哈尔右翼中旗	51226	97	兴安盟突泉县	38740
47	呼和浩特市赛罕区	50295	98	通辽市科尔沁左翼中旗	38366
48	乌兰察布市丰镇市	50233	99	呼伦贝尔市扎兰屯市	37367
49	呼和浩特市新城区	49981	100	巴彦淖尔市磴口县	37146
50	赤峰市克什克腾旗	49922	101	兴安盟科尔沁右翼中旗	36109
51	锡林郭勒盟苏尼特右旗	49692	102	通辽市开鲁县	35026

22

附录

APPENDIX

西部城市国民经济和社会发展主要指标(2013 年)

城市名称	年末总人口(万人)		城市居民消费价格指数(%)		城乡居民储蓄存款余额(亿元)	
	2013	位次	2013	位次	2013	位次
成都	1187.99	1	103.1	21	8152.00	1
自贡	329.73	25	102.9	26	639.49	28
攀枝花	123.33	42	101.3	47	395.94	40
泸州	508.42	12	103.2	15	877.57	23
德阳	392.00	18			1059.60	16
遂宁			102.8	29	575.78	31
绵阳	547.38	10	103.1	21	1311.91	11
广元	254.50	32	102.9	26	553.42	33
宜宾	550.44	9	102.6	36	1574.63	9
内江	372.46	20	102.3	39	746.29	26
贵阳	425.19	15	103.2	15	1827.14	7
遵义	614.25	6	102.7	33	1150.86	15
六盘水	287.45	28	103.3	12	376.84	41
安顺	230.05	35	102.1	40	306.86	42
昆明	657.90	5	103.9	3	3355.28	3
曲靖	597.40	7	103.0	25	807.83	25
玉溪	234.00	34	103.2	15	575.80	30
拉萨	60.12	45	103.4	10	272.12	46
西安	858.81	2	102.7	33	5398.88	2
宝鸡	374.46	19	102.9	26	1039.91	17
延安	220.61	37	102.8	29	566.98	32
咸阳	494.22	13	103.1	21	1811.67	8
榆林	337.03	23	103.3	12		
渭南	569.80	8	102.8	29	990.62	19
兰州	364.16	22	103.5	7	2021.56	5
天水			103.1	21	536.15	34
金昌			101.9	43	153.87	50
白银	171.22	40	102.5	37	290.53	45
银川	208.27	38	103.5	7	1015.22	18
石嘴山	75.93	44	103.2	15	300.99	43
中卫	112.48	43	103.4	10	176.43	49
吴忠	143.70	41	103.2	15	251.20	47
西宁	226.76	36	103.8	4	978.10	21
格尔木	13.29	48	104.3	1	99.04	51
乌鲁木齐	262.93	31	103.5	7	1896.30	6
克拉玛依	37.92	47	103.3	12	236.30	48
呼和浩特	300.11	27	103.8	4	1414.62	10
包头	276.62	30	102.8	29	1157.92	14
乌海	55.31	46	104.0	2	299.05	44
赤峰	430.62	14	103.7	6	861.63	24
通辽	312.57	26			428.59	38
鄂尔多斯	201.75	39			1179.39	13
乌兰察布	283.30	29			461.70	36
呼伦贝尔	253.19	33			659.93	27
南宁	724.43	3	102.1	40	2156.69	4
柳州	372.34	21	101.9	43	989.38	20
桂林	521.78	11	102.5	37	1232.23	12
梧州	336.21	24	103.2	15	480.79	35
玉林	700.88	4	101.6	46	881.73	22
钦州	396.52	17	102.1	40	430.20	37
北海			101.9	43	402.37	39
贵港	422.05	16	102.7	33	586.23	29

注:本表中数据均为年快报数据(后同)。

续

城市名称	生产总值（现价、亿元）		第一产业		第二产业		第三产业	
	2013	位次	2013	位次	2013	位次	2013	位次
成都	9108.89	1	353.20	1	4181.50	1	4574.20	1
自贡	1001.60	31	119.42	28	598.62	32	283.57	31
攀枝花	800.88	37	27.88	45	597.19	33	175.81	44
泸州	1140.48	28	155.60	22	684.37	27	300.51	30
德阳	1395.90	22	194.60	15	838.40	18	362.90	26
遂宁	736.61	40	132.50	27	406.47	38	197.64	40
绵阳	1455.12	20	238.96	10	747.61	22	468.55	19
广元	518.75	43	94.31	34	249.58	45	174.86	45
宜宾	1342.89	25	198.61	14	814.50	20	329.82	27
内江	1069.34	30	176.32	17	661.33	30	231.69	36
贵阳	2085.42	10	81.52	36	848.64	16	1155.26	9
遵义	1584.67	17	207.88	12	744.14	23	632.65	12
六盘水	882.11	34	58.06	38	503.79	36	320.26	29
安顺	429.16	47	60.99	37	164.45	50	203.72	39
昆明	3415.31	5	175.27	18	1537.11	6	1702.93	4
曲靖	1583.94	18	289.19	5	838.45	17	456.30	20
玉溪	1102.50	29	112.40	30	664.80	29	325.30	28
拉萨	304.87	50	11.72	49	107.56	52	185.59	43
西安	4884.13	2	217.76	11	2117.66	3	2548.71	2
宝鸡	1545.91	19	157.65	21	1017.45	11	370.81	25
延安	1354.14	23	107.43	31	978.09	12	268.61	33
咸阳	1860.39	12	315.44	3	1076.17	10	468.78	18
榆林	2846.75	6	139.68	24	1985.56	4	721.51	11
渭南	1349.01	24	202.38	13	743.23	24	403.40	24
兰州	1776.83	14	49.67	42	820.42	19	906.74	10
天水	456.30	45	84.80	35	174.50	49	195.00	41
金昌	252.83	52	16.59	48	183.15	48	53.10	52
白银	464.49	44	55.01	40	253.55	44	155.92	46
银川	1273.49	26	55.71	39	687.80	26	529.97	15
石嘴山	446.32	46	24.24	47	287.34	43	134.74	47
中卫	286.83	51	46.33	43	128.19	51	112.31	48
吴忠	349.10	48	52.00	41	190.60	47	106.50	50
西宁	978.53	33	36.10	44	514.50	35	427.93	23
格尔木	318.88	49	3.44	52	248.86	46	66.58	51
乌鲁木齐	2400.00	9	27.00	46	930.00	13	1443.00	7
克拉玛依	853.50	35	5.00	51	739.50	25	109.00	49
呼和浩特	2710.39	8	134.72	25	866.74	15	1708.93	3
包头	3503.02	4	99.85	32	1808.75	5	1594.42	5
乌海	570.13	42	5.16	50	375.97	39	189.00	42
赤峰	1686.15	15	264.71	6	912.69	14	508.75	16
通辽	1811.82	13	257.44	8	1122.40	8	431.98	21
鄂尔多斯	3955.90	3	97.50	33	2369.33	2	1489.07	6
乌兰察布	833.75	36	133.66	26	437.11	37	262.98	34
呼伦贝尔	1430.55	21	263.07	7	682.17	28	485.31	17
南宁	2803.54	7	349.93	2	1110.89	9	1342.73	8
柳州	2010.05	11	159.29	20	1274.93	7	575.84	13
桂林	1657.90	16	299.44	4	792.87	21	565.59	14
梧州	991.70	32	115.32	29	654.83	31	221.55	37
玉林	1198.46	27	243.83	9	526.62	34	428.01	22
钦州	753.74	38	181.77	16	316.85	41	255.13	35
北海	735.00	41	142.81	23	373.65	40	218.53	38
贵港	742.01	39	160.76	19	303.35	42	277.90	32

表 1

公共财政预算收入（亿元）		公共财政预算支出（亿元）		进出口总额（亿美元）			
						# 出口总额	
2013	位次	2013	位次	2013	位次	2013	位次
898.50	1	1162.60	1	506.00	1	318.84	1
38.33	41	139.93	41	10.14	23	6.16	22
58.55	35	115.05	46	1.87	45	1.23	39
109.60	19	249.76	24	2.27	41	2.05	37
80.50	27	189.70	34	33.92	10	23.53	10
33.56	43	201.05	32	5.56	31	4.04	27
90.48	24	289.91	19	28.10	13	18.03	12
30.46	47	177.18	35	3.50	39	3.08	33
101.60	22	364.45	10	8.13	26	5.62	23
37.75	42	158.93	38	3.63	38	3.15	32
277.21	6	393.49	8	63.18	5	55.79	5
136.77	12	365.82	9	3.77	35	3.46	29
123.60	16	219.17	28	4.98	32		
46.89	37	151.44	39	0.31	49	0.23	48
450.75	3	585.75	3	174.22	3	104.10	2
121.53	17	297.26	16	3.71	36	3.35	30
106.00	20	204.70	30	7.14	29	6.79	21
50.16	36	131.92	43	32.05	11	31.64	7
501.98	2	729.81	2	179.82	2	84.76	3
72.02	30	220.41	27	8.88	25	6.98	20
155.38	11	294.09	17	0.96	47	0.96	44
78.99	28	265.74	22	6.05	30	4.78	25
260.72	7	421.32	6				
65.05	34	275.86	21	2.43	40	2.02	38
124.52	15	242.32	25	40.63	7	35.93	6
27.60	48	191.40	33	3.68	37	2.69	35
15.87	52	38.64	51	37.75	8	0.43	46
24.11	49	117.86	45	7.81	27	3.31	31
134.60	13	308.07	14	24.11	15	20.78	11
30.99	46	102.44	47	4.77	33	3.46	28
17.07	51	127.00	44	1.52	46	0.44	45
32.50	44	169.10	37	1.96	44	1.23	41
67.11	32	207.57	29	12.41	20	7.79	17
18.00	50	29.35	52				
301.90	5	450.10	5	77.98	4	63.99	4
65.80	33	95.30	49	7.78	28	2.13	36
182.02	10	292.90	18	15.99	19	7.35	19
215.12	9	355.20	11	21.05	17	11.13	14
68.49	31	90.74	50	0.09	50	0.02	49
91.18	23	347.02	12	11.68	21	1.18	43
103.63	21	298.32	15	2.09	43	1.23	40
440.02	4	518.47	4	11.36	22	7.91	16
42.45	39	251.29	23	0.47	48	0.32	47
87.14	25	314.02	13	23.73	16	4.31	26
256.25	8	418.40	7	44.21	6	23.53	9
125.12	14	239.75	26	28.85	12	8.75	15
111.00	18	282.17	20	9.24	24	7.59	18
85.74	26	175.95	36	17.65	18	4.99	24
75.48	29	203.73	31	4.17	34	2.90	34
44.95	38	134.26	42	35.30	9	24.78	8
42.11	40	99.46	48	26.98	14	13.66	13
31.22	45	140.41	40	2.21	42	1.21	42

续

城市名称	规模以上工业							
	增加值增速(%)		产销率(%)		主营业务收入(亿元)		利税总额(亿元)	
	2013	位次	2013	位次	2013	位次	2013	位次
成都	13.4	27	98.4	7	7767.30	1	1026.30	1
自贡	11.5	40	98.8	5	1547.51	27	141.22	29
攀枝花	12.8	31	97.0	26	1609.90	26	69.74	38
泸州	11.3	41	93.2	47	1277.08	31	208.97	22
德阳	11.2	42	95.6	38	2524.30	8	306.20	8
遂宁	13.1	29	98.3	11	1168.10	33	123.39	30
绵阳	10.7	45	97.4	25	1983.13	14	160.86	26
广元	13.1	29	98.6	6	636.67	45	51.54	41
宜宾	7.6	48	98.4	7	1731.64	21	282.68	11
内江	11.2	42	99.2	2	1709.51	22	189.06	24
贵阳	16.0	13	91.3	50	1997.96	13	386.41	7
遵义	13.5	25	94.1	46	1065.28	36	224.33	20
六盘水	15.6	16	98.1	15	747.70	40	71.77	36
安顺	15.5	17	95.0	39	326.01	48	27.06	46
昆明	11.0	44	98.0	16	3324.39	5	460.39	4
曲靖	15.5	17	97.6	20	1610.92	25	236.93	17
玉溪	6.8	49	94.3	44	1233.70	32	418.20	6
拉萨	1.3	52	99.1	3				
西安	15.4	19	96.1	32	3517.63	4	257.14	14
宝鸡	16.4	10	89.6	51	1632.17	24	153.88	27
延安	5.4	51	94.6	43			12.97	49
咸阳	18.7	4	97.0	26	2454.08	9	170.97	25
榆林	9.6	46	94.3	44	1976.00	15	668.50	2
渭南	16.3	11	96.5	31	1286.69	29	49.90	42
兰州	14.2	21	95.0	39	1946.47	16	250.03	15
天水	16.3	11	94.9	42	184.65	49		
金昌	16.7	7	95.9	35	1929.75	17	22.26	47
白银	16.0	13	92.9	48	656.48	44	32.85	44
银川	12.4	33	97.8	18	1782.39	20	205.27	23
石嘴山	12.1	38	97.6	20	664.02	43	55.38	39
中卫	16.0	13	96.7	30	382.90	47	5.72	50
吴忠	13.7	24	98.9	4	494.00	46	27.96	45
西宁	18.3	5	97.7	19	921.12	39	19.13	48
格尔木	15.1	20	89.0	52	169.77	50	53.40	40
乌鲁木齐	13.5	25	97.5	23	2327.17	10	298.05	10
克拉玛	5.7	50	100.0	1	1907.20	18	424.00	5
呼和浩特	18.1	6	98.4	7	1435.70	28	110.32	33
包头	12.4	33	98.3	11	3222.56	6	305.25	9
乌海	14.2	21	91.9	49	664.37	42	71.15	37
赤峰	12.2	36	97.6	20	2011.42	12	152.93	28
通辽	12.2	36	98.2	13	2866.80	7	277.10	13
鄂尔多斯	12.7	32	98.4	7	3791.55	2	652.85	3
乌兰察布	13.8	23	96.1	32	974.00	38	44.70	43
呼伦贝尔	13.2	28	98.0	16	1286.57	30	212.14	21
南宁	16.6	8	95.7	37	2085.60	11	226.93	19
柳州	11.6	39	96.0	34	3655.69	3	281.20	12
桂林	18.8	3	95.9	35	1783.92	19	237.40	16
梧州	20.2	2	95.0	39	1656.91	23	233.13	18
玉林	16.5	9	98.2	13	1120.07	34	116.28	32
钦州	8.1	47	97.5	23	1089.47	35	93.22	34
北海	24.6	1	96.9	28	1017.31	37	118.73	31
贵港	12.4	33	96.9	28	700.90	41	85.64	35

表 2

固定资产投资完成额（亿元）		社会消费品零售总额（亿元）		城镇居民人均可支配收入（元）		农(牧)民人均纯收入（元）	
2013	位次	2013	位次	2013	位次	2013	位次
6501.10	1	3752.88	1	29968	5	12985	3
531.61	40	380.24	23	21489	33	8961	19
545.74	38	219.33	38	24906	14	9838	12
853.06	29	411.94	22	22821	29	8455	29
807.40	30	467.70	20	24701	16	10094	10
804.88	31	306.81	31	20737	42	8496	28
1001.00	25	650.00	11	23100	28	9257	16
541.09	39	219.46	37	18713	50	6442	48
935.40	27	497.24	15	22718	30	8806	23
575.93	36	316.12	30	21114	37	8584	26
1958.14	8	785.66	9	23376	27	9592	14
1566.06	15	470.37	18	20504	44	6849	45
1054.93	23	209.33	39	19625	46	5934	49
604.00	35	111.52	45	19394	49	5801	50
2931.50	5	1702.30	3	28354	8	9273	15
1020.83	24	378.32	24	24261	21	6861	44
393.70	48	226.30	36	24276	20	8925	21
376.16	49	144.11	42	21427	35	8265	33
5134.56	2	2548.02	2	33100	4	12930	4
1669.78	10	469.99	19	28509	6	8376	30
1321.04	18	170.26	41	27643	10	8681	25
2054.53	7	495.68	16	28488	7	8538	27
1827.91	9	298.62	32	26820	11	8687	24
1467.61	17	367.23	26	24164	22	7565	40
1623.71	11	843.87	8	20767	41	7114	43
442.88	44	199.05	40	16892	52	4386	52
241.85	52	57.64	49	25904	12	8863	22
421.58	46	135.75	43	18280	51	5140	51
1149.00	21	348.06	28	23776	23	9036	17
459.16	43	84.32	46	22224	32	8928	20
316.50	50	50.45	51	19810	45	6577	47
496.80	41	78.20	48	19582	47	7160	42
925.44	28	365.07	27	19444	48	9004	18
251.69	51	44.32	52	23432	25	11249	9
1271.59	20	970.00	7	20780	40	12065	8
422.50	45	53.50	50	25249	13	15595	1
1504.83	16	1142.36	5	35629	3	12736	7
2991.37	4	1077.36	6	36576	1	12801	5
416.97	47	113.73	44	28045	9	14062	2
1578.82	12	526.56	14	20802	39	8022	37
1577.65	13	372.35	25	21009	38	9621	13
2996.04	3	553.81	13	36132	2	12800	6
800.67	33	239.46	35	20536	43	6655	46
1080.03	22	450.02	21	21482	34	9990	11
2432.69	6	1450.84	4	24817	15	7685	38
1566.71	14	758.42	10	24355	19	7663	39
1308.46	19	604.03	12	24552	17	8361	31
803.40	32	292.34	33	22537	31	7475	41
953.59	26	482.91	17	24366	18	8272	32
559.03	37	268.82	34	23695	24	8054	36
685.86	34	80.53	47	23407	26	8239	34
463.44	42	321.72	29	21361	36	8189	35